Harald Werneck, Sonja Rohrer-Werneck (Hg.)
Psychologie der Familie

Harald Werneck, Sonja Rohrer-Werneck (Hg.)

Psychologie der Familie

Theorien, Konzepte, Anwendungen

WUV | Universitätsverlag

Die Deutsche Bibliothek – CIP-Einheitsaufnahme

Psychologie der Familie : Theorien, Konzepte, Anwendungen /
Harald Werneck; Sonja Werneck-Rohrer. - Wien : WUV-Univ.-Verl., 2000
ISBN 3-85114-547-X

Umschlaggestaltung: A+H Haller
Umschlagfoto: The Stock Market Photo Agency, Inc.
Druck: WUV | Universitätsverlag
Printed in Austria
ISBN 3-85114-547-X

Für Tanja und Nina

Vorwort

Das vorliegende Buch stellt das Resultat eines Projektes in Zusammenarbeit mit Studierenden der Psychologie an der Universität Wien dar. Deren Arbeiten dienten als Grundlage für die in diesem Band zusammengestellten Beiträge, die nach – großteils sehr eingehender – Überarbeitung durch den Herausgeber und die Herausgeberin nun in der hier vorliegenden Version präsentiert werden.

Allen Autorinnen sei an dieser Stelle nochmals der Dank für ihre Mitarbeit ausgesprochen.

Spezieller Dank gilt dem Verlagsleiter des Wiener Universitätsverlages WUV, Dr. Michael Huter, der das Projekt von Beginn an voll unterstützte und in dieser Form ermöglichte.

Wien, September 2000

Univ.-Ass. Mag. Dr. Harald Werneck
Univ.-Lekt. Mag. Sonja Werneck-Rohrer

Inhaltsverzeichnis

I Allgemeiner Teil

II Übergang zur Elternschaft

I Allgemeiner Teil

1. Familienpsychologie – Eine Einführung

Harald Werneck

Bei der Familienpsychologie, die – in ihrer allgemeinsten und einfachsten Definition – die Untersuchung des Verhaltens und Erlebens von Personen in Beziehung zu ihrer Familie zum Ziel hat, handelt es sich um ein relativ junges Fach (als solches) mit sehr hohem Entwicklungspotential. Auch wenn die Familienpsychologie im Rahmen der universitären Ausbildung (zumindest im deutschsprachigen Raum) erst ansatzweise, an manchen Standorten, verankert ist, so gibt es dennoch, auch in Österreich, bereits einige erfolgreiche Beispiele einer (außeruniversitären) Institutionalisierung der Familienpsychologie, beispielsweise in Form der Sektion „Kinder-, Jugend- und Familienpsychologie“ im Berufsverband Österreichischer Psychologinnen und Psychologen (B.Ö.P.). International gesehen gilt die Familienpsychologie längst als etablierte Disziplin, institutionalisiert etwa in der „Division 43 – Family Psychology“ der renommierten American Psychological Association (APA), deren Publikationsorgan, das „Journal of Family Psychology“, als „currently one of the fastest growing APA scientific journals“ (http://www.apa.org/about/division/div43.html) gilt, oder auch in der „International Academy of Family Psychology“.
Die zunehmende Relevanz der Familienpsychologie im Rahmen des psychologischen Fächerkanons manifestiert sich vor allem in vermehrter einschlägiger Forschungs- und Publikationstätigkeit. So finden etwa seit 1998 nun auch im deutschsprachigen Raum (München) regelmäßig familienpsychologische Fachtagungen statt, als Forum für einen systematischen Austausch wissenschaftlicher und anwendungsbezogener Erfahrungen (abgesehen von den immer zahlreicher werdenden Kongressen und Tagungen, welche einzelne Themenbereiche der Familienpsychologie abdecken). Die Deutsche Gesellschaft für Psychologie (DGPs), die sich als Vertretung der in Forschung und Lehre tätigen Psychologinnen und Psychologen versteht, reiht in ihrer Sachgebietsklassifikation der gesamten Psychologie (für ihre Kongresse) die Familienpsychologie als eine Hauptkategorie, differenziert in immerhin acht Unterkategorien (Familienentwicklung, Eltern-Kind-Beziehung, mehrgenerationale Familienbeziehungen, Familiendiagnostik, Familiäre Intervention, alternative Familienformen, Trennung / Scheidung und Klinische Familienpsychologie), und somit mehr Subkategorien als etwa die Hauptkategorien Arbeits- und Organisationspsychologie,

Biologische Psychologie und Psychophysiologie, Gesundheitspsychologie, Medienpsychologie, Methoden, Rechtspsychologie oder Verkehrspsychologie, die alle als eigene Fachgruppen der DGPs geführt werden.
Als weiterer Indikator für die zunehmende Präsenz der Familienpsychologie können die in letzter Zeit erschienenen Fachbücher herangezogen werden, wie etwa das Lehrbuch „Familienpsychologie" von Schneewind (neueste Auflage: 1999), die Sammelwerke „Familienpsychologie im Aufwind" (Schneewind, 2000), „Familie im Wandel" (Perrez, Lambert, Ermert & Plancherel, 1995), „Übergang zur Elternschaft" (Reichle & Werneck, 1999), „Engagierte Vaterschaft" (Fthenakis, gemeinsam mit seinen MitarbeiterInnen, 1999), „Was wird aus den Kindern?" (Walper & Schwarz, 1999), die Monographien „Übergang zur Vaterschaft" (Werneck, 1998) oder „Entwicklung und Erziehung in der Familie" (Petzold, 1999), um nur einige zu nennen.
Auf institutioneller Ebene ist in Österreich vor allem die Etablierung des „Arbeitskreises für familienpsychologische Aspekte" im Rahmen der Österreichischen Gesellschaft für Interdisziplinäre Familienforschung (ÖGIF) zu erwähnen, dessen Zielsetzungen vor allem eine gezieltere Öffentlichkeitsarbeit, Bewußtseinsarbeit auf mehreren Ebenen, systematischerer Informationsaustausch aller unmittelbar oder mittelbar im Bereich Familienpsychologie Tätigen und eine gezieltere Vernetzung und Initiierung möglicher Kooperationen umfassen.
Familienpsychologie gewinnt also zunehmend als (Sub-)Disziplin an Bedeutung, gleichermaßen aus forschungstheoretischer wie auch aus gesellschaftspolitischer Sicht (vgl. dazu etwa die gegenwärtig sehr lebhaften politischen Diskussionen) und – nicht zuletzt – auch im „Familienalltag". Daß der familiäre Kontext – trotz aller gegenläufigen Entwicklungen – nach wie vor einen ganz zentralen Lebensbereich darstellt, wird beispielsweise belegt durch aktuelle Resultate des Österreichteils einer Europäischen Wertestudie (vgl. Zulehner, 2000), wonach 89 % der Befragten die Familie als „sehr wichtigen" Bereich für ihr Leben einschätzen (zweitwichtigster Bereich ist die Arbeit – für 66 % „sehr wichtig", gefolgt von „Freunde und Bekannte" mit 44 %).

Ausgehend von dieser Situation, die eine (aus mehreren – oben ausgeführten – Gründen) beträchtliche Relevanz der behandelten Inhalte und gleichzeitig auch ein breites Interesse daran berechtigterweise annehmen läßt, soll in dem vorliegenden Buch ein Überblick über den aktuellen Stand der Forschung im Bereich Familienpsychologie gegeben werden. Dazu werden die einzelnen Themenbereiche so ausführlich wie nötig, gleichzeitig aber so kurz(weilig) wie möglich dargestellt. Durch diese fundierten Einblicke sollen Studierende, Lehrende, Forschende, im Bereich der Psychologie wie auch aus Nachbardisziplinen, sowie im Bereich Familie – beruflich oder privat – praktisch Tätige und schließlich alle am Thema Familie Interessierten in die Lage versetzt und eingeladen werden, sich (noch) kompetenter an der weiteren Differenzierung und Diskussion familienpsychologischer Inhalte und Anliegen zu beteiligen, mit dem Ziel einer Qualitätsoptimierung familiären Zusammenlebens.

Die einzelnen Beiträge

Das vorliegende Buch ist in zwei große Abschnitte (I und II) gegliedert, wobei der erste Teil („Allgemeiner Teil") einen Überblick über das Selbstverständnis und den Gegenstand der Familienpsychologie (Motto: „was ist Familienpsychologie?") sowie über einige wichtige Aufgabengebiete der Familienpsychologie („womit befaßt sich Familienpsychologie?") bietet. Der zweite große Abschnitt („Übergang zur Elternschaft") befaßt sich ausführlich mit verschiedenen Aspekten eines Themenkreises, dem im Familienentwicklungsprozeß – sowohl für die Biographie der betroffenen Familienmitglieder als auch für die Entwicklung des Systems Familie – eine herausragende Rolle zukommt, nämlich der Phase des Übergang zur Elternschaft.

Die einzelnen Kapiteln wurden zwar selbstverständlich aufeinander abgestimmt (etwa durch entsprechende Querverweise), sind aber zugleich so konzipiert, daß sie auch jeweils eine in sich geschlossene Einheit bilden und daher problemlos einzeln – gezielt, je nach Interesse – gelesen werden können. Umfang und Struktur der einzelnen Beiträge wurden – soweit das möglich bzw. sinnvoll war – gleich oder zumindest ähnlich gehalten und umfassen neben Einleitung, Hauptteil (mit entsprechender Untergliederung) und Zusammenfassung in der Regel zusätzlich noch kurz „Gedanken zum Thema", bestehend aus subjektiven Assoziationen, einer Art persönlichem Resumé der jeweiligen Autorin oder weiterführenden Überlegungen zum behandelten Thema.

Teil I geht nun im Detail zuerst auf Gegenstands- und Begriffsdefinitionen der Familie bzw. der Familienpsychologie und auf deren Kennzeichen ein. Um den Forschungsgegenstand, die Familie, in all ihren Facetten besser faßbar und begreifbar zu machen, wird danach in drei Kapiteln ausführlich auf die historische Entwicklung (von der „Vormoderne" zur „Postmoderne"), aktuelle Trends (z. B. den Bedeutungswandel der Familie, alternative Lebensformen) und demographische Entwicklungen der Familie als Institution und ihrer einzelnen Mitglieder (z. B. sinkende Geburtenraten, weniger Eheschließungen, steigende Scheidungsraten) eingegangen. Es folgt ein Überblick über Theorien zur Familienpsychologie (Familiensystemtheorie, Familienentwicklungstheorie, Familienstreßtheorie) und zur familiären Sozialisation (z. B. das integrative Modell zur familiären Sozialisationsforschung). In dem Beitrag über Familiendiagnostik wird auf die Grunddimensionen, Erhebungstechniken und die Besonderheiten der Familiendiagnostik allgemein eingegangen. Anschließend wird exemplarisch ein familiendiagnostisches Verfahren, nämlich das „Familiendiagnostische Testsystem (FDTS)", näher vorgestellt, welches die Erfassung verschiedener dyadischer

Beziehungskonstellationen innerhalb einer Familie, aus Selbst- und Fremdperspektive, ermöglicht. Einen ebenso hohen Anwendungsbezug – v. a. für praktizierende Psychologinnen und Psychologen – wie die Kapitel über die Familiendiagnostik weist der darauffolgende Beitrag über familiäre Intervention auf, wo v. a. Aufgabenfelder und Ansatzpunkte der Familienberatung und Familientherapie analysiert werden. Zunehmend breite Resonanz, gleichsam in der Forschung wie unter PraktikerInnen, findet auch das im nächsten Kapitel behandelte Thema „Bindungsforschung" – über die Entstehung der Bindung von Kleinkindern an ihre primären Bezugspersonen, die Erfassung der Bindungsqualität und die längerfristigen Auswirkungen unterschiedlicher Bindungsmuster (innerhalb eines Jahres fanden bzw. finden 1999 / 2000 alleine zu diesem Spezialthema gleich drei größere einschlägige Fachtagungen im deutschsprachigen Raum statt). Im Anschluß daran geht es um die Frage nach einer möglichst geglückten Loslösung der Kinder bzw. Jugendlichen vom Elternhaus, die Phase der Pubertät – als Herausforderung für die gesamte Familie (dargestellt v. a. anhand der Ergebnisse einer empirischen Studie dazu). Einem lange Zeit vernachlässigten Thema widmet sich der darauf folgende Beitrag, nämlich der Geschwisterforschung. Dabei werden wichtige Grundlagen und Modelle (v. a. das Drei-Phasen-Modell), Fragen der Identifikation zwischen Geschwistern und nach möglichen Auswirkungen der Geschwisterposition ebenso behandelt wie methodische Probleme, der Komplexität dieses Forschungsgegenstandes gerecht zu werden. Die nächsten beiden Kapitel geben einen Überblick über ein Teilgebiet, welchem aufgrund der gegenwärtigen bzw. zukünftigen demographischen Entwicklungen wohl (noch) mehr Aufmerksamkeit gewidmet werden muß, nämlich die Scheidungs- bzw. Trennungsforschung, mit dem Fokus auf mögliche bzw. wahrscheinliche Folgen für die einzelnen Betroffenen (beschrieben werden u. a. die einzelnen Scheidungsphasen, die Entwicklungsverläufe danach, mögliche Unterstützungsangebote für die Betroffenen, Einflußfaktoren auf das Erleben der Trennung usw.). Die Beziehungen zwischen den Generationen sind Gegenstand der beiden darauffolgenden Kapitel, wobei sich der erste Beitrag allgemein u. a. mit der Dynamik von Generationenbeziehungen, dem Generationenvertrag, der Verantwortung und den Emotionen zwischen den Generationen befaßt, während sich der zweite Beitrag auf die Großelterngeneration, die Rolle der Großeltern, deren Einfluß auf die Enkelkinder usw. konzentriert – ebenfalls ein schon aus rein demographischen Gründen (v. a. der höheren Lebenserwartung) zukunftsträchtiger Forschungsbereich. Im folgenden wird (anhand der Darstellung zweier Zeitbudgetstudien) analysiert, wie das individuelle bzw. familiäre Zeitbudget durchschnittlich genutzt wird, also wer (z. B. Mann oder Frau) wo (z. B. zu Hause oder am Arbeitsplatz) wielange welche Tätigkeiten (z. B. Erwerbs- oder Haushaltstätigkeit) übernimmt. Hier geht es v. a. um das Spannungsfeld innerhalb der Familie, zwischen den Partnern, aber auch um das Spannungsverhältnis Familie – Arbeits- bzw. Berufswelt, welches im anschließenden Kapitel zusätzlich ausführlich erörtert wird (z. B. die Problemfelder kindbedingter Berufsunterbrechung, die Bedeutung entsprechender Kinderbetreuungsmöglichkeiten, Lösungsansätze zur besseren Vereinbarkeit von Beruf und Familie usw.). Hier wird besonders deutlich, daß Familienpsychologie immer nur unter Berücksichtigung des gesellschaftlichen (politisch beeinflußten bzw. vorgegebenen) Kontextes sinnvoll diskutiert werden kann. Strukturelle Rahmenbedingungen wirken sich unter Umständen sehr nachhaltig auf das familiäre Gefüge, familiendynamische Prozesse und somit nicht zuletzt auf das Individuum aus – man denke nur etwa an die speziell für die kindliche Entwicklung sehr bedeutsame Frage der Regelung der Karenzzeiten, also wer die erste Zeit (nicht) mit dem Kind verbringen (können) soll. Das nächste Kapitel geht daher auf einige relevante Aspekte der Familienpolitik ein, wie z. B. die Instrumente der Familienpolitik oder die Einstellungen zur sozialpolitischen Verantwortung des Staates. Welchen Einfluß gesellschaftspolitische und kulturelle Rahmenbedingungen auf das familiäre Gefüge, die Rollenaufteilungen innerhalb der Familie usw. ausüben, kann sehr eindrucksvoll auch durch Vergleiche mit anderen Gesellschaften bzw. Kulturen veranschaulicht werden. Die letzten beiden Kapitel zum ersten Abschnittes gewähren daher (exemplarisch) Einblicke in die gelebten Formen von Familie in anderen Kulturräumen, konkret in Japan, China, Afrika (Aka-Pygmäen, Maasai, Kamerun), dem Baltikum, Weißrußland, der Türkei und Griechenland.

Abschnitt II, der sich mit verschiedenen Aspekten des „Übergangs zur Elternschaft" befaßt, beginnt mit drei Kapiteln über die Schwangerschaft, wobei zuerst die einzelnen Phasen, welche die werdende Mutter dabei typischerweise durchlebt, dargestellt werden; danach wird näher auf die Entwicklung des Kindkonzeptes eingegangen (Phasen, methodische Erfassung, Studien darüber); das dritte Kapitel dazu fokussiert auf die Rolle der Väter während der Schwangerschaft und Geburt (Erleben der Schwangerschaft, Einstellungen dazu, Ängste vor der Teilnahme an der Geburt, Motive dazu usw.). Nicht jede Schwangerschaft wird allerdings auch ausgetragen. Das folgende Kapitel befaßt sich daher mit verschiedenen Aspekten der Abtreibung, wie z. B. den verschiedenen grundsätzlichen Positionen dazu, der aktuellen gesetzlichen Regelung, den Hintergründen ungewollter Schwangerschaften, dem Entscheidungsfindungsprozeß und vor allem den psychischen Verarbeitungsmechanismen einer Abtreibung. Entscheiden sich die Eltern bzw. die Mutter jedoch, das Kind auszutragen, bestehen erste konkrete Schritte im Sinn einer Vorbereitung auf die Familiengründung bzw. den Familienzuwachs oft im Besuch von Geburtsvorbereitungskursen – dem Gegenstand des nächsten Beitrages, in welchem verschiedene Formen der Geburtsvorbereitung und eine empirische Studie zur Minderung von Schwangerschafts- und Geburtsangst dargestellt werden. In manchen Fällen (mehr als allgemein angenommen) enden alle Vorbereitungen auf die Geburt jedoch ungewollt, sehr abrupt und für die Betroffenen meist sehr tragisch, durch eine Fehl-

oder Totgeburt. Das nächste Kapitel setzt sich daher mit den psychischen Folgen eines Aborts oder einer Totgeburt, aber auch der Mitteilung einer schweren Behinderung des Kindes für die Eltern auseinander. Nicht nur in diesen gravierenden Fällen, sondern auch bei komplikationslosen Entbindungen, wo ein rundum gesundes und zufriedenes Baby von einer liebenden und optimal vorbereiteten (Um-)Welt sehnsüchtig in Empfang genommen wird, stellt sich in vielen (wiederum mehr als oft vermuteten) Fällen bei den Müttern aber nicht automatisch die – oft von ihnen selbst oder anderen implizit oder explizit geforderte – überschwengliche Mutter-Glückseligkeit ein, sondern, ganz im Gegenteil, höchst ambivalente bis depressive Gefühle. Der nächste Beitrag analysiert daher die Ursachen, Einflußvariablen und Formen dieser postpartalen Stimmungsstörungen (vom „Baby-Blues" über die postpartale Depression bis zu massiven postpartalen Psychosen). Oftmals sind depressive Verstimmungen, eine gewisse Nachdenklichkeit, aber auch „nur" Anzeichen und Ausdruck eines sich verändernden Selbstbildes der Mutter. Diese Identitätsveränderungen, die beide Eltern vor allem nach der Geburt des ersten Kindes erleben, werden im nächsten Kapitel analysiert. Elternschaft geht aber nicht nur mit Veränderungen im Selbstbild, sondern auch mit deutlichen Veränderungen in der Organisation des Alltags einher, wobei manches als Bereicherung, manches als – mehr oder weniger – belastend empfunden wird. Die nächsten Beiträge setzen sich daher eingehender mit typischen positiven bzw. negativen Veränderungen durch den Übergang zur Elternschaft auseinander, zuerst aus Perspektive der Väter, im nächsten Kapitel aus Perspektive der Mütter. Ein Spannungsfeld, aus welchem in weiterer Folge für die meisten Mütter vielfältige Belastungen resultieren, ergibt sich aus dem Wunsch bzw. der Notwendigkeit, (wieder) in den Beruf einzusteigen. Ein Kapitel widmet sich aus diesem Grund speziell Fragen dieses Wiedereinstiegs (über rechtliche Grundlagen, unterschiedliche Arten der Erwerbstätigkeit, Bedeutung der Berufs, Schwierigkeiten beim Wiedereinstieg, Rollenkonflikte erwerbstätiger Frauen usw.). Zusätzlichen, speziellen Belastungen ist eine Gruppe von Müttern ausgesetzt, der in der (deutschsprachigen) Forschung bisher zu wenig Aufmerksamkeit geschenkt wurde, nämlich den jugendlichen Müttern. Der folgende Beitrag befaßt sich dementsprechend u. a. mit Gründen und Konsequenzen von Schwangerschaften in der Adoleszenz und den Aufgaben des sozialen Umfeldes. Ebenfalls eine Sondergruppe, die (im europäischen Raum) quantitativ allerdings wesentlich mehr – und *zunehmend* mehr – ins Gewicht fällt, stellen die Alleinerziehenden dar (die allermeisten davon sind Mütter), deren Situation ein eigenes Kapitel gewidmet ist. Parallel zu dieser Entwicklung „entdecken" aber auch zunehmend mehr Väter (wieder) die Familie als Gegenstand lohnenswerten Engagements, weshalb in den folgenden zwei Beiträgen grundlegend und speziell in „alternativen" Lebensformen (Väter nichtehelicher Kinder, nichtsorgeberechtigte, alleinerziehende und Väter in Stieffamilien) die Rolle der Väter in der Familie reflektiert wird. Von hohem väterlichen Engagement profitiert aber in der Regel auch die Qualität der elterlichen Partnerschaft, die wiederum sehr maßgeblich (stärker als bis vor kurzem angenommen) die Eltern-, und hier v. a. die *Vater*-Kind-Beziehung beeinflußt. Der Entwicklung der Partnerschaftsqualität im Zuge des Übergangs zur Elternschaft wird daher in einem eigenen Kapitel entsprechend Beachtung geschenkt. Im Anschluß daran werden exemplarisch zwei empirische Längsschnittstudien zum Übergang zur Elternschaft, aus Düsseldorf und aus München vorgestellt, um Einblicke in aktuelle Forschungsergebnisse, aber auch das methodische Vorgehen zu gewinnen. Daß bei derartigen Untersuchungen unter anderem auch immer kulturelle und gesellschaftliche Einflüsse berücksichtigt werden müssen, wird im nächsten Kapitel analysiert, welches beispielhaft auf das unterschiedliche Elternschaftserleben im konfuzianistisch geprägten Südkorea und in Deutschland eingeht. Aber nicht nur Vergleiche zwischen unterschiedlichen Kulturkreisen ermöglichen eine umfassendere Sichtweise und ein besseres Verstehen der Prozesse beim Übergang zur Elternschaft, sondern auch ein Vergleich mit dem Tierreich. Überlegungen zu den unterschiedlichen Modellen der Nachwuchsbetreuung, speziell bei subhumanen Primaten, und zu dem Einfluß der ökologischen Rahmenbedingungen auf das Pflegeverhalten, insbesondere von Vatertieren, konzentrieren sich auf die Frage des Anteils *biologischer* Verankerung am Elternverhaltens und runden so die Betrachtungen zum Übergang zur Elternschaft ab.

Literatur

Fthenakis, W. E. (1999). *Engagierte Vaterschaft. Die sanfte Revolution in der Familie.* Opladen: Leske + Budrich.

Perrez, M., Lambert, J.-L., Ermert, C. & Plancherel, B. (Hrsg.). (1995). *Familie im Wandel.* Bern: Huber.

Petzold, M. (1999). *Entwicklung und Erziehung in der Familie.* Baltmannsweiler: Schneider.

Reichle, B. & Werneck, H. (Hrsg.). (1999). *Übergang zur Elternschaft. Aktuelle Studien zur Bewältigung eines unterschätzten Lebensereignisses.* Stuttgart: Enke.

Schneewind, K. A. (1999). *Familienpsychologie* (2. überarbeitete Aufl.). Stuttgart: Kohlhammer.

Schneewind, K. A. (Hrsg.). (2000). *Familienpsychologie im Aufwind. Brückenschläge zwischen Forschung und Praxis.* Göttingen: Hogrefe.

Walper, S. & Schwarz, B. (Hrsg.). (1999). *Was wird aus den Kindern? Chancen und Risiken für die Entwicklung von Kindern aus Trennungs- und Stieffamilien.* Weinheim: Juventa.

Werneck, H. (1998). *Übergang zur Vaterschaft. Auf der Suche nach den „Neuen Vätern".* Wien: Springer-Verlag.

Zulehner, P. M. (2000). Lieben und Arbeiten. In H. Denz, C. Friesl, R. Zuba & P. M. Zulehner (Hrsg.), *Die Wertewelt der ÖsterreicherInnen. Europäische Wertestudie – Österreichteil 1990-2000* (S. 4-40). Wien: Institut für Pastoraltheologie der Universität Wien.

2. Gegenstands- und Begriffsdefinitionen der Familienpsychologie

Katharina Kramlinger

1. Einleitung

Die Familienpsychologie scheint ein eher vernachlässigter Bereich innerhalb der Psychologie zu sein, obwohl sie doch von so großer Wichtigkeit ist. Wir wissen heute, daß die Ursachen vieler psychischer, psychosomatischer und psychodynamischer Leiden in den Interaktionen innerhalb der Familie zu suchen sind. Auch wissen wir, daß im Entwicklungsprozeß des Kindes sowohl die Erziehung das Kind beeinflußt, umgekehrt aber auch das Kind den Erzieher bzw. die Erzieherin. Dies stellt die Grundlage für die Betrachtung der Interaktionen innerhalb der Familie dar und somit auch für die Familienpsychologie (Petzold, 1999).

Wenn wir uns also mit der Familienpsychologie beschäftigen, müssen wir umfassendes Wissen über das Objekt der Familienpsychologie, nämlich die Familie, haben. Was verstehen wir unter „Familie", was ist die „Familie" überhaupt? Das Wort „Familie" leitet sich vom Lateinischen „familia" – die Familie – ab und dieses wiederum von „famulus" – der Schüler. In der deutschen Sprache kennt man das Wort „Familie" erst ab dem Ende des 17. Jahrhunderts. Darunter wurde aber damals nichts anderes als „das ganze Haus" verstanden. Im Industriezeitalter kam es zu einer Trennung von Familie und Beruf, und es entwikkelte sich die Familie im heutigen Sinne. Sie wurde als „traditionell bürgerliche Kernfamilie" bezeichnet und war durch das Patriarchat gekennzeichnet. Der Ehemann sah es als seine Pflicht an, die Familie zu ernähren, die Ehefrau hingegen war vor allem für die Kindererziehung und den Haushalt zuständig. Zu dieser Zeit kam es auch zu einer Emotionalisierung der Beziehungen innerhalb der Familie (Beham & Schramm, 1995). Heute hingegen wandelt sich das Bild der traditionell bürgerlichen Kernfamilie und zeigt sich zunehmend geprägt von einer Pluralität familialer Lebensformen (vgl. auch Kap. 4 in diesem Band, „Aktuelle Trends der Familie"). Zur traditionellen Sichtweise der Familie sind viele verschiedene andere Lebensformen getreten: Singles, Paare, die bewußt keine Kinder haben wollen, Geschiedene und Wiederverheiratete, gleichge-

schlechtliche intime Beziehungen, Pflegefamilien, SOS Kinderdorffamilien usw. (z. B. Petzold, 1999).
Anscheinend existieren also sehr unterschiedliche Vorstellungen vom Begriff „Familie“, welche enger und weiter gefaßt sein können. Eine einheitliche Definition erscheint sehr schwierig.

2. Zur Definition der Familie

Versucht man Familie zu definieren, so hängt dies von verschiedenen Bedingungen ab. Einen großen Einfluß hat der Stellenwert, welcher der Familie in der jeweiligen Gesellschaft beigemessen wird. Natürlich ist es auch von größter Bedeutung, welche Wissenschaft sich mit der Familie beschäftigt. Eine Definition von „Familie“ in der Psychologie oder in der Soziologie wird sehr unterschiedlich von einer Definition der „Familie“ in der Rechtswissenschaft sein. Dies ist nicht verwunderlich, da ja auch unterschiedliche Zwecke mit diesen Definitionen verfolgt werden. Außerdem erscheint es wichtig, welche wirtschaftlichen und kulturellen Entwicklungen gegeben sind. Für welche Zeit versucht man die Familie zu definieren, welche ethnischen und gesellschaftlichen Bedingungen wirken auf den Begriff der Familie ein? Zu guter letzt ist die Definition, die man der Familie gibt, auch sehr von der persönlichen Erfahrung, die man mit der eigenen Familie macht, abhängig. In einer österreichweiten repräsentativen Erhebung 10jähriger Kinder gaben auf die Frage, wen sie zu ihrer Familie zählten, 98 % ihre Mutter, 91 % den Vater, 91 % die Geschwister, 42 % die Großmutter und 40 % den Großvater an. Allerdings wohnten nur 15 % im gemeinsamen Haushalt mit den Großeltern (Beham & Schramm, 1995).

2.1. Verschiedene Familienbegriffe

Es gibt mehr oder weniger unterschiedliche Definitionen von Familie. Diese gehen auf unterschiedliche Familienbegriffe zurück. Will man den psychologischen Familienbegriff verstehen, so muß man ihn von anderen Familienbegriffen abgrenzen können.

2.1.1. Der rechtliche Familienbegriff

In den Rechtswissenschaften wird unter Familie eine legalisierte soziale Institution verstanden. Die Familie steht unter dem Schutz des Staates, sie erhält vom Staat viele Vergünstigungen. Die Voraussetzung für eine „vollständige Familie“, die aus Vater, Mutter, Kind oder Kindern besteht, stellt die Erlangung der Ehe auf rechtlichem Wege dar. Eine „unvollständige Familie“ ist ein Vater mit seinem Kind oder seinen Kindern oder eine Mutter mit ihrem Kind oder ihren Kindern. Dieser Familienbegriff ist sehr eng gefaßt (Schneewind, 1999).

2.1.2. Der genealogische Familienbegriff

Hier wird die Familie durch das Verwandtschaftsprinzip definiert. Es werden allerdings nicht nur Blutsverwandte, sondern auch Verschwägerte zur Familie gezählt. Dieser Familienbegriff ist einerseits weiter gefaßt als der oben beschriebene rechtliche Familienbegriff, andererseits ergibt sich auch eine Abgrenzung gegenüber vielen familienähnlichen Lebensformen. Ein Stiefvater oder ein Adoptivkind würden hier beispielsweise nicht zur Familie gezählt werden (Schneewind, 1999).

2.1.3. Der religiöse Familienbegriff

In der Religion stellt die Familie die älteste Religionsgemeinschaft dar. Der Vater übt kultische Funktionen aus. Die Bindung in der Familie entsteht durch die Blutsverwandtschaft und den gemeinsamen Besitz übernatürlicher Kräfte. Das Individuum wird nur als Glied der Familie gesehen (Brockhaus, 1968).

2.1.4. Der psychologische Familienbegriff

Der psychologische Familienbegriff wurde vor allem von Schneewind (vgl. z. B. 1991, 1999) geprägt. Als wichtigstes Merkmal der Familie im psychologischen Sinne nennt Schneewind das Prinzip des „gemeinschaftlichen Lebensvollzugs" (1999, S. 29). Allerdings wird dieses Prinzip auch durch andere Gruppen (Arbeits-, Sport- und Freizeitgruppen) erreicht. Als weiteres Kennzeichen nennt Schneewind den hohen Grad an „interpersoneller Involviertheit." Liebe und Streit sind zum Beispiel ein Zeichen für interpersonelle Involviertheit, die durch die beiden Pole der symbiotischen Überinvolviertheit und autistischen Unterinvolviertheit gekennzeichnet sind. Ist diese interpersonelle Involviertheit gegeben, so ist auch zugleich die wichtigste Voraussetzung für die Familie als „intimes Beziehungssystem" gegeben. Daneben müssen noch weitere vier Kriterien erfüllt sein:

1) *Nähe:* diese wird hier definiert als physische, geistige und emotionale Nähe.
2) *Abgrenzung:* Das Leben einer Familie ist sowohl räumlich als auch zeitlich von dem anderer abgegrenzt.
3) *Privatheit:* Nur in einem klar umgrenzten Lebensraum ist eine intime interpersonelle Beziehung der Familienmitglieder möglich.
4) *Dauerhaftigkeit:* Das Ziel einer Familie ist die längerfristige Gemeinsamkeit durch wechselseitige Bindung, Verpflichtung und Zielorientiertheit.

Dieser Familienbegriff ist sehr weit gefaßt. Es ergibt sich die Möglichkeit vieler Alternativen zum konservativen Familienbegriff, die jedoch auch als Familie bezeichnet werden können. Die beschriebenen Merkmale können zwischen den intimen Beziehungssystemen und innerhalb dieser variieren, sie können als positiv oder negativ erlebt werden (Schneewind, 1997). Die Familienmitglieder stellen zunächst ein Interaktionssystem dar, das aufgrund einer gemeinsamen

Beziehungsgeschichte und Involviertheit dann zu einem „intimen Beziehungssystem“ wird.
Obwohl dieser Familienbegriff sehr weit gefaßt ist, sind dadurch nicht alle definitorischen Probleme gelöst, wie Schneewind (1997) ausführt: Auch Freundschaften können intime Beziehungssysteme sein. Dennoch kann man Familie nicht nur auf „intergenerationale intime Beziehungen“ eingrenzen, da solche auch außerfamiliär stattfinden können und andererseits durch eine solche Definition Geschwisterbeziehungen in der Familie ausgeschlossen wären. Für empirische Zwecke besteht die Lösung dieses Problems darin, Familien als verschiedene Arten intimer Beziehungssysteme zu verstehen und je nach Fragestellung auf intra- oder intergenerationale Beziehungen mehr Wert zu legen. Will man beispielsweise Paarinteraktionen untersuchen, wählt man erstere Definition, untersucht man die Familie als System, wird man den intergenerationalen Aspekt stärker betonen, was natürlich nicht ausschließt, auf verschiedene Teilsysteme gleichzeitig einzugehen.
Als Fazit kann man aus diesen Ausführungen ableiten, daß man die Familie auf der einen Seite als Institution, die durch verschiedene Merkmale wie die biologisch-soziale Doppelnatur, spezifische Gruppenmerkmale und Interaktionsbeziehungen etc. gekennzeichnet ist, definieren kann; andererseits kann man auch behaupten, daß es „die Familie“ gar nicht gibt. Es gibt vielmehr verschiedene Auffassungen von Familien als dynamische Prozesse. Das ist dann die Familie als gelebte Wirklichkeit (Wingen, 1989, zitiert nach Beham & Schramm, 1995).

3. Kennzeichen der Familie aus psychologischer Sicht

Wie nun schon öfters erwähnt wurde, ist die Familie in der Psychologie durch den Grad an „interpersoneller Involviertheit“ definiert. Jede Wissenschaft legt also auf andere Merkmale in der Definition der Familie Wert.
Für einen psychologischen Zugang zur Familie gibt es viele zwingende Gründe: Viele Krisen machen die Familie zum Ansatzpunkt psychologischer Intervention; die individuelle Entwicklung und Bewältigung der Entwicklungsaufgaben steht in starker Wechselwirkung mit dem Familienzyklus, und die Familie als Sozialisationsinstanz stellt die wichtigste Einflußnahme auf die Erziehung, Entwicklung und Bewältigung von krisenhaften Lebensereignissen und sozialen Übergängen dar (Schmidt-Denter, 1997).
Wynne beschreibt 1985 (zitiert nach Schneewind, 1999, S. 26-28) in seinem epigenetischen Modell vier Kennzeichen von intimen Beziehungssystemen:

1) *Bindung und Fürsorge:* Dieses Merkmal betrifft die affektive Komponente der Beziehungen innerhalb einer Familie. In der frühen Mutter-Kind-Beziehung ist das Kind vor allem durch Vertrauen an die Mutter gebunden und sucht die Mutter in Notsituationen auf. Die Mutter hingegen ist die

Spenderin der Fürsorge. Dieses intime Beziehungssystem ist durch positive interpersonelle Involviertheit gekennzeichnet. Es ist nicht nur für die Mutter-Kind-Beziehung typisch, sondern auch für die Vater-Kind-Beziehung oder die Phase des Verliebtseins, aber auch für weniger gefühlsintensive Lebensphasen.

2) *Kommunizieren:* Eine persönliche Beziehung ist durch Interaktion und somit auch durch Kommunikation gekennzeichnet. In verschiedenen Gruppen und Kontexten werden verschiedene Sprachen gesprochen; eine gemeinsame Sprache ist (auch) Kennzeichen eines intimen Beziehungssystems und somit der Familie.
3) *Gemeinsames Problemlösen:* In intimen Beziehungssystemen sind alltägliche Konflikte zu lösen und schwerwiegende Entscheidungen zu treffen. Versucht man gemeinsam Probleme zu lösen, so setzt das gemeinsame Ziele voraus und deutet wieder auf interpersonelle Involviertheit und ein intimes Beziehungssystem hin.
4) *Gegenseitigkeit:* Hier geht es um die Frage, ob man fähig ist, Schwierigkeiten, die nicht durch althergebrachte Muster gelöst werden können, dadurch zu lösen, daß man neue Muster aufnimmt und so die Beziehungen im intimen Beziehungssystem aufrechterhalten kann. Beispiele für solche Schwierigkeiten wären körperliche und psychische Ereignisse, wie z. B. die Pubertät des Jugendlichen, familienzyklische Ereignisse, wie die Geburt eines Kindes, oder äußere Umstände, wie Arbeitslosigkeit.

Ähnlich werden die Kennzeichen einer Familie auch bei Schneewind (1999) beschrieben. Er weist vor allem darauf hin, daß sich die wechselseitige Verbundenheit in intimen Beziehungssystemen durch das Ziel der Lebenserhaltung und Lebenserweiterung, das jeder Mensch anstrebt, ergibt. Der Mensch ist sowohl ich-orientiert als auch wir-orientiert. Nach Schneewind sind das die Strukturmerkmale intimer Beziehungssysteme. Ziel der Ich-Orientierung ist die Erlangung der Autonomie, Ziel der Wir-Orientierung ist der Zusammenhalt. Dieser Zusammenhalt kann auf verschiedenen Ebenen durch gemeinsames Wollen, gemeinsames Fühlen, gemeinsames Wissen, gemeinsames Tun und gemeinsame Zielerreichung gegeben sein. Je nachdem, ob eine Familie auf viel oder wenig Zusammenhalt oder Autonomie Wert legt, ergeben sich quantitative Unterschiede. Qualitative Unterschiede ergeben sich jedoch durch die unterschiedlichen Möglichkeiten, die zu Zusammenhalt oder Autonomie führen können.
Weiters ist es aus psychologischer Sicht sehr wichtig, daß die Familie verschiedene Funktionen erfüllt. Es seien hier nur beispielhaft die Funktion des Befriedigens physischer und psychischer Bedürfnisse, die Funktion der Kräfteerneuerung durch gemeinsame Freizeitgestaltung und die Funktion des Erlernens von Kompetenzen, die für die Gemeinschaft nützlich sind, genannt (Neidhardt, 1970, zitiert nach Schneewind, 1999).

4. Was ist Familienpsychologie?

Da es nun – soweit eben möglich – geklärt erscheint, was unter Familie verstanden werden kann, bzw. wie sie in der Psychologie definiert ist, kann man sich der Familienpsychologie als wissenschaftlicher Disziplin innerhalb der Psychologie zuwenden: Die Familienpsychologie beschäftigt sich mit dem Erleben und Verhalten von Personen in Beziehung zu ihrer Familie. Sie ist als wissenschaftliche Disziplin der Psychologie methodisch und empirisch untermauert, wendet überprüfte diagnostische Methoden an, berücksichtigt differentiell wirkende Einflüsse auf die Familie und das Individuum, versucht die Replizierbarkeit von Ergebnissen nachzuweisen und richtet sich in ihrem Vorgehen nach der ethischen Verantwortlichkeit psychologischen Handelns. Außerdem stellt sie sich den Gütekriterien wissenschaftlich fundierten Handelns (Schneewind, 1997).
Den Terminus der Familienpsychologie findet man innerhalb der Psychologie nicht vor dem Jahr 1983. 1984 wurde die erste professionelle Fachgruppe für Familienpsychologie in der American Psychological Association (APA) gegründet. Im Jahr 1987 erschien die erste Fachzeitschrift für Familienpsychologie, das „Journal of Family Psychology“ (Schneewind, 1999). Es war für die Familienpsychologie sehr schwer, sich innerhalb der Psychologie zu etablieren. Interpersonelle Beziehungen wurden bislang vielmehr von der Soziologie beforscht. Das stand ganz im Gegensatz zum intrapersonellen, individuumzentrierten Verständnis der traditionellen Psychologie. Das Denken im Kontext und das systemische Denken faßte nur sehr langsam innerhalb der Psychologie Fuß. Es wurde bisher eher in die verschiedenen Teildisziplinen der Psychologie wie Entwicklungspsychologie, Pädagogische Psychologie, Klinische Psychologie und psychologische Diagnostik integriert als in einem eigenen Fach „Familienpsychologie“ (von dem die genannten Fächer dann wieder profitieren können). In den letzten Jahren wurden zwar im deutschsprachigen Raum in der Grundlagenforschung in bezug auf Längsschnittsuntersuchungen zu „kritischen“ Übergängen im Lebenszyklus Fortschritte erzielt. Allerdings hinkt die Forschung im Bereich der familiären Intervention im internationalen Vergleich nach (Schneewind, 1997). Im Jahr 1998 wurde die erste Münchner Tagung für Familienpsychologie abgehalten, was natürlich auch zur Institutionalisierung der Familienpsychologie beitrug.
Die Inhalte der Familienpsychologie sind Familiendiagnostik, Prävention im Bereich der Familie, Scheidung, Pubertät, Familienentwicklungspsychologie und vieles mehr. Die Familienentwicklungspsychologie beschäftigt sich mit Konstanz und Wandel von familiären Regel- oder Interaktionsmustern im Zeitverlauf. Dabei wirken auf das Individuum die frühere Geschichte in intimen Beziehungssystemen, die derzeitige Geschichte und die Geschichte der Herkunftsfamilie ein (Schneewind, 1999). Immer mehr werden in der Familienpsychologie sogenannte biopsychosoziale Prozeßmodelle entwickelt. Diese lehnen sich an die unterschiedlichsten Theorien der Psychologie, wie beispielsweise an die

Theorie des sozialen Lernens an. Es werden neuropsychologische und genetische, innerpsychische und soziale Aspekte verknüpft. Auf konkrete Fragestellungen angewendet, kann dies sehr hilfreich sein (Schneewind, 1997).
Es ist wichtig, die Familienpsychologie von anderen Familienwissenschaften zu trennen. Der Unterschied zur Familientherapie besteht darin, daß die Familienpsychologie, wie bereits erwähnt, eine akademische Teildisziplin innerhalb der Psychologie ist. Sie untersucht die Beziehungen des Individuums zur Familie und hat eine große theoretische Fundierung. Viele FamilientherapeutInnen hingegen stehen der wissenschaftlichen Fundierung und Überprüfung ihres Handelns sehr ablehnend gegenüber (Schneewind, 1997). Vor allem die klinische Familienpsychologie ist eine Art der familiären Intervention, die der Familientherapie entgegentritt. Sie bedient sich vieler verschiedener Interventionsformen und findet in vielen Bereichen Anwendung, wie beispielsweise in der Prävention und in der Stärkung von Familien in krisenhaften Situationen. Sie bedient sich aber auch der sozialen Netzwerkforschung, stellt sich verschiedenen Fragen der Familienpolitik und führt Wirkungsanalysen familienpolitischer Maßnahmen durch. Die Familientherapie auf der anderen Seite stellt eine Art von Krisenintervention für Familien dar, die Hilfe brauchen. Es werden die Ressourcen der gesamten Familie ins Spiel gebracht (Schneewind, 1999). Neben dieser interventiven Familienpsychologie gibt es auch die nicht-interventive Familienpsychologie, die versucht, interfamiliäre Sozialisations- und Entwicklungsprozesse zu erklären (Schneewind, 1997).
Der psychologische Aspekt der Familienpsychologie besteht vor allem darin, daß angenommen wird, daß die Person sich in der Interaktion zu den Familienmitgliedern äußert, daß sie aber auch durch diese Interaktion geformt wird. Diese Interaktion ist einerseits von außen beobachtbar, sie ist aber auch durch subjektives Wissen über die Familie erhebbar. Dieses subjektive Wissen über die Familie kann sich teilweise mit dem subjektiven Wissen anderer überlappen. Schneewind (1999) bezeichnet dies als das familienspezifische „interne Erfahrungsmodell“ (S. 95).

5. Zusammenfassung

Was ist Familie und wie ist Familienpsychologie definiert? Mit diesen Fragen beschäftigen sich WissenschafterInnen unterschiedlichster Provenienz. Ausgehend von der Entwicklung des Begriffs der Familie und der Entwicklung der traditionell bürgerlichen Kernfamilie zu weiter gefaßten Familienbegriffen wird erkannt, daß eine eindeutige Definition der Familie nicht leicht ist. Die Definition der Familie ist einerseits davon abhängig, welche Wissenschaft sich mit der Familie beschäftigt, andererseits auch davon, in welcher Zeit und unter welchen wirtschaftlichen und kulturellen Bedingungen die Familie definiert wird. Auch persönliche Erfahrungen mit der eigenen Familie spielen eine Rolle.

Während in den Rechtswissenschaften die Familie als soziale Institution verstanden wird, ist der genealogische Familienbegriff durch das Verwandtschaftsprinzip definiert.
Die Familie in der Psychologie ist allerdings durch „gemeinsamen Lebensvollzug“ und „interpersonelle Involviertheit“ gekennzeichnet. Die Familie wird verstanden als „intimes Beziehungssystem“ (Schneewind, 1999) – dieser Familienbegriff ist am weitesten gefaßt. Viele, auch nicht konservative Lebensformen werden als Familie bezeichnet.
Die Familienpsychologie ist eine relativ junge Teildisziplin innerhalb der Psychologie. Sie beschäftigt sich mit dem Erleben und Verhalten einer Person in Beziehung zu ihrer Familie. Verschiedene Inhalte wie Scheidung, Pubertät, generationale Beziehungen, Konstanz und Wandel von Interaktionsmustern im Laufe der Zeit etc. ergeben sich daraus. Die Familienpsychologie ist stark theoretisch fundiert. Klinische FamilienpsychologInnen sind in unterschiedlichsten Beratungsfunktionen tätig. Während die Familientherapie eine unmittelbare Krisenintervention darstellt, findet die Familienpsychologie z. B. auch in der Prävention und in der Familienpolitik ihre Anwendung.

6. Gedanken zum Thema

Es stellt sich die Frage, wie sinnvoll es überhaupt ist, die Familie absolut definieren zu wollen. Daß eine Familie ein „intimes Beziehungssystem“ ist und durch „interpersonelle Involviertheit“ gekennzeichnet ist, mag in den meisten Fällen stimmen, trifft dies jedoch auf alle Familien zu? Auch muß eine Familie ja nicht allen genannten Kennzeichen entsprechen. Definitionen sind zwar unbedingt notwendig, jedoch sollte man mehr Augenmerk auf einen etwas differentielleren Aspekt in der Familienpsychologie legen. Vielleicht wäre es günstig, an eine allgemeine Definition der Familie auch eine Definition verschiedener Typen von Familien zu reihen. Verschiedene Typen von Familien zeichnen sich durch verschiedene Kennzeichen aus, erfordern aber auch verschiedene Arten von Prävention und auf die verschiedenen Arten von Familien angelegte wissenschaftliche Untersuchungen und Erkenntnisse. Daraus würden sich dann verschiedene Beratungs- und Interventionsformen ableiten. Auch Schneewind schreibt im Jahr 1997, daß es wenig Sinn macht, Familienformen zu definieren. Es kommt vielmehr auf die Qualität der Beziehung zwischen den Personen in einem Familiensystem an.
Wer zur Familie zählt, hängt erstens davon ab, ob er bzw. sie sich „vom Gefühl her“, also emotionell als dazugehörig erlebt. Zweitens erscheint es wichtig, ob er bzw. sie auch von anderen Mitgliedern der Familie emotionell als dazugehörig betrachtet wird. Der Deckungsbereich stellt dann wahrscheinlich die „Realität der Familie“ dar. Hier lassen sich nun vier Fälle unterscheiden: Es gibt Personen, die sich als dazugehörig erleben und auch von den anderen Familienmit-

gliedern als solche beurteilt werden. Es gibt den zweiten Fall, in dem das Individuum von sich selbst und auch von den Familienmitgliedern als nicht zur Familie gehörig erlebt wird. Probleme entstehen erst im dritten Fall, wenn sich eine Person entweder als dazugehörig erlebt, jedoch von der Familie nicht so erlebt wird, oder – umgekehrt – im vierten Fall, wenn sich jemand als nicht dazugehörig erlebt, obwohl an ihn bzw. sie von der Familie dieselben Erwartungen wie an andere Familienmitglieder gestellt werden. Schneewinds Definition kommt dieser „emotionellen Definition" – falls so etwas überhaupt möglich ist – sehr nahe.

7. Literatur

Beham, M. & Schramm, B. (1995). Familie und Arbeit – zwei eindeutig mehrdeutige Begriffe? In Bundesministerium für Unterricht und kulturelle Angelegenheiten (Hrsg.), *Familie und Arbeitswelt.* Wien: Bundesministerium für Unterricht und kulturelle Angelegenheiten.

Brockhaus. (1968). *Enzyklopädie* (Band 6). Wiesbaden: F. A. Brockhaus.

Petzold, M. (1999). *Entwicklung und Erziehung in der Familie.* Baltmannsweiler: Schneider.

Schmidt-Denter, U. (1997). Familienpsychologie. Zur Einführung in das Themenheft. *Psychologie in Erziehung und Unterricht, 44,* 241-242.

Schneewind, K. A. (1991). *Familienpsychologie.* Stuttgart: Kohlhammer.

Schneewind, K. A. (1997). Das Profil der Familienpsychologie in Deutschland: Bestandsaufnahme der letzten 10 Jahre. *Psychologie in Erziehung und Unterricht, 44,* 243-255.

Schneewind, K. A. (1999). *Familienpsychologie* (2., überarbeitete Aufl.). Stuttgart: Kohlhammer.

3. Familie gestern und heute

Bettina Saur

1. Einleitung

Im folgenden soll die Entwicklung der Familie von der „Vormoderne" zur „Postmoderne" genauer betrachtet werden. Weiters wird auf die Stellung des Kindes in der Familie im Wandel der Zeit eingegangen. Zum Abschluß soll noch eine Studie zum „Generationenvergleich über 16 Jahre" von Schneewind und Ruppert (1995) kurz dargestellt werden.

2. Die Familie in der „Vormoderne"

Die Familie im 16. Jhdt. war gekennzeichnet durch eine große Vielfalt und Differenziertheit in ihren Erscheinungsformen – wohl bei weitem mehr, als dies in der Gegenwart der Fall ist. In diesem Zusammenhang schreibt Mitterauer (1989), „das Familienleben von Bauern oder Kleinhäuslern war ganz anders als das von städtischen Handwerkern, von Kaufleuten, von Beamten, von Adeligen. Große Bedeutung kommt regionalen Unterschieden zu" (S. 179). Wie die Familienstruktur also genau aussah, bestimmten viele Faktoren, wie städtischer oder ländlicher Raum, der Beruf des Familienoberhauptes und damit die Schichtzugehörigkeit, aber auch das Zugehören zu einer bestimmten Konfession hatte Einfluß auf den Familientyp. Trotzdem nennt Wilk (1995) einige Merkmale, die für viele Familien der „Vormoderne" zutreffen:

- Die Familien waren gekennzeichnet durch eine große Vielfalt an Rollen der verschiedenen zur Familie gehörenden Personen (z. B. Hausvater, Mutter, Kinder, verschiedene Verwandte, Gesinde, nicht-verwandte Personen ...).
- Es bestand eine strenge innerfamiliale Hierarchie. Die Mitglieder der Familie waren dem Familienvater untergeordnet.
- Die gesamte Fertilitätsphase der Frau wurde für die Fortpflanzung ausgenützt. Dadurch kam es zu großen Altersunterschieden zwischen den Geschwistern.
- Kinder hatten vor allem den Stellenwert des Erben, der Arbeitskraft und der Altersversorgung für ihre Eltern.

- Bei der Partnerwahl standen Überlegungen wie Besitz, Arbeitsfähigkeit und Gesundheit im Vordergrund. Die Eltern suchten den Ehepartner für ihre Kinder zwar nicht direkt aus, hatten aber trotzdem erheblichen Einfluß darauf.
- Die Ehe bestand meist bis zum Tod eines Partners.

3. Entwicklungstendenzen in der „Moderne“

Grundsätzlich ist zu der Entwicklung der Familie von der „Vormoderne“ zur „Moderne“ anzumerken, daß die Veränderungen nicht gleichzeitig für die gesamte Bevölkerung vor sich gingen. Es fand vielmehr ein phasenverschobener Prozeß statt, im Zuge dessen immer nur eine bestimmte Bevölkerungsgruppe von der Entwicklung betroffen war. Wilk (1995) stellt vor allem drei Tendenzen in den Vordergrund, auf welche im folgenden genauer eingegangen wird: Es kam zunächst zu einer *Veränderung der Zusammensetzung* der Familien. Diese war einerseits mit dem Übergang zur Lohnarbeit verbunden, da dadurch das Gesinde zunehmend an Bedeutung verlor und schließlich auch nicht mehr in der Familie lebte. Andererseits ging vor allem vom Bildungsbürgertum eine Tendenz zur Geburtenkontrolle aus, da der in dieser Schicht geforderte Bildungsstandard nur für wenige Kinder finanzierbar war. Bis hin zur Mitte des 20. Jhdts. erfaßte diese Änderung ein breiteres Spektrum der Bevölkerung. Weiters kam es zu einer *Veränderung der Beziehungen innerhalb der Familie*. Dies hatte seinen wohl stärksten Ausdruck in der Aufwertung der sogenannten „Liebesheirat“. Somit standen nicht mehr Besitz und Arbeitskraft im Mittelpunkt des Interesses, sondern der emotionalen Verbundenheit wurde zunehmend mehr Bedeutung beigemessen. In Zusammenhang damit stand auch die größere Bedeutung der Sexualität als Ausdruck der gegenseitigen Liebe und nicht mehr die ausschließliche Betonung der Fortpflanzung. Es läßt sich auch eine leichte Tendenz des Abbaus der patriarchalisch-hierarchischen Familienstruktur feststellen, obwohl immer noch eine eindeutige Trennung der Zuständigkeit von Mann und Frau für bestimmte Tätigkeiten erhalten blieb. Der Mann war nach wie vor für die ökonomische Versorgung der Familie verantwortlich, während die Frau den Innenbereich (Haushalt und Kindererziehung) zu managen hatte. Auch den Kindern gegenüber nahm man eine veränderte Position ein, indem ihnen eine eigene Persönlichkeit und ein emotionaler Wert zuerkannt wurde. Eine weitere Entwicklung betraf auch die *Funktion der Familie*. Mit der vermehrten Trennung von Produktionsstätte und Familie kam es zu einer Aufsplitterung der Familie, da nicht mehr alle Mitglieder ununterbrochen in der Familie anwesend waren. Dies verstärkte sich noch mit dem zunehmenden Schulbesuch der Kinder. Somit war die Familie nicht mehr der einzige Ort, an dem ihre Mitglieder agierten. Im Zuge dieser Entwicklung kam es zur Herausbildung eines besonderen Typus der Kernfamilie, nämlich der *„traditionell-bürgerlichen“ Kernfamilie*.

Diese „traditonell-bürgerliche" Kernfamilie stellte die vorherrschende Familienform der ersten Hälfte des 20. Jhdts. dar. Die Vorrangstellung ging so weit, daß jene, die nicht diese Lebensform wählten, als nicht „normal" galten. Diese Form der Kernfamilie ist charakterisiert durch eine Eheschließung in relativ jungen Jahren, die Geburt mehrerer Kinder und eine sehr hohe Stabilität. „Statistisch drückt sich dies deutlich aus in einer hohen Eheschließungszahl, einem niedrigen durchschnittlichen Heiratsalter, einer hohen durchschnittlichen Kinderzahl pro Familie und einer niedrigen Scheidungsrate" (Wilk, 1995, S. 17). Weiters war diese Familie gekennzeichnet durch eine strenge Rollen- und Aufgabentrennung. Der Mann übernahm die ökonomische Versorgung und das Vertreten der Familie nach außen, während die Frau für den Haushalt, die Kinder und ein harmonisches Klima in der Familie verantwortlich war. Es bestand also keine Gleichberechtigung in unserem heutigen Sinne. Die strengen Strukturen der „traditionell-bürgerlichen" Kernfamilie wurden erst durch die Studentenbewegung Ende der 60er-Jahre hinterfragt und kritisiert.

4. Die „Postmoderne"

In Anlehnung an Wilk (1995, S. 18-19) seien folgende gesellschaftliche Veränderungen, die sich auf die Familie auswirkten, genannt:

- Der *Individualisierungprozeß* führt dazu, daß Frau und Mann immer mehr danach trachten, daß die eigene Identität gefunden wird. Im Zuge dessen ist auch eine Neudefinition der Rollenverteilung notwendig geworden, welche sich bis heute immer noch nicht überall durchgesetzt hat.
- Die *zunehmende kulturelle Liberalisierung* hat dazu geführt, daß heute die Entkoppelung von Ehe und Zusammenleben möglich ist. Dadurch ist die Ehe in eine Legitimationskrise geraten.
- Die *Optionenerweiterung* im Hinblick auf die Möglichkeiten, sein Leben zu gestalten wirkt sich dahingehend aus, daß die Auswahlalternativen und somit auch die Anzahl der Entscheidungen gestiegen ist. Entscheidungen werden oft nur mehr für einen bestimmten zeitlichen Abschnitt getroffen. Das bedeutet, daß man mehr und mehr davon abkommt, „die Gemeinschaft fürs Leben" zu schließen.
- Die *extreme funktionale Differenzierung der Gesellschaft* hat dazu geführt, daß der Mensch in seiner Gesamtheit in den meisten Bereichen der Gesellschaft nicht mehr gefragt ist. Dies scheint er nur mehr in der Familie zu sein, wo er mit seiner gesamten Persönlichkeit, mit seinen Fähigkeiten und Schwächen akzepiert und geliebt wird.
- Die *medizinischen Fortschritte* haben einerseits die Lebenserwartung ansteigen lassen, andererseits ist eine Trennung von Sexualität und Fortpflanzung möglich.

Man kann also über die Familie in der „Postmoderne“ zusammenfassend sagen, daß durch die Pluralität der Lebensformen und andere gesellschaftliche Veränderungen die Ehe nicht mehr die einzige Möglichkeit darstellt eine Familie zu gründen. Weiters kommt es zu einer geringeren Bereitschaft viele Kinder zu bekommen. Im Vordergrund des Zusammenlebens steht eine emotionale Partnerschaft. Trotzdem kommt es relativ oft zu Trennungen nach einer gewissen Zeit.

5. Die Stellung der Kinder aus sozialgeschichtlicher Sicht

Die sozialgeschichtliche Einteilung der Stellung des Kindes läßt sich in Anlehnung an Lloyd deMause (zitiert nach Petzold, 1999, S. 9-11) in sechs Phasen darstellen.

1) Die erste Phase erstreckt sich von der Antike bis zum 4. Jhdt. In dieser Zeit war Kindesmord gesellschaftlich akzeptiert. Ein unerwünschtes Kind wurde ertränkt oder weggelegt und „vergessen“.
2) In der zweiten Phase, vom 4. bis zum 13. Jhdt., wurden unerwünschte Kinder zwar nicht mehr getötet; es war jedoch legitim, sie wegzugeben. Auch Mütter, die selbst nicht stillen wollten, gaben ihre Kinder häufig an Ammen weiter. In den unteren Schichten wurden Kinder auch schon in jungen Jahren als Arbeitskräfte eingesetzt.
3) Die dritte Phase dauert vom 14. bis zum 17. Jhdt. und läßt sich mit dem Begriff „Ambivalenz“ am besten beschreiben. Einerseits wurden Kinder erstmals in ihrer Persönlichkeit wahrgenommen. Andererseits praktizierte man auch noch die traditionelle „Kinderaufzucht“.
4) Zu Beginn des 18. Jhdts. setzt die vierte Phase mit einer zunehmenden Beschäftigung mit der kindlichen Denk- und Erlebensweise ein. Die Kindheit wurde erstmals als eine eigene, wichtige Periode des Lebens gesehen.
5) Ab dem 19. Jhdt. bis Mitte des 20. Jhdts. kommt es im Zuge der fünften Phase zu einer Hervorhebung der Sozialisation des Kindes. Es galt nicht mehr, das Kind nur körperlich „aufzuziehen“, sondern es wurde auch vermehrt darauf Wert gelegt, daß das Kind mit der Gesellschaft in ihrer Komplexität vertraut gemacht wird.
6) Ab der Mitte des 20. Jahrhunderts steht die Unterstützung des Kindes in seiner Entwicklung im Mittelpunkt. Besonders wichtig erachtete man, daß sich das Kind individuell entfalten kann. Die Rolle der Eltern bestand in der Unterstützung dieses Prozesses.

6. Eine Längsschnittstudie zum „Generationenvergleich“ über 16 Jahre

An dieser Stelle soll nun ein – in diesem Rahmen nur ganz kurzer – Ausschnitt der Längsschnittstudie „Generationenvergleich über 16 Jahre“ von Klaus Schneewind und Stefan Ruppert (1995) dargestellt werden.

6.1. Allgemeines zur Studie

1976 wurden im Rahmen einer Untersuchung zur „Eltern-Kind-Beziehung“ 570 Familien mit Kindern im Alter zwischen neun und vierzehn Jahren befragt. Bei der Nachuntersuchung 1992 konnten 200 dieser Familien zur Teilnahme an einer weiteren Befragung bewegt werden. Zu diesem Zeitpunkt waren die damaligen Kinder mit einem jetzigen Durchschnittsalter von 28 Jahren zu jungen Erwachsenen herangewachsen. Besonderer Wert wurde in der Studie auf persönlichkeits- und beziehungspsychologische Merkmale gelegt. Schneewind und Ruppert (1995) schreiben weiters, „die Besonderheit dieser Studie besteht darin, daß die Entwicklung zweier familiär miteinander verbundener Generationen im Längsschnitt betrachtet wird. Auf diese Weise sind sowohl zeit- als auch generationenbedingte Entwicklungseffekte darstellbar“ (S. 43).

6.2. Zur Persönlichkeitsentwicklung

Die Persönlichkeit wurde einerseits mit Hilfe des 16-Persönlichkeits-Faktoren-Test „16 PF“ (Schneewind, Schröder & Cattell, 1986) und andererseits durch Selbst- und Fremdeinschätzung erhoben. Dabei konnte Folgendes festgestellt werden:

- Auf Grundlage des Fragebogens waren die individuellen Persönlichkeitsunterschiede der Elterngeneration erstaunlich stabil. Es ließ sich lediglich eine konsistente Veränderung in Richtung Festigung der persönlichen Identität, soziale Öffnung und Betonung von Traditionalität feststellen.
- Auch bei der Selbsteinschätzung konnte eine erhebliche Stabilität der Elterngeneration über 16 Jahre verzeichnet werden. Es erfolgte nur eine Änderung hin zu geringerer Lebhaftigkeit und mehr Gelassenheit im Vergleich zur Ersterhebung.
- Ehepartner konnten sich hinsichtlich individueller Unterschiede sehr gut gegenseitig einschätzen.
- Bei der Kindergeneration zeigte sich, daß sich manche Persönlichkeitsmerkmale sehr gut aus der Kinderpersönlichkeit vorhersagen lassen. Es bestehen dabei allerdings erhebliche Geschlechtsunterschiede:
  - Bei den jungen Frauen ergaben sich vor allem im sozio-emotionalen Bereich (Begeisterungsfähigkeit und Selbstsicherheit) enge Beziehungen

zur Kindpersönlichkeit; diese Merkmale ließen sich sehr gut aufgrund der ersten Erhebung voraussagen.
- Bei den jungen Männern gelang diese Vorhersage vermehrt im Bereich sozialer und emotionaler Kontrolle (Pragmatismus, Überlegtheit und innere Ruhe).
- Bei der Selbsteinschätzung fallen die Unterschiede bei den jungen Männern stärker als bei den jungen Frauen aus. Bei den Frauen der Kindergeneration ist lediglich ein leichter Zuwachs an Durchsetzungsvermögen und Ehrgeiz sowie Gefühlsbetontheit feststellbar.

Es ließ sich auf Basis dieser Studie kein Unterschied der Persönlichkeitsentwicklung zwischen den Generationen nachweisen.

6.3. Erziehungsstile im Wandel der Zeit

- Zur Elterngeneration läßt sich sagen, daß sich deren Erziehungsstil geändert hat. Hätten die Eltern noch einmal ein Kind zu erziehen, würden sie weniger Anpassung an religiöse, leistungsorientierte und soziale Standards fordern. Weiters wird auf mehr Nachgiebigkeit und, damit verbunden, weniger Strafe gesetzt. Auch tendieren die Eltern eindeutig zu mehr emotionaler Offenheit gegenüber ihren Kindern.
- Individuelle Unterschiede bleiben aber trotzdem erhalten – das heißt, daß die vor 16 Jahren eher liberalen Eltern diese Einstellung bei der zweiten Befragung noch verstärkt zeigten.
- Es war auch ein leichter Trend dahingehend feststellbar, daß die Mütter der Elterngeneration etwas mehr mit dem „Zeitgeist" übereinstimmen als die Väter.
- Die Kindergeneration hat ein weitaus weniger normorientiertes, sowie ein partnerschaftlicheres und emotional offeneres Erziehungskonzept.
- Die Art der Erziehung der Eltern setzt sich jedoch durch ihre Kinder über die Generationen fort. Jene jungen Erwachsenen, die aus einem liberaleren Elternhaus stammen, zeigen, stärker als ihre Eltern, aber auch stärker als die Gleichaltrigen, ebenfalls eine liberalere Einstellung.

Zusammenfassend kann gesagt werden, daß sich im Bereich der Erziehung eine Veränderung der Einstellung über die Generationen hinweg auf jeden Fall nachweisen läßt.

6.4. Die Beziehung der Eltern zu ihren erwachsenen Kindern

- Die Beziehung zwischen den Eltern und ihren erwachsenen Kindern stellt sich zum Zeitpunkt der zweiten Befragung im Durchschnitt als durchaus positiv dar. Es wird über weitaus mehr Nähe und Kommunikation berichtet als über Kontrolle und Konflikte.

- Es besteht allerdings ein Unterschied zwischen den Generationen hinsichtlich der Beurteilung der gegeseitigen Beziehung. So bewerten die Eltern die Beziehung zu ihren Kindern positiver, als dies umgekehrt der Fall ist.
- Ein weiterer Unterschied zeigt sich zwischen Töchtern und Söhnen. So haben die Söhne zu ihren Vätern ein viel distanzierteres Verhältnis. Dafür fühlen sich Töchter sowohl von der Mutter als auch vom Vater mehr kontrolliert.
- Weiters konnte nachgewiesen werden, daß sich aus der in der ersten Befragung festgestellten Erziehungskompetenz der Eltern die spätere Qualität der Beziehung zu den Eltern vorhersagen läßt. Je höhere Kompetenz die Eltern aufwiesen, desto besser war die spätere Beziehung hinsichtlich Nähe und Kommunikation.

7. Zusammenfassung

Die Familienstruktur und die Beziehungen zueinander innerhalb der Familien haben sich von der „Vormoderne" bis zur „Postmoderne" stark verändert. War erstere noch gekennzeichnet durch eine große Vielfalt an Rollen und verschiedenen Formen des Zusammenlebens, je nach Beruf des Familienvorstandes, kam es in der „Moderne" allmählich zur Vorherrschaft der „traditionell-bürgerlichen" Kernfamilie. Diese stellte relativ lange die einzige gesellschaftlich anerkannte Form des Zusammenlebens dar. In der „Postmoderne" haben sich viele unterschiedliche Möglichkeiten der Lebensgestaltung herauskristallisiert. Viele Menschen wechseln auch im Lauf ihres Lebens mehrmals von einer Lebensform zu einer anderen. Getroffene Entscheidungen werden öfters revidiert. Die Ehe mit ihrem „Bis-daß-der-Tod-euch-Scheidet" ist damit in eine Legitimationskrise geraten.

Auch die Einstellung zu Kindern hat sich im Laufe der Zeit erheblich geändert. Maß man ihnen noch in der Antike überhaupt keinen Wert bei, fungierten sie im Mittelalter vorwiegend als Erbe und Arbeitskraft sowie zur Altersversorgung. Erst im 18. und 19. Jhdt. wurde die Kindheit als wichtige Lebensphase anerkannt und man begann, sich um die Sozialisation des Kindes zu bemühen. Ab der Mitte des 20. Jhdts. steht die Unterstützung des Kindes in seiner individuellen Entwicklung im Zentrum der Bemühungen.

Im Rahmen einer Längsschnittstudie zum Generationenvergleich von Schneewind und Ruppert konnte gezeigt werden, daß Persönlichkeitsmerkmale über die Zeit relativ stabil sind und daß kein eindeutiger Unterschied zwischen den Generationen besteht. Anders ist dies bei den Erziehungskonzepten. Hier fand im Laufe der Zeit sowohl bei der Elterngeneration, als auch zwischen den Generationen ein Liberalisierungs- und Emotionalisierungsprozeß statt.

8. Gedanken zum Thema

Der Reiz der Beschäftigung mit dem Thema „Familie gestern und heute“ liegt vor allem darin, daß das Befassen mit der Vergangenheit die Gegenwart verständlicher macht.
Besonders beeindruckt die Darstellung der Stellung des Kindes aus sozialgeschichtlicher Sicht. Aus heutiger Sicht scheint es nahezu unvorstellbar, daß es zu irgendeiner Zeit legitim war, ein Kind zu töten oder daß Kinder vorwiegend als Arbeitskraft „produziert“ wurden.
Hinsichtlich der Studie zum „Generationenvergleich“ überrascht positiv, daß es möglich war, nach 16 Jahren noch 200 Familien aufzufinden und deren Mitarbeit zu erreichen, was sicherlich einen enormen Aufwand erfordert. Kritisch bleibt anzumerken, daß Ergebnisse, die sich auf Daten des 16 PF stützen, wegen dessen technischer Mängel (z. B. Artefakte bei der Errechnung der Skalen, Verrechnung, ...) mit einiger Vorsicht zu interpretieren sind.

9. Literatur

Mitterauer, M. (1989). Entwicklungstrends der Familie in der europäischen Neuzeit. In R. Nave-Herz & M. Markefka (Hrsg.), *Handbuch der Familien- und Jugendforschung. Familienforschung* (Bd. 1, S. 179-209). Neuwied: Luchterhand.

Petzold, M. (1999). *Entwicklung und Erziehung in der Familie.* Baltmannsweiler: Schneider.

Schneewind, K. A. & Ruppert, S. (1995). *Familien gestern und heute: ein Generationenvergleich über 16 Jahre.* München: Quintessenz.

Schneewind, K. A., Schröder, G & Cattell, R. B. (1986). *Der 16 Persönlichkeits-Faktoren Test (16 PF)* (2. Aufl.). Bern: Huber.

Wilk, L. (1995). Familie in Österreich – gestern und heute. In Bundesministerium für Unterricht und kulturelle Angelegenheiten (Hrsg.), *Familie und Arbeitswelt* (S. 13-34). Wien: Bundesministerium für Unterricht und kulturelle Angelegenheiten.

4. Wandel der Familienformen

Martina Mayer

1. Einleitung

Die Auseinandersetzung mit dem Thema „Aktuelle Trends in der Familie“ ist wichtig, da aufgrund sozialer und materieller Lebensbedingungen und aufgrund spezifischer individueller Lebenssituationen ein Modernisierungsprozeß in bezug auf unterschiedliche Lebensformen stattfindet. In den letzten 30 Jahren kann von einem bedeutsamen Wandel der Familie gesprochen werden. Bezüglich des Ausmaßes dieses Wandels und der Zukunft der Familie bestehen jedoch sehr unterschiedliche Einschätzungen. Das Bild von Ehe, Scheidung und Elternverhalten wird in der Öffentlichkeit durch Medien geprägt und erfährt dort große Aufmerksamkeit. In diesem Beitrag soll (u. a.) diesem Interesse Rechnung getragen und der Versuch unternommen werden, die aktuellen Trends der Familie systematisch zu erfassen.
Zuerst soll dabei auf den Bedeutungswandel von Ehe und Familie näher eingegangen werden, wobei unter anderem die „neue“ Vaterrolle und die Berufstätigkeit der Frau beleuchtet wird. Im Anschluß daran werden die verschiedenen unterschiedlichen Lebensgemeinschaften, wie zum Beispiel „kinderlose Ehepaare“ oder „Stieffamilien“ behandelt.

2. Bedeutungswandel von Ehe und Familie

2.1. Bedeutungswandel versus Bedeutungsverlust von Ehe und Familie

Ausgelöst wurde der wissenschaftliche Diskurs über einen Wertewandel durch die Untersuchungen von Inglehart (Nave-Herz, 1989, S. 211). Mit Hilfe seiner Untersuchung konnte man auf einen Wandel im familiären Bereich schließen. Die Untersuchungsergebnisse widerlegten jedoch alle die These eines Bedeutungsverlustes von Ehe und Familie. Die Kernfamilie ist nach wie vor die häufigste Lebensform, gleichgültig wie hoch das Berufs- und Bildungsniveau der Befragten ist. Aufgrund der Ergebnisse konnte gezeigt werden, daß die Familie im Vergleich zu anderen Lebensbereichen, wie etwa Beruf oder Freundschaften usw., einen hohen Stellenwert einnimmt. Auch als „Sinn des Lebens“ wurden an erster Stelle Ehe und Familie genannt. Ferner ist auch ein hoher Zufriedenheitsgrad mit dem Familienleben zu erkennen.

2.2. Gründe für ein Leben ohne Kinder

Als Gründe für ein kinderloses Leben werden eine Reihe von Argumenten genannt, wie unter anderem die Unvereinbarkeit von Kindererziehung, Haushalt und Beruf. Weiters werden die fehlende Bereitschaft zur Verantwortungsübernahme und die Berufs- und Karriereorientierung genannt. Darüberhinaus wollen manche Menschen keine Kinder, da sie die Unabhängigkeit und Flexibilität nicht aufgeben wollen. Ebenso werden auch ökonomische Gründe, die steigende Arbeitslosigkeit und Schwierigkeiten bei der Kindererziehung zu den häufig genannten Gründen gezählt.

2.3. Erwerbstätigkeit der Frau und Mutterrolle

Mütter in der heutigen Zeit stehen oft vor der Alternative Kinder *oder* Karriere. Dieser Konflikt ist dann besonders groß, wenn der Mann nicht, oder nur zu einem geringen Teil bereit ist, im Falle eines Kindes Hilfestellung zu leisten. Die schwierige Vereinbarkeit von Familie und Beruf wird auch heute noch als „Frauenproblem“ gesehen, da Männern nur einen geringen Teil der Hausarbeit und der Kinderbetreuung leisten (s. z. B. Werneck & Rollett, in Druck). Die einzige Lösung dieses Konflikts ist in einer reduzierten Erwerbstätigkeit der Mutter zu sehen. Dies kann jedoch auch zu großen finanziellen Schwierigkeiten führen; außerdem kann eine Teilzeitbeschäftigung die Berufsaufstiegschancen erheblich beeinträchtigen. Darüberhinaus ist die Betreuungsfrage des Kindes bzw. der Kinder, v. a. bei zwei ganztags arbeitenden Elternteilen ohne die Hilfe von Großeltern oder Verwandten sehr wesentlich.

2.4. Die „neue“ Vaterrolle

Nave-Herz beschäftigte sich schon 1989 mit diesem Thema und sprach von einer „kindorientierten Ehegründung“; das heißt, daß auch in der heutigen Zeit der Ehe-Entscheidungsgrund in hohem Maße mit dem Kinderwunsch verknüpft ist; deshalb kann angenommen werden, daß auch Männer aufgrund der kindorientierten Ehegründung eine kindorientierte Einstellung aufweisen. Vor 15 Jahren noch wurde die Anwesenheit des Vaters während der Geburt seines Kindes im Kreißsaal von Ärzten aufgrund unterschiedlicher Begründungen abgelehnt. Die Anwesenheit der Väter während der Geburt hatte unter anderem auch eine Aufwertung der ehelichen Partnerbeziehung zur Folge. Ebenso begleiten zunehmend mehr werdende Väter ihre Frau während der Schwangerschaft zu den Vorsorgeuntersuchungen oder nehmen an geburtsvorbereitenden Kursen teil. „Neue“ Väter treten ihren Säuglingen und Kleinkindern mit Attributen, wie Zärtlichkeit und Zuwendung gegenüber, wie dies früher nicht im jetzigen Ausmaß der Fall war. Durch die Neugestaltung der Vaterrolle hat die Mutterrolle nicht mehr das Monopol auf expressives Verhalten in Pflege- und Betreuungssituationen; dennoch ist in fast allen Fällen der Vater für die materielle Sicherheit der Familie hauptverantwortlich (Nave-Herz, 1989, S. 215).

2.5. Zeitgeschichtliche Trends

Schon 1989 zeichnete sich als Resultat der Abnahme struktureller Zwänge zur Eheschließung eine zunehmende Bedeutung des neuen Subtyps „nichteheliche Lebensgemeinschaft" ab (Nave-Herz). Vor 25 Jahren waren bestimmte bedürfnisbefriedigende Leistungen nur über eine Heirat erreichbar. Ebenso ist ein zeitgeschichtlicher Trend in der Form zu erkennen, daß eine Eheschließung eine andere Bedeutung als vor 20 oder 30 Jahren besitzt, als die Ehe aufgrund einer Schwangerschaft unter anderem als Schutz für die Frau und das (noch ungeborene) Kind diente. Der heute vorherrschende Geburtenrückgang (wobei sich hier laut Angaben von Statistik Österreich, 2000, gerade möglicherweise eine Trendumkehr abzeichnet) ist u. a. darauf zurückzuführen, daß die Ansprüche an die Elternrolle stark erhöht sind und die Kind- und Familienzentrierung gestiegen ist. Eltern stellen heutzutage eine hohe Leistungsanforderung an ihre Familie. Dies kann zur Folge haben, daß der Wunsch nach weiteren Kindern reduziert ist, da sonst der Leistungsanspruch nicht entsprechend befriedigt werden kann. Ebenso kann aus dem Zeitaufwand, den beide Elternteile gemeinsam für ihre Kinder erbringen, auf eine gestiegene Präferenzstellung der Kinder im Familienleben geschlossen werden (vgl. z. B. Werneck & Werneck-Rohrer, in Druck).
Als wesentliche Veränderung in der Familie ist auch die Pädagogisierung der Kinder zu sehen (Nave-Herz, 1989). Dies bedeutet, daß Eltern heute in erhöhtem Ausmaß ihre Kinder in Institutionen schicken, wie zum Beispiel Musikschulen oder Schwimmkurse.

3. Verschiedene unterschiedliche Lebensgemeinschaften

Heutzutage gibt es neben der Ehe, die als Institution sehr alt ist, eine Vielzahl unterschiedlicher Lebensformen. Trost (1989) berichtet, daß es bereits gegen Ende des 19. Jahrhunderts in Schweden sogenannte „Stockholm-Ehen" gab: Personen, die diese „Ehen" eingingen, kamen oft vom Land; ihnen war es nicht möglich, in der Stadt einen eigenen Haushalt zu gründen, deshalb lebten sie gemeinsam mit mehreren Paaren unverheiratet in einem Haushalt zusammen. Um 1900 entstand, auch in Schweden, eine andere Form einer nichtehelichen Lebensgemeinschaft, die sogenannte „freie Ehe". Diese entstand, da nur eine Staatskirche zur Eheschließung möglich war – das bedeutet, daß nur eine kirchliche Trauung möglich war; deshalb forderten Intellektuelle die Einführung einer standesamtlichen Eheschließung. Begriffe wie „Partnerschaft mit getrennten Haushalten", „nichteheliche Lebensgemeinschaft" oder „living-apart-together" stehen als Synonyme für eine Veränderung der Wertorientierung. Sie alle beschreiben eine Beziehung zwischen Männern und Frauen, die als Alternative zur Lebensform Ehe gelebt wird (vgl. z. B. Trost, 1989). In den 60er-Jahren waren traditionelle Werte, wie die Ehe, von großer Bedeutung. Nichteheliche Lebensgemeinschaften waren zu dieser Zeit als Lebensmodell nicht in diesem Ausmaß vorhanden, wie sie es heute sind. Trost (1989) berichtet, daß die Verbreitung nichtehelicher Lebensgemeinschaften in den meisten Staaten der westlichen Welt ab Mitte der 60er-Jahre zugenommen hat. Ebenso konnte laut Untersuchungen gezeigt werden, daß Frauen umso seltener in nichtehelichen Lebensgemeinschaften leben, je älter sie sind. Gesellschaftliche Veränderungen, wie z. B. die zunehmende Unabhängigkeit der Frauen, haben in den letzten Jahrzehnten zu diesen rasanten Änderungen im Bereich Familie beigetragen (Cliquet, 1991; Kiernan, 1993; Lesthaeghe, 1995; van de Kaa, 1987, zitiert nach Prinz, 1998, S. 135). Hierbei ist v. a. das Alter bei der ersten Eheschließung deutlich angestiegen und die Heiratswahrscheinlichkeit rückläufig.

3.1. Nichteheliche Lebensgemeinschaft

Diese Lebensform ist auch unter den Begriffen „Ehe ohne Trauschein“ oder „freie Partnerschaft“ bekannt. Diese Art des Zusammenlebens wurde in den 60er-Jahren von Studentenbewegungen als Gegenentwurf zur Ehe „entwickelt“, sozusagen als Protest gegen die Ehe als soziale Institution. Es lassen sich drei Arten nichtehelichen Zusammenlebens unterscheiden:

- *Die Ehe auf Probe:* wird üblicherweise von jungen Leuten praktiziert, die ihr Elternhaus verlassen haben und zusammen mit einer/m PartnerIn einen eigenen Hausstand gründen.
- *Die nacheheliche Partnerschaft:* wird von eheerfahrenen Leuten nach einer Trennung, Scheidung oder Verwitwung eingegangen.
- *Die eigenständige Lebensform:* liegt vor, wenn bereits von Anfang an klar ist, daß die Beziehung – auch im Falle eines Kindes – auf Dauer, aber ohne Eheschließung angelegt ist.

Im Verlauf der letzten drei Jahrzehnte sind nichteheliche Lebensgemeinschaften zu gesellschaftlich akzeptierten Lebensformen geworden. Obwohl die Entwicklung in Schweden und Dänemark begonnen hatte, sind heute auch in ost- und südeuropäischen Ländern sehr wohl vermehrt nichteheliche Lebensgemeinschaften vertreten – jedoch nicht in dem Ausmaß wie in Nordeuropa. Ebenso konnte gezeigt werden, daß ein höheres Ausmaß von nichtehelichen Lebensgemeinschaften bei jungen Menschen vorherrschender ist als bei den über 35Jährigen (Schneider, Rosenkranz & Limmer, 1998, S. 75).

3.2. Kinderlose Ehepaare

Bei dauerhafter Kinderlosigkeit kann bzw. muß die freiwillig und die unfreiwillig entstandene unterschieden werden. Unfreiwillige Kinderlosigkeit kann entweder psychologisch oder physiologisch bedingt (oder beides) sein, oder sie ist die Folge sozialer Verbote, wie z. B. bei katholischen Priestern (Schneider et al., 1998). Ein hoher Prozentsatz freiwillig kinderloser Ehepaare kann als Folge der Erfordernisse einer modernen industrialisierten Lebensführung angesehen werden. Die freiwillig gewählte Kinderlosigkeit als Lebensstil – in Verbindung mit der Ehe – hat in den letzten Jahren deutlich zugenommen. Als Gründe können sicherlich die steigende Berufs- und Karriereorientierung gesehen werden. Ebenso ist das Kriterium Erst- oder Folgeehe entscheidend, ob eine Ehe kinderlos bleibt oder nicht: Folgeehen bleiben häufiger kinderlos als Erstehen. Daneben ist naturgemäß das Heiratsalter maßgeblich, ob eine Ehe kinderlos bleiben wird oder nicht.

3.3. Fragmentierte Elternschaft

Man spricht von fragmentierter Elternschaft, wenn in einer Familie ein Elternteil oder beide Elternteile nicht genetisch mit dem Kind verwandt sind (Hoffmann-Riem, 1988, zitiert nach Schneider et al., 1998, S. 131). Zu den bekanntesten Formen fragmentierter Elternschaft zählen Stief-, Adoptiv-, Pflege- und Inseminationsfamilien.

3.3.1. Stieffamilien

Zu den wichtigsten Lebensformen mit Kindern zählen heutzutage die Stieffamilien. Stieffamilien, wie sie heute oftmals anzutreffen sind, als Familien mit einem zusätzlichen Elternteil, stellen eine typische Form der Lebensgestaltung der Postmoderne dar (Wilk, 1998, S. 169). Bei Stieffamilien handelt es sich um Familien, in denen ein Elternteil nicht leiblich mit dem Kind verwandt ist. Heutzutage entsteht die überwiegende Anzahl der Stieffamilien durch Scheidungen mit anschließender Wiederheirat. Im Zuge der Gründung einer Stieffamilie wird das Kind um einen Stiefelternteil reicher und eventuell auch um die neue Familie des getrennt lebenden Elternteils. Typologisch sind u. a. folgende Formen von Stieffamilien zu unterscheiden (Krähenbühl, Jallouschek & Kohaus-Jallouschek, 1987; Peuckert, 1996, zitiert nach Schneider et al., 1998, S. 136):

- *Stiefmutterfamilie*: Der leibliche Vater heiratet nach Verwitwung oder Scheidung eine Frau, die keine Kinder mit in die Familie bringt.
- *Stiefvaterfamilie*: Die leibliche Mutter heiratet nach Verwitwung oder Scheidung einen Mann, der keine Kinder mit in die Familie bringt.
- *Legitimierende Stieffamilie*: Die Mutter eines nichtehelichen Kindes heiratet einen anderen Mann als den leiblichen Vater des Kindes.

- *Zusammengesetzte / komplexe Stieffamilie*: Beide Partner bringen Kinder aus einer früheren Ehe in die derzeitige Haushaltsgemeinschaft ein.

3.3.2. Adoptivfamilien

Eine Adoptivfamilie entsteht, indem sich ein Ehepaar entschließt, ein Kind unter 18 Jahren als ihr Kind anzunehmen. Mit der Adoption erlangt das Kind die rechtliche Stellung eines ehelichen Kindes der Eltern. Bei Adoptionen finden fast immer Inkognito-Adoptionen statt; dies bedeutet, daß die leiblichen Eltern die Adoptiveltern nicht kennen.

3.3.3. Pflegefamilien

Diese unterscheiden sich von Adoptivfamilien in der Art, daß das Verfügungs- und Sorgerecht über das Pflegekind bei der Herkunftsfamilie bleibt. Es werden bei diesen Familien verschiedene Formen der Pflegeverhältnisse unterschieden, wobei Tages- und Vollzeitpflegeverhältnisse die Hauptgruppen sind.

3.3.4. Inseminationsfamilien

„Inseminationsfamilie" ist ein Begriff, der von Delaisi de Parseval und Janaud 1986 für Paare geprägt wurde, deren Nachwuchs mit einer Samen- oder einer Eispende künstlich gezeugt wurde (Schneider et al., 1998, S. 142). Das Kind ist in diesen Familien mit nur einem Elternteil leiblich verwandt.

3.4. Alleinerziehende

Alleinerziehen ist eine Lebensform, bei der die Mutter oder der Vater das Sorgerecht und die Erziehungsverantwortung für das Kind bzw. die Kinder besitzt, mit dem sie oder er in einem Haushalt zusammenlebt (vgl. auch Kap. 35). Lange Zeit waren Alleinerziehende, in der Mehrheit Frauen, entweder aufgrund einer Verwitwung oder durch eine ungewollte ledige Mutterschaft, verpönt. Alleinerziehen im Sinne einer gewollten Alternative zu anderen Lebensformen hat sich erst in den letzten Jahren entwickelt. Sie ist eine Lebensform, die in den vergangenen 25 Jahren in Westeuropa ständig anwuchs. Als zentrale Ursache des Alleinerziehens wird heutzutage die Scheidung gesehen. Die Lebensform „Alleinerziehen" wird auch heute in der Regel nicht bewußt gewählt, sondern entsteht aufgrund des Scheiterns einer Partnerbeziehung; dies bedeutet, daß nur wenige Frauen die Entscheidung für eine Schwangerschaft mit dem bewußten Vorsatz, künftig als Alleinerziehende zu leben, treffen.

3.5. Partnerschaften mit getrennten Haushalten

Diese Lebensform ist auch unter den Begriffen „living-apart-together" oder „Teilzeit-Ehen" bekannt (Schneider et al., 1998, S. 47). Bei dieser Lebensform handelt es sich um verheiratete oder unverheiratete Paare, die Kinder haben oder aber auch kinderlos sind und getrennt, in verschiedenen Haushalten leben. Bei diesen Paaren kann die räumliche Trennung aufgrund des Arbeitsplatzes erfolgen oder aufgrund der Unabhängigkeit des Partners bzw. der Partnerin, die nicht aufgegeben werden will. In einer Partnerschaft ohne gemeinsamen Haushalt leben öfter junge Erwachsene. Bei den Erwachsenen unter 30 Jahren ist diese Lebensform die häufigste partnerschaftliche Lebensform; ebenso wird diese Form häufig als voreheliche Lebensform verstanden. Darüberhinaus kann angenommen werden, daß diese Beziehungsform weiter an Bedeutung gewinnt; als Grund dafür wird v. a. eine erhöhte räumliche Mobilität im Rahmen der Arbeitssuche gesehen.

3.6. Die Lebensform „Alleinwohnen"

Bis zum Ende des 19. Jahrhunderts waren Alleinwohnende mit einem negativen Image versehen. Das Alleinwohnen als eine freiwillige Lebensform ist ein relativ neues Phänomen: freiwillig bedeutet, daß diese Lebensform bewußt gewählt wurde und ohne äußere Umstände entstanden ist (wie z. B. Tod des Ehepartners) und auf Dauer angelegt ist. Seit der Nachkriegszeit ist auch die Zahl der Einpersonenhaushalte deutlich gestiegen. Schneider et al. (1998) geben Hinweise, daß derzeit in jedem dritten Haushalt in der Bundesrepublik Deutschland nur eine Person lebt. Das entspricht einem Anteil von 16 % an der deutschen Bevölkerung in Privathäusern. SeniorInnen im Alter von 65 Jahren oder älter stellen etwa 39 % aller Einpersonenhaushalte dar – davon mehr Frauen als Männer (Schneider et al., 1998, S. 37).

4. Zusammenfassung

Heutzutage leben immer mehr Menschen oder Paare mit oder ohne Kind/er(n) in verschiedenen Lebensformen jenseits der Kernfamilie. Diese Lebensformen entwickeln sich zunehmend aufgrund individueller Planungen und Entscheidungen von beiden Partnern. Ebenso werden Lebensformen immer häufiger nicht auf Dauer, sondern an die jeweilige Lebenssituation angepaßt begründet. Dennoch ist die Akzeptanz von Ehe und Familie auch heutzutage weiterhin hoch. Obwohl die psychische Bedeutung von Ehe und Familie sogar gestiegen ist und die Kindzentrierung zugenommen hat, gibt es dennoch häufiger Scheidungen. Diese stehen sicherlich auch mit den erhöhten Leistungsanforderungen an die Ehe in Zusammenhang. Nach diesen Scheidungen werden dann vermehrt andere Lebensgemeinschaften ausgewählt – wie z. B. kinderlose Ehen, nichteheliche Lebensgemeinschaften, oder es werden Stieffamilien gegründet.

Wie sich die Familienstrukturen in der Zukunft entwickeln, und auf welche Weise Kinder zukünftig aufwachsen werden, ist in komplexem Zusammenhang mit anderen gesellschaftlichen Entwicklungen zu sehen.

5. Gedanken zum Thema

Auch wenn es, vor allem aus Kinderperspektive, in der Regel als angenehm empfunden wird, in „klaren" Familienverhältnissen aufzuwachsen, ist es leicht vorstellbar, daß Kinder, wenn sie in anderen Lebensformen aufwachsen, ebenso glücklich sind, speziell wenn die Eltern diese Kinder gut darauf vorbereitet haben bzw. ihnen die Situation entsprechend erklären können. So muß etwa auch eine Scheidung nicht in jedem Fall zwangsläufig ein Nachteil für ein Kind sein – zum Beispiel dann, wenn die Eltern während der Ehe viel gestritten haben (unter diesen Umständen hat eine Trennung oftmals eine positive Auswirkung für das Kind bzw. die Kinder, vgl. Kap. 15). Wenn Ehepaare keine Kinder bekommen können, jedoch welche wollen, ist grundsätzlich nichts dagegen einzuwenden, wenn sie sich zu einer Adoption entschließen oder sich künstlich befruchten lassen. Wenn Paare jedoch wissen, daß sie nicht die nötige Geduld und Fürsorge für ein Kind aufbringen könnten, so ist es wohl besser und auch verantwortungsvoller, sich gegen eigene Kinder zu entscheiden.

Wie auch immer die Entscheidung fällt, scheint es jedenfalls vernünftig, sich, *bevor* man Kinder in die Welt setzt (bzw. für sie Verantwortung übernimmt), auch über die unterschiedlichsten Folgen – z. B. betreffend die finanzielle Lage, Betreuungssituation des Kindes usw. – Gedanken zu machen.

6. Literatur

Nave-Herz, R. (1989). Zeitgeschichtlicher Bedeutungswandel von Ehe und Familie in der Bundesrepublik Deutschland. In R. Nave-Herz & M. Markefka (Hrsg.), *Handbuch der Familien- und Jugendforschung. Familienforschung* (Bd. 1, S. 211-222). Neuwied: Luchterhand.

Prinz, C. (1998). Lebensgemeinschaften mit Kindern in europäischer Perspektive: Ausgewählte demografische und gesellschaftliche Aspekte. In L. A. Vaskovics & H. A. Schattovits (Hrsg.), *Lebens- und Familienformen – Tatsachen und Normen* (Heft 4, S. 135-142). Wien: Österreichisches Institut für Familienforschung.

Schneider, N. F. (1996). *Familie im Modernisierungsprozeß*. Burgebrach: MM Druck.

Schneider, N. F., Rosenkranz, D. & Limmer, R. (1998). *Nichtkonventionelle Lebensformen. Entstehung – Entwicklung – Konsequenzen*. Opladen: Leske + Budrich.

Statistik Österreich. (2000). *Presseinformation*. [Online im Internet]. URL: http://www.oestat.gv.at/presse/2000153_txt.htm [29. 8. 2000].

Trost, J. (1989). Nichteheliche Lebensgemeinschaften. In R. Nave-Herz & M. Markefka (Hrsg.), *Handbuch der Familien- und Jugendforschung. Familienforschung* (Bd. 1, S. 363-373). Neuwied: Luchterhand.

Vaskovics, L. A., & Schattovits H. A. (Hrsg.). (1998). *Lebens- und Familienformen – Tatsachen und Normen* (Heft 4). Wien: Österreichisches Institut für Familienforschung.

Werneck, H. & Rollett, B. (in Druck). Sozialer Wandel und Familienentwicklung in Österreich. In H. Nickel & C. Quaiser-Pohl (Hrsg.), *Junge Eltern im kulturellen*

Wandel. Eine Untersuchung zur Familiengründung in drei Kontinenten. Weinheim: Juventa.

Werneck, H. & Werneck-Rohrer, S. (in Druck). Neue Eltern braucht das Land. In Österreichische Kinderfreunde (Hrsg.), *Auf dem Weg in die kinderlose Gesellschaft.* Wien: Österreichische Kinderfreunde.

Wilk, L. (1998). Stieffamilien. In L. A. Vaskovics & H. A. Schattovits (Hrsg.), *Lebens- und Familienformen – Tatsachen und Normen* (Heft 4, S. 169-175). Wien: Österreichisches Institut für Familienforschung.

5. Demographische Daten zur Familie

Sabine Resl

1. Einleitung und Rückschau

Die Bedeutung der Familie ist einem ständigen Wandel unterworfen: Ideale ändern sich ebenso wie Realitäten. Verantwortlich dafür sind einschneidende Ereignisse, die im Laufe der Geschichte nicht nur Auswirkung auf die Institution Familie hatten. Dazu gehören unter anderem:

- *Medizinische Erkenntnisse*, die eine längere Lebenserwartung und eine verminderte Kindersterblichkeit zur Folge hatten. Sie sind im weitesten Sinne auch dafür verantwortlich, daß es heute für Eltern der ersten Welt möglich ist, eine starke emotionale Bindung zu dem Kind einzugehen, ohne befürchten zu müssen, daß dieses das Erwachsenenalter nie erreichen wird.
- Die *Industrialisierung*; der deswegen gestiegene Wohlstand für eine breite Bevölkerungsschicht und die daraus resultierende Änderung des Lebensstils.
- Die *Erfindungen* der Neuzeit, von banalen Gegenständen wie Haushaltsgeräten bis zur Anti-Baby-Pille.
- *Politische* und *zeitgeistige* Erscheinungen, von der Aufklärung über Nationalsozialismus, Kommunismus zu Kapitalismus, und deren Auswirkungen auf das Rollenbild. Begriffe wie „Soldatenmutter“, „Arbeiterin“, „Karrierefrau“ oder „Trümmerfrau“ veranschaulichen beispielhaft einen stetigen Wandel.
- Der veränderte Einfluß der Religion im Leben der Menschen und die zunehmende Toleranz gegenüber alternativen Lebensformen.

Die aufgezählten Punkte sind einige der Variablen, die unsere Einstellungen und die Realitäten der Institution Familie mitbestimmen. Familiäre Lebensformen sind in besonderem Maß vom Zeitgeist abhängig, sogar deren Definition findet immer wieder neu statt.
Im folgenden soll nun ein Überblick über demographische Daten der Institution Familie gegeben werden.

2. Trends

2.1 Lebensgemeinschaften und Ähnliches

2.1.1 Eheschließungen

Laut Österreichischem Familienbericht 1999 vom Bundesministerium für Umwelt, Jugend und Familie (1999) sinkt die Zahl der Eheschließungen seit 1993 kontinuierlich. Im Jahr 1993 wurden 45.000 Paare getraut, 1999 waren es nur noch 39.485 (Statistik Österreich, 2000a). Diese Daten müssen zwar relativiert werden, zur Zeit ist die Kohorte aus einem geburtenschwachen Jahrgang im heiratsfähigen Alter, dennoch zeigt der Trend eindeutig in Richtung weniger Ehen. Signifikant dabei ist das sich ändernde Verhältnis von Erstehen und Wiederverheiratungen. Waren 1971 noch 79 % aller Eheschließungen Erstehen, so sind es 1999 nur noch 66.5 % (Statistik Österreich, 2000a). Das heißt, der Anteil an Wiederverheiratungen hat um über 12 % zugenommen.

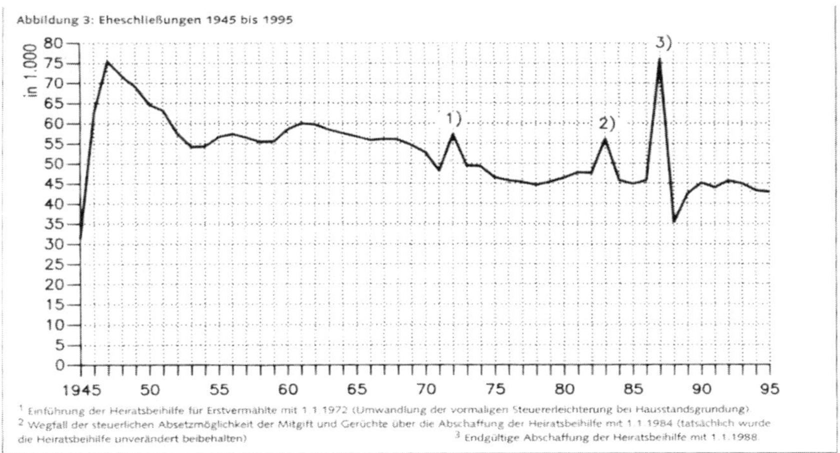

Abbildung 1: Eheschließungen in Österreich 1945 bis 1995 (Institut für Demographie der Österreichischen Akademie der Wissenschaften, 1996, Abb. 3).

In Abbildung 1 (Institut für Demographie der Österreichischen Akademie der Wissenschaften, 1996, S. 99, Abb. 3) fallen einige Zacken auf: 1972 wurde die Heiratsbeihilfe eingeführt, 1983 gab es Gerüchte, diese werde mit Beginn des nächsten Jahres abgeschafft, im Jahr 1988 wurde sie tatsächlich gestrichen. Die Motivation zur Heirat ist demnach *auch* von wirtschaftlichen Erwägungen abhängig; Steuererleichterungen, Zuschüsse, Förderungen oder der Wegfall von bestimmten Leistungen (wie z. B. die Witwenpension) beeinflussen die Entscheidung. Das ist ein nicht neuer Aspekt, denn zu früheren Zeiten wurden Ehen oft *hauptsächlich* aus wirtschaftlichen Erwägungen geschlossen und aufrechterhalten.

2.1.2 Nesthocker und Zeitpunkt der Familiengründung

Aus der Statistik des Österreichischen Familienberichts 1999 (Bundesministerium für Umwelt, Jugend und Familie, 1999) geht hervor, daß Kinder immer länger im elterlichen Haushalt verbleiben. Im Alter zwischen 25 und 29 lebten im Jahr 1971 noch 21 % der Männer und 8 % der Frauen bei den Eltern, im Jahr 1997 waren es 39 % bzw. 16 %.

Das durchschnittliche Alter bei der ersten Heirat verschob sich bei Männern von 24.4 (1970) auf 29.2 (1998) und bei Frauen von 21.7 (1970) auf 26.8 (1998). Im Jahr 1971 hatten fast die Hälfte der Männer von 25 bis 29 Jahre schon Frau und Kind(er), 1997 waren es nur noch 20 %. Bei den Frauen hat sich die entsprechende Zahl von früher 63 % auf heute 36 % ebenfalls deutlich verringert. Das Alter, in dem Menschen heute heiraten und eine Familie gründen, verschiebt sich immer weiter nach hinten.

Ein weiterer Trend geht zu Singlehaushalten. 1999 waren von insgesamt 3,250.300 Haushalten in Österreich 979.300 Einpersonenhaushalte, davon 332.300 in Wien (Statistik Österreich, 2000b). Die Interpretation der Statistik ist aber problematisch, da nicht klar hervorgeht, ob es sich um „echte" Singles handelt. Eine Form, die genauso in diese Sparte fällt, wäre *Living apart together* (dabei werden trotz einer festen Partnerschaft unabhängige Haushalte weitergeführt, vgl. auch Kap. 4).

2.1.3 Nichteheliche oder voreheliche Lebensgemeinschaften?

Es fällt auf, daß die Zahl der Ehen ohne Kinder sich verringert, während die Zahl der nichtehelichen Lebensgemeinschaften, mit oder ohne Kinder/n, im steigen begriffen ist. Wie können diese Statistiken nun interpretiert werden? Laut Vaskovics (1994) ist die nichteheliche Lebensgemeinschaft ein immer beliebteres Partnerschaftsmuster. Sie ist oftmals der Ehe vorgelagert – das heißt, Paare ziehen zusammen, und wenn sich die Beziehung positiv entwickelt, wird erst die Heirat realisiert –, stellt also eine Art „Prüfung" dar. Diese Lebensform kann daher eher als voreheliche Form beschrieben werden. Wenn Kinder dazukommen, erhöht sich die Bereitschaft, sie durch eine Trauung zu „legitimieren". Nur ein relativ kleiner Prozentsatz der Paare ist grundsätzlich gegen eine eheliche Verbindung.

Daneben wird die klassische Kernfamilie zunehmend nur eine – mehr oder weniger lang andauernde – Phase im Leben eines Menschen, also ein *temporäres Phänomen* (Vaskovics, 1994), wie auch die Statistik (Bundesministerium für Umwelt, Jugend und Familie, 1999; vgl. Statistik Österreich, 2000a, 2000c) zeigt: Menschen werden älter; und während früher oft die Familienphase, die

Zeit, in der Eltern und Kinder im selben Haushalt leben, 50 % des Lebens beanspruchte, macht dieser Zeitraum heute nur mehr ca. ¼ des Lebens aus.

2.2 Geburten

Laut Institut für Demographie (1996) wünschen sich 52.2 % der 20-39Jährigen zwei Kinder, 23.1 % drei oder mehr Kinder; 14.5 % wünschen nur ein Kind und 8.2 % wollen kinderlos bleiben. Kurz: ÖsterreicherInnen hoffen auf durchschnittlich 1.99 Kinder. Die Realität sieht anders aus: 1999 betrug die Gesamtfertilitätsrate 1.33 Kinder pro Frau (Kytir & Münz, 1999). Die *Entwicklung der Geburtenzahlen* ist ein besonders interessanter Bereich. Hier spiegeln sich die in der Einleitung erwähnten Ereignisse der Geschichte besonders stark wider. Bekam um die Jahrhundertwende eine Frau noch etwa vier Kinder, so halbierte sich diese Zahl in den folgenden zwei Jahrzehnten. Der erste Weltkrieg bewirkte auf der Bevölkerungspyramide starke Blessuren, ebenso die wirtschaftlich angespannte Situation ab 1922. 1939 bis 1944 folgte ein Babyboom, ein weiterer in den Jahren 1947 bis 1951. Auch in den späten 50er- und frühen 60er-Jahren zeigte die Tendenz in Richtung mehr Geburten; seit Mitte der 60er-Jahre ist ein stetiges Sinken der Fertilitätsrate (wobei es hier allerdings im Moment, laut Statistik Österreich, 2000d, Anzeichen zu einer Trendumkehr gibt) zu verzeichnen (vgl. Abb. 2). In diesem Zusammenhang muß auch die sinkende *Kindersterblichkeit* erwähnt werden: um die Jahrhundertwende starben noch 200 von 1000 Neugeborenen, heute nur noch 5 von 1000. Mußte eine Mutter 1900 schon alleine aus dem Grund mehr Kinder bekommen, damit sie sichergehen konnte, daß einige das Erwachsenenalter erreichen konnten, so kann sie heute davon ausgehen daß eine Tochter mit einer Wahrscheinlichkeit von 50 % das stolze Alter von 84 Jahren überschreiten wird (vor 100 Jahren lag diese Wahrscheinlichkeit bei gerade einmal 4 %). Der Rückgang der Sterblichkeit im Kindesalter kann den Rückgang der Geburtenzahlen aber nicht wettmachen. Auf dem anderen Ende der Bevölkerungspyramide, die heute gar keine Pyramide mehr ist, schiebt sich die Spitze immer weiter nach oben: die Menschen werden, dank der medizinischen Fortschritte, älter. Wenn die Entwicklung in dieser Form weitergeht, steht im Jahr 2030 eine erwerbstätige Person einer nichterwerbstätigen gegenüber (mit entsprechenden Konsequenzen auf das – in Österreich derzeit nach dem Umlageverfahren funktionierende – Pensionssystem ...).
Ein anderer Trend wurde zuvor schon angedeutet: Heute bekommen Frauen in immer höherem Alter Kinder. 1970 betrug das Fertilitätsalter 26.7 Jahre, im Jahr 1998 ist es auf 28 Jahre angestiegen. Frauen verschieben den Zeitpunkt der ersten Geburt auf eine spätere Lebensphase. Mögliche Gründe sind die längere und bessere Ausbildung der Frauen im Gegensatz zu früher. Dadurch steigt der Wunsch, die Qualifikation für die beruflichen Laufbahn zu nutzen und unabhängig zu sein. Beruf und Familie stehen zumindest in der ersten Lebensphase des Kindes (nach wie vor) in Konkurrenz zueinander: Frauen übernehmen immer

noch den Hauptteil der Fürsorgetätigkeiten für das Kind. Die meisten stehen unter Doppel- oder Dreifachbelastung durch Kinder, Haushalt und Beruf. Wenn der Sprößling krank ist, bleibt eher die Mutter zu Hause. In Einstellungsgesprächen für einen Job wird gerne die Frage gestellt, ob denn bald eine Familiengründung ansteht; wenn die Kandidatin die Frage mit „ja" beantwortet, ist der Arbeitsplatz wahrscheinlich „gerade eben vergeben" worden usw.

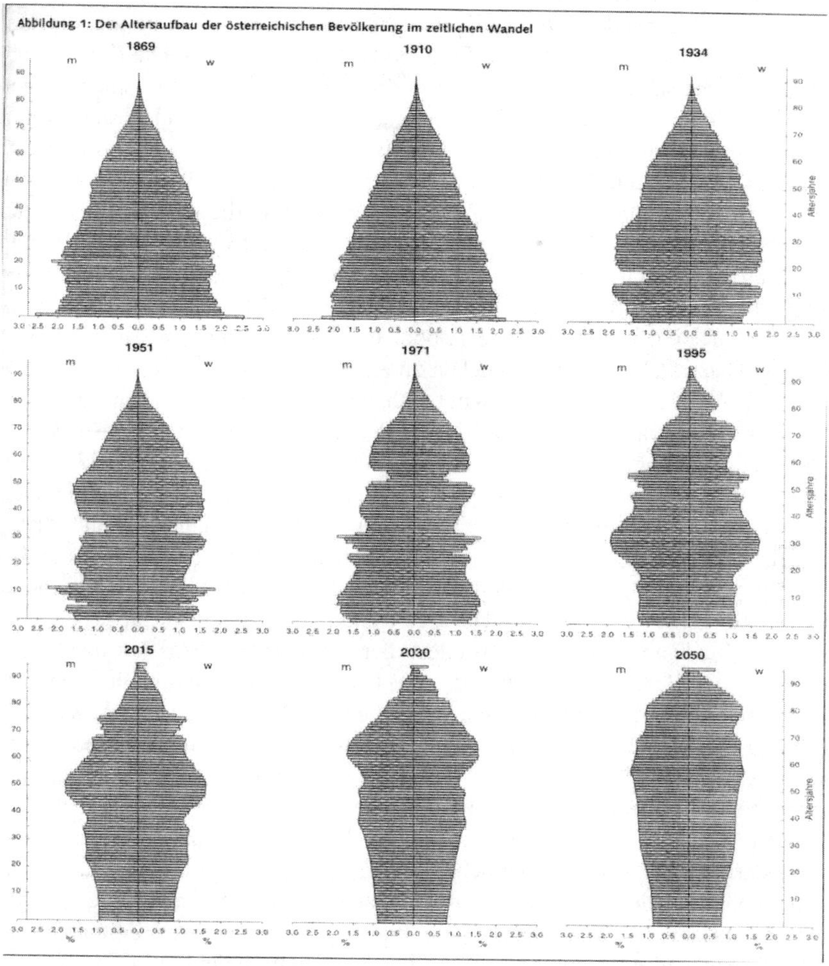

Abbildung 2: Der Altersaufbau der österreichischen Bevölkerung – „Bevölkerungspyramide" (Institut für Demographie der Österreichischen Akademie der Wissenschaften, 1996, Abb. 1).

Einige weitere mögliche Einflußfaktoren, durch die der Rückgang der Geburtenzahlen zu erklären ist, sind die folgenden (s. auch Kap. 4):

- Früher waren Kinder eine Art Absicherung der Eltern für das Alter. Wie noch heute in der dritten Welt üblich, ersetzten Kinder das Pensionssystem. Heute haben wir ein soziales Netz (das allerdings, s. oben, auf wackeligen Beinen steht – da wir kein Ansparmodell haben, bei dem jede/r einzelne für sich einen Betrag auf die Seite legt, sondern ein Modell, bei dem die derzeit Erwerbstätigen für die Nichterwerbstätigen sorgen, besteht Handlungsbedarf). Für Kinder bedeutet dies jedenfalls, daß sie heute nicht mehr aus wirtschaftlicher und existentieller Notwendigkeit in die Welt gesetzt werden (müssen).
- Schwangerschaften sind heute planbar. Die Erfindung der Anti-Baby-Pille ermöglichte es Kinder zu planen, und machte Sexualität ohne das Risiko einer Schwangerschaft möglich. An der Bevölkerungspyramide ist dieser „Pillenknick" (Ende der 60er-Jahre) gut zu erkennen (vgl. Abb. 2).
- Da Frauen heute später gebären, ist die Möglichkeit, sich für ein weiteres Kind zu entscheiden deutlich verringert. Wenn beispielsweise eine Frau mit 30 Jahren ihr erstes Kind bekommt, es womöglich mit 33 zu einer Trennung kommt, und mit 40 eine neue Partnerschaft eingegangen wird, wäre eine zweite Schwangerschaft bereits eine Risikoschwangerschaft.
- Das Institut für Demographie (1996, S. 15) erhob Gründe, die gegen ein (weiteres) Kind sprechen. Demnach geben fast 60 % der Befragten an, sich Sorgen um die *Zukunft* des Kindes zu machen, ein ähnlich hoher Prozentsatz meint aber den jetzigen *Lebensstandard* nicht aufgeben zu wollen. Für fast 40 % würde ein Kind zu hohe *Kosten* verursachen, und über 30 % sehen ungeeignete *Wohnverhältnisse* in Opposition zu einem Kind.

2.3 Stabilität der Partnerschaften

Ein deutlicher Trend ist die kontinuierlich steigende Scheidungsrate. Im Jahr 1962 betrug sie 13.7 %, 1999 bereits 40.45 % (Statistik Österreich, 2000c). Die Ursachen für diesen Trend vermutet das Bundesministerium für Umwelt, Jugend und Familie (1999, S. 278) u. a. darin,

- daß heute bestimmte Anforderungen an die Qualität der Beziehung gestellt werden. Können diese nicht mehr erfüllt werden, wird die Ehe gelöst. Generell werden Partnerschaften nicht mehr zwingend für ein ganzes Leben angesehen.
- daß Familie zunehmend eine private Angelegenheit ist – Einflüsse aus dem sozialen Umfeld haben weniger Bedeutung.

- daß die Liberalisierung eine erhöhte Toleranz nach sich zieht, die *moralischen* Scheidungsbarrieren sinken.
- daß Ehen immer seltener wegen einer finanziellen Notlage der Frau weitergeführt werden. Frauen sind öfter ökonomisch unabhängig.

Wir haben schon festgehalten, daß Wiederverheiratungen beliebter werden, aber auch die Zahl der AlleinerzieherInnen steigt. Für diese Bevölkerungsgruppe ist es besonders schwer, ihr finanzielles Auslangen zu finden.
Mit der Zahl der getrennten Familien steigt die Bedeutung der Fortsetzungsfamilien: Die alternativen Lebensformen sind heute sehr vielfältig (vgl. Kap. 4), exemplarisch soll an dieser Stelle nur das Phänomen der Patchworkfamilien erwähnt werden, also Familien, bei denen die Mitglieder aus den verschiedensten Kernfamilien zusammengewürfelt sind.
Je höher die Scheidungsraten, desto mehr Kinder sind auch von einer Trennung der Eltern betroffen: 1999 waren dies 16.907 minderjährige Scheidungswaisen (Statistik Österreich, 2000c). Wie gut ein Kind mit so einem Verlust fertig wird, hängt von einer Reihe von Faktoren ab (Ausführlicheres dazu vgl. Kap. 15).

3. Zusammenfassung

Demographisch zeichnen sich folgende Trends ab:

- *Familien werden später gegründet.* „Kinder" verbleiben länger im elterlichen Haushalt, dann folgt ein Zeitabschnitt der *Prüfung*. Paare verbringen erst einige Zeit miteinander, bevor sie ihre Partnerschaft amtlich bestätigen lassen. Frauen lagern ihrer Mutterrolle noch eine Phase der Berufstätigkeit vor, erst dann wird eine Familie gegründet.
- *Weniger Kinder werden geboren.* Gleichzeitig werden die Menschen immer älter, d. h. die Bevölkerungsstruktur ändert sich massiv. Immer mehr ältere Personen stehen immer wenigeren Kindern gegenüber.
- *Scheidungen nehmen zu.* Partnerschaften werden leichter gelöst. Die wirtschaftliche Unabhängigkeit der Frauen ist dafür ebenso verantwortlich wie die höheren Ansprüche, die heute an eine Ehe gestellt werden. Vorherrschend in unserer Gesellschaft ist das Prinzip der Liebesheirat, früher war eine Ehe oft eine existentielle Notwendigkeit.
- *Die Toleranz gegenüber alternativen Lebensformen nimmt zu.* Soziale Normen spielen bei der Wahl der Lebensform eine immer geringere Rolle. Es besteht ein Trend zur Individualisierung.

Dennoch ist für einen Großteil der Bevölkerung die Familie eine bedeutende Institution, die emotional noch immer einen hohen Stellenwert hat.

4. Gedanken zum Thema

Da unsere Lebenserwartung gestiegen ist, wäre es (erst recht) fast utopisch zu fordern, daß Partnerschaften bis an das Lebensende halten sollen. Hier scheint es insgesamt sinnvoller, Trennungen und Scheidungen weniger zu problematisieren. Betreffend die Probleme mit dem Geburtenrückgang, gibt es zwei Seiten der Betrachtung: Einerseits ist es schade, daß Kinder immer weniger Platz in unserer Gesellschaft finden. Wenn das Verhältnis Kinder zu älteren Personen noch weiter kippt, drohen Dinge wie Kinderspielplätze großteils aus dem Stadtbild zu verschwinden, bei zu lautem Kinderspiel sofort die Polizei verständigt zu werden usw. Andererseits *kann* es nicht unser Anliegen sein, daß die Bevölkerung stets im Begriff des Wachstums ist. Man kann den Menschen nicht „verbieten", älter zu werden, und da die meisten der heute geborenen Babys wahrscheinlich ein hohes Alter erreichen werden, muß sich der „Nachschub" verringern. Das zieht natürlich große Veränderungen nach sich, unser Sozialsystem muß umgekrempelt werden – eine andere Lösung erscheint langfristig wenig zielführend. Der Vorschlag, das Geburtendefizit durch Migration ausgleichen zu wollen, fährt ebenfalls auf der Schiene einer ständigen Bevölkerungsvergrößerung und ist deshalb nur bedingt sinnvoll (außerdem dauert der Prozeß der Integration länger und muß sehr vorsichtig angegangen werden, wenn man keine sozialen Probleme, wie z. B. Getthoisierung riskieren will). Daß einige unpopuläre Dinge, wie etwa das Hinaufsetzen des Pensionsalters notwendig sein werden, liegt auf der Hand. Veränderte Bedingungen verlangen neue Maßnahmen.

5. Literatur

Bundesministerium für Umwelt, Jugend und Familie. (Hrsg.). (1999). *Zur Situation von Familie und Familienpolitik in Österreich. 4. Österreichischer Familienbericht: Familie – zwischen Anspruch und Alltag.* Wien: Autor.

Institut für Demographie der Österreichischen Akademie der Wissenschaften. (1996). *Demographische Informationen 1995/96.* Wien: Autor.

Kytir, J. & Münz, R. (1999). Vom Geburtenschwund zum Kindermangel. Fakten, Thesen und Gegenthesen zur kinderarmen Gesellschaft. In Institut für Demographie der Österreichische Akademie der Wissenschaften (Hrsg.), *Demographische Informationen 1997/1999* (S. 5-10). Wien: Verlag der Österreichischen Akademie der Wissenschaften.

Statistik Österreich. (2000a). *Bevölkerung und soziale Bedingungen. Bevölkerung.* [Online im Internet]. URL: http://www.oestat.gv.at/fachbereich_03/bevoelkerung_tab.htm [29. 8. 2000].

Statistik Österreich. (2000b). *Bevölkerung und soziale Bedingungen. Haushalte, Familien.* [Online im Internet]. URL: http://www.oestat.gv.at/fachbereich_03/haushalt_txt.htm [29. 8. 2000].

Statistik Österreich. (2000c). *Presseinformation.* [Online im Internet]. URL: http://www.oestat.gv.at/presse/2000101_txt.htm [29. 8. 2000].

Statistik Österreich. (2000d). *Presseinformation*. [Online im Internet]. URL: http://www.oestat.gv.at/presse/2000153_txt.htm [29. 8. 2000].

Vaskovics, L. A. (1994). *Die Rolle der Familie in einer Gesellschaft im Wandel – Soziale, rechtliche und finanzielle Aspekte. Politische Studien* (Sonderheft 45), 4, 17-38.

6. Familienpsychologische Theorien

Angelika Drabek

1. Einleitung

Bevor man sich eingehend mit familienpsychologischen Fragestellungen auseinanderzusetzen beginnt, erscheint es wichtig und notwendig, sich mit den familienpsychologischen Theorien vertraut zu machen, um ein „theoretisches Bild" zum Thema Grundlagen der Familienentwicklung malen zu können. Dieses Bild wird eher einem Mosaik gleichen, da in der familienpsychologischen Forschung viele recht unterschiedliche theoretische Ansätze nebeneinander bestehen. Im folgenden Beitrag werden dementsprechend „Mosaiksteinchen" aus der Systemtheorie, der Soziologie und der Streßforschung bearbeitet.

2. Die Familiensystemtheorie

Ein Familiensystem zeichnet sich dadurch aus, daß es eine besondere Gruppe von Personen ist, zwischen denen Beziehungen bestehen. „Diese Beziehungen werden von den Familienmitgliedern etabliert, aufrechterhalten und erkennbar gemacht, indem sie miteinander kommunizieren" (Bavelas & Segal, 1982, zitiert nach Schneewind, 1999, S. 89; vgl. dazu auch Kap. 2). Besondere Aspekte, die ein Familiensystem nach Schneewind (1991, 1999) auszeichnen, sollen im folgenden angeführt werden.

1) *Ganzheitlichkeit:* Der Ganzheitsaspekt bezieht sich darauf, daß die Familie als Einheit betrachtet wird. Interaktion und Kommunikation stellen die Verbindung zwischen den Familienmitgliedern dar. Auftretende Probleme, wie z. B. Eßstörungen, werden als ein in den Familienbeziehungen begründetes Problem gesehen.
2) *Zielorientierung:* Um dem gemeinsamen Zusammenleben Sinn und Kontinuität zu verleihen, wird es nach mehr oder weniger expliziten Zielen ausgerichtet. Diese Ziele verändern sich im Laufe der Entwicklung einer Familie. So kommt z. B. zur anfänglichen Karriereorientierung später die Aufgabe der Kindererziehung hinzu.
3) *Regelhaftigkeit:* Unter diesem Aspekt lassen sich bewußt gepflegte Familienrituale, wie z. B. gemeinsame Essenszeiten beobachten. Andererseits be-

stimmen auch unausgesprochene Regeln das Verhalten der einzelnen Familienmitglieder (z. B. wer, wann mit wem das Badezimmer benutzen darf).

4) *Zirkuläre Kausalität:* Damit ist der wechselseitige Beeinflussungsprozeß zwischen Personen gemeint, der sich über eine gewisse Zeitspanne hinweg beobachten läßt. Dadurch kann man erkennen, wie beispielsweise zwei Personen in ihrer Interaktion aufeinander reagieren.
5) *Rückkoppelung:* Diese bezieht sich auf den Prozeß, der durch regelabweichendes Verhalten eines Familienmitglieds X ausgelöst wird und die Effekte der übrigen Familienmitglieder, die wiederum auf das Verhalten von X zurückwirken. Die *positive Rückkoppelung* ist an Veränderung orientiert, denn Interaktionssequenzen, die z. B. von gegenseitigem „frozzeln", zu beschimpfen, hin zum gegenseitigen anbrüllen etc. führen, sind nicht beliebig fortsetzbar und verlangen deshalb nach neuen Lösungen. Die *negative Rückkoppelung* zielt auf die Rückkehr zur Ausgangslage ab und ist daher grundsätzlich stabilitätsorientiert ausgerichtet, d. h. ein Systemzustand soll wieder hergestellt werden.
6) *Homöostase:* Damit wird die Aufrechterhaltung und Ausbalancierung des Kräftegleichgewichts in einer Familie bezeichnet, was meistens durch negative Rückkoppelungsprozesse vor sich geht. Was diesen Prozeß der Anpassung betrifft, so wird es Familien mit flexiblen Regeln leichter gelingen, sich an neue Herausforderungen anzupassen und ihre Regeln entsprechend der neuen Situation anzupassen als Familien mit starren Regeln. So wird z. B. mit dem Kind, je älter es wird, immer wieder ein neuer Zeitrahmen zum Fortgehen ausgehandelt.
7) *Wandel erster und zweiter Ordnung:* Hiermit soll dargestellt werden, welche Art von Veränderung sich im Familiensystem einstellt. Beim *Wandel erster Ordnung* bleibt das System unverändert. Eltern bestrafen z. B. ihr Kind weil es das Zimmer nicht aufgeräumt hat. Beim nächsten Mal, wenn das Zimmer wieder nicht aufgeräumt ist, wird das Kind noch mehr bestraft. Dieses Beispiel soll zeigen, daß bei solchen Interaktionssequenzen die Lösung des Problems selbst zum Problem wird. Im Gegensatz dazu besteht der *Wandel zweiter Ordnung* darin, daß sich das System selbst verändert. Ein Beispiel wäre eine Veränderung in der Kommunikationsstruktur zwischen einzelnen Familienmitgliedern.
8) *Grenzen:* Die Familie als System ist selbst in mehrere Suprasysteme (z. B. erweiterte Familie und Nachbarschaft) eingegliedert. Innerhalb der Familie bestehen weitere Subsysteme (zwischen einzelnen oder mehreren Mitgliedern, zwischen Geschlechtern oder Generationen). Die Grenzen zwischen einem Familiensystem und seinen Suprasystemen sowie zwischen den Subsystemen einer Familie können unterschiedlich gestaltet sein, von sehr klar strukturiert, diffus bis hin zu starr gezogen Grenzen.

9) *Internes Erfahrungsmodell:* Dieses Modell soll zeigen, welche interne Repräsentation eine Person von sich, von ihren Familienmitgliedern sowie von den eigenen Beziehungen zu den einzelnen Familienmitgliedern und deren Beziehungen untereinander hat.

3. Die Familienentwicklungstheorie

3.1. Die Familienstufen und ihre spezifischen Entwicklungsaufgaben

Diese Theorie stammt aus der Familiensoziologie und beschäftigt sich mit dem Studium des Familienzyklus. Duvall (1977, zitiert nach Schneewind, 1999, S. 96) beschreibt den Familienzyklus als „eine Abfolge von charakteristischen Stufen, die mit der Familienbildung beginnen und sich über die Lebensspanne der Familie bis zu ihrer Auflösung fortsetzt.“ Dieses 8-Stufen-Modell läßt sich in Verbindung mit den stufenbezogenen *familiären Entwicklungsaufgaben* von Duvall (1977, zitiert nach Petzold, 1992, S. 54) wie folgt kurz skizzieren:

1) Die erste Stufe stellt das *verheiratete Paar* dar, dessen Aufgabe es ist, eine befriedigende Ehebeziehung zu gestalten, sich einer Schwangerschaft anzupassen und somit auch auf die Elternrolle vorzubereiten und sich auch in das bestehende Verwandtschaftsnetz einzugliedern.
2) Der Stufe *Familie mit Kleinkindern* kommt die Aufgabe zu, sich an die Elternschaft anzupassen, die Aufgabe der Kleinkinderziehung zu übernehmen und ein Familienheim einzurichten.
3) Die *Familie mit Vorschulkindern* hat die Aufgabe, sich an die Bedürfnisse und Interessen von Kindern in dieser Entwicklungsstufe anzupassen und diese auch zu stimulieren. Eine weitere Aufgabe stellt die Auseinandersetzung mit Energieverlust und eingeschränkter Privatheit dar.
4) Auf der Stufe *Familie mit Schulkindern* sollte ein konstruktives Einfügen in die Gemeinschaft von Familien mit schulpflichtigen Kindern passieren. Eine wichtige Aufgabe der Eltern ist die Ermutigung kindlichen Leistungsverhaltens.
5) Als nächstes folgt die Phase der *Familie mit Jugendlichen*, in der es die Emanzipation des Jugendlichen zu berücksichtigten gilt und es für die Eltern gilt, nachelterliche Interessen und Karrieren zu entwickeln.
6) In der *Familie im Ablösestadium* soll es zu Entlassung und Unterstützung des jungen Erwachsenen in Beruf, Studium, Ehe usw. und zur Aufrechterhaltung eines unterstützenden Elternhauses kommen.
7) Für *Familien im mittleren Lebensalter* gilt es, die Ehebeziehung neu zu gestalten und die Verwandtschaftsbeziehungen aufrechtzuerhalten.

8) In der letzten Stufe der *alternden Familienmitglieder* kommt es zur Auseinandersetzung mit Partnerverlust, Auflösung des Familienhaushalts und Anpassung an das Seniorenleben und weiters zum Rückzug aus dem Berufsleben.

Duvall wollte damit vor allem zeigen, daß Familiensysteme keine starren Gebilde sind, sondern sich in kontinuierlicher Veränderung befinden. Dieses Konzept wurde auf einer normativen Vorstellung von Familie entwickelt. Es gibt jedoch schon Weiterentwicklungen für die Familienentwicklungsaufgaben in der Nachscheidungs- und Wiederverheiratungsphase von Carter & McGoldrick (1988, zitiert nach Schneewind, 1999, S. 99).

3.2. Familienrollen

Ein weiteres aus der Soziologie stammendes Konzept ist es, die Familie unter rollentheoretischen Aspekten darzustellen. Hill und Rodgers (1964, zitiert nach Schneewind, 1991, S. 109) definieren die Familie als „Aggregat von aufeinander bezogenen Positionen zu einem bestimmten Zeitpunkt des Familienzyklus“. Positionen geben die Stellung der jeweiligen Personen im Familiensystem an. Diesen sind wiederum verschiedene Rollen zugeordnet, die mit bestimmten Verhaltenserwartungen verknüpft sind (Schneewind, 1991). Die Positionen und Rollen verändern sich im Laufe des Familienzyklus (z. B. Ehemann-, Vater-, Großvaterrolle).

4. Die Familienstreßtheorie

Diese Theorie beschäftigt sich damit, wie eine Familie mit belastenden Lebensereignissen und Streß umgeht (Petzold, 1999). Als Familienstressor bezeichnen McCubbin und Patterson (1983, zitiert nach Schneewind 1991, S. 120) „ein auf die Familie einwirkendes Lebensereignis oder Übergangsstadium, das im sozialen System der Familie Veränderungen hervorruft bzw. das Potential zur Veränderung in sich trägt.“ Einige Beispiele für Familienstressoren wären Tod eines Familienmitglieds, Geburt eines Kindes oder Übergänge zwischen den Familienstufen. Einen Überblick über das *Integrative Familienstreßmodell* gibt Schneewind (1999, Kap. 3.6) In diesem Modell wird davon ausgegangen, daß es drei Formen von Streß gibt. Erstens den Bewältigungsstreß, der bei der Bewältigung von Stressoren entsteht. Zweitens stellt sich bei der Unfähigkeit zur Bewältigung von Stressoren Krisenstreß ein. Die letzte Form von Streß stellt der Duldungsstreß dar. Dieser wird bei fehlender Bewältigungsmöglichkeit oder fehlender Bewältigungsmotivation ertragen. Ob ein Streßereignis erduldet wird oder zur Krise führt, ist davon abhängig, wie die Familie dieses Ereignis erlebt und bewertet. Bei der Bewältigung von Stressoren unterscheidet Schneewind in Anlehnung an die systemtheoretischen Ausführungen zwei Formen von Bewältigungszielen. Die erste Möglichkeit stellt die *strukturerhaltende Bewältigungsform* dar, deren Ziel die Rückkehr zur Ausgangslage des Familiensystems ist. Gelingt diese Form der Anpassung nicht, steigt die Streßintensität an. Die Familie wird jedoch versuchen, noch andere Möglichkeiten zur strukturerhaltenden Bewältigung einzusetzen, und sie kann diese durch Inanspruchnahme von externer Hilfe erweitern. Die andere Möglichkeit wäre die Duldung der Stressoren. Sind die Möglichkeiten der Familie jedoch ausgeschöpft, so führt dies zu einer Krise. Dann kann die zweite Form, die *strukturverändernden Bewältigungsversuche*, eingesetzt werden. Wenn diese gelingen, so kommt es zu einer Neuanpassung der Familie auf einem veränderten Niveau und zur gleichzeitigen Streßbeseitigung. Bei mißlungenen Versuchen werden entweder neue Bewältigungsalternativen angewendet, oder es entsteht, wie oben, Krisenstreß. Dieser bringt das Rad der Bewältigungsversuche wieder in Gang, wenn der Stressor bewältigbar erscheint, und die Bewältigungsmotivation hoch genug ist. Auch eine mißlungene Streßerduldung kann den Prozeß wieder in Gang bringen. Es gibt jedoch noch weitere Variablen, die an der Streßbewältigung beteiligt sind. So entscheidet die familieninterne Definition des Stressors darüber, ob er als Herausforderung oder als Belastung gesehen wird. Persönliche Bewältigungsressourcen einzelner Familienmitglieder, wie finanzieller Wohlstand, Gesundheit, Bildung und vor allem eine positive Einstellung der Person zu sich selbst, erleichtern die Streßbewältigung. Interne Ressourcen im Familiensystem, die darin liegen, wie eine Familie ihr Zusammenleben organisiert und wie sie sich mit der Außenwelt in Beziehung setzt, können die Bewältigung von Stressoren erleichtern. Positive Unterstützung auf den verschiedenen Ebenen bringt auch eine wesentliche Erleichterung mit sich. Zum sozialen Unterstützungssystem zählen emotionale Unterstützung, Wertschätzung und das Gefühl zu besitzen, eine Position in einem sozialen Netzwerk zu haben. Weiters sind noch die instrumentelle Unterstützung, wie z. B. Hilfestellung durch Beratung, die aktive Unterstützung, wie beispielsweise nachbarschaftlich organisierte Kinderbetreuung, und letztendlich materielle Unterstützung an der erfolgreichen Bewältigung von Streßereignissen beteiligt.

5. Zusammenfassung

In diesem Kapitel wurden verschiedene theoretische Modelle in bezug auf Familienentwicklung dargestellt. Im ersten Abschnitt wurde die Familie unter systemischen Gesichtspunkten beleuchtet und deren besondere Aspekte herausgearbeitet. Das nächste Kapitel beschäftigte sich mit den Familienstufen und ihren stufenspezifischen Familienentwicklungsaufgaben sowie den Familienrollen aus familiensoziologischer Sicht. Im letzten Teil des Beitrags, aus der Streßforschung, sollte gezeigt werden, welche Möglichkeiten Familien im Umgang mit streßauslösenden Ereignissen haben, was anhand des integrativen Familienstreßmodells erläutert wurde.

6. Gedanken zum Thema

Die hier beschriebenen soziologischen, sehr normativ orientierten Familienmodelle wirken anfangs relativ „trocken", da sie vorwiegend anhand von äußerlichen Kategorien beschrieben werden. Oft wird der praktische Nutzen erst mit konkretem Bezug auf einzelne Fälle deutlich. Bezogen auf eine allgemeine gesellschaftliche Betrachtung müßte jedoch ein weitaus vielfältigeres und modifizierteres Modell entwickelt werden.
Auch bei der Beschäftigung mit dem Familienstreßmodell läßt sich der praktische Nutzen meist erst durch die Anwendung auf konkrete Fälle erschließen, wenn es z. B. um die Analyse des Kreislaufs von Bewältigungsmöglichkeiten anhand kleinerer streßauslösender Momente, wie etwa Streitigkeiten geht.

7. Literatur

Petzold, M. (1999). *Entwicklung und Erziehung in der Familie.* Baltmannsweiler: Schneider.

Schneewind, K. A. (1991). *Familienpsychologie.* Stuttgart: Kohlhammer.

Schneewind, K. A. (1999). *Familienpsychologie* (2., überarbeitete Aufl.). Stuttgart: Kohlhammer.

7. Familiäre Sozialisation

Alice Zech

1. Einleitung

Sozialisation ist ein lebenslanger Prozeß, der sowohl die Entwicklung des Individuums als auch die Entwicklung der Familie beinhaltet. Die Erweiterung der einseitig gerichteten Eltern-erziehen-Kind-Sichtweise zu einem integrativen Modell dauerte lange Zeit. Es war schließlich das ökologische Modell von Bronfenbrenner (z. B. 1981), welches erstmals die Tatsache betonte und analysierte, daß sich der Mensch mit Bezug zu seiner Lebensumwelt entwickelt und deshalb in diesem Kontext auch erforscht werden soll. Wenn man die Entwicklung der Familienformen und Normen der 80er- und 90er-Jahre näher betrachtet, so ist es v. a. das integrative Forschungsmodell von Schneewind (z. B. 1999), welches hier als Basis für weitere Analysen herangezogen werden sollte, da es relativ allgemein gehalten wurde und sich auf jede Familienform anwenden läßt.

2. Geschichtliche Entwicklung

Das System der Familie mit seinen Eigenschaften und seinem eigenen Entwicklungsprozeß mußte selbst erst zu einem Gegenstand der Forschung entwickelt werden: Bis in die 50er-Jahre galt die Familie v. a. als Ort der ökonomischen und emotionalen Sicherheit. Das Hauptaugenmerk galt dem Individuum. Die Sozialisation wurde lange Zeit mißverstanden als ein gerichtetes Eltern-Kind-Verhältnis, wobei die Eltern einen bestimmten Erziehungsstil ausüben und das Kind sich dementsprechend entwickeln sollte; der Erziehungsstil der Eltern galt daher als statische Größe. In den 60er- und 70er-Jahren richtete sich die Aufmerksamkeit auf das mütterliche Erziehungsverhalten, dann auf die Wechselseitigkeit in der Mutter-Kind-Beziehung. In den 70er-Jahren wurde die Beobachtungsforschung auf beide Elternteile ausgeweitet. Außerdem wurde die Bedeutung der Geschwisterrolle zunehmend (an)erkannt. Erst Ende der 70er- bis Anfang der 80er-Jahre wurde die Familie als komplexes einflußreiches System in die Beschreibung frühkindlicher Sozialisation eingebracht. Die Familie wurde als komplexes Netzwerk – im eigenen Entwicklungsprozeß eingebettet – betrachtet, das auf die frühkindliche Entwicklung wirkt. Das ökologische Modell von Bronfenbrenner (1981) war eines der ersten Modelle, das diese Komplexität

der Familie mitsamt ihren unterschiedlichen Einflußfaktoren berücksichtigte. Das Chronosystem (die Entwicklung des Individuums) und das Mikrosystem (die Familie und ihre einzelnen Mitglieder) sind eingebettet in übergreifende Systeme: Mesosystem (Bekanntschafts-, Freundschafts- und Verwandtschaftsbeziehungen), Exosystem (Gemeindeorganisation, Unternehmensstrukturen, Schulsysteme) und Makrosystem (gesellschaftlicher Rahmen).
Neben Bronfenbrenner hat zu dieser Zeit insbesondere Baumrind (1971) mit seinen Studien über die Erziehungsstile zum Erkennen der Bedeutung der Familie beigetragen, indem er eine positiv leitende Erziehung („autoritativ") als günstigste Sozialisationsbedingung postulierte. Nach heutiger Sicht gilt die Sozialisation als lebenslanger Entwicklungsprozeß der gesamten Familie.

3. Beschreibung der familiären Sozialisation: Definition und Ziele

Die Familie befindet sich in einem ständigen Entwicklungsprozeß, wie auch jedes Mitglied der Familie. Allgemeine Sozialisationsziele (zweiter Familienbericht, Deutscher Bundestag, 1975, zitiert nach Schneewind, 1991, S. 137) sind die Entwicklung gesellschaftlicher Kompetenzen, wie Selbstsicherheit, Gewissensbildung, intellektuelle Fähigkeiten, Leistungsmotivation, Fähigkeit zur Empathie, Solidarität und Konfliktbewältigung, die eine erfolgreiche Beteiligung an der Gesellschaft ermöglichen. Schneewind beschreibt kompetentes Handeln als eine „... zentrale Voraussetzung für die individuelle und kollektive Aufrechterhaltung eines lebenswerten Lebens" (Schneewind, S. 142).
Was ist nun Sozialisation? Kreppner (1989) definiert sie als „...Vorgang, der das Erfahren und Erlernen von Fertigkeiten, Normen und Rollen beinhaltet, die in der jeweiligen Kultur oder Subkultur vermittelt werden. Sozialisation in der Familie ist dabei als der erste Schritt desjenigen Prozesses definiert, ..." (S. 290). Die Aufgaben der Sozialisation (Kreppner, 1989, S. 94) beinhalten Versorgung und Erziehung, Sicherstellung der lebensnotwendigen Bedingungen (z. B. Körperpflege, Ernährung, Zuwendung, ein stabiles emotionales Klima), Vermittlung von Kulturtechniken, wie Objekterkundung, Sprachentwicklung und die Entwicklung der Selbständigkeit, ferner Erfahrung des Umgangs miteinander und die Vermittlung von Wertsystemen. Die Frühsozialisation beginnt ab der Geburt oder eigentlich schon vorher, beim Übergang zur Elternschaft, der wiederum für die Eltern oft eine Krise darstellt, in der eine Neuorientierung, neue Bedürfnisse und erhöhte Ansprüche an die Kommunikation entstehen. Junge Eltern erleben also ebenfalls einen neuen Schritt in ihrer Sozialisationsentwicklung. Die frühkindlichen Beziehungen und Erfahrungen liefern das Grundwissen für spätere Interpretationen von Beziehungen. Die Kernfamilie, Großeltern, primäre Bezugspersonen bieten dem Kind die ersten Erfahrungsmöglichkeiten in Beziehungen. Die Familie soll den geeigneten Rahmen liefern, der den Bedürfnissen der

Kinder entspricht, d. h. konstant und flexibel sein. Das Pubertäts- bzw. Adoleszenzalter ist eine Zeit, in der verstärkt Einflüsse von außen (peer-group) eine Rolle spielen. In dieser Zeit findet ein zweiter dramatischer Veränderungsprozeß statt, der eine körperliche, moralische und kognitive Entwicklung mit sich bringt (s. Kap. 12). Themen wie das Autonomiebestreben, Ablösung von den Eltern, die zunehmende Bedeutung der FreundInnen verlangen eine Neuorganisation der Beziehungen und Vorbereitung auf das leere Nest. Die Eltern, in dieser Phase meist zwischen 35 und 50 Jahre alt, haben ihre eigenen Entwicklungsthemen, berufliche Anforderungen, existentielle und Beziehungskrisen.

4. Modelle der Sozialisation

Es gibt einige Konzepte bzw. Modelle, die versuchen, die Komplexität der Sozialisation zu erfassen und zu veranschaulichen.

4.1. Kernkonzepte lebenslanger Familienentwicklung

Das Familiensystem beinhaltet Erziehung der Kinder und Erziehung der Eltern durch die Kinder, ist also ein interaktiver Prozeß, der durch das Bestreben nach Gleichgewicht und Veränderung gekennzeichnet wird. Steinglass (1987, zitiert nach Kreppner, 1989, S. 297) beschreibt drei Kernkonzepte:

1) Die Familie ist eine *Ganzheit*, mehr als die Summe ihrer Teile.
2) Sie wird durch *Morphostasis* beeinflußt – das sind die Interaktionen, die die Familie in Balance halten.
3) Sie wird ebenfalls durch *Morphogenesis* gekennzeichnet – die Anpassung an neue Entwicklungsbedingungen. Die lebenslange Entwicklung der Familie verlangt immer wieder eine Veränderung und Anpassung der Balance an die neuen Lebensbedingungen.

4.2. Konzepte zum Zusammenspiel individueller und familialer Entwicklung

Kreppner (1989, S. 299-303) beschreibt drei Konzepte, die statische Familienbeschreibung und dynamische Entwicklung verbinden:

1) *Familien-Aufgaben*: Dies sind jene Aufgaben oder Phasen in der lebenslangen Entwicklung, die durchlaufen und bewältigt werden müssen.
2) *Ungeteilte Familiale Umwelt* (non-shared environment): Die individuelle Entwicklung beruht auf genetischer Ausstattung und familiärem Kontext. Geschwister entwickeln sich anders und fassen die gemeinsam erlebte Kindheit ganz unterschiedlich auf. Die Variationen der elterlichen Zuwendung spielen eine Rolle. Eltern verhalten sich nicht bei jedem ihrer Kindern gleich.

3) *Inneres Vorbild* (internal working model; Bowlby, 1969, zitiert nach Kreppner, 1989, S. 302): Innere Vorstellungen und Erwartungen von Beziehungen entstehen und werden durch die Bindungsqualität und die familiären Beziehungen geprägt. Diese Beziehungen werden verfestigt und dienen als Orientierung bei der Entstehung neuer Beziehungen.

Schneewind (1991) beschreibt die Familiäre Sozialisation als Kompetenzentwicklung und meint dazu: „Ist man an der Entwicklung kompetenter Kinder interessiert, so ist die Verwirklichung kompetenten Elternverhaltens zu fordern" (S. 138).

5. Integratives Modell zur familiären Sozialisationsforschung

Dieses Modell von Schneewind, Beckmann und Engfer (1983, zitiert nach Schneewind, 1991, S. 143, 1999, S. 122) integriert die verschiedenen Einflußebenen und deren Interaktionen, um den Prozeß der Sozialisation besser analysieren und erforschen zu können.

Danach stellen die *räumliche und soziale Organisation der Gesellschaft,* beeinflußt durch *soziale Ungleichheit,* die Rahmenbedingungen dar. Der *Öko-Kontext*, die Gesamtheit der *materiellen* und *sozialen Bedingungen (Ausstattung* und *Zusammensetzung des Nahraumes),* bestimmt weitgehend den *potentiellen Erfahrungsbereich des Kindes* bzw. *der Eltern.* Durch *Nutzung / Inanspruchnahme* wird der *aktuelle Erfahrungsbereich des Kindes* bzw. *der Eltern* geformt. Der *aktuelle Erfahrungsbereich* steht in Wechselwirkung zur Entwicklung der *Persönlichkeitsmerkmale* und beeinflußt die *psychische Erlebnisqualität.* Der aktuelle Erfahrungsbereich und die psychische Erlebnisqualität wirken auf das *innerfamiliäre Sozialisationsgeschehen: Erziehungsstil, Verhältnis Mutter-Vater* und *das Familienklima.* Der aktuelle Erfahrungsbereich wirkt indirekt durch das *innerfamiliäre Sozialisationsgeschehen* ebenfalls auf die *Persönlichkeitsmerkmale des Kindes* und jene *der Eltern*, die sich in ihrer Entwicklung auch gegenseitig beeinflussen.

Dieses Forschungsmodell diente nun als Hintergrund für einige Studien, deren Ziel es war, den Zusammenhang zwischen Öko-, Familieninteraktions- und Persönlichkeitsstruktur empirisch aufzudecken. Als Ausgangspunkt für eine dieser Studien, die den Zusammenhang zwischen Öko-, Familieninteraktions- und Persönlichkeitsstruktur empirisch aufzudecken versuchten, wurde das Konstrukt der internalen versus externalen Kontrollüberzeugung von Rotter (1966, zitiert nach Schneewind, 1991, S. 144) gewählt. Die internale Kontrollüberzeugung hängt zusammen mit Persönlichkeitsmerkmalen, wie positives Selbstkonzept, höhere Leistungsbereitschaft, Erfolgsmotiviertheit, emotionale Stabilität, Angepaßtheit und Angstfreiheit, Fähigkeit zum Belohnungsaufschub, optimistische

Lebenseinstellung, soziale Kompetenz, soziale Aktivität und Mitwirken bei gesellschaftlichen Veränderungen, geringere Hilflosigkeit, geringere Tendenz zur Zurückgezogenheit, also Merkmale, die einen „positiven" Sozialisationsverlauf fördern. Welchen Einfluß hat nun die familiäre Sozialisation in der Entwicklung einer internen bzw. externen Kontrollüberzeugung? Hypothesen über Bedingungen des Öko-Kontextes und Arbeitsplatzerfahrungen in bezug auf die Entwicklung der Kontrollüberzeugung der Eltern wurden empirisch untersucht. Das wahrgenommene Familienklima (z. B. Ausmaß an wechselseitiger Kontrolle und das familiäre Anregungsniveau) kann den elterlichen Erziehungsstil prägen und sich in der Eltern-Kind-Beziehung niederschlagen. Die wahrgenommene Autorität der Eltern kann schließlich die Entwicklung der Kontrollüberzeugung beim Kind begünstigen.
Diese und andere Studien deuten auf einen Zusammenhang zwischen Familienklima und Ausprägung der Kontrollüberzeugung bei Kindern hin. Interne Kontrollüberzeugung wird durch ein Familienklima gefördert, das sich durch drei Charakteristika beschreiben läßt: *emotional positiv*, *anregend* und *normativ-autoritär*.

6. Zusammenfassung

Die familiäre Sozialisation ist ein lebenslanger Prozeß und umfaßt die gesamte Familie und ihre Mitglieder im gegebenen gesellschaftlichen Rahmen. Das integrative Modell der Familienforschung von Schneewind et al. umfaßt die Komplexität dieses Prozesses und bezieht sich auf eine allgemeine Familiensituation. Der potentielle Erfahrungsbereich bestimmt weitgehend den aktuellen Erfahrungsbereich. Dies deutet auf die Notwendigkeit der Entwicklung entsprechender familienpolitischer Maßnahmen hin, um die Rahmenbedingungen in dieser Hinsicht zu verbessern, damit die Voraussetzungen zur Entwicklung der sozialen Kompetenz erfüllt werden können (vgl. Kap. 20). Für PsychologInnen sind v. a. auch die potentiellen Erfahrungen relevant. Wenn die Nutzungsmöglichkeiten nicht voll in Anspruch genommen werden, können entsprechende psychosoziale Interventionsmaßnahmen eingesetzt werden, um die Möglichkeiten unter den gegebenen Bedingungen auszuschöpfen.

7. Gedanken zum Thema

Sozialisation ist ein Prozeß, der unter dem Aspekt der Zeit betrachtet werden muß. Die Ziele der Sozialisation (Enkulturation) sind eigentlich die gleichen geblieben, aber das Erreichen dieser Ziele ist zunehmend schwieriger geworden. Die autoritäre Erziehung wurde eine Zeitlang durch die antiautoritäre und laissez-faire Erziehung ersetzt. Die Auswirkungen bringen manche Eltern des ausgehenden 20. Jahrhunderts zum verzweifeln. Hinzu kommen viele neue An-

forderungen und Erwartungen – von wenigen Anhaltspunkten begleitet. Es gibt keine allgemein gültigen, sicheren Erziehungsmaßnahmen, auf die man zurückgreifen kann, wie in früheren Generationen. Durch die Berufstätigkeit beider Eltern wird die Frühsozialisation oft durch außerfamiliäre Bezugspersonen ergänzt, z. B. in Betreuungseinrichtungen, die unter anderem jene Entlastung verschaffen, die früher durch die Großfamilie geleistet wurde. Die Weiterentwicklung der Kleinfamilie (immer mehr AlleinerzieherInnen) bedeutet eine zusätzliche Belastung. Die Überlastung und Verzweiflung an den eigenen Fähigkeiten bewegen viele Eltern, die Sozialisationsaufgaben anderen zu überlassen, die sich vermeintlich besser auskennen. Ein Artikel (Biel, 1997) berichtet über die Tendenz zur Flucht der Eltern in die Arbeit. Bei der Arbeit erlebt man Fortschritt und Erfolg, hat „vernünftige" GesprächspartnerInnen und geregelte Arbeitszeiten mit entsprechenden Pausen, wie auch gesellschaftliche Anerkennung. Der Lohn der Kindererziehung ist eher unsichtbar.
Da die Sozialisation als Baustein der Gesellschaft gesehen wird, ist es für PsychologInnen wichtig, sich mit den Interaktionen auf mehreren Ebenen vertraut zu machen. Es ist notwendig, in Erfahrung zu bringen, wie eine gut funktionierende Familie ihre Aufgaben bewältigt, um andere Familien und Individuen besser verstehen und ihnen helfen zu können. Die Aufgaben für PsychologInnen und andere HelferInnen beinhalten Prävention, Aufklärung, Intervention, um nur einige Bereiche zu erwähnen. Die aktuellen gesellschaftlichen Entwicklungen liefern einige Indikatoren, daß bei der Lösung der Sozialisationsaufgaben tatsächlich noch Optimierungsbedarf besteht, wie z. B. der Anstieg der körperlichen, psychischen und verbalen Gewalt bei Kindern, die steigende Jugendkriminalität, Drogenmißbrauch, Medikamentenmißbrauch und -verbrauch (der von Eltern und Ärzten gebilligt wird, damit die Kinder ihren Alltagsstreß besser bewältigen können), Kinderdepressionen oder die steigende Selbstmordrate bei Kindern und Jugendlichen zeigen.

8. Literatur

Baumrind, D. (1971). Current patterns of parental authority. *Developmental Psychology, 4,* 1-101.

Biel, M. (1997). Flucht in den Job. *Spiegel Special: Menschenskinder – Erziehung, schwere Last, 12,* 104-105.

Bronfenbrenner, U. (1981). *Die Ökologie der menschlichen Entwicklung.* Stuttgart: Klett-Cotta.

Kreppner, K. (1989). Familiale Sozialisation. In R. Nave-Herz & M. Markefka (Hrsg.), *Handbuch der Familien- und Jugendforschung. Familienforschung* (Bd. 1, S. 289-309). Neuwied: Luchterhand.

Schneewind, K. A. (1991). *Familienpsychologie.* Stuttgart: Kohlhammer.

Schneewind, K. A. (1999). *Familienpsychologie* (2., überarbeitete Aufl.). Stuttgart: Kohlhammer.

8. Familiendiagnostik

Carina Maria Kranz

1. Einleitung

Eine allgemein akzeptierte Definition von Familie könnte lauten: Familie ist eine Einheit von Personen, die zueinander in engen Beziehungen stehen und die sich gemeinsam im Kontext von Raum und Zeit entwickeln. Personen in engen Beziehungen beeinflussen einander in erheblichem Maße – sei es zum guten oder zum schlechten. Es ist somit eine wichtige Aufgabe für die Diagnose und Beurteilung von Familien, Inhalte und Dynamik der interpersonalen Einflüsse greifbar zu machen.
Im folgenden wird ausführlicher auf eine Reihe von Kriterien eingegangen, die eine Beurteilung der verschiedenen Ansätze der Familiendiagnostik erlauben.

2. Grunddimensionen der Familiendiagnostik (nach Schneewind, 1991, 1999)

2.1. Erkenntnistheoretische Annahmen: linear versus zirkulär

Bei diesem familiendiagnostischen Beurteilungskriterium handelt es sich um einen der grundlegendsten Aspekte, der Auskunft darüber gibt, wie sich ein/e ForscherIn oder PraktikerIn prinzipiell dem Studium von Familien nähert. Zum einen ist dies der linear-reduktionistische Ansatz, der auf kausalen oder konditionalen Beziehungen beruht, die dem Typus von „wenn – dann"- oder „Ursache – Wirkung"- Aussagen zuzurechnen sind. Zum anderen können aber auch zirkuläre Beziehungen zwischen den (im linearen Ansatz) als Ursache und Folge bezeichneten Phänomenen angenommen werden. Entsprechend dieser Auffassung macht die Unterscheidung zwischen Ursache und Folge keinen Sinn mehr, da es vom Auftreten von Interaktionsereignissen abhängt, ob ein bestimmtes Element als Ursache oder Effekt angesehen wird (Bsp.: depressive Frau – Ausmaß an Fürsorge des Mannes). So betrachtet müssen sich „lineares" und „zirkuläres" Denken nicht ausschließen. Daß sich lineare und zirkuläre Ansätze gegenseitig ergänzen, wird etwa auch an Hand eines der wichtigsten Werkzeuge der Familiendiagnostik, dem Familieninterview, deutlich.

2.2. Begriffliche Orientierung: theoretisch versus nicht-theoretisch

Es gibt eine Fülle von Schulen oder Modellen, auf welche sich die Familiendiagnostik beruft. Im Grunde gehen alle praktischen Ansätze zur Familiendiagnostik auf theoretische Überlegungen zurück, gleichgültig, auf welche Theorie nun im Detail. Als Beispiel für einen relativ „nicht-theoretischen" Ansatz – soweit das überhaupt denkbar ist – kann die Methode der „klinischen Listen" von Fisher (1976, zitiert nach Schneewind, 1999, S. 163) angeführt werden. Diese Listen beziehen sich auf eine Anzahl von Dimensionen, die aus der klinischen Erfahrung abgeleitet wurden und sich als hilfreich für die klinische Diagnose von Familien erwiesen haben.

2.3. Anwendungsschwerpunkt: Forschung versus klinische Praxis

Obwohl allgemein anerkannt wird, daß der Fortschritt einer wissenschaftlichen Disziplin von der Wechselwirkung der Grundlagenforschung einerseits und ihrer praxisorientierten Anwendung andererseits abhängt, sind die Ziele von Forschung und Praxis in vielerlei Hinsicht unterschiedlich. Familiendiagnostik dient primär dem Ziel, eine empirische Basis zur Überprüfung, Verfeinerung und Erweiterung von Theorien zu ermöglichen, die etwas über die Funktionsweise von Familien aussagen. Im Bereich der *klinischen* Familienpsychologie ist letztlich eine möglichst wirkungsvolle Intervention das übergeordnete Ziel.

2.4. Schwerpunkt der Analyse: strukturell versus prozeßorientiert

Sowohl in der Forschung als auch in der klinischen Praxis sieht die Auswahl von Erhebungsmethoden recht unterschiedlich aus, je nachdem, ob man eher an dauerhaften, strukturellen Aspekten des Familienlebens interessiert ist, oder sich eher auf die mutmaßlich weniger stabilen prozeßhaften Merkmale familiären Zusammenlebens konzentriert.

Das Ziel einer strukturell orientierten Familiendiagnostik kann in der Zuordnung von Familien zu bestimmten Familientypen bestehen. Als Beispiel hierfür soll kurz auf das „Circumplex-Modell" (z. B. Olson & Lavee, 1989, zitiert nach Schneewind, 1999, S. 178) eingegangen werden, welches aus den drei Dimensionen Kohäsion, Anpassungsfähigkeit und Kommunikation besteht. Mit Hilfe dieser Dimensionen können gleichermaßen Paar- und Familiensysteme erfaßt werden. *Familienkohäsion* ist definiert als das Ausmaß der emotionalen Bindung, das die Familienmitglieder untereinander haben. *Familienanpassungsfähigkeit* bedeutet die Fähigkeit eines Ehe- oder Familiensystems, seine Machtstruktur, Rollenbeziehungen und Beziehungsregeln im Hinblick auf situations- oder entwicklungsbezogenen Streß zu ändern. *Kommunikation* erweist sich als wesentliches unterstützendes Moment für die beiden anderen Dimensionen. Bei der graphischen Darstellung werden nur die beiden Dimensionen Kohäsion und

Anpassungsfähigkeit verwendet, wobei jede dieser beiden Dimensionen in vier Abschnitte unterteilt wird. Eine Kombination der vier Abschnitte auf den zwei Dimensionen ergibt 16 Typen von Paar- und Familiensystemen.
Bei den prozeßorientierten Ansätzen der Familiendiagnostik wird zwischen zwei allgemeinen Strategien zur Analyse von Beobachtungsdaten unterschieden. Die erste Strategie beruht darauf, die Fülle der Daten, die bei einem Beobachtungsvorgang anfallen, auf handhabbare Einheiten zu reduzieren. Dies geschieht, indem eine Häufigkeitsauszählung für die kodierten Ereignisse durchgeführt wird. So könnte man z. B. auszählen, wie oft der Sohn während eines Gespräches andere Familienmitglieder unterbricht. Vermutlich wollen wir auch etwas darüber erfahren, warum sich derartige Unterbrechungen ereignet haben und was passiert, nachdem sie aufgetreten sind. Dies bringt uns zur zweiten Strategie, nämlich der Zeitreihen-Analyse. Sie ermöglicht eine Klärung der Frage, was vor und nach dem Verhalten eines bestimmten Familienmitglieds erfolgte. So könnten wir beim oben genannten Beispiel herausfinden, daß eine Unterbrechung von seiten des Sohnes sehr häufig einen kritischen Kommentar des Vaters zur Folge hat.

2.5. Ebenen der Diagnostik: individuell versus systembezogen

Eine der grundlegenden Zielsetzungen der Familiendiagnostik besteht in einer Abklärung der Beziehungen zwischen den verschiedenen Familienmitgliedern. Somit muß zunächst einmal entschieden werden, auf welche Familiengruppierungen man sich beziehen will (so läßt sich eine Kernfamilie z. B. aus vier Personen in 15 strukturelle Einheiten unterteilen: 4 Einzelpersonen, 6 Dyaden, 4 Triaden, 1 Tetrade). Es werden vier Ebenen der Diagnostik unterschieden:

1) *Individuelle Familienmitglieder:* Das primäre Ziel dieser diagnostischen Zugangsweise besteht darin, über ein bestimmtes Familienmitglied Informationen zu gewinnen. Dies soll Aufschluß über intrapsychische Strukturen und Prozesse einer bestimmten Person geben. Hierzu gehören Informationen zu Persönlichkeitsbereichen wie Motivation, Affektivität, Intelligenz, Temperament, Selbstkonzept, Sozialverhalten etc.
2) *Familiäre Subsysteme:* Hier geht es um die Erfassung der verschiedenen Beziehungen der Familienmitglieder zueinander.
3) *Familiensystem:* Im Vordergrund stehen die verschiedensten Bereiche von Familieninteraktionen, wie beispielsweise familiäres Bewältigungsverhalten oder Umgang mit Familienstreß.
4) *Suprasysteme:* Da Familien in größere außerfamiliäre Systeme eingebettet sind, ist die Erfassung solcher Systeme und ihrer Beziehungen zur Familie unerläßlich (vgl. Kap. 6). Dazu gehören z. B. schulische oder berufliche Beziehungen, Freundschaftsbeziehungen oder Beziehungen zu formellen Institutionen wie Gemeinde oder Kirche.

2.6. Repräsentationsmodus: verbal versus bildhaft-metaphorisch

Beim verbalen Modus werden alle Familiendaten einschließlich der Familienbeziehungen durch die Sprache zum Ausdruck gebracht. Dem bildhaft-metaphorischen Modus hingegen liegt die Annahme zu Grunde, daß die Beziehungen einer Person mit ihrer Familie intern in einer metaphorischen Weise kodiert sind und auf nicht-verbalem Wege ausgedrückt werden können. Der Vorteil dieses Zuganges besteht darin, daß die entsprechenden Techniken auch bei Kindern und Erwachsenen mit geringen sprachlichen Ausdrucksmöglichkeiten problemlos eingesetzt werden können. Ein Beispiel für den bildhaft-metaphorischen Modus ist die „Familienskulptur“. Bei einer Familienskulptur werden die Familienmitglieder gebeten, sich selbst im Raum zu plazieren. Die Personen werden dabei ermuntert, alle Formen nicht-verbaler Ausdrucksmöglichkeiten zu nutzen, so z. B. den Abstand zwischen den Personen, Körperhaltung, Gestik, Blickrichtung.

2.7. Zeitperspektive: Vergangenheit versus Gegenwart versus Zukunft

Zuerst müssen wir uns vergegenwärtigen, daß die Kennzeichnung bestimmter Ereignisse als „vergangen“, „gegenwärtig“ oder „zukünftig“ sich fortwährend ändert. Gegenwärtige Ereignisse werden unwiderruflich zu historischen, wenn sie auf dem Zeitkontinuum aktualisiert werden. Gleichermaßen nehmen zukünftige Ereignisse den Status der Gegenwart an, sobald sie sich „verwirklichen“. Auch vergangene Ereignisse können sich im Lichte gegenwärtiger und zukünftiger Erfahrungen verändern.

- *Vergangenheit:* Ein Ansatz zur Erfassung historischer Familiendaten besteht in der Konstruktion von sogenannten Familiengenogrammen (vgl. auch Kap. 16). Das Familiengenogramm ist eine Methode, bei der die Familie gebeten wird, ihren Familienstammbaum zu konstruieren, wobei mindestens drei Generationen miteinander verknüpft werden sollen. Das Genogramm ist als subjektiv interpretierendes Werkzeug zu verstehen, das vorläufige Hypothesen für eine weitere systemische Beurteilung liefern kann.
- *Gegenwart:* Es ist schwierig, Familiendaten zu erfassen, die sich ausschließlich und allein auf die Gegenwart beziehen, da jede Einschätzung auf subjektiven, individuellen Erfahrungswerten basiert, die in der Vergangenheit gewonnen wurden.
- *Zukunft:* Trotz der allgemeinen Übereinstimmung darüber, daß Familienentwicklung ein zukunftsorientierter Prozeß ist, gibt es nur wenig Instrumente in der Familiendiagnostik, die diesen Gesichtspunkt auch wirklich berücksichtigen. Ein möglicher direkter Zugang zur Erfassung des Einflus-

ses von zukünftigen Ereignissen besteht darin, die erwarteten Veränderungen, die sich durch den Eintritt eines solchen Ereignisses ergeben, unmittelbar zu erfassen. Ein Beispiel dafür ist die Entwicklung eines Veränderungsfragebogens, der im Rahmen des Projekts „Optionen junger Ehen“ (Bundesministerium für Familie, Senioren, Frauen und Jugend, 1996; s. Kap. 40) eingesetzt wurde. Bei diesem Instrument geht es darum, daß zukünftige Eltern, die kurz vor der Geburt ihres ersten Kindes stehen, für unterschiedliche Lebensbereiche angeben sollen, was sich nach der Ankunft ihres Kindes verändern wird. Die so erhobenen Veränderungserwartungen lassen sich dann – nachdem das freudige Ereignis tatsächlich eingetreten ist – mit dem entsprechenden Veränderungserleben vergleichen. Bei diesem Vergleich können sich dann Erwartungsverletzungen, in positiver oder negativer Richtung, herausstellen. So konnte nachgewiesen werden, daß negative Erwartungsverletzungen auf längere Sicht zu einer Verringerung der ehelichen Beziehungsqualität führten.

2.8. Datenquelle: Insider versus Outsider

Eine der wichtigsten Entscheidungen im Zusammenhang mit der Erfassung von Familienbeziehungen betrifft die Frage, auf welche Datenquellen man sich stützen will. Hält man sich an die Definitionen derer, die direkt an der Beziehung beteiligt sind (Insider) oder schenkt man den Sichtweisen derer, die von außen diese Personen beobachten (Outsider) mehr Beachtung.

- *Insiderperspektive:* Zuerst muß man sich vergegenwärtigen, daß es in einer Familie so viele Insider gibt, wie es Familienmitglieder gibt. Außerdem kann von vornherein nicht davon ausgegangen werden, daß die subjektiven Sichtweisen verschiedener Familienmitglieder übereinstimmen. In der Familientherapie ist man daher auch mehr daran interessiert, etwas über die Unterschiedlichkeiten verschiedener Familienmitglieder herauszufinden, wenn sie ihre Familie im Hinblick auf ein bestimmtes Ereignis beschreiben.
- *Outsiderperspektive:* Im Prinzip bezieht sich die Outsiderperspektive auf alle Personen, die nicht zu der untersuchten Familieneinheit gehören, obwohl sie zu wichtigen Informanten über die Funktionsweise dieser Familie werden können. Zu diesen Outsidern gehören z. B. Freunde, Bekannte, Lehrer, Kollegen, Sozialarbeiter, Mediziner und Psychologen.

2.9. Datenart: subjektiv versus objektiv

- *Subjektive Daten:* Es setzt sich immer mehr die Auffassung durch, daß eine introspektive Herangehensweise an die Einstellungen, Überzeugungen und Wahrnehmungen zum Familienleben eine unverzichtbare Informationsquelle für ein umfassendes Verständnis von Familienbeziehungen darstellt. Darüber hinaus sind subjektive Daten in der Regel einfacher zu erheben als verhaltensbezogene Daten. Schließlich erfordert die Durchführung und Auswertung von subjektiv-erfahrungsorientierten Verfahren in der Regel keine langen Trainingszeiten und ist somit unter ökonomischen Gesichtspunkten günstig zu beurteilen. Andererseits sind subjektive Daten in hohem Maße für Antwortstile, wie z. B. soziale Erwünschtheit, anfällig. Darüber hinaus kann das Ausmaß an begrifflicher Differenziertheit zwischen den Mitgliedern einer bestimmten Familie sehr variieren.

- *Objektive Daten:* Obwohl dieser Zugang arbeitsintensiv und kostspielig ist, erlauben beobachtungsbezogene Kodierungssysteme eine feinrastrige Erfassung des Interaktionsgeschehens in der Familie, wobei ein hoher Grad an Genauigkeit und Beobachterübereinstimmung erzielt werden kann. Es besteht jedoch keine Übereinstimmung darüber, welche Kodierungseinheiten am besten geeignet sind.

2.10. Erhebungs- und Auswertungsmodus: qualitativ versus quantitativ

Die letzte Dichotomie nach Schneewind (1999, S. 209-213) betrifft die Modalität der Daten bzw. deren Auswertung. Die Polarität von qualitativen und quantitativen Daten geht zurück auf tief wurzelnde Unterschiede bezüglich der Bevorzugung bestimmter wissenschaftsparadigmatischer Auffassungen und betrifft nicht nur die Familienpsychologie, sondern im Grunde die gesamte sozialwissenschaftliche Methodik (Genaueres dazu siehe z. B. in Bortz & Döring, 1995). Die grundlegende Frage in der psychologischen Familiendiagnostik lautet: „Was entwickelt sich – die Familie als ganzes oder nur einzelne Persönlichkeiten?“ Während sich Entwicklungspsychologen mit der Entwicklung der Persönlichkeit über die Lebensspanne hinweg beschäftigen, betrachten SoziologInnen die Familie aus makro- und mikrosoziologischer Perspektive. Beide Ansätze sollten miteinander verbunden werden, da prinzipiell von reziproken Zusammenhängen ausgegangen werden muß.

3. Erhebungstechniken (nach Petzold, 1999)

3.1. Fragebögen

Der Einsatz von Fragebögen ist in der psychologischen Partnerschafts- bzw. Familienforschung sehr beliebt. Man kann diese in vier Kategorien einteilen (Scholz, 1978, zitiert nach Petzold, 1999, S. 40):

1) Methoden, die Partnerschaft ausschließlich als Summe individueller Eigenarten ihrer Partner abbilden;

2) Methoden, welche die dyadische Struktur der Partnerschaft auf der Grundlage der partnerbezogenen Rollenwahrnehmung, Verwirklichung von Rollen bzw. Rollenerwartungen abbilden;
3) Methoden, welche die Kommunikation im Hinblick auf deren Gestaltung bzw. Konsistenz abbilden;
4) Methoden, welche die Dyade als eine Kooperationseinheit abbilden und deren besondere Bedingungen berücksichtigen (z. B. Konfliktbereinigung, gemeinsame Entscheidungsfindung).

3.2. Direkte Beobachtung und deren Kodierung

In der Familiendiagnostik gibt es auch die Methode der direkten Beobachtung. Diese wurde bisher wenig genutzt, doch das Interesse an Verfahren zur direkten Beobachtung des Interaktionsverhaltens hat zugenommen. Dabei wurden diverse Methoden entwickelt, dieses Verhalten zu kodieren und in systemischen Ansätzen zu interpretieren. Das größte Problem bei all diesen Verfahren direkter Beobachtung ist das Problem der angemessenen Kodierung der beobachteten Merkmale. Ein auf verbales Verhalten beschränktes Beobachtungsverfahren ist der „Reutlinger Familieninteraktions-Diagnosebogen (RFD)". Die revidierte Fassung basiert auf folgenden Kategorien: Informationen geben bzw. erfragen, Unterbrechen, Themenwechsel (konstruktive Gesprächsfortführung versus inadäquater Themenwechsel), Art der Beziehung (positive Anerkennung versus Ablehnung, Anklage) und unstimmige (unvollständige oder diskrepante) Kommunikation. Das Reutlinger Kategoriesystem erfordert in seiner praktischen Anwendung zwar einen hohen Zeitaufwand, wenn die per Tonband mitgeschnittenen Interaktionssequenzen kodiert werden; es bietet dafür aber die Möglichkeit, das verbale Verhalten sehr genau zu erfassen. Ein Verfahren, welches auch nonverbales Verhalten kodiert, ist etwa das von der Oregon Gruppe in den USA entwickelte „Marital Interaction Coding System (MICS)", das für die Evaluation von Ehetherapien entwickelt wurde. Es besteht aus 21 Kategorien für verbales Verhalten (z. B. zustimmen, loben, kritisieren) und 8 Kategorien für nonverbales Verhalten (z. B. anschauen, lachen, schweigen).

3.3. Projektive Verfahren

Neben allgemeinen Persönlichkeitstests sind in der Familienforschung, besonders im Hinblick auf die Anwendung in der Familientherapie, auch projektive Verfahren entwickelt worden. Als klassische projektive Verfahren sind der „Thematische Apperzeptionstest (TAT)", der „Children's Apperception Test (CAT)" und das „Rorschach-Form-Deute-Verfahren" zu nennen. Während diese Verfahren visuell orientiert sind, benutzen andere projektive Verfahren Geschichten. Umweltnah und konkret abgefaßt sind die Düss-Fabeln und der Thomas-Erzähltest, bei denen Fabeln bzw. Anfänge von Geschichten dargeboten

werden, die das Kind weiterführen soll. Die Tests „Familie in Tieren" und „Zeichne deine Familie, wie du sie erlebst" sind – besonders für die klinische Praxis – zur Erfassung der Sichtweise des Kindes brauchbar. Wieder andere projektive Verfahren sind handlungsorientiert, wie z. B. der „Sceno-Test".
Abschließend dazu soll Phares (1984, zitiert nach Zimbardo & Gerrig, 1999, S. 558) zitiert werden, wenn er meint: „Der Zweck der Diagnostik liegt nicht darin, das wahre Wesen des Klienten zu beschreiben, sondern eine brauchbare Beschreibung des Klienten zu ermöglichen – er soll auf eine Weise beschrieben werden, die zur Lösung eines Problems führt."

4. Zusammenfassung

Es ist eine wichtige Aufgabe für die Diagnose und Beurteilung von Familien, Inhalte und Dynamik von Beziehungen aufzuzeigen. Familiendiagnostik wird nach verschiedenen Kriterien beurteilt; diese sind: erkenntnistheoretische Annahmen, begriffliche Orientierung, Schwerpunkt der Anwendung und der Analyse, Ebenen der Diagnostik, Repräsentationsmodus, Zeitperspektive, Datenquelle sowie Datenart. Als die drei wesentlichsten Erhebungsmethoden sind Fragebögen, direkte Beobachtung und projektive Verfahren zu nennen. Es ist die Aufgabe der psychologischen Diagnostik, Verfahren zu entwickeln, die zuverlässige Bestandsaufnahmen psychologischer Merkmale ermöglichen.

5. Gedanken zum Thema

Psychologische Diagnostik hat in vielen Bereichen unseres Lebens einen weitreichenden Einfluß. Testergebnisse dürfen jedoch nicht dazu dienen, die Möglichkeiten, die ein Individuum zur Entwicklung und zur Veränderung hat, einzuschränken. Im Zentrum der Aufmerksamkeit steht in der Diagnostik meist die abweichende Persönlichkeit. Die Probleme in der Umwelt werden weniger thematisiert. Wir sollten stärker als bisher erkennen, daß das, was Menschen jetzt sind, ein Ergebnis dessen ist, wo sie gewesen sind, wohin sie zu gehen glauben und welche Situation ihr Verhalten momentan beeinflußt. Die Familiendiagnostik nimmt in der Praxis oft einen geringeren Stellenwert ein, als ihr zusteht. Häufig wird sie vernachlässigt, und es werden sofort Maßnahmen ergriffen und Empfehlungen gegeben, ohne daß Methoden zur Messung bzw. Beschreibung von inter- und intraindividuellen Unterschieden verwendet werden. Diagnostik sollte andererseits aber auch keinem Selbstzweck dienen, sondern problem- und lösungsorientiert sein und ins subjektbezogene Interesse gesetzt werden.

6. Literatur

Bortz, J. & Döring, N. (1995). *Forschungsmethoden und Evaluation* (2. Aufl.). Berlin: Springer.

Bundesministerium für Familie, Senioren, Frauen und Jugend. (Hrsg.). (1996). *Optionen der Lebensgestaltung junger Ehen und Kinderwunsch. Verbundstudie-Endbericht.* Stuttgart: Kohlhammer.

Petzold, M. (1999). *Entwicklung und Erziehung in der Familie.* Baltmannsweiler: Schneider.

Schneewind K. (1991). *Familienpsychologie.* Stuttgart: Kohlhammer.

Schneewind, K. A. (1999). *Familienpsychologie* (2., überarbeitete Aufl.). Stuttgart: Kohlhammer.

Zimbardo, P. G. & Gerrig, R. J. (1999). *Psychologie* (7., neu übersetzte und bearbeitete Aufl.). Berlin: Springer.

9. Familiendiagnostisches Testsystem

Verena Schwertberger

1. Einleitung

Die Grundstruktur des „Familiendiagnostischen Testsystems“ (abgekürzt: FDTS) wurde zu Beginn der 80er-Jahre im Rahmen einer von der Deutschen Forschungsgemeinschaft geförderten Feldstudie zum Thema „Psychologische und ökologische Determinanten von Eltern-Kind-Beziehungen“ (EKB-Projekt) entwickelt. Nach Abschluß des EKB-Projektes, dem primär keine diagnostische Fragestellung zu Grunde lag, wurden die verschiedenen hier entwickelten Methoden im Rahmen eines ebenfalls von der Deutschen Forschungsgemeinschaft geförderten Projektes systematisch zusammengefaßt. Aufgabe dieses zweiten Projektes (FDTS-Projekt) war es, ein modular angelegtes Testsystem zu entwickeln, welches es ermöglicht, verschiedene dyadische Beziehungskonstellationen innerhalb einer Familie, sowie das Familiensystem als ganzes jeweils aus der Sicht der einzelnen Familienmitglieder (Insiderperspektive) nach qualitativ und quantitativ unterscheidbaren Erlebnisdimensionen diagnostisch zu erfassen (Schneewind, Beckmann & Hecht-Jackl, 1985).

2. Grundstruktur des Familiendiagnostischen Testsystems (FDTS)

Das FDTS ist ein auf Fragebogenbasis aufgebautes, modular angelegtes Testsystem, mit dem das innerfamiliäre Beziehungsgefüge der Kernfamilie, bestehend aus Vater, Mutter und einem Kind (Tochter / Sohn) im Altersbereich von 9 bis 14 Jahren, erfaßt werden kann. Die Erhebung ist jeweils aus der Sichtweise der einzelnen Beteiligten möglich (Insider-Perspektive). Aus der Beziehungstriade *Vater – Mutter – Kind* ergeben sich im einzelnen *fünf Beziehungsdyaden:* (1) Vater – Sohn, (2) Vater – Tochter, (3) Mutter – Sohn, (4) Mutter – Tochter, (5) Vater – Mutter; diese können gesondert aus der Sichtweise der an den einzelnen Dyaden beteiligten Familienmitglieder untersucht werden.

3. Erfaßbare Beziehungsaspekte

3.1. Erziehungsstil der Eltern (Vater / Mutter) gegenüber ihrem Kind (Tochter / Sohn)

Beim elterlichen Erziehungsstil können drei Komponenten unterschieden werden:

1) *Erziehungseinstellungen:* Darunter werden Erlebnisdispositionen verstanden, welche die Eltern bezüglich eines bestimmten erzieherischen Verhaltens besitzen, wodurch diese zu einer bestimmten Art von Handlungen prädisponiert sind.
2) *Erziehungsziele:* Hier handelt es sich um Vorstellungen bzw. Forderungen seitens der Eltern in bezug auf das Verhalten ihrer Kinder.
3) *Erziehungspraktiken:* Hierzu gehören alle konkreten Verhaltensweisen verbaler als auch nonverbaler Art, die Elternpersonen gegenüber ihren Kindern ausüben.

Diese drei Aspekte des elterlichen Erziehungsstils können jeweils aus der Sichtweise der Eltern (*Selbstperzeption*) sowie aus der Sicht der Kinder (*Fremdperzeption*) erhoben werden.
Die geschlechtsspezifische Differenzierung Mutter / Vater bzw. Tochter / Sohn soll sozialisationsbedingte Unterschiede, die mit dem jeweiligen Geschlecht zusammenhängen, berücksichtigen.

3.2. Elternbeziehung

Das Verhältnis der Eltern zueinander kann mit Hilfe des im FDTS enthaltenen *„Fragebogens zur Erfassung der Ehepartnerbeziehung"* untersucht werden. Mit diesem können Qualität und Intensität wichtiger Aspekte des Ehepartner-Subsystems aus der Sicht des weiblichen und des männlichen Ehepartners erfaßt werden.

3.3. Familienklima

Mit den ebenfalls im FDTS enthaltenen „*Familienklima-Skalen*", die in Anlehnung an die von Moos entwickelte „*Family Environment Scale*" für deutschsprachige Verhältnisse adaptiert wurde (Moos, 1974; Moos & Moos, 1986, zitiert nach Schneewind, 1991), kann das erlebte Familienklima sowohl auf der Eltern- als auch auf der Kindseite erfaßt werden. Damit ist, je nach Fragestellung, der diagnostische Zugang zu einzelnen dyadischen Subsystemen der Familie, sowie zum Familiensystem als ganzes möglich.

4. Aufbau

Das FDTS besteht insgesamt aus *acht Teiltestsystemen*, die ihrerseits jeweils zwei bis vier einzelne Tests (= Fragebögen) umfassen:

1) *ES-Testsystem:* Erfassung der mütterlichen bzw. väterlichen **E**rziehungseinstellung gegenüber dem **S**ohn aus der Sicht der beiden Elternteile (Selbstperzeption), sowie aus jener des Sohnes (Fremdperzeption) → vier Einzeltests;
2) *ET-Testsystem:* Erfassung der mütterlichen bzw. väterlichen **E**rziehungseinstellung gegenüber der **T**ochter aus der Sicht der beiden Elternteile (Selbstperzeption), sowie aus jener der Tochter (Fremdperzeption) → vier Einzeltests;
3) *EZS-Testsystem:* Erfassung der mütterlichen bzw. väterlichen **E**rziehungs**z**iele gegenüber dem **S**ohn aus der Sicht der beiden Elternteile (Selbstperzeption), sowie aus jener des Sohnes (Fremdperzeption) → vier Einzeltests;
4) *EZT-Testsystem:* Erfassung der mütterlichen bzw. väterlichen **E**rziehungs**z**iele gegenüber der **T**ochter aus der Sicht der beiden Elternteile (Selbstperzeption), sowie aus jener der Tochter (Fremdperzeption) → vier Einzeltests;
5) *EPS-Testsystem:* Erfassung der mütterlichen bzw. väterlichen **E**rziehungs**p**raktiken gegenüber dem **S**ohn aus der Sicht der beiden Elternteile (Selbstperzeption), sowie aus jener des Sohnes (Fremdperzeption) → vier Einzeltests;
6) *EPT-Testsystem:* Erfassung der mütterlichen bzw. väterlichen **E**rziehungs**p**raktiken gegenüber der **T**ochter aus der Sicht der beiden Elternteile (Selbstperzeption), sowie aus jener der Tochter (Fremdperzeption) → vier Einzeltests;
7) *FK-Testsystem:* Erfassung des **F**amilien**k**limas aus der Sicht der Mutter, des Vaters sowie aus jener des Kindes (keine Geschlechtsdifferenzierung) → drei Einzeltests;
8) *EB-Testsystem:* Erfassung der Qualität der **E**hepartner**b**eziehung aus der Sicht des weiblichen sowie des männlichen Ehepartners →zwei Einzeltests.

Über alle 8 Teiltestsysteme zusammengefaßt, ergibt sich eine Summe von 29 Einzeltests. Der modulare Aufbau des FDTS bietet die Möglichkeit, je nach Erforderlichkeit einen bestimmten, oder auch mehrere Fragebögen aus dem gesamten Testsystem herauszunehmen und diese je nach Bedarf miteinander zu kombinieren. Dadurch wird eine problemadäquate und ökonomische Familiendiagnostik ermöglicht (Schneewind et al., 1985).

5. Skalenstruktur

Die inhaltliche Festlegung und Operationalisierung der Skalen der Einzeltests stellt, mit Ausnahme des FK-Testsystems welches einer deutschsprachigen Adaptation der „Family Environment Scale“ (Moos, 1974) entspricht, eine methodische Neuentwicklung dar. Dabei dienten Veröffentlichungen zu einschlägigen, bereits publizierten Verfahren als Orientierungshilfe. Darüber hinaus wurden wichtige familiäre Beziehungsaspekte in offenen Interviews eruiert und anschließend inhaltsanalytisch aufbereitet. Dieses Vorgehen führte zu einer Reihe inhaltlicher Beziehungskonstrukte, für die nach dem Prinzip der rationalen Skalenkonstruktion Items formuliert wurden, die man anschließend einer teststatistischen und faktorenanalytischen Überprüfung unterzog, wonach nur jene Skalen beibehalten wurden, die sich auf faktorenanalytischer Basis als hinreichend unabhängige Dimensionen des familiären Beziehungsverhaltens bzw. Beziehungserlebens erwiesen. Es zeigte sich, daß sich abhängig vom *Beziehungsaspekt* (z. B. Erziehungspraktiken), von der *Beziehungskonstellation* (z. B. Mutter – Sohn) sowie vom *Perzeptionsmodus* (z. B. Fremdperzeption), Itemzusammenstellungen ergaben, die sich teilweise unterschieden, obwohl sie auf ein und dasselbe Beziehungskonstrukt bezogen waren. Um die Beziehungsstrukturdimensionen auf einer allgemeineren Ebene erfassen zu können, wurden in den einzelnen Testsystemen mit Ausnahme des Ehepartnerbeziehungs-Testsystems auch Sekundärfaktoren bestimmt.
Ziel bei der Konzeption des FDTS war es, eine möglichst differenzierte Erfassung verschiedener Komponenten des Beziehungsverhaltens bzw. des Beziehungserlebens zu ermöglichen.

6. Mögliche Anwendungsfelder

Die Art des Aufbaus des FDTS ermöglicht seinem Anwender bzw. seiner Anwenderin eine spezifische und gezielte Diagnostik, vor allem in den Bereichen der Familienforschung, der Familientherapie und der Familienberatung. Bei einer Veränderung oder Erweiterung der Fragestellung können sequentiell weitere Einzeltests aus den verschiedenen Teiltestsystemen zur Testung hinzugezogen werden, um weitere notwendige Informationen zur Beantwortung der Fragestellung zu gewinnen.

6.1. Familienberatung

Vor allem in Institutionen der *Erziehungs- Eltern- und Familienberatung* kann das FDTS zur Ergänzung und Präzisierung der auf anderem Wege, z. B. durch die Anamnese gewonnenen Informationen über einzelne Beziehungskonstellationen sowie über die Sichtweise der jeweiligen Familienmitglieder eingesetzt werden.

6.2. Familientherapie

Geeignet erscheint die Verwendung des FDTS insbesondere auch in der familientherapeutischen Praxis sowie in kindertherapeutischen Einrichtungen, zur differenzierten Eingangsdiagnostik des gesamten Familiensystems sowie einzelner Subsysteme. Damit kann die personbezogene inhaltliche Struktur einzelner Beziehungsaspekte erfaßt werden. Etwaige Perzeptionsdiskrepanzen zwischen den einzelnen Familienmitgliedern können aufgedeckt und so anschließend auch therapeutisch genutzt werden. Das FDTS kann auch als therapiebegleitendes und therapieevaluierendes Instrumentarium eingesetzt werden.

6.3. Familienforschung

Hier bietet sich eine Fülle an Anwendungsmöglichkeiten für das FDTS an, wie z. B. bei Studien zu Konstanz und zum Wandel familiärer Interaktions-, Kommunikations- und Sozialisationsprozesse unter Berücksichtigung epochaler und lebenslagenspezifischer Gegebenheiten, oder auch bei Untersuchungen zur Analyse innerfamiliärer Interaktionsformen, sowie zur Auswirkung verschiedener Belastungen auf das Familienleben im Sinne einer Familienstreßforschung usw. Im Bereich der *anwendungsorientierten Forschung* kann das FDTS vor allem für die wissenschaftliche Begleitforschung, wie z. B. zur Analyse von Modellprojekten, zur Entwicklung und Evaluation von Elterntrainingsprogrammen oder zur Kontrolle von Behandlungseffekten in der vergleichenden Beratungs- und Therapieforschung eingesetzt werden.

7. Zusammenfassung

Das Familiendiagnostische Testsystem ermöglicht die Erfassung verschiedener dyadischer Beziehungskonstellationen innerhalb der Familie sowie die des Familiensystems als ganzes. Die Erhebung ist jeweils aus der Sichtweise der einzelnen Beteiligten möglich (Insider-Perspektive). Gegenstandsbereich des FDTS ist die Kernfamilie, bestehend aus Mutter, Vater und einem Kind (Tochter / Sohn) im Altersbereich von 9 bis 14 Jahren. Das FDTS ist ein auf Fragebogenbasis aufgebautes und modular angelegtes Testsystem, sodaß einzelne Fragebögen je nach Bedarf herausgefaßt und verschieden kombiniert werden können.

8. Gedanken zum Thema

Die vielfältigen Anwendungsmöglichkeiten des FDTS und vor allem die Möglichkeit der Gegenüberstellung von Selbstperzeption und Fremdperzeption zum Vergleich scheinen sehr interessant. Ein Kritikpunkt, der auch in der Literatur mehrmals erwähnt wird, jedoch auf den Großteil der Persönlichkeitstests zutrifft, ist die Verfälschbarkeit der Daten bei Fragebogenerhebungen. Speziell beim

FDTS erscheint eine Anwendung daher aber nur dann sinnvoll, wenn alle befragten Personen das gleiche persönlich Interesse an der Klärung der innerfamiliären Verhältnisse haben, sodaß man von einer ehrlichen Beantwortung ausgehen kann.
Eine Überarbeitung und Modernisierung des FDTS würde sich lohnen.

9. Literatur

Schneewind, K. A. (1991). *Familienpsychologie*. Stuttgart: Kohlhammer.

Schneewind, K. A., Beckmann, M. & Hecht-Jackl, A. (1985). *Das Familiendiagnostische Testsystem (FDTS): Konzeption und Überblick* (Forschungsbericht). München: Universität, Institut für Psychologie, Institutsbereich Persönlichkeitspsychologie und Psychodiagnostik

10. Familiäre Intervention

Alrun Trebo

1. Einleitung

In einer Zeit sehr komplexer und sich ständig verändernder Lebensverhältnisse ist es für den einzelnen, für Partnerschaften wie für die Familie in ihren unterschiedlichen Erscheinungsformen und Lebensstilen nicht leicht, Krisen und Herausforderungen des Lebens zu meistern (Schneewind, 1999). Allgemein kann heute ein erhöhter Bedarf an einer angemessenen professionellen und damit formellen Unterstützung in Form von Beratungs- und Therapieangeboten beobachtet werden.

2. Aufgabenfeld der Familienberatung und -therapie

Familiäre Intervention kann als *ein* Instrument der formellen Familienunterstützung betrachtet werden, wobei sie in Abgrenzung zu den monetären Formen der Unterstützung aus folgenden zwei zentralen Aufgaben besteht (Schneewind, 1999, S. 215): 1) aus der Behebung bzw. Reduzierung manifester psychischer und psychosomatischer Störungen und 2) aus Wissensvermittlung sowie Erweiterung von Handlungsmöglichkeiten, um das individuelle und familiäre Bewältigungspotential in unterschiedlichen Lebensbereichen und -phasen zu erhöhen.
Das beschriebene Aufgabenfeld familiärer Intervention läßt sich mit Hilfe eines dreidimensionalen Modells zur Klassifikation von beraterischen und therapeutischen Interventionen näher bestimmen (Morrill, Oeting & Hurst, 1974, zitiert nach Schneewind, 1999).
Die Autoren berücksichtigen dabei folgende drei Dimensionen und zusätzlichen Kategorien:

1) *Adressaten* der Intervention, wie Individuum, Primärgruppe (z. B. Familie, Gleichaltrigengruppe), informelle Gruppe (z.B. Selbsthilfegruppen), Institution und Gemeinschaft (z. B. Schule);
2) *Ziele* der Intervention, also Entwicklungsoptimierung, Prävention und Remediation;
3) *Methoden* der Intervention, wie direkte Dienstleistung durch unmittelbaren Kontakt, Konsultation und Training, Medien (z. B. Bücher, Fernsehsendungen).

Durch Verknüpfung dieser drei Dimensionen und Kategorien ergibt sich ein weites Spektrum von unterschiedlichen Ansätzen und Vorgehensweisen der familiären Intervention.
Es stellt sich nun die Frage, wann es in Intervention sinnvoll und wichtig ist, die Familie, d. h. alle betroffenen Familienmitglieder oder zumindest mehrere, einzubeziehen; folgende Hauptargumente werden dabei für den Einsatz einer familiären Intervention genannt (Schneewind, 1999, S. 216):

- bei primär familienspezifischen Problemlagen (z. B. Erziehungs-, Scheidungsprobleme);
- bei Problemen, die zwar vordergründig individueller Natur sind, jedoch im Rahmen der Familie entstanden oder durch sie ausgelöst und aufrechterhalten werden (z. B. psychosomatische, -pathologische Symptome wie Anorexie, Schizophrenie);
- bei externen Einflüssen auf die Familie bzw. auf einzelne Familienmitglieder, die das gesamte Familiensystem betreffen (z. B. Arbeitslosigkeit, Unfälle, Katastrophen);
- um bei individuellen Problemen das Selbsthilfepotential der Familie als ein „natürliches" Unterstützungssystem zu nützen, z. B. bei chronischer Behinderung eines Familienmitglieds.

Familiäre Intervention, speziell Familienberatung bzw. -therapie schließt eine individuumsbezogene Intervention (Individualberatung oder -therapie) aber nicht aus; auch Individualberatung kann durchaus familienorientiert sein, sofern familiäre Aspekte der Probleme vordergründig sind (Carter & Orfanidis, 1976, zitiert nach Schneewind, 1999). Weiters können auch informelle Gruppen bzw. Institutionen oder Gemeinschaften in ihren Zielsetzungen oder Programmen familienbezogene Komponenten enthalten und damit im weitesten Sinne Adressaten unterschiedlicher familienorientierter bzw. -relevanter Interventionsformen sein (z. B. Selbsthilfegruppen, Kindergärten, Sozialstationen, für die Familienpolitik zuständige Ministerien; Ewert, 1988; Keil, 1979, zitiert nach Schneewind, 1999).

2.1 Geschichtliche Entwicklung

Historisch betrachtet wurde etwa ab den 50er-Jahren immer mehr die „Erziehungskraft und Sozialisationsfähigkeit der Familie" problematisiert und damit auch entsprechende familienunterstützende Maßnahmen ins Auge gefaßt (Deutscher Bundestag, 1975, 1979; Seifert-Schröder, 1981, zitiert nach Schneewind, 1991). In der „Familiensystemtheorie" war nun die Beschreibung und Erklärung von Familienbeziehungen des Systems „Familie" bedeutsam, wobei sich in ihrer Anwendung auf die Behandlung von Störungen auf Individual- und Beziehungsebene das familientherapeutsche Paradigma (Guntern, 1980, zitiert nach

Schneewind, 1991; Revenstorf, 1993) entwickelte, welches den Aufschwung der Familienberatung und -therapie sehr stark mit bedingte.

3. Familienberatung und -therapie im Kontext

Allgemein müssen in der Familienberatung und -therapie sämtliche Lebensbereiche und damit „Kontexte", in denen es auf individuellem und familiärem Niveau zu Störungen und Bewältigungsproblemen kommen kann, mitberücksichtigt und einbezogen werden. Individuelle und familiäre Lebensvollzüge können damit in ineinander verschachtelte „Systemeinheiten" eingebettet gesehen werden, die unterschiedlich das Entwicklungsgeschehen beeinflussen (Schneewind, 1991, S. 272). Beispielsweise können sich individuelle oder Beziehungsprobleme mit familiären Ursachen nicht nur im familiären Kontext, sondern auch in anderen Lebensbereichen (z. B. Schule, Betrieb) äußern. Umgekehrt können außerfamiliäre negative Bedingungen zu individuellen Problemen führen oder beitragen, wie z. B. familienunfreundliche Arbeitszeiten. Dennoch bleibt die Einbeziehung des Familiensystems in das Behandlungskonzept der zentrale Aspekt, um familiäre Ressourcen zu stärken bzw. einen Behandlungserfolg zu erzielen (Karpel, 1986, zitiert nach Schneewind, 1991).
Ein hilfreiches *Modell mit kontextbezogenen Komponenten* wurde von Markman, Floyd, Stanley und Lewis 1986 entwickelt, wobei die Autoren einen familienstreß- und bewältigungstheoretischen Ansatz mit einem familienentwicklungsorientierten Ansatz verbinden (Schneewind, 1991, S. 272). Sie unterscheiden dabei einerseits *vertikale*, d. h. historisch gewachsene und in die Gegenwart hineinwirkende, andererseits *horizontale*, d. h. unvorhergesehene oder durch die verschiedenen Phasen des Familienlebenszyklus bedingte Stressoren und Ressourcen. Die Bewältigung derartiger familienrelevanter (horizontaler) Belastungen hängt jeweils vom gegenwärtigen relativen Niveau an vertikalen Stressoren und Ressourcen ab, wobei diese auf folgende Systeme bezogen betrachtet werden müssen:

- *Persönlichkeitssystem* (z. B. physische Gesundheit, soziale Kompetenzen, personale Kontrolle, Ausprägung von Selbstwertgefühl);
- *Paar- bzw. Familiensystem* (z. B. gegenwärtige familiäre Kohäsion und Anpassungsfähigkeit, Kommunikations-, Interaktions- und Problemlösungsmuster);
- *Mehrgenerationensystem* (z. B. Beziehung zwischen Eltern und Schwiegereltern, Wirkung überkommener „Familientabus und -mythen");
- *Extrafamiliäres soziales System* (z. B. ökonomische Bedingungen, gesellschaftliche Werthaltungen bezüglich Ehe, Scheidung und Elternschaft).

Zu betonen ist, daß die Praxis von Familienberatung und -therapie – sei es nun Forschungs- oder Anwendungspraxis – *im Kontext eines gesellschaftlichen Sy-*

stems stattfindet und damit ihre Funktion innerhalb dieses Systems kritisch zu bedenken und einzuschätzen ist. Bestimmt wird dieser Kontext nämlich unter anderem sehr stark durch die Geschichte, Politik, materielle Basis und Ideologie, z. B. welches Familiensystems als „normal“ gesehenen wird, Rollen- und Wertemuster bezüglich Geschlecht, oder die Pluralität der Lebensverhältnisse, -situationen und -erfahrungen (vgl. Hundsalz, 1995; Schneewind, 1991, S. 291).

4. Ansatzpunkte der familiären Intervention

Folgendes Modell geht von der These aus, daß das Ausmaß einer „Interventionsbedürftigkeit“ einer Familie, d. h. eine professionelle Beratung oder Therapie zu beanspruchen, um so größer ist, je höher ihr „Verletzlichkeitsniveau“ bzw. Ausmaß an Streßbelastung ist (Schneewind, 1999, S. 219). Davon ausgehend können folgende drei Interventionsziele der Familienberatung und -therapie unterschieden werden: Entwicklungsoptimierung, Prävention und Remediation (s. Abbildung 1).
Grundsätzlich können mit einer Verknüpfung und sinnvollen Kombination zweier interventiver Ansatzpunkte das Verletzlichkeitsniveau und somit die Interventionsbedürftigkeit verringert werden (durchgezogene Pfeile). Gleichzeitig können Maßnahmen einer bestimmten Interventionsstufe die Notwendigkeit von Interventionen einer höheren Stufe verhindern (unterbrochene Pfeile) (Schneewind, 1999).

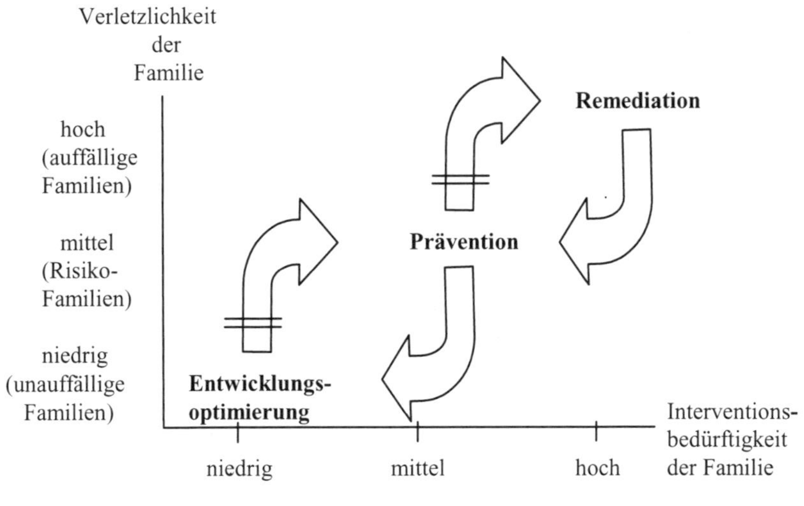

Abbildung 1: Ziele familiärer Intervention (Schneewind, 1999, S. 219).

4.1. Entwicklungsoptimierung (primäre Prävention)

Professionelle Unterstützung kann von Familien aus Gründen einer *Steigerung und Entfaltung der eigenen Möglichkeiten als Person und als Beziehungspartner* herangezogen werden, wobei es sich manchmal auch um eine „verdeckte" Risikofamilie handeln kann. Dabei handelt es sich um den Ansatz der sog. „Enrichment-Bewegung" im Bereich Ehe und Familie, die sich durch den Einfluß der humanistischen Psychologie Mitte der 60er-Jahre in den USA etablierte (Mace, 1986, zitiert nach Schneewind, 1991). Es gibt einige entsprechende Programme auf Paar- und Familienebene, die sich in ihrer theoretischen Fundierung, Gruppengröße, Dauer, Vermittlungsart und Strukturiertheit unterscheiden (L'Abate, 1981, zitiert nach Schneewind, 1991). Grundsätzlich wird aber eine Verbesserung des Beziehungsklimas und allgemeiner Beziehungsfertigkeiten angestrebt. Als Techniken werden im wesentlichen Methoden der Familiensystemtherapien, sowie verhaltens- und kommunikationstheoretisch beeinflußte Methoden des psychoedukativen Ansatzes herangezogen, wobei diese auch auf die unterschiedlichen Phasen des Familienlebenszyklus zugeschnitten sind. Zu den Vermittlungsformen zählen Kurzvorträge, Selbsterfahrungsübungen, Gruppendiskussionen, Hausaufgaben und Hintergrundlektüre (Guerney, Guerney & Cooney, 1985; Levant 1986b, 1986c, zitiert nach Schneewind, 1991).

4.2. Prävention (sekundäre Prävention)

Im Falle der (sekundären) Prävention geht es um die Zielgruppe der „Risikofamilien", wobei bei diesen Familien die Wahrscheinlichkeit des Auftretens bzw. Wiederauftretens von behandlungsbedürftigen Symptomen auf Individual- oder Familienbeziehungsebene besonders hoch ist. Damit ist sowohl die *Rückfallprophylaxe* bei psychischen Störungen und massiven Beziehungsproblemen, als auch die *Abwendung von voraussehbaren Fehlentwicklungen* aufgrund horizontaler Stressoren im Familienlebenszyklus zu berücksichtigen, z. B. Erziehungsschwierigkeiten von Kindern, Übergang zu Scheidungs- und Nachscheidungsphasen (Schneewind, 1999, S. 220). Im Mittelpunkt steht die Stärkung personaler und interpersonaler Kompetenzen innerhalb der Familie, um erwartbare Belastungen besser bewältigen zu können. Dabei ist die Vermittlung und Einübung von Kommunikationsfertigkeiten, die Lösung von Problemen und Konflikten, sowie die Kontrolle von personeninternen Zuständen, um eine effektive Kommunikation zu ermöglichen, vordergründig. Auch die jeweilige familiäre Lebenslage, wie spezifische sozioökonomische, -kulturelle, familienkulturelle Lebenslagen (L'Abate, 1987a, zitiert nach Schneewind, 1991), werden dabei mitberücksichtigt.

4.3. Remediation (tertiäre Prävention)

Die gesamte Familie, einzelne Subsysteme bzw. Mitglieder der Familie weisen Symptome auf, die von der Familie selbst oder von anderen Instanzen des gesellschaftlichen Systems als „gestört", „dysfunktional", unerwünscht und damit behandlungsbedürftig gesehen werden – auf Individualebene beispielsweise Symptome wie Schizophrenie, psychosomatische Auffälligkeiten, Alkohol- und Drogenabusus und auf Familienbeziehungsebene chronische Partnerschaftskonflikte, Mißhandlung von Kindern und Frauen (Schneewind, 1991, 1999). Beim remedialen Vorgehen handelt es sich daher um *eine Behebung oder zumindest Reduzierung von Symptomen, die bereits manifest geworden sind.* Dies fällt vornehmlich in den Bereich der klinischen Familienpsychologie (L'Abate, 1985a, zitiert nach Schneewind) bzw. der Familienpsychiatrie (Howells, 1971, zitiert nach Schneewind, 1991) wobei das Behandlungskonzept im engeren Sinn als familientherapeutisch zu bezeichnen ist.

4.4. Familientherapie

Innerhalb der Familientherapie können verschiedene therapeutische Schulen unterschieden werden, wobei Levant (1984) von folgenden *drei familientherapeutischen Modellen* spricht: das historische, das struktur- bzw. prozeßorientierte und das erfahrungsorientierte Modell (zitiert nach Schneewind, 1999, S. 222):

1) Das *historische* Modell konzentriert sich vor allem auf die Vergangenheit und auf die Analyse der Familienbeziehungen über wenigstens zwei Generationen und sieht damit als ihr therapeutisches Ziel die Loslösung von dysfunktionalen Bindungen an frühere Generationen. Die Rolle des Therapeuten bzw. der Therapeutin ist eher passiv, die Behandlungsdauer relativ lang; die theoretischen Wurzeln liegen in der Psychoanalyse. Beispielhafte Vertreter sind Boszormenyi-Nagy, Bowen und Stierlin.
2) Im *Struktur- bzw. Prozeßmodell* steht die gegenwärtige Situation einschließlich der jüngsten Vergangenheit und der nahen Zukunft im Mittelpunkt. Im Vordergrund steht dabei die Änderung dysfunktionaler familienstruktureller Regeln und Interaktionen. Der Therapeut / die Therapeutin nimmt eine aktive und direktive Rolle ein; die Dauer der Therapie ist eher kurz. Theoretisch orientiert sich dieses Modell an der Familiensystemtheorie und der Lerntheorie, wobei es sich eher um ein „verhaltensorientiertes" Vorgehen handelt. Wichtige Vertreter sind Haley, Minuchin, Selvini-Palazzoli, Boscolo u. a. (siehe z. B. auch Brandl-Nebehay, Rauscher-Gföhler & Kleibel-Arbeithuber, 1998).
3) Im *erfahrungsorientierten Modell* liegt der Fokus am stärksten in der Gegenwart. Ziel ist die Intensivierung positiver emotionaler Erfahrungen zwischen den Familienmitgliedern. Der Therapeut bzw. die Therapeutin ist ak-

tiv, wobei er bzw. sie ein einfühlsames Verständnis zeigt. Die Therapien sind eher von mittlerer Dauer, basieren auf den existentialistischen und phänomenologischen Ansätzen der humanistischen Psychologie und sind eher „erlebensbezogen“. Als bedeutende Vertreter können Kempler, Satir oder Whitaker und Keith genannt werden (vgl. Revenstorf, 1993; Schneewind, 1999).

4.5. Unterscheidung Beratung und Therapie

Diese beiden Begriffe werden sehr oft in Zusammenhang mit anderen verwandten oder konkurrierenden Begriffen, wie z. B. Erziehung, Konsultation oder psychiatrische Behandlung, umrissen, wobei gleichzeitig eine Zuordnung dieser interventionsorientierten Begriffe zu bestimmten Disziplinen nahegelegt wird (beispielsweise die erzieherischen Aufgaben der Pädagogik, die Psychotherapie der klinischen Psychologie; Peterson & Nisenholz, 1987; Textor, 1987, zitiert nach Schneewind, 1999, S. 217). Diese begriffliche Präzisierung und Trennung familienorientierten Interventionsformen ist jedoch vor allem praktisch gesehen sehr oft nicht sinnvoll und zielführend. Wichtig ist vielmehr, daß interventionsorientiertes Handeln kompetent, effektiv und nach wissenschaftlichen Standards erfolgt (Hundsalz, 1995, Kap. 4; Schneewind, 1999). Dies setzt selbstverständlich eine fachliche Spezialisierung, doch insbesondere ein gesellschaftlich anerkanntes Niveau von *Professionalisierung* voraus, um damit eine angemessene Ausbildung, Zertifizierung, Lizenzierung, Supervision und Überwachung des Qualitätsstandards von Dienstleistungen zu gewährleisten, was im deutschsprachigen Raum erst in Ausnahmefällen der Fall ist. Gleichermaßen mangelt es an einem verbindlichen Kodex zur Regelung von ethischen und rechtlichen Fragen, sowie zur Umsetzung von familienberaterischen und -therapeutischen Dienstleistungen im öffentlichen und privaten Bereich; z. B. sind Berufsbezeichnungen wie „FamilienberaterIn bzw. -therapeutIn“ weder gesetzlich geschützt noch von den Krankenkassen anerkannt. Zusätzlich sollte eine inhaltlich verantwortbare, beziehungsweise *an wissenschaftlichen Kriterien orientierte Ausbildung und Berufspraxis* gewährleistet werden. Gerade VertreterInnen des familientherapeutischen Ansatzes wird sehr oft eine antitheoretische und antiempirische Haltung vorgeworfen (Colapinto, 1979, Whiteaker, 1976, zitiert nach Schneewind, 1991), wobei das Fehlen einer sorgfältigen und methodisch abgesicherten Diagnostik (Ewert, 1988, zitiert nach Schneewind, 1991) und auch von Effektivitätsnachweise entsprechender therapeutischer Techniken und Methoden betont wird (L’Abate & Jurkovic, 1987, zitiert nach Schneewind, 1991). Eine grundlagen- und anwendungsorientierte Forschung sollte daher angestrebt werden (Schneewind, 1999, S. 218).

5. Konzept einer integrativen Familienberatung

Um das Konzept einer integrativen Familienberatung durch Koordination und Zusammenarbeit verschiedener familienorientierter Beratungsangebote zu erfüllen, sind grundsätzlich folgende vier Aspekte zu bedenken (Schneewind, 1991, S. 293):

1) *Beratungsfelder der Familienberatung:* Ansatzpunkt für dieses Konzept ist die bereits angesprochene Überlegung, daß sich familienorientierte Beratung nicht nur auf psychosoziale Beratungsanlässe beschränkt, sondern eine Fülle von anderen Lebensbereichen umfaßt. Folgende 10 Beratungsfelder sind daher noch mit einzuschließen und stets im Lebenszusammenhang der Familie zu sehen: *Gesundheit* und *Ernährung* (z. B. medizinische und psychosoziale Gesundheitsberatung); *soziale Netzwerke*, *Freizeit*, *Wohnumwelt* (z. B. Förderung sozialer außerfamiliärer Unterstützungssysteme, familienorientierte Freizeitgestaltung, Umweltberatung usw.); *Bildungssystem* und *Beschäftigungssystem*, *Ökonomie* (z. B. Beratung im schulischen sowie Aus- und Fortbildungsbereich, Berufsberatung, Beratung bezüglich Familienbudget); *Staat*, *Rechtssystem* (z. B. Unterstützung in familienrelevanten Rechtsbereichen, Angebot an monetären bzw. nicht monetären Maßnahmen der Familienpolitik).
2) *Lebenslagen- und Phasenorientierung:* Zusätzlich ist der Beratungsbedarf einer Familie *zu verschiedenen Zeitpunkten im Verlauf der Familienentwicklung* und bezüglich *verschiedener Familientypen bzw. Lebensumstände* zu unterscheiden und deutlich hervorzuheben.
3) *Aktuelle und präventiv orientierte Beratungsangebote:* Wichtig ist auch die Unterscheidung, doch gleichzeitige Verknüpfung zwischen *Beratungsangeboten bei aktuellen oder gar akuten Problemlagen* und *präventiven Beratungsangeboten*. Als Vorteile des präventiven Ansatzes können u. a. Verminderung eventueller negativer Stigmatisierung von Familien, relativ geringer Zeitbedarf, das Vorhandensein weitgehend standardisierter Programme oder die Einbeziehung von Familiengruppen genannt werden.
4) *Beratungsformen: Nicht-personale* und *personale* Formen der Familienberatung sollten entsprechend eingesetzt bzw. koordiniert werden. Bei den nicht-personalen Beratungsformen besteht kein persönlicher Kontakt zwischen den Beratungssuchenden und den BeraterInnen bzw. dem BeraterInnenteam, und es handelt sich vor allem um die Vermittlung von Sach- und Handlungswissen, beispielsweise durch gedruckte Medien, Hörfunk und Fernseher und „Neue Medien". Die konkrete Ausgestaltung personaler Beratungsformen kann je nach Setting, Dauer, Professionalität, Schulenzugehörigkeit, Beratungsumfang, Kosten usw. unterschiedlich sein, wobei zu-

sätzlich eine konkrete Aktivierung, Einübung und Überwachung neuer Handlungsmöglichkeiten gewährleistet wird.

Ein erster wichtiger Schritt dieses integrativen Ansatzes ist die Vernetzung und Koordination dieser unterschiedlichen inhaltlichen Beratungsbereiche und -angebote und damit auch Institutionen bzw. einzelner Anbieter und Berufsbilder. Dieser Netzwerkgedanke sollte jedoch auch innerhalb der verschiedenen Beratungsfelder und zwischen den einzelnen Aspekten dieses Konzeptes unbedingt angestrebt und zusätzlich durchschaubar gemacht werden. Durch verstärkte Vernetzung von Beratungsangeboten, durch eine systematische, informative Dokumentation und durch praxisnahe Forschungsaktivitäten auf Angebotsseite und gleichzeitige Erleichterung des Informationsabrufes über Beratungsangebote beim Beratungssuchenden kann sicherlich eine vermehrte Inanspruchnahme und effektive Nutzung erreicht werden (Schneewind, 1991, S. 302).

5. Literatur

Brandl-Nebehay, A., Rauscher-Gföhler, B. & Kleibel-Arbeithuber, J. (Hrsg.). (1998). *Systemische Familientherapie: Grundlagen, Methoden und aktuelle Trends*. Wien: Facultas-Universitäts-Verlag.

Hundsalz, A. (1995). *Die Erziehungsberatung*. Weinheim: Juventa.

Revenstorf, D. (1993). *Psychotherapeutische Verfahren (Band IV): Gruppen-, Paar- und Familientherapie*. Stuttgart: Kohlhammer.

Schneewind, K. A. (1991). *Familienpsychologie*. Stuttgart: Kohlhammer.

Schneewind, K. A. (1999). *Familienpsychologie* (2., überarbeitete Aufl.). Stuttgart: Kohlhammer.

11. Grundlagen der Bindungstheorie

Sabine Kainz

1. Bindung: Allgemeine Überlegungen und Wurzeln

Bereits beim Neugeborenen ist die Neigung, starke emotionale Bindungen zu spezifischen Individuen aufzubauen, vorhanden. Diese Neigung bleibt – allerdings in modifizierter Form – bis ins Erwachsenenalter bestehen. Nach Bowlby (z. B. 1988) ist das neugeborene Kind mit einer Reihe von Bindungsverhaltensweisen, wie weinen oder anklammern ausgestattet und besitzt somit genetisch vermittelte Voraussetzungen zum Aufbau einer Bindung, wenn eine Bezugsperson zur Verfügung steht. Während der Kindheit bestehen die Bindungen v. a. zu den Eltern oder Elternersatzfiguren, bei denen das Kind Trost und Hilfe sucht und findet. Bei fester und sicherer Bindung überdauern diese Bindungen das Jugendalter und bleiben bis ins Erwachsenenalter bestehen. Meist werden sie dann allerdings durch neue Bindungen ergänzt. So wie das Nahrungsaufnahmeverhalten die Ernährung sicherstellt, so hat auch die Bindung ihre eigene Funktion, nämlich die des Schutzes. Konzept des Bindungsverhaltens ist, daß in der Regel Unterstützung und Trost bei jemandem gesucht wird, der als stärker und weiser betrachtet wird. Ein Kind, das Unterstützung sucht, wird somit in der Nähe der Fürsorgeperson bleiben, wobei das Ausmaß der Nähe von den jeweiligen Umständen abhängt (vgl. dazu z. B. die Übersichtsartikel von Rauh, 2000 und von Grossmann, 2000). Wenn ein Kind sich bei seiner Fürsorgeperson sicher fühlt, so wird es offen sein, seine Umwelt zu erkunden. Nach solchen kleinen „Ausflügen" kehrt das Kind zum sicheren „Hafen" – der Mutter zurück. Bei kleineren Kindern übernimmt meist die Mutter diese Funktion der Distanzregulierung. Es gibt viele Belege dafür, daß die Bindungsmuster zwischen Eltern und Kind stabil bleiben. Dafür gibt es zwei offensichtliche Gründe:

1) Eltern werden sich weiter so dem Kind gegenüber verhalten, wie sie es von Anfang an getan haben. Manchmal wollen sich die Eltern allerdings ändern, und innerhalb der ersten zwei bis drei Jahre des Kindes können sie damit auch das kindliche Verhaltensmuster ändern.
2) Ein umgängliches Kind ist ein sehr angenehmer Interaktionspartner, und im großen und ganzen kommen die Eltern gut mit dem Kind aus; ein unsicher gebundenes Kind hingegen neigt dazu, ständig seinen Kopf durchsetzen zu

wollen und eher launisch und unkooperativ zu agieren. Somit werden die bestehenden Interaktionsmuster noch verstärkt.

2. Die Fremde Situation von Mary Ainsworth

Die „Fremde Situation" (z. B. Ainsworth & Bell, 1970) bestand darin, daß Mutter und Kind (12 Monate alt) in einem Raum miteinander spielten, wo ein/e VersuchsleiterIn anwesend und einige Spielsachen vorhanden waren. Nachdem die Mutter mit dem Kind ein wenig gespielt hatte, verließ sie für ca. 3 Minuten den Raum und ließ das Kind beim Versuchsleiter zurück. Aufgrund des Verhaltens des Kindes nach einigen kurzen Trennungen und der Art und Weise, wie das Kind mit der Mutter nach deren Rückkehr agierte, konnte Mary Ainsworth drei Hauptbindungsmuster identifizieren, die inzwischen mehrfach repliziert wurden:

1) Die *sicher-gebundenen* Kinder („Typ B"): Auch wenn die Bindungsfigur den Raum verläßt, empfindet das Kind sie noch als verfügbar. Das sicher-gebundene Kind sucht bei der rückkehrenden Bindungsfigur sofort und unzweideutig Trost und kann dann sein Spiel fortsetzen (Ainsworth, 1985b). Diese sichere Bindung zeigt sich beim Erwachsenen darin, daß Bindungen einen sehr hohen Stellenwert für sie haben und daß sie einen guten Zugang zu ihren eigenen Gefühlen haben.
2) Die *unsicher-vermeidend-gebundenen* Kinder („Typ A"): Diese Kinder wirken während der Fremden Situation nicht beunruhigt, sie vermeiden sogar die Nähe zur wiederkehrenden Bindungsfigur. Jene Kinder haben zu Hause die Erfahrung gemacht, daß sich ihre Mutter in für sie kummervollen Situationen zurückweisend verhält. Um diese schmerzvolle Zurückweisung zu verringern, reagieren sie mit Vermeidung (Ainsworth, 1985b).
3) Die *unsicher-ambivalent-gebundenen* Kinder („Typ C"): Für diese Kinder ist ihre Bindungsfigur als nicht berechenbar eingestuft. Allein schon die fremde Umgebung macht sie unruhig und aktiviert ihr Bindungssystem, d. h. sie suchen schon vor der Trennung die Nähe zur Mutter. Wenn die Mutter dann den Raum verläßt, so fühlt sich das Kind in seinen Erwartungen bestärkt, nämlich daß die Mutter wohl wieder nicht verfügbar ist und verhält sich der wiederkehrenden Mutter gegenüber sehr widersprüchlich. Einerseits sucht es ihre Nähe, andererseits ist es sehr ärgerlich und wütend auf die Mutter (Ainsworth, 1985b).

In den Studien der letzten Jahre hat sich noch ein vierter Bindungsstil herausarbeiten lassen, nämlich:

4) Die *desorganisiert-gebundenen* Kinder („Typ D"): Das Kind erstarrt in seinen Bewegungen, mit trance-ähnlichem Gesichtsausdruck; es schaukelt

stereotyp; bei Angst vor dem bzw. der Fremden entfernt es sich von der Bezugsperson. Während der Trennung schaut es zur Tür und schreit nach der Bezugsperson. Bei der Wiedervereinigung wendet es sich still ab.

Mittlerweile gibt es mehrere Studien, die sich mit der Interaktion zwischen Mutter und Kind beschäftigen (vgl. z. B. Grossmann, 2000; Rauh, 2000), und es gibt einige Hinweise, daß Mütter sicher-gebundener Kinder verbal und nonverbal aktiver mit ihren Kindern kommunizieren. Außerdem zeigen diese Mütter mehr Einfühlungsvermögen gegenüber den Signalen ihrer Kinder. Die Eltern von unsicher-vermeidend-gebundenen Kinder werden als unfeinfühlig, verdeckt feindselig und überstimulierend beschrieben (siehe den Überblick von Magai & McFadden, 1995, zitiert nach Spangler & Zimmermann, 1997).
Es gibt auch eine Reihe von Untersuchungen über die Fremde Situation außerhalb der USA. Zum Beispiel fanden Sagi, Van Ijzendoorn, Aviezer, Donnell & Mayseless (1994, zitiert nach Spangler & Zimmermann, 1997) in einer Kibbuz-Untersuchung in Israel mehr ambivalent-gebundene Kinder, was sie darauf zurückführten, daß Kleinkinder dort nachts alleine im Kinderhaus schliefen und mit der Kinderfrau nur mit einem Interkomsystem verbunden waren.
Eine weitere Untersuchung fand in der mikronesischen Gesellschaft der Tikopia statt (Firth, 1936, zitiert nach Spangler & Zimmermann, 1997). Dort wird die Bindung zwischen dem Kleinkind und dem Bruder der Mutter dadurch gestärkt, daß der Onkel schon im Säuglingsalter sich mit dem Kind befassen muß.
In Bali kontrollieren die Mütter das Bindungsverhalten ihrer Kleinkinder, indem sie sie durch vorgespielte Furcht an der Erkundung der Umwelt hindern und sie zu sich zurücklocken.
Bei den Efe, einem halb-nomadischer Stamm im afrikanischen Tropenwald, werden die Kinder von Geburt an von mehreren Frauen betreut und gestillt. Sie schlafen nur nachts, ausschließlich bei der Mutter. Trotz des reichhaltigen Angebots an Bindungsfiguren bestehen diese Kinder im Alter von ca. 6 Monaten darauf, daß sie von der eigenen Mutter getröstet und versorgt werden (Tronick, Winn & Morelli, 1985, zitiert nach Spangler & Zimmermann, 1997).

3. Empirische Befunde

Nach Lamb, Sternberg und Promides (1992, zitiert nach Spangler & Zimmermann, 1997), zeigt sich kein systematischer Effekt des Zeitpunktes, zu dem eine Mutter wieder zu einer Berufstätigkeit zurückkehrt und der Dauer, wieviele Stunden sie von ihrem Kind getrennt ist, auf die Mutter-Kind-Beziehung. D. h., man fand keinen Zusammenhang zwischen der Bindungsqualität des Kindes und dem Zeitpunkt, ab dem die Mütter wieder arbeiten gingen. Allerdings kommt es sehr wohl darauf an, *wie* eine Mutter den Beginn ihres Arbeitseinstieges gestaltet. Mütter, die in ihrem Bindungsinterview bereits vor der Geburt als sicher

klassifiziert wurden, führten die Ersatzbezugsperson langsamer und sorgfältiger in die Familie ein als Mütter, die in ihrem Bindungsinterview als unsicher-distanziert klassifiziert wurden. Es konnte auch beobachtet werden, daß sicher-gebundene Kinder im Vergleich zu unsicher-vermeidend gebundenen Kinder im Neugeborenenalter mehr Orientierungsverhalten zeigten. Es gibt auch einige Befunde zur Irritierbarkeit der Kinder: Die Kinderschwester einer Geburtsklinik beschrieb jene Kinder, die mit 12 Monaten als sicher gebunden klassifiziert wurden, als weniger schwierig. Nach Ainsworth, Blehar, Waters & Wall (1978) weinten sicher gebundene Kinder im Alltag während ihres ersten Lebensjahres weniger, und sie reagierten positiver auf Beginn und auf Beendigung des Körperkontakts durch die Mutter. Eltern sicher gebundener Kinder waren im Spiel mit ihrem Zweijährigen nachgiebiger, geduldiger, akzeptierender und weniger anspruchsvoll, dafür aber selbstwertfördernder, als wenn es sich um Eltern handelte, die selbst eine unsichere Bindungsbeziehung hatten. Die meisten Mütter sicher gebundener Kinder zeigten eine „autoritative" Grundhaltung: Sie benutzten mehr Absprachen, an die sich die Kinder halten mußten, berücksichtigten aber auch deren Bedürfnisse, sie verlangten gewisse Verantwortung für kleine Bereiche und sie setzten ihren Kindern feste Grenzen. (Die anderen Mütter mußten eher einem „autoritären" oder „laissez-faire"-Stil zugeordnet werden.)
Während des Vorschulalters zeigte sich bei Kindern mit sicherer Bindung eine freundliche Neugier dem Besucher gegenüber. Bei einem inszenierten Wetteiferspiel gewannen die Kinder zuerst und beim zweiten Mal verloren sie, was für alle dreijährigen Kinder enttäuschend ist. Die sicher gebundenen Kinder zeigten ihrem Kontrahenten allerdings ihr trauriges Gesicht, während Kinder mit einer unsicheren Bindung ihr trauriges Gesicht vom Spielpartner abwandten.
Auch im Kindergarten zeigten sich Unterschiede zwischen sicher und unsicher gebunden Kindern. Kinder mit einer sicheren Mutterbindung spielten länger, konzentrierten sich besser und gerieten seltener über Spielsachen oder soziale Angelegenheiten in Konflikte, sie lösten ihre Konflikte auch selbständiger. Kinder mit einer sicheren Bindung zum Vater zeigten weniger negative Gefühle beim Spiel, waren häufiger Initiatoren von Gruppenspielen und konnten ihre Konflikte auch autonomer lösen. Es zeigten sich auch Auswirkungen einer sicheren Bindung bis hinein ins 10. Lebensjahr des Kindes. Sicher gebundene Kinder hatten mit 10 Jahren ein festes Freundschaftsnetz, hatten häufiger einen „besten" Freund und weniger Probleme mit Gleichaltrigen.
Im Jugendalter zeigte sich kein Zusammenhang zwischen der Bindungsqualität mit 12 Monaten zu der Bindungsqualität als Jugendlicher. Es zeigte sich lediglich, daß Jugendliche mit unsicherer Bindung vermehrt mit Risikofaktoren wie Trennung, psychische oder lebensbedrohende Erkrankung der Eltern konfrontiert waren.

4. Verhaltensbiologische Aspekte der Entwicklung sozialer Bindungen auf vormenschlicher Stufe

Die verhaltensbiologischen Konzepte und Erkenntnisse sind für das Verständnis von Bindungen beim Menschen von großer Bedeutung, darum soll an dieser Stelle kurz auf die sozialen Bindungen bei den Primaten eingegangen werden (vgl. dazu auch Kap. 42).

4.1. Betreuung durch die Mutter

Auch bei den Primaten gilt: die Mutter eines Primatenkindes ist nicht nur sein einziger Nahrungsspender, sondern auch sein wichtigster Hort für Zuflucht und Geborgenheit. Dies zeigt sich am deutlichsten bei den Orang Utans, den Bonobos und den Schimpansen. Die Geburten finden meist abseits von den anderen statt. Bei den Schimpansen führen die Mütter ihre Neugeborenen außerordentlich behutsam in die Gruppe ein, wie die Studien von Nishida (1983, zitiert nach Spangler & Zimmermann, 1997) zeigen. Die Entwöhnung von der Mutter findet in der Regel im vierten Lebensjahr statt. Daran kann man sehen, welche herausragende Bedeutung die Bindung zur Mutter hat, meist hält diese Bindung auch ein Leben lang an. Die Schimpansen-Mütter lassen durchaus Kontakte anderer Artgenossen mit ihrem Nachwuchs zu. Zuerst dürfen die Geschwister die Kleinen halten, deren Fell pflegen oder mit ihnen spielen. Solche Episoden sind zeitlich begrenzt und spielen sich im Nahbereich der Mutter ab.

4.2. Mitbetreuung durch weibliche Gruppenmitglieder

Es wurde oft beobachtet, daß Mütter bei der Betreuung ihres Nachwuchses intensiv und häufig von anderen weiblichen Gruppenmitgliedern unterstützt werden. In den allermeisten Fällen handelt es sich dabei um Gruppengenossinnen, die den Müttern gut bekannt sind oder sogar eng mit ihnen verwandt sind. Bei der Auswahl ihrer Mitbetreuerinnen sind die Primaten-Mütter sehr selektiv. Das zeigt sich beispielsweise bei den Schopflaguren, wo nur solche Gruppengenossinnen akzeptiert werden, die bereits Erfahrungen mit eigenem Nachwuchs gemacht haben (Stanford, 1992, zitiert nach Spangler & Zimmermann, 1997).

4.3. Mitbetreuung durch männliche Gruppenmitglieder

Interessanterweise ist diese Mitbetreuung keineswegs ihre Pflicht, sondern ein Privileg: In der Regel dürfen nämlich jüngere Männchen die Primatenkinder nur selten oder nur dann betreuen, wenn sie deren Geschwister sind. Beim Mantelpavian gehen die Betreuungsaufforderungen nicht vom Erwachsenen, sondern von den Affenkindern aus, die den Gruppenführer aktiv aufsuchen, um an ihm Kletterübungen auszuführen oder ihn zum Spielen aufzufordern (Abegglen, 1984; Kummer, 1992, zitiert nach Spangler & Zimmermann, 1997).

4.4. Entwöhnung und Aufbau neuer Beziehungen

Die Entwöhnung der Jungen wird überwiegend durch zunehmende Sprödigkeit der Mutter erreicht. Bei den Berberaffen müssen sich die Jungen mit etwa sechs Monaten andere Schlafpartner als die Mutter suchen. Das zunehmende Interesse an jüngeren Gruppenmitgliedern erleichtert den Primatenjungen die Entwöhnung. Kontakte zu gleichgeschlechtlichen Gruppenmitgliedern finden meistens in Form spielerischer Interaktionen statt. Gespielt wird mehrmals am Tag, und zwar vor allem am Vormittag und am späten Nachmittag bis zum Aufsuchen der Schlafplätze. Hauptspielformen sind Balgen und Verfolgen sowie spielerische Betätigungen an Schaukelbäumen, Buschwerk mit Versteckmöglichkeiten und Wasserstellen.

5. Anwendungsmöglichkeiten von Bindungstheorie und Bindungsforschung in der Praxis

5.1. Anwendung der Bindungsforschung in der Heimerziehung

Kinder, die in ihrer frühen Kindheit fremduntergebracht werden müssen, haben meist keine förderlichen Beziehungen, d. h. aber auch, daß sie keine sicheren Bindungen aufbauen können. Darum ist es ganz wichtig, daß sich die Kinder zuerst von ihrer Ursprungsfamilie ablösen können, denn erst dann können sie eine neue, angstfreie Bindung zu anderen Bezugspersonen eingehen. Die Kinder müssen in einer nicht-familiären Struktur (z. B. Heim) ihre Ängste und Traumata bearbeiten können, um wieder Vertrauen zu Erwachsenen entwickeln zu können.

5.2. Anwendung der Bindungstheorien in familienrechtlichen Angelegenheiten

Ein häufiges Mißverständnis ist, daß anklammerndes Verhalten des Kindes als Zeichen für eine enge Bindung gesehen wird. Auch ist noch immer die Vorstellung weit verbreitet, daß die Mutter grundsätzlich eine stärkere Bindung zum Kind hat als der Vater, wobei nicht die Quantität, sondern die Qualität im Umgang miteinander für die Bindungsqualität verantwortlich ist (Grossmann, 1981).

5.3. Anwendung der Bindungsforschung in der Therapie

Nach Bowlby (1988) soll ein/e TherapeutIn fünf therapeutische Aufgaben erfüllen:

1) Der/die TherapeutIn soll dem Patienten bzw. der Patientin als sichere Basis dienen. Von dieser sicheren Basis soll der/die PatientIn die unglücklichen und schmerzhaften Erfahrungen seiner/ihrer Vergangenheit untersuchen können.

2) Der/die TherapeutIn soll dem/der PatientIn helfen seine/ihre gegenwärtigen Beziehungen zu wichtigen Personen zu untersuchen und zu verstehen.
3) Der/die PatientIn soll mit Hilfe der Therapie die Beziehung zum/zur TherapeutIn direkt untersuchen.
4) Der/die PatientIn soll verstehen lernen, daß seine/ihre gegenwärtige Situation das Ergebnis von tatsächlichen Erfahrungen aus der Kindheit sind.
5) Der/die TherapeutIn soll dem/der PatientIn helfen zu entscheiden, welche Erfahrungsmodelle aus der Vergangenheit auch in der Gegenwart anwendbar und nützlich sind.

6. Gedanken zum Thema und Zusammenfassung

Die Bindungstheorie und die Ergebnisse der Bindungsforschung sollten viel mehr der Öffentlichkeit vermittelt werden, da es besonders wichtig erscheint, Eltern empirisch belegte Informationen zukommen zu lassen – einerseits, um sie für die Problematik sensibel zu machen, und andererseits, um ihnen zu zeigen, welche weitreichenden Auswirkungen ihr Tun in den ersten Lebensmonaten und -jahren ihres Kindes auf dessen ganzes Leben haben kann. Es ist aber ebenso wichtig, festzuhalten, daß Bindungsmuster der ersten Lebensjahre zwar sehr prägend, aber keinesfalls unkorrigierbar sind. Es hat sich eine gewisse Stabilität gezeigt, man konnte aber auch nachweisen, daß Eltern in das Bindungsverhalten korrigierend eingreifen können.

Zusammenfassend kann man sagen, daß die Grenzen der Bindungstheorie noch lange nicht erreicht sind, und daß immer mehr Gebiete der Psychologie und Psychopathologie sich die Erkenntnisse der Bindungstheorie und Bindungsforschung zunutze machen werden.

7. Literatur

Ainsworth, M. D. S. (1985a). Attachments across the life span. *Bulletin of the New York Academy of Medicine, 61*, 792-812.

Ainsworth, M. D. S. (1985b). Patterns of infant-mother attachments: Antecedents and effects on development. *Bulletin of New York Academy of Medicine, 61(9)*, 771-791.

Ainsworth, M. D. S. & Bell, S. M. (1970). Attachment, exploration, and separation: Illustrated by the behavior of one-year olds in a strange situation. *Child Development, 41*, 49-67.

Ainsworth, M. D. S., Blehar, M. C., Waters, E. & Wall, S. (1978). *Patterns of attachment. A psychological study of the strange situation.* Hillsdale, NJ: Erlbaum.

Bowlby, J. (1988). *A secure base. Clinical Applications of attachment theory.* London: Routledge.

Grossmann, K. E. (1981). *Aufbau von Beziehungen im Kleinkindalter.* Köln: Bundeszentrale für gesundheitliche Aufklärung.

Grossmann, K. E. (2000). Bindungsforschung im deutschsprachigen Raum und der Stand bindungstheoretischen Denkens. *Psychologie in Erziehung und Unterricht, 47,* 221-237.

Rauh, H. (2000). Bindungsforschung im deutschsprachigen Raum. *Psychologie in Erziehung und Unterricht, 47,* 81-86.

Spangler, G. & Zimmermann, P. (Hrsg.). (1997). *Die Bindungstheorie* (2. durchgesehene Auflage). Stuttgart: Klett-Cotta.

12. Pubertät als Herausforderung für die Familie

Manuela Hochwarter

1. Einleitung

> Die Entwicklung im Jugendalter ist eine Phase innerhalb des Lebenszyklus, die durch ein Zusammenspiel biologischer, intellektueller und sozialer Veränderungen zur Quelle vielfältiger Erfahrungen wird. Diese Entwicklungsphase bedeutet – anderen Lebensabschnitten durchaus vergleichbar – für manche eine positive Zeit, für manche ist sie mit Problemen in persönlichen, familiären oder außerfamiliären Bereichen verbunden. (Oerter & Dreher, 1998, S. 310)

Die Zeit der Pubertät ist sowohl eine turbulente als auch herausfordernde Phase – für die Jugendlichen und für deren Eltern. Jugendliche sind mit körperlichen Veränderungen, ihrer Geschlechterrolle und der Suche nach der eigenen Identität konfrontiert. Für die Eltern hingegen bedeutet die wachsende Eigenständigkeit der Jugendlichen, einen Teil ihrer Elternidentität aufzugeben. Aus diesen Gründen sind in der Pubertät von Jugendlichen und deren Eltern Abstimmungs- und Aushandlungsprozesse gefragt.
In diesem Kapitel wird vor allem auf die „Familie als Umwelt" näher eingegangen. Weiters werden sowohl förderliche als auch hemmende Faktoren zur Bewältigung der Entwicklungsaufgaben von Familien mit Pubertierenden genannt, und schließlich werden neue Erkenntnisse aus dem Bereich der Elternbildung dargestellt.

2. Die Familie als Umwelt des Jugendlichen

Der/die Jugendliche befindet sich im Spannungsfeld verschiedener Umwelten. Diese Umwelten sind beispielsweise die Schule, der Beruf des/der Jugendlichen, die Peergruppe, oder möglicherweise auch eine Partnerschaft. Eine wesentliche Umwelt des/der Jugendlichen stellt sicher dessen/deren Familie dar. Irrtümlicherweise wird häufig angenommen, daß die Familie im Jugendalter keine große Rolle mehr spielt. Untersuchungen belegen jedoch die große Bedeutung der Familie (vgl. z. B. Oerter & Motada, 1998, S. 362).

2.1. Familialer Interaktionsstil und Entwicklung im Jugendalter

Die Sichtweise, daß die Identitätsbildung durch die Lösung vom Elternhaus begünstigt wird, wurde als zu einseitig kritisiert (Gilligan, 1987; Sampson, 1988, zitiert nach Oerter & Dreher, 1998, S. 363) und bedarf der Ergänzung durch den Aspekt der Bezogenheit und Kommunikation, die nicht nur in der Peergruppe, sondern auch zwischen Eltern und Kind weitergeführt werden muß. Mit Baumrind (1991, zitiert nach Oerter & Dreher, 1998, S. 363) lassen sich bei der Eltern-Kind-Beziehung im Jugendalter drei Sichtweisen unterscheiden: die klassische Sichtweise, die Sichtweise der Umbruchstendenz und die Sichtweise der Interdependenz. Bei der *klassischen Sichtweise* wird die emotionale Loslösung von den Eltern als entscheidend für die Identitätsbildung angesehen.

> Die *Umbruchstendenz* zeigt sich bereits in der frühen Adoleszenz, wenn das Bestreben nach größerer Unabhängigkeit auftaucht, verbunden mit sozialem Aktivismus, verminderter Religiosität, Mißachtung elterlicher Standards und höherer Bewertung der Meinung der Freunde im Vergleich zu den Eltern. ... Aufgrund des scheinbar unlösbaren Dilemmas zwischen Gewährung von Autonomie und Kontrolle der Jugendlichen durch die Eltern hat man versucht eine Synthese in der Weise zu finden, daß die Int*erdependenz*, d. h. die wechselseitige Abhängigkeit im Unterschied zur emotionalen Autonomie und zur fortgesetzten Abhängigkeit betont wird (Hill & Holmeck, 1986). Es geht also darum, eine Balance zwischen selbständigem Handeln und Kommunikation, zwischen Trennung und Bindung, zwischen Konflikt und Harmonie in familiären Beziehungen herzustellen. (Oerter & Dreher, 1998, S. 363)

2.2. Emotionale Distanzierung und Belastungsdämpfung durch „Attachment“

> Bereits im frühen Jugendalter ändert sich die affektive Qualität der Familienbeziehungen, nämlich sobald die Jugendlichen in die Pubertät eintreten. Steinberg (1989) benutzte die Hypothese der emotionalen Distanzierung, um die Familiendynamik dieser affektiven Veränderung zu beschreiben und zu erklären. Die Hypothese behauptet, daß der Höhepunkt des pubertären Wachstumsschubs mit einer Zunahme emotionaler Distanz zwischen Jugendlichen und ihren Eltern einhergeht.
>
> Das würde heißen, daß Jugendliche während der körperlichen Reifung eine Verringerung der Bindung (attachment) zu ihren Eltern erfahren. ... Dies führt zu einer Erhöhung von Gefühlen sozialer Angst und von Depression. Bisherige Untersuchungen bestätigen diese Hypothese (Steinberg, 1988, 1989; Papini & Sebby, 1987).
>
> Andererseits sagt die Attachementtheorie voraus, daß das Bindungsverhalten besonders bei Streß und Angst aktiviert wird. Wenn Jugendliche unter Streßbedingungen also Zuflucht im Bindungsverhalten suchen können, so wirkt dies dämpfend auf ihre Ängste. Diese Dämpfungshypothese

> (buffering hypothesis) wurde von Armsden und Grünberg (1987) entwikkelt. Sie besagt, daß die Qualität der Bindungsbeziehungen zu den Eltern einen Puffer für Streß und Angst bildet, die in Übergangsperioden auftritt. Vor allem während der Zeit körperlicher Reifung kann die Qualität der Bindung die Jugendlichen vor Gefühlen der Depression und sozialen Angst schützen. (Oerter & Dreher, 1998, S. 365)

Auch diese Hypothese konnte bestätigt werden. Das Kind, welches sich allmählich vom Elternhaus löst, findet in der Peergruppe neue Bezugspersonen, die den Ablösungsprozeß stützen und zugleich neue Formen der Beziehungen vermitteln. Der Schritt hin zur Autonomie wird somit erleichtert, ohne daß dabei die Sozialbeziehungen aufgegeben werden müßten. Die Peergruppe bewältigt also das Kunststück, Unabhängigkeit (independence) und wechselseitig Abhängigkeit (interdependence) zu integrieren.

3. Zentrale Ergebnisse der Pilotstudie von Janig und Wilk (1997)

Bei dieser Pilotstudie wurden 26 Familien untersucht, deren ältestes Kind zwischen 13 und 15 Jahre alt war und wo der/die Jugendliche, sowie Vater und Mutter zu einem Interview und einem Familiengespräch bereit waren. Die Familien wohnten regional gestreut, und die Geschwister wurden genauso berücksichtigt wie die Familienform. Dies erlaubte zum einen, die Sichtweise der Gruppe der Mütter jener der Väter und der Jugendlichen vergleichend gegenüber zu stellen und außerdem innerhalb einer Familie die Sichtweisen zu vergleichen. Die Auswertung der Einzelinterviews zur Beschreibung von Gemeinsamkeiten und Unterschieden in der Wahrnehmung und im Erleben erfolgte mittels qualitativer computerunterstützter Textanalyse. Neben den Gruppenauswertungen wurden einige Familien ausgewählt, anhand derer förderliche und hemmende Faktoren zur Bewältigung der Herausforderungen in Familien mit Pubertierenden dargestellt wurden. Die Auswertung der Familiengespräche erfolgte aus systemtheoretischer Sicht (Janig & Wilk, 1997, S. 9-10).

3.1. Förderliche und hemmende Faktoren zur Bewältigung der Entwicklungsaufgaben von Familien mit Pubertierenden

Das Eltern-Kind-Verhältnis ist in der Adoleszenz zweifelsohne in einem Wandel begriffen. Durchgängig wird aber ein Zusammenhang zwischen einer positiven Beziehung der Jugendlichen zu ihren Eltern und dem elterlichen Erziehungsstil festgestellt. Die Beziehung zur Mutter ist tendenziell intensiver als jene zum Vater (Janig & Wilk, 1997, S. 2).

> Die im Zuge des Ablösungsprozesses erfolgende Distanzierung von den Eltern darf nicht darüber hinwegtäuschen, daß Jugendliche für eine posi-

> tive Entwicklung ein grundlegendes Gefühl von Akzeptanz, Aufgehobensein und Ernstgenommen-Werden seitens ihrer Eltern brauchen. Bedeutsam für die innerfamiliale Vertrauensbasis zwischen Eltern und Jugendlichen ist gegenseitiges Verständnis. (Janig & Wilk, 1997, S. 2)

Außerdem bedarf es befriedigender Kommunikationsstrukturen zur Bewältigung der Entwicklungsaufgaben von Familien mit Pubertierenden.

> Die Erziehungsstile und -ziele haben sich verändert. Das elterliche Erziehungsverhalten wird von Jugendlichen dann als positiv erlebt, wenn ihre Interessensäußerungen von den Eltern respektiert werden, ihre Freiheitsspielräume nicht zu sehr eingeengt werden und elterliches Srafverhalten nur selten zum Tragen kommt. Bedeutsam für eine positive Bewältigung der Herausforderung für Familien ist weiters eine befriedigende Partnerbeziehung der Eltern sowie die gemeinsame Ausübung der Elternrolle. Innerhalb der Familie ist die Ausgeglichenheit der emotionalen Bindungen wichtig, die sowohl Zusammenhalt als auch individuellen Freiraum ermöglicht, um mit den ständig wechselnden Anforderungen fertig zu werden. (Janig & Wilk, 1997, S. 2)

3.2. Wie Jugendliche und Eltern die Pubertät erleben und die an sie gestellten Herausforderungen bewältigen (empirische Ergebnisse)

3.2.1. Was sich Jugendliche von ihren Eltern wünschen bzw. erwarten

Wichtig ist in den Augen der Jugendlichen, daß Eltern ...

- ihr Kind als selbständige erwachsene Person ansehen,
- sich um ihr Kind kümmern,
- den/die Jugendliche(n) akzeptieren und verstehen,
- ihrem Kind Vertrauen entgegenbringen,
- mit ihm/ihr ruhig reden und Probleme auf den Grund gehen,
- ihm/ihr Freiraum gewähren und
- ihre eigene Kindheit reflektieren.

Eltern sollten nicht ...

- ständig durch Verbote bestrafen,
- herumschreien, bemuttern oder körperlich bestrafen,
- Kinder unter Druck setzen, aber auch
- sich für das Kind zu wenig Zeit nehmen (Janig & Wilk, 1997, S. 3).

3.2.2. Wie Jugendliche ihre Eltern erleben

Die Mütter werden von den Jugendlichen vorwiegend als verständnisvolle Beziehungspartnerinnen erlebt, denen sie vertrauen können und von denen ihnen auch Vertrauen entgegengebracht wird.

> Sowohl die Söhne als auch die Töchter können mit ihren Müttern fast alles bereden. Die Beziehung zur Mutter wird als vertrauter erlebt als jene zum Vater.
> Unabhängig vom Geschlecht sehen sich die Jugendlichen aber auch von ihren Vätern im großen und ganzen verstanden. Die geringe Anzahl jener Jugendlichen, die mit dem Vater gut reden können, ist unter anderem auch durch die hohe „Abwesenheit" der Väter – auch in Kernfamilien – bedingt. (Janig & Wilk, 1997, S. 3)

3.2.3. Wie Eltern ihr jugendliches Kind erleben

Die Veränderungen des/der Jugendlichen werden von Müttern und Vätern durchwegs positiv wahrgenommen. Eltern beschreiben ihre jugendlichen Kinder als selbstbewußter, selbständiger, eigenverantwortlicher und reifer. „Sie sind sich bewußt, daß die im Alltag zum Teil als problematisch erlebte Phase der Pubertät des Kindes meist ein zeitlich begrenzter Entwicklungsschritt ist" (Janig & Wilk, 1997, S. 3). Mütter erleben sich selbst als vorwiegende Ansprechpartner (und werden auch von den Partnern so erlebt). Die Väter gestehen sich ein, eher wenig innerhalb der Familie anwesend zu sein, würden jedoch gerne Ansprechpartner für ihr Kind sein.

3.2.3. Wie Eltern eine Balance zwischen geforderten Freiräumen einerseits und Grenzen andererseits schaffen

Eltern bemühen sich häufig, eine Balance zwischen Grenzen und Freiräumen zu erreichen. Grenzen werden mit dem/der Jugendlichen ausgehandelt, sind dann aber verbindlich, und auf die Einhaltung wird seitens der Eltern viel Wert gelegt. Diese Grenzen werden im Erleben der Jugendlichen mitunter aus dem Blickwinkel der Kontrolle wahrgenommen. Für die Eltern hingegen steht natürlich die Sicherheit des eigenen Kindes im Vordergrund. Diese verschiedenen Sichtweisen können sich in der Folge auch problematisch auswirken.
An die Eltern werden also große Anforderungen gestellt, um die nötige Balance zwischen den eigenen Ängsten und dem Vertrauen gegenüber den Kindern zu finden (Janig & Wilk, 1997, S. 3).

3.2.4. Hemmende Faktoren zur Bewältigung der Entwicklungsaufgaben von Familien mit Pubertierenden

Aus den Ergebnissen der Pilotstudie von Janig und Wilk (1997) lassen sich auf unterschiedlichen Ebenen Einflußfaktoren festmachen, welche es Familien mit Pubertierenden erleichtern oder erschweren, die an sie gestellten Herausforderungen zu bewältigen (vgl. S. 5-7).

Spezifische innerfamiliäre Dynamiken: Zusammenhalt in der Familie sollte nicht bedeuten, daß es keine Konflikte geben darf und daß individuelle Wünsche und Bedürfnisse nicht geäußert und gelebt werden dürfen. Familien, die Zusammenhalt falsch verstehen, d. h. aus Angst vor Veränderung keine Konflikte und keine

Änderungen familiärer Regeln zulassen, behindern die Entwicklung des Jugendlichen. Wenn das Familiensystem sehr dicht ist, verhindert dies die Außenorientierung. Der Auf- und Ausbau außerfamiliärer Beziehungen wird erschwert. Gerade für Jugendliche, bei denen Gleichaltrige einen unverzichtbaren Beitrag zur Entwicklung und Sozialisation leisten, ist dies problematisch. Jugendliche dürfen nicht zu „Ersatzpartnern" werden und Eltern nicht zu „Ersatzgeschwistern". Eltern können dann nicht im ausreichenden Maß loslassen, beziehungsweise können Jugendliche nicht die notwendigen Selbstbestimmungswünsche artikulieren. Beziehungsprobleme und Konflikte zwischen den Partnern, welche über den/die Jugendliche/n ausgetragen werden, behindern dessen/deren Ablösung und bewirken, daß der/die Jugendliche sich für die Zwistigkeiten verantwortlich fühlt.

Unsicherheiten im Umgang mit den Jugendlichen: Da sich die gesellschaftlichen Bedingungen und Herausforderungen an die Erziehung verändert haben, können Eltern die Erziehungsmethoden, die sie selbst als Jugendliche erlebt haben, nicht anwenden. Wenn Eltern aber im Alltag zwischen traditionellen und neuen Erziehungsmethoden schwanken, fällt es Jugendlichen schwer, sich zu orientieren und sich zurechtzufinden. Die Orientierung der Jugendlichen wird aber auch erschwert, wenn Eltern sehr unterschiedliche Erziehungsvorstellungen vertreten und sehr unterschiedliches Erziehungsverhalten praktizieren. Außerdem kann es zu Problemen kommen, wenn Eltern streng an einem sehr traditionellen Wertsystem festhalten. Jugendliche, die sich von diesen Werten distanzieren möchten, greifen dann zu extremen Verhaltensweisen und Provokation der Eltern. In der Zeit der Pubertät haben Eltern Angst, daß Jugendliche bei ihrer Suche nach Halt und Orientierung in „falsche Kreise" geraten könnten, indem sie sich von extremen Gruppierungen, wie z. B. rechtsradikalen Gruppen oder sektenähnlichen Organisationen angesprochen fühlen. Die Ängste der Eltern sind allerdings zum Teil massiv und entsprechen nicht dem Maß der realen Gefahr.

Geschlechtsspezifische Rollenzuschreibungen: Während Väter mit ihren Söhnen noch eher gemeinsame Freizeitinteressen haben (z. B. Sport), fehlen gemeinsame Bezugspunkte mit den jugendlichen Töchtern weitgehend. Es besteht daher die Gefahr, daß sich Väter und Töchter fremd bleiben. Wäre Erziehung nicht mehr ausschließlich Frauensache, würde den Vätern der Zugang zu ihren Töchtern vermutlich leichter fallen.

Zusätzliche Stressoren: Die Pubertät erfordert sowohl von den Jugendlichen als auch von den Eltern Umorientierungen. Sie verlangt neue Rollenverteilungen, eine Modifikation der bisher in der Familie geltenden Regeln. Diese Anpassungsleistungen bedürfen Zeit und Energie. Wenn Familien aber zusätzliche kritische Life-events, wie z. B. Wiederverheiratung, Hausbau, Arbeitslosigkeit etc. zu bewältigen haben, besteht die Gefahr, daß die Herausforderungen durch die Pubertät nicht entsprechend wahrgenommen und die notwendigen Umorientierungen und Anpassungsleistungen nicht erbracht werden können.

4. Elternbildung

Elternbildung ist ein Weg, Eltern mit Pubertierenden zu unterstützen und Faktoren, die die „Bewältigung" der Pubertät erschweren, zu minimieren. Ein Grundsatz der Elternbildung ist die „Hilfe zur Selbsthilfe", d. h. Eltern sollen bei der Bewältigung der Herausforderungen, die sich ihnen in der Erziehung stellen, unterstützt werden.

Nach Lenz (1989, zitiert nach Beham, 1997) hat Elternbildung „zum Ziel, Eltern oder Erziehungsberechtigte zur kritischen Auseinandersetzung mit ihrem Erziehungsverhalten anzuregen, wobei ihre familiäre Situation, aber auch die gesellschaftlichen Rahmenbedingungen zum Gegenstand von Denken und Handeln werden" (S. 5).

Prinzipiell gilt, daß die bestehenden Angebote zur Elternbildung wenig bekannt sind und bisher auch wenig genutzt wurden. Als hilfreich werden die angenommenen Angebote dann erlebt, wenn sie möglichst praxisrelevant sind. Die Formen der gewünschten Unterstützung sind sehr vielfältig. Sie reichen von Arbeitsgruppen, praxisrelevanten Vorträgen, Familienkonferenz bis hin zum Erfahrungsaustausch im Freundes- und Familienkreis (Beham, 1997).

4.1. Die wichtigsten Kriterien der „Elternbildung neu"

Wichtig ist, daß keine Bevormundung der Beteiligten stattfindet und ihre jeweilige Eigenart respektiert wird. Es sollte nie zu Verallgemeinerungen kommen, sondern, im Gegensatz dazu, zur Individualisierung des jeweiligen Phänomens. In der Erziehung kann es keine absolute Wahrheit geben und daher sollte der/die BeraterIn nur InterpretIn sein, nicht Normvermittler(in). In der Elternbildung wird vor allem die Kommunikation zwischen Eltern und jugendlichen Kindern als besonders bedeutend erachtet. Außerdem werden im Rahmen der Elternbildung Anleitungen zum Handeln gegeben (Beham, 1997).

5. Zusammenfassung

Insgesamt läßt sich sagen, daß die Pubertät eine große Herausforderung für alle Familienmitglieder darstellt, also für Eltern und Jugendliche. Jugendliche versuchen einerseits ihre eigenen Wege zu gehen und sich vom Elternhaus abzunabeln, andererseits suchen sie weiterhin das Gefühl von Geborgenheit in der Familie. Eltern hingegen haben oft Schwierigkeiten ihr Kind loszulassen, da sie oft Angst haben, ihre Elternidentität zu verlieren. Außerdem besteht bei vielen Eltern die Sorge, ob ihr jugendliches Kind auch den „richtigen Weg" einschlägt und nicht auf die schiefe Bahn gerät. Um diesen Konflikten und Widersprüchen entgegenzutreten, wird mittels Elternbildung versucht, eine gewisse Kommunikation zwischen den Familienmitgliedern herzustellen, um die Herausforderung der Pubertät als Familie besser bewältigen zu können.

6. Gedanken zum Thema

Die Literatur zu diesem Thema erscheint teilweise zu allgemein, um tatsächliche, konkrete Hilfe für betroffene Familien zu gewährleisten. Beispielsweise ist der Rat an Eltern zu mehr Kommunikation mit ihren Kindern sicher gut und richtig, doch gestaltet es sich bestimmt äußerst schwierig ihn auch umzusetzen, wenn der/die Jugendliche kein Bedürfnis hat, mit seinen Eltern Gespräche zu führen. Der Schwerpunkt müßte daher darauf liegen, auch zu erklären, *wie* man überhaupt einen Zugang zu den jugendlichen Kindern finden kann, und auf welche Art und Weise man mit ihnen kommunizieren sollte, um sinnvoll Gespräche zu führen, die auch Kompromisse bewirken. An die Eltern werden sehr hohe Anforderungen von der Gesellschaft gestellt. Einerseits besteht der Anspruch, daß sie ein freundschaftliches, verständnisvolles Verhältnis zu den Jugendlichen aufbauen und ihnen auch genügend Freiräume lassen, andererseits sollten sie sich um sie kümmern und sorgen und ausreichend Strenge aufbringen, um den nötigen Respekt zu gewährleisten. All diesen Widersprüchen gerecht zu werden, kann Eltern sehr leicht überfordern und ihnen das Gefühl vermitteln, versagt zu haben, wenn sich das Kind während der Pubertät auf unerwünschte Weise verändert. Aus diesem Grund sollte es viel mehr Informationsmöglichkeiten für Eltern geben, durch die auch (konkretere) Lösungsvorschläge vermittelt werden.

7. Literatur

Beham, M. (1997). *Elternbildung – Hilfe zur Selbsthilfe: Ergebnisse einer Pilotstudie.* Wien: Österreichisches Institut für Familienforschung.

Janig, H. & Wilk, L. (1997). *Pubertät – Herausforderung für Eltern und Jugendliche.* Wien: Österreichisches Institut für Familienforschung.

Oerter, R. & Dreher, E. (1998). Jugendalter. In R. Oerter & L. Montada (Hrsg.), *Entwicklungspsychologie. Ein Lehrbuch* (4., korrigierte Aufl., S. 310-395). Weinheim: Beltz.

13. Geschwisterforschung

Barbara Pint

1. Einleitung

Obwohl die Geschwisterbeziehung einen großen Stellenwert im Bereich der Sozialbeziehungen, für die individuelle Sozialisation und Persönlichkeitsentwicklung hat, ist das Thema Geschwister eine eher vernachlässigte Kategorie der Forschung.

In den meisten Kulturen und Sprachgemeinschaften ist eine eher enge Definition des Begriffs „Geschwister" vorherrschend. Diese besagt, daß Geschwister Individuen sind, die über eine zumindest teilweise identische genetische Ausstattung verfügen, daß sie denselben Vater, dieselbe Mutter oder, im Idealfall, dieselben Eltern haben. Da diese Definition zwar „echte" Geschwister und Halbgeschwister, aber keine Stiefgeschwister beinhaltet, werden darüber hinaus auch Individuen mit einem spezifischen, kulturell definierten Verwandtschaftsverhältnis als Geschwister bezeichnet.

Geschwisterbeziehungen zählen zu den innerfamilialen Beziehungen. Sie sind von anderen innerfamilialen Beziehungen, wie zum Beispiel der Eltern-Kind-Beziehung, und von extrafamilialen Beziehungen, wie zum Beispiel der Peer-Beziehung, klar abzugrenzen (Kasten, 1993, S. 8-9). Um den Unterschied zwischen Geschwisterbeziehungen und Freundschaften zu verdeutlichen, werden bei Kasten (1993, 1994) wiederholt einige charakteristische Merkmale der Geschwisterbeziehung hervorgehoben.

1) Geschwister haben sich nicht, wie Freunde, gesucht und gefunden. Sie wurden in die gleiche Familie hinein geboren, und teilen sich deshalb zwangsläufig die Eltern, die Wohnung und manchmal auch das Zimmer. Die Beziehung besteht und erhält sich oft nur wegen des Geschwisterstatus; aufgrund dessen verläuft sie unreflektierter und automatischer und erweist sich als enger, tiefer und spontaner als andere Sozialbeziehungen (Kasten, 1994, S. 109-110).
2) Für Kinder ist es in einer intakten Familie praktisch unmöglich, die Beziehung zu ihren Geschwistern zu beenden. Aus diesem Grund sind sie darauf angewiesen, sich mit ihnen zu arrangieren. Im Erwachsenenalter wäre das Abbrechen der Beziehung zwar theoretisch möglich, dies kommt aber selten vor. Moss und Moss (1989, zitiert nach Kasten, 1993, S. 162) führen an,

daß die Interaktionen auch im höheren Alter aufrechterhalten und teilweise sogar erweitert werden. Dies spricht dafür, daß Geschwisterbeziehungen wahrscheinlich die längsten aller Sozialbeziehungen des Menschen sind.

3) Für viele Geschwisterbeziehungen ist ein gleichzeitiges Vorliegen von gegensätzlichen Emotionen, also Ambivalenzen, typisch. Als Beispiel können hier Hilfe und Unterstützung versus Rivalität und Feindseligkeit genannt werden (Kasten, 1994, S. 173).

2. Grundlagen der Forschung

Die Geschwisterforschung befaßt sich in erster Linie mit Geschwisterbeziehungen. Dieses Thema ist, wie oben bereits erwähnt, eine vernachlässigte Kategorie der Forschung, die Forschung beschäftigt sich noch nicht lange damit. Längere Tradition hat im Gegensatz dazu die Geschwister*positions*forschung. Diese ist aus der Anlage-Umwelt-Problematik entstanden und befaßt sich mit der Frage, welchen Einfluß die Umweltvariable Geburtenrang auf Geschwister hat. Bei den Untersuchungen zu diesem Thema wurden statistische Korrelationen berechnet, welchen dann Ursache-Wirkung-Beziehungen unterstellt wurden. Das Problem bzw. der Fehler dabei war allerdings, daß andere Faktoren, die ebenfalls Einfluß auf den Sozialisationsprozeß haben oder haben könnten, nicht beachtet wurden (vgl. dazu Kasten, 1994, S. 38; Schütze, 1989, S. 311-312). Ernst und Angst (1983, zitiert nach Kasten, 1994, S. 39) stellten in einer von ihnen durchgeführten Literaturanalyse fest, daß nicht die Geschwisterposition an sich, sondern andere Faktoren, die häufig mit der Geschwisterposition verbunden sind, für die Entwicklung von bestimmten Persönlichkeitseigenschaften ausschlaggebend sind. Es gibt eine ganze Reihe solcher Einflußfaktoren, die auf Geschwister und ihre Familien einwirken, und die bei der Interpretation von Studienergebnissen berücksichtigt werden müssen. Zur Veranschaulichung dieser Tatsache zeigt Abbildung 1 ein Flußdiagramm der wesentlichen, auf die Geschwister und ihre Familie bezogenen Einflußfaktoren.

Zu den Methoden der Forschung ist außerdem anzumerken, daß nicht echte Geschwister und ihre wechselseitigen Beziehungen untersucht wurden, sondern Vergleiche zwischen Erwachsenen angestellt wurden, die sich im Hinblick auf ihre Stellung in der Geschwisterreihe unterscheiden. In neueren Untersuchungen wird nach interindividuellen Unterschieden zwischen wirklichen Geschwistern gesucht (Schütze, 1989, S. 311-312). Bis jetzt liegen allerdings nur „Mini-Längsschnittuntersuchungen“ vor, die einen Zeitraum von zwei Jahren nicht überschreiten. Das bedeutet, daß Aussagen, die über den Verlauf der Beziehung durch unterschiedliche Lebensalter Aufschluß geben sollen, eine Art Puzzle sind, die aus unterschiedlichen Untersuchungsergebnissen zusammengesetzt sind (vgl. Kasten, 1994, S. 170).

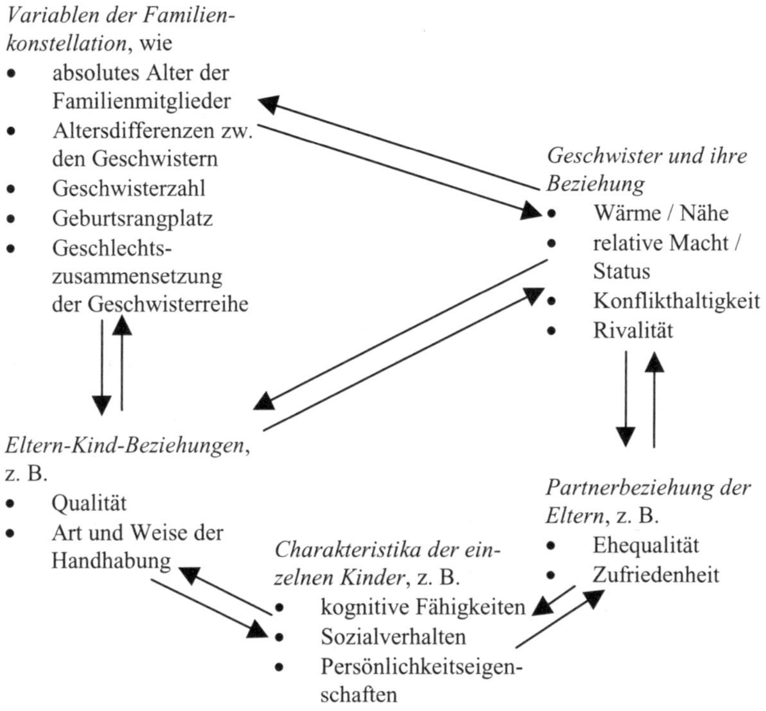

Abbildung 1: Flußdiagramm der wesentlichen, auf die Geschwister und ihre Familie bezogenen Einflußfaktoren (nach Furman & Burmester, 1985, zitiert nach Kasten, 1994, S. 77).

3. Das Drei-Phasen-Modell

Schütze, Kreppner und Paulsen (zitiert nach Kasten, 1998, S. 92-95) verfolgten die Entwicklung der Geschwisterbeziehung über einen Zeitraum von zwei Jahren und rekonstruierten die durch die Ankunft eines zweiten Kindes, entstehenden familiären Veränderungsprozesse im Zusammenhang mit den Entwicklungsfortschritten des jüngeren Geschwisters als Drei-Phasen-Modell.

1) *Erste Phase* (Geburt des zweiten Kindes bis zu dessen 8. Lebensmonat): Mit der Geburt des zweiten Kindes sind weniger Belastungen für die Eltern, als Belastungen für das erstgeborene Kind verbunden. Der schwierige Übergang vom Ehepaar zum Elternpaar ist bereits vollzogen, und so müssen sich die Eltern „nur“ der Aufgabe stellen, jetzt zwei Kinder versorgen und

zufriedenstellen zu müssen. Für das erste Kind ist die Umstellung viel schwieriger, da es plötzlich mit der Tatsache konfrontiert wird, die Aufmerksamkeit und Zuwendung der Eltern mit jemandem teilen zu müssen. Das Erstgeborene will seine Ansprüche auf ungeteilte Aufmerksamkeit wahren und reagiert oft mit negativen Verhaltensweisen, die aber mehr die Interaktion mit der Mutter betreffen als das Neugeborene. Die Eltern sind in dieser Phase dazu angehalten, das erste Kind mit dem Baby vertraut zu machen und es in die Position des älteren Geschwisters einzubeziehen. Zu Beachten ist außerdem die Tatsache, daß der Klinikaufenthalt der Mutter, der ja mit einer längeren Trennung des Kindes von der Mutter einher geht, vom ersten Kind sehr negativ erlebt wird. Der Vater spielt hierbei eine sehr wichtige Rolle, da er das erste Kind in dieser Zeit versorgt und somit oft eine intensive Vater-Kind-Beziehung entwickelt wird, die nach der Rückkehr der Mutter oft fortgesetzt wird.

2) *Zweite Phase* (8. bis 16./17. Lebensmonat): In dieser Phase wächst der Aktionsradius des jüngeren Kindes. Es kann sich selbst fortbewegen und greift aktiv und störend in die Sphäre des Geschwisters ein, indem es z. B. seine Spielzeuge verwendet oder auch dessen Bauten tapsig zerstört. Zusätzlich nimmt die Aufmerksamkeit der Eltern gegenüber dem Jüngeren zu, da sie einerseits erfreut sind über die Entwicklungsfortschritte des jüngeren Kindes, andererseits aber die Krabbelausflüge, wegen der möglichen Verletzungsgefahr, überwachen müssen. Dies führt zu vermehrter Eifersucht und Rivalität seitens des Älteren, was durch ungünstiges Elternverhalten oft noch verstärkt wird, indem Eltern von ihrem Erstgeborenen verlangen nachzugeben, was dessen Kompetenzen häufig übersteigt. Abgesehen davon finden nun aber auch erste Interaktionen, in Form von kleinen Spielen, zwischen den Kindern statt. Diese werden größtenteils durch das jüngere Geschwister ausgelöst, welches nun häufig die Nähe des Älteren sucht und sein Verhalten imitiert.

3) *Dritte Phase* (16./17. bis 24. Lebensmonat): Das jüngere Kind verfügt über passives Sprachvermögen und übt sich aktiv im Gebrauch der Sprache, sodaß es eigenständig Kontakt zu anderen Familienmitgliedern aufnehmen und bereits bestehende Verbindungen ausbauen kann. Zusätzlich zeigt es immer mehr Interesse an den Aktivitäten des Erstgeborenen, was zu einer Verringerung des bisherigen Ungleichgewichts der Geschwisterbeziehung führt. Die Rivalitätsgefühle sinken und die Beziehung erreicht einen Status, in welchem sie langsam von den elterlichen Eingriffen unabhängig wird. Dies zeigt sich dadurch, daß Konflikte nun zunehmend alleine ausgetragen werden können. Nach Abschluß dieser Phase existieren neben der Einheit der Familie auch zwei Subsysteme: einerseits das Eltern-Subsystem, andererseits das Kinder-Subsystem (vgl. dazu Kasten, 1993, S. 20-21, 1994, S. 101-103; Schütze, 1989, S. 314-318).

4. Identifikationen zwischen Geschwistern

Die alltäglichen wechselseitigen Identifikationen von Geschwistern bestehen darin, daß sie sich bezüglich äußerer und innerer Merkmale und Eigenschaften vergleichen. Ähnlichkeiten, die häufiger bei gleichgeschlechtlichen Geschwistern mit geringem Altersabstand bestehen, können Identifikationen auslösen oder erleichtern. Abgesehen davon können aber auch Neid und Eifersucht der Grund für Identifikationen sein. Entwicklungspsychologen sind der Ansicht, daß wechselseitige Identifikationen zur besseren Verständigung zwischen den Geschwistern beitragen, da die Identifikation mit seinem Geschwister ein Einfühlen in dessen Situation erleichtert und so der/die andere besser verstanden werden kann. Außerdem sind sie hilfreich bei der Ausbildung der eigenen Identität und Persönlichkeit, da durch den ständigen Vergleich Bereiche identifiziert werden, in denen man sich von seinem Geschwister unterscheidet und sich deshalb verbessern will. So führt dieser Prozeß zu ständiger Korrektur seiner Eigenschaften. Nicht zu vergessen ist hier aber die Tatsache, daß Identifikationen nicht nur zu einem konstruktiven Ergebnis führen können, sondern auch schmerzhafte Erfahrungen auslösen können, wenn die jeweiligen Geschwister zur Kenntnis nehmen müssen, daß sie die beneidete Eigenschaft ganz und gar nicht besitzen. Wenn die geschwisterlichen Identifikationen zumindest teilweise zu wechselseitiger Anerkennung und individueller Befriedigung führen, kann eine enge und gefühlsintensive Bindung zwischen den Geschwistern aufgebaut werden. Das Erziehungsverhalten der Eltern spielt aber auch in diesem Punkt eine wichtige Rolle (Kasten, 1994, S. 85-88).
Bank und Kahn (1990, zitiert nach Kasten, 1994, S. 88-90) fanden, auf Grundlage der von ihnen in ihrer klinischen Praxis analysierten Geschwisterbeziehungen, acht mögliche Identifikationsmuster, die zu drei Gruppen zusammengefaßt werden können:

1) Bei *engen* Identifikationen erleben die Geschwister sich als weitgehend ähnlich.
2) Bei *teilweisen* Identifikationen werden sowohl Ähnlichkeiten als auch Unterschiede erlebt.
3) Bei *distanzierten* Identifikationen werden große Unterschiede und wenig Ähnlichkeiten wahrgenommen.

Diese Muster decken wahrscheinlich nicht die ganze Palette geschwisterlicher Bindungsformen ab, verdeutlichen aber gut, daß Identifikationen sowohl positiv als auch negativ wirken können. So ziehen die erste und dritte Gruppe größtenteils ungünstige Konsequenzen nach sich, wohingegen die zweite Gruppe günstigere Auswirkungen auf die Entwicklung der Geschwister hat, da keine Fixierung auf die eigene Beziehung besteht, was den gefühlsmäßigen Zugang zu anderen Personen erleichtert (Kasten, 1994, S. 88-90).

4.1. De-Identifikation und aufgespaltene Elternidentifikation

Die *De-Identifikation* (Schachter, 1982, zitiert nach Kasten, 1998) ist ein Prozeß der Abgrenzung, der schon früh einsetzt. Er besteht in dem Willen, sich von anderen zu unterscheiden und nicht mit ihnen übereinstimmen zu wollen. Geschwisterpaare, die zur De-Identifikation neigen, neigen oft auch zur *aufgespaltenen Elternidentifikation* (split parent identification), bei der die Geschwister sich jeweils einen anderen Elternteil als Identifikationsfigur, Vorbild und Lieblingselternteil suchen. Die Abgrenzung zu seinem Geschwister wird dadurch noch deutlicher gemacht und unterstützt. Diese De-Identifikationsprozesse werden als Abwehrmöglichkeit von Rivalitäts- und Aggressionstendenzen zwischen den Geschwistern interpretiert (Kasten, 1994, S. 30-31). Die zunehmende Familienform mit zwei Elternteilen und zwei Kindern sieht Schachter in diesem Zusammenhang als *Tetrade*, welche sich aus zwei Dyaden zusammensetzt und ein harmonisches, gleichgewichtetes Gebilde darstellt. Sie steht im Gegensatz zu der potentiell pathologischen Triade, bei der ein Elternteil und ein Kind eine krankhafte Allianz bilden (Kasten, 1993, S. 71).

5. Was ist die ungünstigste Geschwisterposition?

Bei der Beantwortung dieser Frage wird in Fachkreisen häufig auf drei Geschwisterpositionen verwiesen. Diese sind Einzelkinder, Erstgeborene und mittlere Kinder (Kasten, 1994, S. 50).

1) Es wird angenommen, daß das Vorhandensein von Geschwistern positive Persönlichkeits- und Verhaltensweisen, wie Kooperativität und Gemeinschaftssinn, aber auch negative Charaktereigenschaften, wie Ängstlichkeit oder Unselbständigkeit, hervorbringen kann. Analog dazu gilt die Meinung, daß das Fehlen von Geschwistern negative Auswirkungen haben muß. So gelten Einzelkindern oft als schwierige Problemkinder, die egoistisch, verwöhnt und rücksichtslos sind (Kasten, 1998).
2) Dem Erstgeborenen wird eine ungünstige Entwicklung durch das Entthronungstrauma vorausgesagt. Dieses geht auf Adler zurück und besagt, daß das erstgeborene Kind durch die Geburt des zweiten Kindes einen Schock erleidet, der sowohl zu Ablehnung, Eifersucht und Aggressionen gegenüber dem neugeborenen Geschwister führt, als auch die Beziehung zu den Eltern belastet. Diese erworbenen Haltungen werden im Laufe des Lebens verfestigt und prägen das gesamte Sozialverhalten des/der Erstgeborenen. Heutige Vertreter dieser Auffassung streiten zwar die Wirkung anderer Faktoren nicht ab, aber die Mittelpunkthaftigkeit des Entthronungstraumas wird aufrechterhalten (Kasten, 1994, S. 44-45)
3) Die mittleren Kinder befinden sich in der sogenannten „Sandwich- Position“, die für viele AutorInnen die ungünstigste Position ist (besonders in

> Drei-Kind-Familien). Dadurch, daß die Kinder weder „ThronfolgerInnen" noch „Nesthäkchen" sind und die Eltern nie für sich alleine haben, laufen sie Gefahr am wenigsten Beachtung und Zuwendung zu erhalten. Bei dieser Problematik wird immer wieder auf die große Verantwortung der Eltern hingewiesen, die angehalten sind, sich dem mittleren Kind intensiver zuzuwenden, um eine derartige negative Entwicklung zu vermeiden (Kasten, 1994, S. 51-52).

All diese Annahmen wurden allerdings größtenteils als Vorurteile entlarvt. Wenn Unterschiede zwischen Angehörigen verschiedener Geschwisterpositionen in einem Bereich gefunden wurden, konnten sie eigentlich immer auf andere Faktoren zurückgeführt werden (z. B. zerrüttete Familienverhältnisse, berufstätige Eltern, Vernachlässigung, fehlende Zuwendung und Anerkennung). Wie schon zuvor erwähnt, bedeutet dies, daß nicht die Geschwisterposition an sich negative Entwicklungen mit sich bringt, sondern die oft mit ihr verbundenen Verhältnisse (vgl. Kasten, 1994, 1998).

6. Zusammenfassung

Zu diesem Thema läßt sich zusammenfassend sagen, daß im Bereich der Forschung noch ein großes Stück an Arbeit zu bewältigen ist. Hierbei sind allerdings die methodischen Schwierigkeiten zu beachten, die in der Vergangenheit schon oft zu widersprüchlichen Ergebnissen geführt haben und wahrscheinlich auch in Zukunft noch Probleme bereiten werden. In diesem Sinne können viele Studienergebnisse nicht unbedenklich hingenommen werden, sondern müssen kritisch hinterfragt und auf methodische Schwachstellen und Fehler geprüft werden. Trotz dieser Schwierigkeiten wurde aber die große Bedeutung der Geschwisterbeziehung und der mit ihr zusammenhängenden Interaktionen für die Sozialisationsprozesse belegt. Gegenseitige Hilfestellungen, Vertrautheit aber auch Rivalitätsprozesse prägen die Geschwisterbeziehung und beeinflussen nachhaltig die individuelle Entwicklung der Geschwister.

7. Gedanken zum Thema

So interessant das Thema Geschwisterbeziehungen auch ist, es bleibt doch eine gewisse Skepsis gegenüber den gewonnenen Forschungsergebnissen, da die komplexen Beziehungen und Beeinflussungen auch durch die genaueste Forschung wohl niemals vollständig erklärt werden können. Alle Einflußfaktoren zu beachten bzw. alle Störvariablen zu kontrollieren, scheint eigentlich unmöglich. Hinzu kommen außerdem noch die ständigen Veränderungen in unserer Gesellschaft, wie z. B. die zunehmende Zahl von Stief- und Halbgeschwistern usw., was eine zusätzliche Herausforderung für die Geschwisterforschung darstellt.

Umso wichtiger erscheinen daher intensive(re) und systematische(re) Forschungsarbeiten auf diesem Gebiet.

8. Literatur

Kasten, H. (1993). *Die Geschwisterbeziehung* (Bd. 1). Göttingen: Hogrefe.

Kasten, H. (1994). *Geschwister: Vorbilder, Rivalen, Vertraute*. Berlin: Springer.

Kasten, H. (1998). *Geschwister: Vorbilder, Rivalen, Vertraute* (2. aktualisierte Aufl.). München: Reinhardt.

Schütze, Y. (1989). Geschwisterbeziehungen. In R. Nave-Herz & M. Markefka (Hrsg.), *Handbuch der Familien- und Jugendforschung. Familienforschung* (Bd. 1, S. 311-324). Neuwied: Luchterhand.

14. Scheidung und ihre Folgen für die Familie

Sabine Radosztics

1. Historischer Abriß (nach Hofer, Klein-Allermann & Noack, 1992, S. 266- 268)

Die Zunahme der Scheidungsraten seit Anfang des Jahrhunderts und insbesondere in den letzten 50 Jahren waren das Resultat vielfältiger und tiefgreifender Veränderungen auf wirtschaftlicher, sozialer, juristischer und politischer Ebene. Im Zuge der Auflösung feudaler und ständischer Strukturen kam es ferner zu einer stärkeren Entkopplung von Sexualität und Ehe, was wiederum den Ausschließlichkeitscharakter einer lebenslangen Zweierbeziehung in Frage stellte (Kaufmann, 1990). Schließlich verloren kollektive Werte wie Opferbereitschaft und Gehorsam zugunsten individueller Werte wie Selbstverwirklichung und Selbstbestimmung an Bedeutung (Weiss, 1975). Die seit Anfang des Jahrhunderts einsetzende Industrialisierung und Urbanisierung ging mit einer Pluralisierung der Lebensformen einher, was letztlich zu einer Intensivierung partnerschaftlicher und Eltern-Kind-Beziehungen führte. Mit dieser Entwicklung sind einerseits Chancen und Freiheiten verbunden. Durch den Wegfall sozialnormativer Leitlinien sowie durch ungünstige rechtliche und arbeitsmarktpolitische Rahmenbedingungen bewirkt sie jedoch gleichzeitig eine Instabilität der Institution Ehe. Eltern fühlen sich zunehmend häufiger von der Aufgabe, Kinder kompetent erziehen, beruflich erfolgreich und dabei ein/e fürsorgliche/r PartnerIn sein zu müssen, überfordert.

2. Scheidungsursachen (nach Hofer, Klein-Allermann & Noack, 1992, S. 268-272)

Die subjektiven Angaben Geschiedener über Scheidungsgründe fallen geschlechtsspezifisch unterschiedlich aus. Männer führen eher arbeitsbezogene Stressoren, Unvereinbarkeit sexueller Wünsche und Emanzipationsbestrebungen der Ehefrau an (Cleek & Pearson, 1985; Spanier & Thompson, 1984). Dagegen nennen Frauen vorwiegend finanzielle und wohnraumbedingte Probleme, physische Mißhandlung, psychische Probleme des Partners sowie sein wenig unterstützendes, autoritäres Verhalten als Trennungsursachen. Gleichzeitig bewerten Frauen ihre zurückliegende Ehe negativer als Männer und datieren den Beginn der Krise auf einen früheren Zeitpunkt (zusammenfassend Rothleuthner-Lutter, 1989). Untersuchungen, die getrennt und zusammenlebende Personen vergleichen, scheinen für die Erforschung von Scheidungsursachen und -folgen gut geeignet zu sein, da auf diese Weise Charakteristika identifiziert werden können, die für die Geschiedenen typisch sind und diese von anderen Gruppen unterscheiden. Vergleichende Studien gehen häufig von austauschtheoretischen Ansätzen aus, wie sie auch zur Vorhersage der Partnerwahl und Ehequalität herangezogen werden. Insbesondere das Modell von Spanier und Lewis (1980) hat sich bewährt, weil es für die Vorhersage der Ehequalität und -stabilität jeweils unterschiedliche Einflußfaktoren vorsieht, indem die Zufriedenheit der Partner auf das jeweilige Verhältnis von Kosten und Nutzen zurückgeführt wird und die Ehestabilität mit dem Vorhandensein von Barrieren und (fehlenden) Alternativen erklärt wird. Zahlreiche familienstrukturelle und soziodemographische Variablen, die in ihrer ehestabilisierenden Wirkung erforscht wurden (vgl. Dickmann, 1987; Hartmann, 1989; Hill & Kopp, 1990; White, 1990), lassen sich nach diesem Modell als Barrieren, Kosten oder Nutzen einordnen:

- *Schichtzugehörigkeit der Partner:* In Übereinstimmung mit austauschtheoretischen Vorhersagen werden Paare mit niedrigem sozioökonomischen Status häufiger geschieden als solche mit höherem Status, wobei sich die schichtspezifischen Scheidungsrisiken zunehmend angleichen (Raschke, 1987). Viele Merkmale haben, je nachdem, ob sie auf Frauen oder Männer bezogen werden, unterschiedliche, teilweise sogar gegensätzliche Auswirkungen auf das Scheidungsrisiko. Differentielle Effekte, z. B. bezüglich der Schulbildung von Frauen zeigen sich auch, wenn Familien in verschiedenen Familienentwicklungsphasen verglichen werden: Während ein hohes Bildungsniveau der Frau in den ersten zehn Ehejahren tendenziell zur Dauerhaftigkeit der Partnerschaft beiträgt, hat es im weiteren Verlauf eher destabilisierende Wirkung (Diekmann, 1987).
- *Heiratsalter:* Den besten Vorhersagewert für die Stabilität einer Ehe in den ersten fünf Jahren hat das Heiratsalter der Ehepartner (Martin & Bumpass, 1989). Personen, die bei ihrer Heirat unter 18 Jahren alt sind und solche, die nach ihrem 30. Lebensjahr heiraten, werden überdurchschnittlich häufig geschieden (Raschke, 1987). Relativ spät heiratende Personen konnten sich bereits eine eigene berufliche Existenz aufbauen und einen individuellen Lebensstil entwickeln, was die Nachteile eines Single-Daseins weniger schwerwiegend erscheinen läßt als die einer wenig zufriedenstellenden Partnerschaft (vgl. Bitter, 1986). Jung verheiratete Paare verfügen dagegen oft über eine unzureichende Schul- oder Berufsausbildung. Weiters haben sie häufig die für ihre Altersstufe typischen Entwicklungsaufgaben noch nicht

oder nur unzureichend bewältigt, was mit Rollenunsicherheiten und unrealistischen Erwartungen einhergehen kann (Raschke, 1987).

- *Ehedauer:* Aus austauschtheoretischer Sicht nehmen mit zunehmender Ehedauer Hindernisse, die einer Scheidung entgegenstehen, zu: ein gemeinsames Haus, die Kindererziehung und eine Vielzahl von geteilten Erlebnissen binden die Partner aneinander. Parallel dazu verlieren die Alternativen zur Ehe an Attraktivität.
- *Tradierung des Scheidungsrisikos:* Ein durchgehend zu beobachtendes Phänomen ist die sogenannte „intergenerationale Transmission" des Scheidungsrisikos: Personen, deren Eltern geschieden sind, haben mehr Probleme in ihrer eigenen Ehe und lassen sich häufiger scheiden als Männer und Frauen aus intakten Ursprungsfamilien (McLanahan & Bumpass, 1988; Wallerstein & Blakeslee, 1989).

3. Scheidung als Prozeß (nach Schneewind, Vierzigmann & Backmund, 1998, S. 1101-1102)

Aufgrund der wachsenden Häufigkeit von Scheidungen gibt es bereits Überlegungen, Scheidung als „normalen" Prozeß des Familienwandels (vgl. Textor, 1991) und nicht wie bisher als nicht-normatives „kritisches" Lebensereignis einzustufen (vgl. Filipp, 1990). Das ändert jedoch nichts an der Tatsache, daß eine Scheidung für alle Betroffenen eine hohe Belastung darstellt: Sie bedeutet die Auflösung eines Familienverbandes in rechtlicher, sozioökonomischer und psychosozialer Hinsicht. Es handelt sich um einen komplexen, ganzheitlichen Prozeß, der auf sehr unterschiedlichen Ebenen und hier keineswegs immer zeitsynchron abläuft. Scheidung „geschieht" jeweils in einem spezifischen historischen, ökonomischen und sozialen Kontext, der die Rahmenbedingungen sowohl für die gesellschaftliche Bewertung als auch für die Bewältigungsmöglichkeiten schafft. Infolge einer Scheidung treten kontextuelle Veränderungen in vielen Lebensbereichen auf, die jeweils unterschiedliche Bewältigungsaufgaben und Anpassungsleistungen erfordern. Auf der *juristischen Ebene* müssen Lösungen für wirtschaftliche, versorgungsrechtliche und sorgerechtliche Fragen gefunden werden. Auf der *individuellen Ebene* ist der emotionale Verlust mit Gefühlen von Schuld, Versagen und Trauer zu verarbeiten. Auf der *Ebene der Paarbeziehung* muß die gefühlsmäßige, soziale und finanzielle Ablösung vom Partner vollzogen werden. Für die Eltern gilt es, einerseits ihre Ehebeziehung zu beenden, andererseits aber das Bestehen der Elternbeziehung zu gewährleisten. Alleinerziehende Eltern fühlen sich oft überlastet (aufgrund der vielen Funktionen). Die nicht-sorgeberechtigten Elternteile leiden unter Isolation.

4. Phasenspezifische Anforderungen im Scheidungsprozeß (nach Hofer, Klein-Allermann & Noack, 1992, S. 274-277)

Raschke (1987) hat verschiedene Modelle zu einem Vier-Stufen-Modell zusammengefaßt. Sie unterscheidet:

1) *Die Zeit vor der räumlichen Trennung:* Sie ist durch eine zunehmende Desillusionierung, Ernüchterung und Unzufriedenheit mindestens eines Ehepartners gekennzeichnet. Konflikte können sich in sexuellen Problemen, in Gefühlen des Unverstandenseins und in verstärkter Hinwendung zu anderen Personen niederschlagen, ohne daß diese äußeren Anzeichen bewußt auf die gestörte Partnerschaft zurückgeführt werden. Aufgabe der Partner ist es in dieser Phase, sich über die jeweils eigenen Bedürfnisse und die des Partners klar zu werden.
2) *Die Zeit unmittelbar während der Trennung:* Können die anfänglichen Probleme nicht bewältigt werden, wird die emotionale Bindung zwischen den Partnern zunehmend brüchiger, positive Gefühle nehmen ab und körperliche Annäherungen werden vermieden. Typische Kennzeichen dieser stark ambivalent empfundenen Phase sind „Familien-Metakognitionen" (Ahrons, 1980), d. h. Gedanken über eine Trennung als mögliche Alternative zur Ehe. Anforderungen an die Familie kreisen in dieser Phase um die Verarbeitung des Scheiterns und die Bewältigung der aktuellen und auf die Zukunft bezogenen Ängste und Sorgen aller Familienmitglieder.
3) *Die Zeit bis zum rechtlichen Vollzug der Scheidung:* Die räumliche Trennung markiert einen entscheidenden Einschnitt im Leben aller Familienmitglieder. Mit ihr gehen Veränderungen im praktischen Lebensalltag, im Lebensstandard, in der Eltern-Kind-Beziehung, im Freizeitverhalten, im Sexualleben und im Selbstverständnis der Eltern einher. Eine faktorenanalytische Auswertung von Anforderungen, die bei über 100 geschiedenen Eltern im Zuge der Trennung auftraten, ergab sechs Problembereiche (Bergman & Turk, 1981; Schweitzer & Weber, 1985): lebenspraktische Probleme (Haushaltsführung, Organisation des Tagesablaufs, Vereinbarkeit von Familie und Beruf usw.), finanzielle Schwierigkeiten, Probleme in der Beziehung der Ehepartner (Ambivalenz und Ablehnung als Grundlage für Gespräche über Unterhaltsbezahlungen usw.), Probleme in der Eltern-Kind-Beziehung, interpersonelle Probleme (Veränderungen im sozialen Netzwerk, Freundeskreis usw.), individuelle Befindlichkeit (Hilflosigkeit, Depression usw.). Die zentralen Entwicklungsaufgaben von Eltern und Kindern in dieser Phase sind das Trauern um den Verlust der früheren Familiengemeinschaft und wichtiger Vertrauenspersonen, die Verarbeitung von

Schuld und Einsamkeitsgefühlen und das Bewältigen von Überforderung und Unsicherheit.

4) *Eine idealtypisch konzipierte Phase des Wachstums:* Obwohl der rechtliche Vollzug der Scheidung subjektiv noch einmal als Einschnitt erlebt wird, sind die damit verbundenen Belastungen deutlich niedriger als zu Beginn der räumlichen Trennung. Für einige schließt sich sogar eine durch Akzeptanz und persönliches Wachstum gekennzeichnete Zeit an, in der neue Ziele und Perspektiven entwickelt, bisherige Werte überdacht werden.
5) Ein *neues Gleichgewicht* stellt sich in der Regel nach etwa zwei Jahren ein.

5. Entwicklungsverläufe von Eltern und Kindern nach der Scheidung (nach Hofer Klein-Allermann & Noack, 1992, S. 278-281)

5.1. Ehepartner

In der Gesamtheit zahlreicher epidemiologische und klinisch-psychologisch orientierter Untersuchungen wird die Vulnerabilität Geschiedener belegt: Ihr relativer Anteil an psychiatrisch Auffälligen ist erhöht, sie haben eine durchschnittlich höhere Unfall- und Selbstmordrate und leiden häufiger als Verheiratete unter psychosomatischen Beschwerden und lebensbedrohlichen Erkrankungen. Es wird vermutet, daß diese körperlichen Folgen über einen riskanteren Lebensstil und Beeinträchtigungen des Immunhaushaltes vermittelt werden (Dura & Kiecolt-Glaser, 1991). Weit verbreitet sind in den ersten Monaten der Scheidung extreme Gefühle der Einsamkeit, Verwirrung, Bitterkeit und Schuldgefühle. Die Betroffenen haben auch häufig das Gefühl, als Eltern und Ehepartner versagt zu haben und bezweifeln ihre Fähigkeit, in Zukunft stabile Beziehungen aufbauen zu können (Hetherington et al., 1982). Streßbewältigungs- und Krisentheorien bringen das Wohlbefinden Geschiedener mit äußeren Belastungen und dem Vorhandensein personaler und externer Ressourcen in Zusammenhang (Lavee et al., 1985). Hinsichtlich der finanziellen Bedingungen sind es drastische Einkommenseinbußen insbesondere alleinerziehender Mütter, wo viele Autoren eine wichtige, wenn nicht sogar die entscheidende Ursache für psychische Probleme Geschiedener sehen (Heekerens, 1987). Bezüglich sozialer Kontakte und neuer Intimbeziehungen wird dem Entstehen einer neuen intimen Beziehung und dem Vorhandensein eines zufriedenstellenden Netzwerkes eine protektive Funktion zugesprochen, indem Streß abgepuffert und die emotionale Ablösung zum Ex-Partner erleichtert wird (Hetherington, 1987; Tschann et al., 1989). Der Kontakt zwischen den Ex- Partnern bleibt auch nach der Scheidung, wenngleich deutlich reduziert, bestehen. Häufig scheinen diese Begegnungen, ebenso wie anhaltende Kontakte zu den Schwiegereltern, über das Vorhandensein von Kindern zustande zu kommen (Ambert, 1988; Gerstel, 1988). So drehen sich z. B. die gemeinsamen Gespräche zum größten Teil um Erziehungsfragen, selten dagegen um berufliche oder persönliche Themen. Ein woanders lebender Elternteil wird bei der Kindererziehung von dem sorgeberechtigten Elternteil als hilfreich wahrgenommen (z. B. Stewart et al., 1986). Die Aufrechterhaltung einer sehr intensiven oder intimen Beziehung (Berman, 1988) scheint dagegen, stärker noch als eine anhaltende konfliktäre Beziehung (Maccoby, Depner & Mnookin, 1990), mit psychischen Problemen einherzugehen. Offensichtlich ist es in diesen Fällen einem oder beiden der Partner nicht gelungen, den emotionalen Trennungsprozeß abzuschließen (Johnsen & Campell, 1988). Verschiedene Persönlichkeitsmerkmale der Ehepartner haben sich als bedeutsame Prädiktoren für die psychosoziale Anpassung Geschiedener erwiesen (zusammenfassend Raschke, 1987). Personen mit geringer Kontrollüberzeugung, einem traditionellen Geschlechtsrollenverhalten und einer prämorbiden Persönlichkeit fühlen sich stärker belastet, haben eine geringere Lebenszufriedenheit und sind depressiver. Dagegen entwickeln wenig ängstliche und selbstbewußte Personen, die flexibel und tolerant auf Veränderungen reagieren, seltener psychische Probleme. Jüngere Personen scheinen stärker unter den Scheidungsfolgen zu leiden als ältere (Gove & Shin, 1989). Folgt man der Untersuchung von Melichar und Chiriboga (1985), zeichnen sich letztere durch ein besonders günstiges „timing" aus: sie lassen sich viel Zeit mit der Umsetzung ihrer Trennungsabsicht, bemühen sich aber nach dem Auszug um den schnellen Vollzug der Scheidung.

5.2. Kinder (nach Schneewind, Vierzigmann & Backmund, 1998, S. 1104-1105)

Kindern, welche die Scheidung der Eltern erlebt haben, wurde lange Zeit nachgesagt, daß sie – in Abhängigkeit von Alter und Geschlecht – mit mehr sozialen, intellektuellen und psychischen Problemen zu kämpfen haben als Kinder aus vollständigen Familien (z. B. Guidubaldi et al., 1983; Hetherington et al., 1982, 1985; Wallerstein & Kelly, 1980). In einer breit angelegten Metaanalyse relativierten Amato und Keith (1991a) diese Einschätzung. Zwar konnten studienübergreifend negative Scheidungsfolgen insbesondere auf der Verhaltensebene (z. B. aggressives Verhalten), bezüglich der Vater-Kind- bzw. Mutter-Kind-Beziehung (z. B. geringe Unterstützung) sowie bezüglich der Schulleistung festgestellt werden. Allerdings sind die Unterschiede zwischen den Scheidungskindern und den Kindern aus vollständigen Familien insgesamt gesehen eher geringfügig. Neuere prospektive Längsschnittstudien weisen nach, daß ein großer Teil der sogenannten kindlichen „Anpassungsprobleme" nach der Scheidung offenbar bereits davor festgestellt werden kann, wenn bei der Analyse die familiäre Situation vor der Scheidung (insbesondere das Konfliktniveau zwischen den Eltern) miteinbezogen wird (vgl. Block et al., 1986; Cherlin et al., 1991).

5.3. Spätfolgen

Von besonderem Interesse für die Scheidungsforschung sind die sogenannten „sleeper"-Effekte, also die sehr langfristigen Konsequenzen, die sich möglicherweise für Lebenszufriedenheit und Art der Lebensgestaltung von Erwachsenen ergeben, die als Kind die Scheidung ihrer Eltern erlebt haben. Amato und Keith (1991b) haben wiederum in einer Meta-Analyse mehr als 81.000 Erwachsene aus geschiedenen bzw. sogenannten intakten Ehen verglichen und konnten für erstere eine generelle, wenn auch eher gering ausgeprägte Einbuße an Lebensqualität im Erwachsenenalter feststellen. Dies zeigte sich insbesondere im Verhalten (z. B. Drogenmißbrauch), in der psychischen Befindlichkeit (z. B. geringere Lebenszufriedenheit) sowie in einer höheren Beeinträchtigung der körperlichen Gesundheit, aber auch in der familiären (z. B. höhere Scheidungsrate) und sozioökonomischen Situation (z. B. geringeres Ausbildungsniveau).

6. Formen der Ehepartnerbeziehung und familiäre Anpassungsleistung nach der Trennung (nach Schmidt-Denter, Beelmann & Hauschild, 1997)

Für die Analyse der Kölner Längsschnittdaten (mit drei Untersuchungszeitpunkten: kurz nach der räumlichen Trennung der Ehepartner, die zweite und dritte Erhebung jeweils im Abstand von 15 Monaten) ergaben sich folgende Problemstellungen:

1) die Veränderung der Paarbeziehung zu beschreiben;
2) differentiell zu Gestaltungsformen und Gruppenbildungen zu gelangen;
3) Zusammenhänge mit anderen Merkmalen und Bedingungen in der Nach-Scheidungsfamilie aufzuzeigen.

Ex-Ehepartnerbeziehung nach der Trennung (im Vergleich zu vollständigen Beziehungen und zeitlichem Verlauf): Mütter und Väter aus Trennungsfamilien erleben die Beziehung zum früheren Partner bzw. zur früheren Partnerin qualitativ deutlich anders als Ehepaare in vollständigen Familien. Wie zu erwarten, beschreiben die trennungsbetroffenen Frauen und Männer ihre Beziehung zum Ex-Ehepartner allgemein als sehr negativ und problembelastet. Die Mütter erleben in der Beziehung zum ehemaligen Partner zu allen Erhebungszeitpunkten sehr wenig Zärtlichkeit. Auch Väter erleben in ihrer Beziehung zur ehemaligen Partnerin im untersuchten Zeitraum unverändert ein sehr geringes Maß an Zärtlichkeit. Beide empfinden kaum Gefühle zu lieben oder geliebt zu werden. Dagegen erleben sie eine hohe Problembelastung in der Beziehung zum Ex-Partner, die in Form von Konflikten und heftigen Auseinandersetzungen ausgehandelt wird. Diese Umgehensweise wird von den Müttern noch stärker empfunden als von den Vätern. Es zeigt sich ein Empfinden mangelnder Offenheit in der Beziehung. Die Verarbeitung von Problemen wird als resignativ und häufig nach innen gerichtet empfunden. Im zeitlichen Verlauf bleibt dieses negativ getönte Gesamtbild des Ex-Ehepaarsubsystems erhalten. Auch wenn die Konfliktneigung und die resignative Unzufriedenheit bei beiden Partnern abnehmen, sind diese Phänomene noch immer stärker ausgeprägt als in vollständigen Familien. Deutliche geschlechtsspezifische Unterschiede lassen sich in bezug auf eine Haltung des Nachgebens und Aufopferns in der Ex-Ehepartnerbeziehung beobachten. So ist bei trennungsbetroffenen Frauen ein deutlich geringeres Maß festzustellen welches über die Zeit hinweg noch abnimmt. Bei Männern aus den Trennungsfamilien hingegen ist die Nachgiebigkeit gegenüber der früheren Partnerin ähnlich ausgeprägt wie bei Vätern aus vollständigen Familien. Diese Ergebnisse bestätigen die Befunde amerikanischer Langzeitstudien, die ebenfalls feststellten, daß in der Nachscheidungszeit die Bewältigung der vergangenen und gegenwärtigen Beziehung zum Ex-Partner einen zentralen Stellenwert im Erleben der betroffenen Frauen und Männer einnimmt (vgl. z. B. Hetherington, Cox & Cox, 1982).

Die Ergebnisse der Längsschnittstudie zeigen auch deutlich, daß die Konfrontation des Kindes mit anhaltenden nachehelichen Konflikten zwischen den früheren Ehepartnern den zentralen Risikofaktor für die kindliche Entwicklung nach einer Trennung oder Scheidung darstellt. Andere Forschungsbefunde legen zudem nahe, daß ein hohes Konfliktniveau innerhalb des Ehepartner-Subsystems schon lange vor einer Trennung mit kindlichen Verhaltensauffälligkeiten, insbesondere bei Jungen einher geht (vgl. Block, Block & Gjerde, 1986; Reid & Crisafulli, 1990). Prozesse der Desorganisation in der Paarbeziehung mit ihren Konsequenzen für die Persönlichkeitsentwicklung des Kindes lassen sich daher bereits in der Vorscheidungsphase beobachten. Weiters ergeben sich in der Studie auch Anhaltspunkte dafür, daß ein niedriges Konfliktniveau innerhalb des Ex-Ehepaarsubsystems in der frühen Nachtrennungsphase das spätere Eingehen einer neuen Partnerschaft sowohl bei den Müttern als auch bei den Vätern begünstigt. Bei dieser Konstellation scheint es sich um Paare zu handeln, denen der emotionale Loslösungsprozeß weitgehend gelungen ist. Auch das Eingehen neuer partnerschaftlicher Beziehungen trägt bei diesen Paaren nicht zwangsläufig zur Erhöhung des Konfliktniveaus bei, wie andere Studien (vgl. Hetherington, Stanley-Hagan & Anderson, 1989) nahelegen.

Insgesamt gesehen unterstreichen die Befunde die Bedeutung einer konsensuellen Klärung der Ex-Ehepartnerbeziehung für die Bewältigung der Probleme in Scheidungsfamilien. Das Gelingen und Mißlingen von Anpassungsleistungen wird entscheidend durch die Beziehungsgestaltung beeinflußt. Dabei bilden insbesondere die Verringerung des Konfliktniveaus und die Vermeidung rezi-

proker Unzufriedenheit einen protektiven Faktor für die Bewältigung der Trennungssituation durch die Eltern selbst, was sich auch in ihrer psycho-physischen Befindlichkeit widerspiegelt (vgl. Weingarten, 1985). Darüber hinaus erweist sich die elterliche Konsensbildung als hochbedeutsam für die Neugestaltung der Eltern-Kind-Beziehung und für die Vermeidung kindlicher Verhaltensstörungen. Diese Ergebnisse haben eine bedeutende Relevanz für die Beratung von Trennungs- bzw. Scheidungsfamilien. Sie legen nahe, die von der Trennung betroffenen Männer und Frauen darin zu unterstützen, geeignete Problemlösetechniken und Kommunikationsfähigkeiten zu erlernen und vor allem in der Auseinandersetzung mit dem früheren Ehepartner zu realisieren (vgl. Link & Bastine, 1991; Siewert, 1983).
Nach den Erfahrungen aus der Kölner Studie lassen sich Scheidungspaare eher zu diesem Schritt motivieren, wenn ihnen verdeutlicht werden kann, daß sich dies letztendlich positiv auf die Anpassung aller Beteiligten an die Situation nach Trennung und Scheidung auswirkt.

7. Formen der Unterstützung für Scheidungsfamilien (nach Schneewind, Vierzigmann & Backmund, 1998, S. 1104-1105)

Interventionen bei Trennung oder Scheidung können auf der individuellen, der familiären oder der gesellschaftlichen Ebene ansetzen. Als spezielle Form der Ehe- und Familienberatung geht die Trennungs- und Scheidungsberatung auf die besonderen Probleme von Scheidungspaaren und -familien ein (vgl. Bernhardt, 1991; Dietz & Krabbe, 1991). Wichtig ist hier die Abstimmung auf die unterschiedlichen Phasen des Scheidungsprozesses. Entsprechend den Umständen kann es sinnvoll sein, mit einzelnen Kindern oder Erwachsenen, mit dem sich trennenden Paar oder mit der gesamten Familie zu arbeiten. Einen guten Überblick über die in der Literatur vorliegenden Programme geben Grych und Fincham (1992). Kind-zentrierte Programme sollen den Kindern helfen, die nach einer Scheidung beschriebenen negativen Gefühle und praktischen Probleme zu bewältigen. Programme für Eltern legen den Fokus entweder auf die Elternrolle (z. B. Strategien im Umgang mit den Kindern verbessern, Kooperation zwischen den Eltern fördern), oder sie unterstützen die Eltern in ihrem individuellen Bewältigungsprozeß. Interventionen auf ökologischer bzw. gesellschaftlicher Ebene zielen ab auf die Veränderung von Umweltbedingungen wie der sozioökonomischen Situation von Scheidungsfamilien und den gesetzlichen Regelungen zur Ehescheidung. Hier sind politische Entscheidungen zum Unterhaltsrecht, dem juristischen Scheidungsverfahren und der gesetzlichen Sorgeregelung (z. B. gemeinsame Sorge als Regelfall), sowie soziale Unterstützungsmaßnahmen

(z. B. öffentliche Kinderbetreuungseinrichtungen und Beratungsangebote) gefragt.
Das Verfahren der *Mediation* bietet an dieser Stelle einen neuen Weg zu außergerichtlichen Verhandlungen an: In einem gemeinsamen Prozeß handeln die Beteiligten eigenverantwortlich für alle aus der familiären Trennung oder Scheidung entstehenden Probleme eine faire Lösung aus. Sie werden dabei unterstützt von einer neutralen dritten Person, der Mediatorin bzw. dem Mediator, die für die Wahrung der Struktur des Mediationsprozesses, nicht aber für das inhaltliche Ergebnis verantwortlich sind (vgl. Bastine, Link & Lörch, 1992; Mähler & Mähler, 1992). Ziel ist eine Lösung der Sachfragen, die beide Partner akzeptieren können, wobei im Unterschied zum gerichtlichen Verfahren beim Aushandeln dieser Lösung die innere Trennungsdynamik miteinbezogen wird. Dies führt zu einer höheren Akzeptanz des Ergebnisses und fördert die Kooperation der Partner auch in zukünftigen Situationen (vgl. Link & Bastine, 1991; Proksch, 1992).

8. Gedanken zum Thema

Abschließend dazu nun zwei Fallbeispiele aus der (eigenen) Kindergartenpraxis (wo erfahrungsgemäß mit etwa einem Viertel Scheidungskindern zu rechnen ist):

> Im ersten Fall handelt es sich um einen fünfjährigen Buben, dessen Eltern ein Jahr vor der endgültigen Scheidung einige Wiederversöhnungsversuche starteten. Während dieser Zeit zeigte der Junge im verstärkten Maße aggressives Verhalten, aber auch Unsicherheit, Ängstlichkeit und weinte häufig. Die Phase der Scheidung verlief ohne große Konflikte und das Besuchsrecht gewährte ihm regelmäßigen Kontakt zum Vater. Darüber hinaus erschien dieser wie früher zu diversen Festen im Kindergarten, wo auch die Mutter anwesend war. Auch diese Aufeinandertreffen verliefen reibungslos. Schon bald nach der Scheidung normalisierte sich das Verhalten des Buben, der vor der Scheidung ein sozial angepaßtes, problemloses Verhalten zeigte, wieder. Mittlerweile hat seine Mutter ein zweites Mal geheiratet und der Bub hat einen Bruder bekommen. Auch diese Veränderungen, auf die das Kind durch die Mutter gut vorbereitet wurde, konnte der Bub gut verarbeiten. Er ist sogar stolz darauf „zwei Papas zu haben".
> Bei der zweiten Darstellung handelt es sich um zwei Mädchen, die während der Scheidung 3 und 4 Jahre alt waren. Anfänglich schien die Scheidung im Einvernehmen der Eltern und ohne größere Konflikte zu erfolgen. Doch als der Vater unmittelbar nach der Scheidung wieder heiratete, begann ein „Rosenkrieg" zwischen den Eltern der Kinder. Die Konflikte wurden auch größtenteils vor den Kindern ausgetragen, wobei auch die Kinder gegen die Eltern ausgespielt wurden. Im Kindergarten zeigte sich das folgendermaßen: Das jüngere Mädchen wachte kurz nach der Scheidung täglich weinend während des Mittagsschlafes auf und

zeigte große Ängste in verschiedenen Bereichen (zum Beispiel hatte sie panische Angst vor dem Wind und es war unmöglich, mit ihr in den Garten zu gehen, wenn es windig war). Die Ältere wurde unmittelbar nach der Scheidung sehr ruhig und sah extrem blaß aus. Seit der Scheidung ist nun ein Jahr vergangen, und die Situation hat sich nicht verbessert. Lediglich die Verhaltensweisen der Kinder haben sich verändert. Beide Mädchen haben große Angst nicht geliebt zu werden. Täglich holen sie sich die Bestätigung von mir und den anderen Kindern, daß wir sie lieb haben. Das jüngere Kind hat mittlerweile seine Ängste abgelegt und schläft ohne zu weinen, jedoch ist sie aggressiver und zorniger als früher. Die Ältere zeigt eine auffallende Anhänglichkeit und Distanzlosigkeit gegenüber Erwachsenen.

Anhand dieser Beispiele mit den unterschiedlichen Reaktionsformen läßt sich (erneut) die Bedeutung von Interventions- und Unterstützungsmaßnahmen während und nach der Scheidung ermessen. Leider werden die verschiedenen Unterstützungsformen und -angebote (zum Wohle aller Beteiligten) aber noch immer zu wenig propagiert und in Anspruch genommen.

9. Zusammenfassung

In den letzten 50 Jahren kam es zu einer deutlichen Zunahme der Scheidungsraten aufgrund vielfältiger Veränderungen auf wirtschaftlicher, sozialer, juristischer und politischer Ebene. Viele Studien haben gezeigt, daß der Prozeß der Scheidung viele Anpassungsaufgaben von allen Beteiligten erfordert. Untersuchungen über die Auswirkungen der Scheidung auf die einzelnen Familienmitglieder lassen sich dahingehend zusammenfassen, daß die Bewältigung dieser Anpassungsleistungen nur zum Teil gelingt. Umso wichtiger erscheinen Interventionsmaßnahmen und Unterstützungsmöglichkeiten. Diese haben in letzter Zeit zwar zugenommen, dennoch bedarf es noch einiger Veränderungen und Arbeit, um den Betroffenen den Übergang zur Scheidungsfamilie zu erleichtern.

10. Literatur

Hofer, M., Klein-Allermann, E. & Noack, P. (1992). *Familienbeziehungen. Eltern und Kinder in der Entwicklung.* Göttingen: Hogrefe.

Schmidt-Denter, U., Beelmann, W. & Hauschild, S. (1997). Formen der Ehepartnerbeziehung und familiäre Anpassungsleistungen nach der Trennung. *Psychologie in Erziehung und Unterricht, 44*, 289- 306.

Schneewind, K. A., Vierzigmann, G. & Backmund, V. (1998). Scheidung. In R. Oerter & L. Montada (Hrsg.). (1998). *Entwicklungspsychologie* (4., korrigierte Aufl., S. 128-166). Weinheim: Beltz.

15. Scheidung und ihre Folgen für die betroffenen Kinder

Judith Sams

1. Einleitung

Ehescheidungen haben in den letzten Jahren und Jahrzehnten stark zugenommen. Vor allem in den USA waren schon Anfang der 90er-Jahre Schätzungen von bis zu 40 % zu finden (Schaffer, 1992, S. 147). Daß eine Ehescheidung in jedem Fall ein tragisches Ereignis für alle Beteiligten darstellt, ist wohl offenkundig. Allerdings stellt sich die Frage, wie sehr Kinder unter einer solchen Veränderung der familialen Umstände leiden, und wie sie mit dieser neuen Situation fertig werden. Welche Faktoren, sind ausschlaggebend, daß Kinder die Scheidung schmerzhafter oder weniger schmerzhaft erleben und sich auch dementsprechend verhalten? Wird die kindliche Entwicklung von einer elterlichen Trennung so sehr beeinträchtigt, daß es für sie besser wäre, die Eltern würden zusammenbleiben? Existieren Langzeitfolgen, die ehemalige Scheidungskinder ihr ganzes Leben hindurch belasten? Die folgenden Seiten sollen dazu dienen, Antworten auf diese Fragen zu finden.

2. Grundlegende Veränderungen der Lebensumstände

Für Kinder bedeutet die Scheidung in einem Großteil der Fälle einen tragischen Einschnitt in ihr bisheriges Leben. Vor allem die Trennung von einem Elternteil stellt eine starke Belastung dar. Die meisten Kinder bleiben bei ihrer Mutter, und der Vater zieht aus der ehemals gemeinsamen Wohnung aus. So ist es v. a. die Beziehung zum Vater, die unter den geänderten Lebensumständen leidet. Oft sieht das Kind seinen Vater nur alle zwei Wochen am Wochenende, aber am erschreckendsten ist die Tatsache, daß sich in vielen Fällen der Kontakt vollständig verliert. Angenommen, das Kind sieht seinen Vater nun alle zwei Wochen, so empfindet es die Zeit, die es mit ihm verbringt, häufig viel angenehmer als den Alltag bei der Mutter. Der sorgeberechtigte Elternteil muß die eher unangenehmen Aufgaben übernehmen. Er, oder besser sie hat darauf zu achten, daß das Kind zur rechten Zeit schlafen geht, seine Hausaufgaben erledigt, sofern es schon in die Schule geht, oder dazu angehalten wird, sein Zimmer aufzuräumen. Beim gemeinsamen Wochenende mit dem Vater fallen diese unangenehmen Dinge weg, das Kind kann die Zeit mit ihm in vollen Zügen genießen und träumt so unter Umständen davon, beim Vater zu leben; der Mutter werden dadurch häufig negative Gefühle entgegengebracht. Andererseits muß natürlich auch gesagt werden, daß der Vater durch so eine Regelung praktisch aus dem Leben seines Kindes verdrängt wird, denn ein Wochenende alle zwei Wochen kann keinen gemeinsamen Alltag ersetzen. Natürlich gibt es auch andere Sorgerechtsaufteilungen, wie zum Beispiel diese, daß das Kind die Hälfte der Woche beim Vater und die andere Hälfte bei der Mutter verbringt. Diese Regelung erfordert aber von allen Beteiligten große Flexibilität. Die Eltern sollten in der Lage sein, sich untereinander zu verständigen und auch sehr ähnliche Erziehungsansichten verfolgen, damit das Kind noch einigermaßen das Gefühl von Kontinuität erlebt. Für das Kind wird es vor allem schwierig, sobald es in die Schule geht, da zwei verschiedene Schulwege eine große Anforderung darstellen und es sich auch sonst auf den ständigen Wechsel einstellen muß. Es gibt auch noch einige Faktoren, die die Häufigkeit des Kontaktes des nicht-sorgeberechtigten Elternteils zum Kind beeinflussen. Hier werden der Familienstatus der Eltern, die psychische Anpassung des nicht-sorgeberechtigten Elternteils und das Ausmaß, in dem sich dieser von seinem Kind abgelehnt fühlt, erwähnt. Außerdem halten Vätern zu den Söhnen mehr Kontakt als zu ihren Töchtern. Mütter, die nicht das Sorgerecht besitzen, suchen stärker die Verbindung zu ihren Kindern, als dies Männer in der gleichen Situation tun (Hofer, Klein-Allermann & Noack, 1992, S. 286).

3. Faktoren, die das Erleben der Scheidung beeinflussen

3.1. Entwicklungsstand zum Zeitpunkt der Scheidung

Das Alter, von welchem wiederum der Entwicklungsstand abhängig ist, spielt für die Auswirkungen, die eine Scheidung auf das Kind hat, eine bedeutende Rolle. Vorschulkinder zeigen vor allem Verlassenheitsängste, Schuldgefühle, Irritierbarkeit, Aggressivität und Eß- und Schlafstörungen. Bei älteren Kindern äußern sich die Belastungen vor allem durch Traurigkeit, Furcht, Wut und Gefühle der Hilflosigkeit und Einsamkeit.

Vorschulkinder fühlen sich selbst, durch ihre egozentrische Weltsicht bedingt, für die Trennung der Eltern verantwortlich. Kinder im Alter zwischen fünf und acht Jahren geben sich eher indirekt die Schuld für die Scheidung der Eltern, da sie glauben, durch ihr Verhalten, die Zwistigkeiten der Eltern ausgelöst zu haben. Erst ab einem Alter von neun Jahren erleben sich Kinder nicht mehr selbst verantwortlich für die Trennung der Eltern (Hofer et al., 1992).

Studie von Wallerstein, Corbin und Lewis, 1988 (zitiert nach Schaffer, 1992, S. 148): 131 Kinder aus 60 Scheidungsfamilien wurden während der Trennungsphase und zu drei späteren Zeitpunkten untersucht. Das Alter der Kinder reichte vom Volksschulalter bis zur Adoleszenz. Die Reaktion des Kindes auf die Scheidung hängt, laut dieser Studie, hauptsächlich von Alter und Geschlecht (siehe auch unten) des Kindes ab. Bei Vorschulkindern waren deutliche Anzeichen von Regression zu finden. 18 Monate später traten eindeutige geschlechtsspezifische Unterschiede zu Tage. Bei den Mädchen waren die Anzeichen der Belastungssituation praktisch abgeklungen, nur bei den Buben war noch eine eindeutige Beunruhigung zu bemerken. Fünf Jahre später waren diese Unterschiede nicht mehr festzustellen. Nun war die psychische Verfassung vor allem von der Lebensqualität der veränderten Umstände abhängig. Die letzte Untersuchung fand 10 Jahre nach der Scheidung statt, wobei sich die jüngeren Kinder kaum mehr bewußt an die Trennung der Eltern erinnern konnten. Der Großteil unterschied sich in den Leistungen und dem Verhalten nicht von den Altersgenossen. Die älteren Kinder, die untersucht worden waren, äußerten vor allem Zorn auf die Eltern über die veränderten Lebensumstände. Weiters reagierten sie mit Depressionen und Leistungsabfall. Bei der zweiten Untersuchung wurden auch bei den größeren Kindern gechlechtsbezogene Unterschiede festgestellt. Wiederum schienen die Mädchen die Scheidung der Eltern besser verkraftet zu haben. In dieser Altersgruppe wurden allerdings auch 10 Jahre nach der Trennung noch starke Folgeerscheinungen gefunden, und die Kinder hatten Befürchtungen, daß sich die Beziehungssituation der Eltern in ihrem eigenen Leben wiederholen könnte. Die Studie zeigt, daß die Auswirkung der Scheidung vor allem vom Alter des Kindes abhängt. Außerdem meinen Wallerstein et al. (1988, zitiert nach Schaffer, 1992, S. 148), daß nicht so sehr die Scheidung als der *Beziehungsverlust* zum nicht-sorgeberechtigten Elternteil und die Veränderung der Lebensqualität die wichtigste Rolle für die anhaltenden Verunsicherungen der Kinder spielt.

3.2. Geschlecht des Kindes

Neueren Studien nach zu urteilen hat das Geschlecht des Kindes einen nicht unerheblichen Einfluß auf dessen Verhalten nach der Scheidung (vgl. z. B. Hofer et al., 1992). Mädchen reagieren im allgemeinen angepaßter und fallen weniger auf als Buben gleichen Alters in eben dieser Situation (siehe auch oben). Ein Erklärungsansatz besteht darin, daß schon vor der Scheidung verschiedene Situationen je nach Geschlecht vorliegen. So lassen sich Väter von Söhnen seltener scheiden, was wiederum darauf zurückgeführt wird, daß sich Väter für die Erziehung der Söhne vermehrt interessieren und zuständig fühlen, wodurch sie eine Scheidung eher ablehnen. Es könnte allerdings auch sein, daß sich Frauen bei der Erziehung von Söhnen stärker belastet fühlen als bei Töchtern und sie so eher vor einer Trennung zurückschrecken. Sollten also beide Elternteile bei Söhnen eine Trennung eher hinauszögern, so bedeutet das allerdings auch, daß Buben den elterlichen Querelen für einen längeren Zeitraum ausgesetzt sind, was wiederum eine Erklärung für ihr weniger angepaßtes Verhalten darstellen könnte. Es könnte allerdings auch sein, daß Mädchen einfach mit anderen Strategien reagieren als Buben. Jungen sind eher bestrebt, sich nach außen zu wenden und zeigen sich verstärkt aggressiv und störend, wohingegen sich Mädchen eher zurückziehen und sich überangepaßt verhalten. Es könnte auch sein, daß Mädchen eher mit der neuen großen Verantwortung fertig werden können und Buben leichter überfordert sind, wenn sie früh in diese Erwachsenen-Rolle gedrängt werden (Hofer et al., 1992).

Studie von Hetherington, Cox und Cox, 1979 (zitiert nach Schaffer, 1992): Die größte psychische Belastungsphase für Kinder geschiedener Eltern stellt das erste Jahr nach der Trennung dar. In dieser Zeit zeigten Kinder solcher Familien im Vergleich mit Gleichaltrigen ein intellektuell weniger entwickeltes Spielverhalten als Kinder aus intakten Familien. Auch in dieser Studie zeigte sich, daß Buben länger unter der Scheidung leiden als Mädchen. Im emotionalen Bereich erwiesen sich Kinder aus Scheidungsfamilien als ängstlicher, waren apathischer und litten vermehrt unter Schuldgefühlen. Auch im Umgang mit anderen Kinder erwiesen sich die von einer elterlichen Trennung betroffenen Kindern als unreifer und eher zu negativen Reaktionen neigend. Sie waren auch aggressiver und versuchten stärker die Aufmerksamkeit der Kindergärtnerin auf sich zu ziehen. Nach 6 Jahren wurde nochmals eine Erhebung durchgeführt, bei der die Söhne geschiedener Eltern wiederum schlechter abschnitten als die Töchter. Aufschlußreich waren auch die Verhaltensbeobachtungen bei Kindern, deren Mütter wieder geheiratet hatten. Lag diese Hochzeit weniger als zwei Jahre zurück, legten die Kinder vermehrt Verhaltensauffälligkeiten an den Tag. Lag die erneute Heirat aber mehr als zwei Jahre zurück, zeigte sich wiederum ein geschlechtsspezifischer Unterschied, wobei diesmal die Jungen gut angepaßt waren und die Mädchen mehr Schwierigkeiten hatten, mit der neuen Situation zurecht zu kommen. Es konnte also gezeigt werden, daß eine Scheidung auch Auswirkungen auf das Verhalten der Kinder außerhalb der Familie und im Umgang mit Gleichaltrigen hat und diese Schwierigkeiten vom Geschlecht und der neuen familiären Situation des Kindes abhängig sind. Daneben fanden Hetherington et al. noch einige andere Wirkungsfaktoren, wie die Einstellung des Stiefvaters zum Kind oder die Anpassung der Mutter an die neue Situation.

3.3. Persönlichkeitsmerkmale des Kindes:

Mehr Schwierigkeiten sind bei Kindern zu finden, die schon vor der Scheidung der Eltern als schwierig und verletzlich galten. Allerdings wurden auch protektive Faktoren gefunden, zu denen Flexibilität in den Bewältigungsstrategien, geringes geschlechtsstereotypes Verhalten, hohe Kontrollüberzeugung, positive Zukunftserwartung und Optimismus sowie überdurchschnittliche sprachliche und kommunikative Fähigkeiten zählen (Hofer et al., 1992).

Studie von Block, Block und Gierde, 1986 (zitiert nach Schaffer, 1992): In dieser Studie beschäftigten sich die Untersuchenden mit dem Verhalten von Scheidungskindern vor der elterlichen Trennung und mit der Frage, ob zu diesem Zeitpunkt schon Unterschiede festzustellen sind. Es konnte gezeigt werden, daß Kinder, denen eine Scheidung der Eltern zu einem wesentlich späteren Zeitpunkt bevorstand, schon Jahre vor diesem Ereignis Verhaltensauffälligkeiten an den Tag legten. Schon mit drei Jahren wirkten Buben, die ein solches Geschehen betreffen würde, ruheloser und emotional labiler, mit sieben Jahren waren sie aggressiver und konnten schlechter mit Streßsituationen fertig werden; diese Verhaltensweisen hielten bis in die Adoleszenz an. Bei den Mädchen konnten diese Verhaltensweisen nicht festgestellt werden. Sie waren im Vergleich mit anderen Gleichaltrigen unauffällig und nur wenig destruktiver und emotional labiler.
Diese Studie zeigt, daß nicht alleine die Scheidung negative Auswirkungen auf die Kinder hat, sondern daß die Kinder schon die Zeit davor nicht in einer spannungsfreien Atmosphäre aufwachsen. Untersuchungen ergaben, wie oben beschrieben, daß sich Kinder, die schon zuvor ein schwieriges Verhalten an den Tag legten, nach einer Scheidung schwerer anpassen können. Wenn die bevorstehende Scheidung die Kinder schon Jahre zuvor belastet und sie zu diesem Zeitpunkt schon unausgeglichener sind, stellt sich die Frage, wo der Teufelskreis (problematische Persönlichkeit – Außenbelastungen) beginnt. Sind die Kinder durch die alltäglichen Reibereien nicht ohnehin schon vor der Scheidung so gereizt, daß sie einfach deswegen Anpassungsschwierigkeiten haben? Wenn dies zutrifft, könnte die Dimension Persönlichkeitseigenschaften natürlich nicht als Prädiktor eingesetzt werden, denn dann liegt das Verhalten der Kinder vor allem an der schon zuvor belastenden Umgebung.
In diesem Zusammenhang wäre auch anzumerken, daß der Vergleich des Verhaltens von Scheidungskindern mit jenem anderer Kindern nicht wirklich aussagekräftig ist. Auch die Diskussionen darüber, ob es für die Kinder besser ist, wenn die Eltern zusammenbleiben oder ob eine Trennung für die Kinder besser ist, ist durch Studien, die belegen, daß Kinder, die mit beiden Eltern zusammenleben, sich besser entwickeln, nicht entschieden. Vergleiche müßten zwischen Kindern, die mit nur einem Elternteil leben, und Kindern, deren Eltern sich nicht mehr verstehen, aber trotzdem zusammenbleiben, durchgeführt werden, da die Entwicklung von Kindern aus intakten Familien nicht einfach auf Kinder umgelegt werden kann, die mit permanent streitenden Eltern aufwachsen. Forschungsergebnisse dazu kommen zu dem Schluß, daß Kinder aus konfliktfreien alleiner-

ziehenden Familien weniger Verhaltensprobleme aufweisen als Kinder aus äußerlich intakten aber konfliktbehafteten Familien.

3.4. Frühere Beziehung zu beiden Elternteilen

Von der früheren Beziehung zu den beiden Elternteilen ist vor allem die Regelmäßigkeit der Besuche und die Häufigkeit des Kontaktes zum nichtsorgeberechtigten Erziehungsberechtigten abhängig, wobei dessen Häufigkeit wiederum stark zum Wohlbefinden des Kindes beitragen kann.

3.5. Wiederverheiratung eines Elternteils

Diese hat vor allem in den ersten zwei Jahren der neuen Ehe einen negativen Einfluß auf das Gleichgewicht des Kindes. Im dritten Jahr, so haben Studien ergeben, zeigen sich bei Mädchen noch Schwierigkeiten, wohingegen sich die Buben der neuen Situation angepaßt haben (s. o.).

3.6. Sorge- und Besuchsrechtsregelungen

Am wenigsten belastend ist es für Kinder, wenn es nur wenige Konflikte über das Besuchsrecht und eine große Übereinstimmung die Kindererziehung betreffend gibt. Von größter Bedeutung ist aber die Tatsache, daß das Kind den Kontakt zu beiden Elternteilen aufrecht erhält (vgl. z. B. Schmidt-Denter, Beelmann & Hauschild, 1997).

4. Auswirkungen der Scheidung

4.1. Kurzzeitwirkungen

4.1.1. Leistungsverhalten

Nach der Scheidung legen Kinder, wie schon beschrieben, häufig unangepaßte Verhaltensweisen an den Tag. Auf die Leistungssituation hat dies natürlich auch einen nicht unerheblichen Einfluß. Häufig werden die Noten der Kinder schlechter, und sie fallen auch durch ihr verändertes, häufig störendes Verhalten auf.

4.1.2. Sozialverhalten

Auch im Sozialverhalten sind bei Scheidungskindern mehrere Schwierigkeiten festzustellen; sie haben häufig weniger FreundInnen und nehmen nicht so gerne an gemeinschaftlichen Aktionen teil. Auch stehlen ist ein Verhalten, das dann häufig (unabhängig vom sozialen Status) auftritt. Alle diese Tatsachen können auf die schwierige Situation und teilweise auch auf mögliches Fehlverhalten des alleinerziehenden Elternteils, der ebenfalls durch die neue Situation überfordert ist, zurückgeführt werden (Hofer et al., 1992).

Studie von Guidubaldi, Cleminshaw, Perry, Nastasi und Lightel, 1986 (zitiert nach Schlaffer, 1992): Diese Studie ergab, daß Kinder geschiedener Eltern in der Schule schlechtere Leistungen erbringen als Kinder aus intakten Familien. Diese Tendenz war bei Buben wiederum häufiger zu beobachten als bei Mädchen. Außerdem versuchten Guidubaldi et al. positive Faktoren in bezug auf die Entwicklung des Kindes herauszufinden, wobei sich herausstelltc, daß vor allem die Beziehung zu jenem Elternteil, der nicht mehr mit dem Kind in einem gemeinsamen Haushalt lebt, eine besonders wichtige Rolle spielt. Vor allem bei Buben, die ja zumeist getrennt vom Vater aufwachsen, hatte diese Beziehung einen bedeutenden Einfluß auf die Leistungen in der Schule. Hatten zuvor die häufigen elterlichen Konflikte einen negativen Einfluß, wurde dieser Faktor nun durch die Trennung aufgehoben. Auch der Erziehungsstil spielte eine wichtige Rolle, da sich die Kinder bei einem lockeren Erziehungsstil des sorgeberechtigten Elternteils besser entwickeln als bei einem autoritären. Als letzter Faktor ist auch noch der Organisationsstil der Eltern von Bedeutung; der geregelte Tagesablauf ist für das Wohl des Kindes von großer Bedeutung.

4.2. Langzeitwirkungen

Die allgemeine Meinung, daß Kinder geschiedener Eltern lebenslang unter den Folgen dieses Ereignisses leiden, konnte in neueren Studien widerlegt werden. Vor allem, wenn die Familiensituation, was anzunehmen ist, schon vor der endgültigen Trennung schwierig war, kann es für die Kinder auch eine Erleichterung darstellen, wenn sie diesen Spannungen nicht mehr ausgesetzt sind. Außerdem wird der positive Effekt auch auf die größere Selbständigkeit und Verantwortung, die die Kinder durch die Situation, nur mit einem Elternteil zusammenzuleben, übernehmen müssen, zurückgeführt. Dies ist aber nur dann für die Entwicklung förderlich, wenn die Kinder mit dieser Aufgaben nicht überfordert sind (Hofer et al., 1992).

Studie von Kulka und Weingarten, 1979 (zitiert nach Schaffer, 1992): In dieser Studie fand man heraus, daß jene Effekte der Scheidung, die sich bis ins Erwachsenenalter ziehen, nicht sehr stark sind. Bei jungen Erwachsenen wurden gehäuft Ängstlichkeit und körperliche Beschwerden festgestellt, die aber im Laufe der Zeit verschwinden. Auch bei der Zufriedenheit mit der eigenen Ehe waren keine Unterschiede im Vergleich mit der Referenzpopulation ohne Scheidungserfahrungen der Eltern vorzufinden. Tendenziell wurden aber mehr Trennungen im Leben gefunden.
In anderen Studien konnten diese positiven Ergebnisse allerdings nicht repliziert werden (Schaffer, 1992).

5. Zusammenfassung

Eine Scheidung bedeutet für ein Kind vor allem immer den Verlust eines Elternteils, zumeist jenen des Vaters. Auch wenn der Kontakt zum nichtsorgeberechtigten Elternteil aufrecht erhalten wird, stellt die sich aus der Scheidung ergebende Trennung einen großen Einschnitt im Leben eines Kindes dar. Das subjektive Erleben und die Beeinträchtigung der Kinder werden auch von einigen allgemeinen Faktoren mitbestimmt, wie etwa dem Entwicklungszustand, dem Geschlecht, Persönlichkeitsmerkmalen, der früheren Beziehung zu beiden Elternteilen, Wiederverheiratung, Sorge- und Besuchsrechtsregelung usw. All diese Faktoren können protektive, aber auch negative Auswirkungen haben. Die Scheidung wirkt sich auch kurzfristig auf das Leistungs- und Sozialverhalten der Kinder aus. Die in der Boulevardpresse häufig propagierten Langzeitfolgen konnten empirisch allerdings nicht in dieser Form nachgewiesen werden.

6. Gedanken zum Thema

In vielen Fällen, in denen das Familienklima schon sehr strapaziert ist, scheint es von Vorteil, wenn die Eltern über eine Scheidung nachdenken. Die Überlegung, zum Wohl der Kinder zusammenzubleiben, ist falsch; denn die alltäglichen Kämpfe und Streitereien zu erleben, stellt für das Kind sicher eine ebenso große, wenn nicht noch größere Belastung dar, im Vergleich zu einer endgültigen Trennung der Eltern. Uneingeschränkt ist diese Aussage natürlich nicht gültig, denn, wenn ein Elternteil die Scheidung dazu nützt, die gesamte Verantwortung für das Kind von sich zu weisen, ist diese Lösung nicht geglückt. Ein Kind braucht Mutter *und* Vater, und eine Trennung der Ehepartner darf dem Kind, dem unschuldigen Dritten, nicht einen Elternteil rauben. Daneben ist es auch wichtig, daß die Eltern in der Lage sind, Belange, das gemeinsame Kind betreffend, zu lösen und daß sie dabei versuchen, ihre eigenen Probleme herauszuhalten. Es darf nicht sein, daß das Kind in dieser Streitsituation instrumentalisiert wird und zum Spielball zwischen den Ehepartnern wird.

Das Hauptaugenmerk sollte darauf gelegt werden, das Kind auf die Scheidung entsprechend vorzubereiten. Heutzutage gibt es schon sehr gute Kinderbücher, die es auch den Eltern erleichtern, die Veränderung der familiären Situation dem Kind schonend beizubringen. Das Kind darf aber auch in der folgenden Zeit nicht mit seinen Ängsten und Einsamkeitsgefühlen alleingelassen werden.

7. Literatur

Hofer, M., Klein-Allermann, E. & Noack, P. (1992). *Familienbeziehungen. Eltern und Kinder in der Entwicklung.* Göttingen: Hogrefe.

Schaffer, H. R. (1992). *...und was geschieht mit den Kindern? Psychologische Entscheidungshilfen in schwierigen familiären Situationen.* Bern: Huber.

Schmidt-Denter, U., Beelmann, W. & Hauschild, S. (1997). Formen der Ehepartnerbeziehung und familiäre Anpassungsleistungen nach der Trennung. *Psychologie in Erziehung und Unterricht, 44*, 289- 306.

16. Beziehungen zwischen den Generationen

Irmgard Bartl

1. Einleitung

Jeder Mensch ist in irgendeiner Weise mit dem Thema der Generationen beschäftigt oder war es zumindest einmal. Auch „eingefleischte" Singles kommen nicht um die Tatsache herum, daß sie Kinder ihrer Eltern sind. Die Komplexität, die man im alltagssprachlichen Gebrauch des Wortes „Generationenbeziehungen" feststellt, zieht sich auch durch die wissenschaftliche Betrachtung, es kommt zu Überschneidungen, die eine Zusammenarbeit der Disziplinen nötig machen, wobei unter anderem folgende Wissenschafts- und Forschungsbereiche involviert sind: Psychologie, Psychotherapie, Sozialwissenschaften, Rechtswissenschaften, Wirtschaftswissenschaften, Pädagogik usw.

2. Definitionen und Begriffsbestimmungen

Allgemein nennt man eine *Generation* (vom lateinischen Wort *generare* = hervorbringen) eine größere Menge von Menschen, die einen gemeinsamen zeitlichen Ursprung haben, eine „Gemeinschaft, die sich innerhalb der zeitlichen Parallelität des Ursprungs ausformt. ... Der Begriff Generation entsteht durch die Abgrenzung einer in der Zeit sich bewegenden Einheit ...". Generation ist „ein Kulturkonzept, eine Bezeichnung einer gewissen Wertegemeinschaft und Wertegemeinsamkeit" (Rosenmayr, 1995, S. 148). In der Umgangssprache bezeichnete man früher eine Generation als „eine Personengruppe, die um ca. 30 Jahre älter ist als eine andere". Fragt man heute Personen mittleren Alters danach, welche Mitmenschen sie als zu ihrer Generation gehörig erleben, nennen sie eine Zeitspanne von 7 bis 8 Jahre jünger oder älter als das eigene Lebensalter.
Eine *Kohorte* (vom lateinischen Wort *cohaerere* = zusammenhängen, verbunden sein) bezeichnet alle in einem bestimmten Zeitabschnitt Geborenen.

3. Dynamik von Generationenbeziehungen und Generationenverhältnissen

Höpflinger (1997) beschreibt nach einer Studie von Roux, Gobet und Clemence (1994) drei unterschiedliche Modellvorstellungen zur Frage der Beziehung zwischen Generationen:

1) *Modell A: Negative Interdependenz (Generationenkonflikt):* Zwischen den Generationen besteht ein Interessenskonflikt. Man geht von einem klassischen Nullsummenspiel aus und rechnet die Vor- und Nachteile, die eine Generation für die andere hat, z. B. auf der Basis von Zahlungen für Sozialabgaben versus Kosten für Renten und Pensionen aus.
2) *Modell B: Positive Interdependenz (Generationensolidarität):* Dieses Modell ist eher in der Beschreibung familialer Generationenbeziehungen vertreten, man geht davon aus, daß alles, was einer Generation nützt, auch für die andere eine positive Auswirkung hat. Zum Beispiel können die (späteren) Rentner davon profitieren, daß Investitionen in die Ausbildung der nachwachsenden Generation die wirtschaftliche Produktivität verbessern.
3) *Modell C: Unabhängigkeit / Independenz (Koexistenz der Generationen):* Damit ist gemeint, daß die Generationen mehr oder weniger unabhängig nebeneinander leben. Diese Segregation der Generationen kann zwar einerseits helfen, Konflikte zu vermeiden, vermindert aber andererseits die Solidarität und die Kommunikation sowie die Möglichkeiten von generationenübergreifenden Freundschaften.

In der Studie von Roux et al. (1994, zitiert nach Höpflinger, 1997), wurden die drei Modelle der Generationenbeziehungen jungen (zwischen 20 und 24 Jahre alten) und älteren (zwischen 65 und 74 Jahre alten) Menschen vorgelegt: 10 % der Befragten vertraten dabei Modell A, 59 % hielten Modell B für zutreffend, und 31 % waren der Meinung, daß Modell C richtig sei.

4. Der Generationenvertrag

Amann (1997) schreibt:

> Gesellschaften sind auf Gedeih und Verderb darauf angewiesen, zur Sicherung ihres eigenen Fortbestandes auch die Frage des Älterwerdens in ihnen lösen zu können. ... Der Begriff „Generationenvertrag“, wie er heute geläufig ist, bezeichnet den Lösungsversuch für das genannte Problem, den moderne, wohlfahrtsstaatliche Gesellschaften entwickelt haben. (S. 37)

Meist denkt man dabei sofort an das Prinzip, daß die laufenden Pensionen aus den Sozialbeiträgen der Erwerbstätigen finanziert werden. Diese Sichtweise eines „Umlageverfahrens“ wird jedoch der Tatsache nicht gerecht, daß im Generationenvertrag Elemente des öffentlichen und des privaten Lebens miteinander verbunden sind.

4.1. „Öffentlicher“ Generationenvertrag

Im öffentlichen Generationenvertrag sind drei Daten wesentlich:

- die Zahl der älteren Menschen und damit korrelierend
- die Zahl der Pensionen und
- die Zahl der aktiv Erwerbstätigen.

In den letzten Jahren stieg die Zahl der alten Menschen und somit der Pensionen durch die höhere Lebenserwartung, während die Erwerbsquoten aufgrund von Arbeitslosigkeit, niedrigem Pensionszugangsalter und anderen soziodemographischen Phänomenen sanken. Das macht klar, daß der Generationenvertrag auf öffentlicher Ebene immer wieder neu verhandelt werden muß.

4.2. „Privater“ Generationenvertrag

Der private Generationenvertrag ist gekennzeichnet durch:

- gegenseitige Hilfeleistung,
- Tauschbeziehungen von Gütern, Zeit und Geld,
- Lebenszufriedenheit (gesellschaftliche Teilnahme und Verhinderung von Einsamkeit).

In Europa und USA werden ca. 80 % bis 85 % der alten Menschen von Familienangehörigen versorgt, hauptsächlich von Töchtern und Schwiegertöchtern. Aufgrund der zunehmenden Vergreisung der Gesellschaft wächst die Belastung der mittleren Generation durch die Betreuung der Alten jedoch rapid an. Es gibt also auch auf der privaten Ebene des Generationenvertrages Veränderungen, die Korrekturen erfordern.

5. Verantwortung zwischen Generationen aus rechtlicher Sicht

Die Rechtsgebung spiegelt die Wertvorstellungen der Gesellschaft wider, man sieht auch hier die Veränderungen durch die Zeit. Die Verantwortung zwischen den Generationen verlagerte sich in den letzten Jahrzehnten aus der Familie in einen Bereich, in dem private und öffentliche Verpflichtungen einander ergänzen. In Paragraphen des ABGB (Allgemeines Bürgerliches Gesetzbuch), JWG (Jugendwohlfahrtsgesetz) PGB (Pflegegeldgesetz), SHG (Sozialhilfegesetz), StGB (Strafgesetzbuch) und anderen Rechtsvorschriften und Verordnungen sind die Beziehungen zwischen den Generationen aus rechtlicher Sicht geregelt. Bittner (1997) unterscheidet dabei folgende Bereiche :

1) *Verantwortung der Eltern gegenüber den Kindern:*
   - Verantwortung der Eltern gegenüber ihren minderjährigen Kindern;
   - Verantwortung der Eltern gegenüber ihren erwachsenen, erwerbsunfähigen Kindern.

2) *Verantwortung der Kinder gegenüber ihren Eltern:*
   - Absicherung bei Berufstätigkeit (ist durch Arbeitslosengeld, Kranken- und Unfallversicherung weitgehend gegeben);
   - Unterstützung bei Bedarf (ist in den Bundesländern unterschiedlich geregelt, es wird entweder Sozialhilfe bezahlt oder es werden Kinder und andere Angehörige zur Unterstützung herangezogen).

6. Generationen, Familien und Zahlen

Aus den vom Österreichischen Institut für Familienforschung (ÖIF) erhobenen Daten kann man für die österreichische Bevölkerung (Stand 1996 und 1997) unter anderem folgende Aussagen treffen (Novak & Schipfer, 1998):

- 19.72 % der Österreicher sind älter als 60 Jahre.
- Die zahlenmäßig stärkste Kohorte (es wurden 5-Jahreskohorten erfaßt) ist jene der 30- bis 34Jährigen, darin findet man 9.51 % der Männer und 8.45 % der Frauen Österreichs.
- Zu der schwächsten der erfaßten Kohorten (85 und mehr Jahre) gehören 0.87 % der Männer und 2.36 % der Frauen.
- Bis zur Alterskohorte der 60- bis 64Jährigen gibt es geringfügig mehr Männer als Frauen, darüber ändert sich das Bild aufgrund der höheren Lebenserwartung der Frauen.
- Die durchschnittliche Lebenserwartung betrug im Jahr 1951 für Männer 62.38 Jahre und für Frauen 67.75 Jahre. Für 1997 wird sie mit 74.2 Jahren für die Männer und mit 80.6 Jahren für die Frauen geschätzt.
- Im geburtenstarken Jahr 1963 kamen in Österreich 134.809 Kinder zur Welt, seither sinkt die Zahl kontinuierlich. Im Jahr 1997 gab es 84.045 Lebendgeburten.
- Das Durchschnittsalter der Frauen zur Zeit der Geburt des ersten Kindes stieg von 23.8 Jahren im Jahr 1984 auf 26.5 Jahre im Jahr 1996.

7. Die graphische Darstellung – das Genogramm

Die graphische Darstellung der Generationenbeziehungen mittels Genogramm ist eine praktische Methode, die dem/der PsychologIn bzw. PsychotherapeutIn

die Strukturen und Zusammenhänge einer Familie aufzeigt. Man kann Informationen über die verschiedenen Beziehungen erhalten und sich auch über komplizierte und komplexe Relationen ein Bild machen.
In der Familientherapie kann das Genogramm (s. Abbildung 1) dem ersten Einstieg in die Therapie dienen, es wird meist im Zuge eines ausführlichen Erstgespräches erhoben. Mit Hilfe bestimmter Symbole (Kreis für Frauen, Quadrat für Männer, unterschiedlich gestaltete Linien für Beziehungen usw.) entwickeln der Klient und der Therapeut gemeinsam ein Bild des Familiensystems, das im Therapieverlauf ergänzt und verändert werden kann. Rauscher-Gföhler (1998) beschreibt eine *Anleitung zur Erstellung von Genogrammen* nach McGoldrick und Gerson (1990).

8. Emotionen zwischen Generationen

Lange Zeit wurde in der Psychologie und in der Psychotherapie – allen voran in der Psychoanalyse – der Fokus auf das einzelne Individuum gelegt oder ausschließlich die Mutter-Kind-Dyade betrachtet. Seit mehreren Jahrzehnten (Anfänge in den 30er-Jahren in USA) widmet man den Beziehungsaspekten innerhalb der Familie erhöhtes Augenmerk. Emotionale und verhaltensmäßige Beziehungen können eine Familie in ihrem Zusammenhang über mehrere Generationen beschreiben, sie dienen auch als Erklärungsgrundlage für viele Muster und Störungen.
In der Familientherapie steht der Name Boszormenyi-Nagy für die Mehrgenerationenperspektive. Der ungarische Psychotherapeut stammt aus einer angesehenen Juristenfamilie „... was vielleicht dazu beitrug, daß für ihn Fragen der Ethik und Gerechtigkeit zentral wurden“ (Brandl-Nebehay, 1998, S. 22). Als Metapher für die Beziehung zwischen den Generationen in einer Familie verwendet er das „Mehrgenerationen-Kontobuch“. In diesem „Familienhauptbuch“‘ seien, so meint er, die komplizierten Beziehungen von Schuldverschreibungen, Verdiensten, Schulden und Guthaben symbolisch aufgezeichnet. Im Laufe der Zeit und der Generationen müssen die Schulden zurückgezahlt und die Konten ausgeglichen werden. Ein wichtiger Begriff ist in diesem Zusammenhang die Loyalität; gemeint ist damit das gesetzestreue Verhalten und das Gefühl der Verbundenheit und Verpflichtung. So erklärt Boszormenyi-Nagy, wie über Generationen hinweg Verhaltensmuster, Wertvorstellungen oder Aufträge weitergegeben werden können. In jedem familialen Kontobuch gibt es die Schuld- und Verdienstkonten, auf denen die Leistungen und die Forderungen sozusagen eingetragen sind. Diese Schulden und Ansprüche können über Generationen weitergegeben werden und führen, wenn sie (zu lange) nicht eingelöst werden zu Symptomen, die solange anhalten, bis die Gerechtigkeit wieder hergestellt ist.

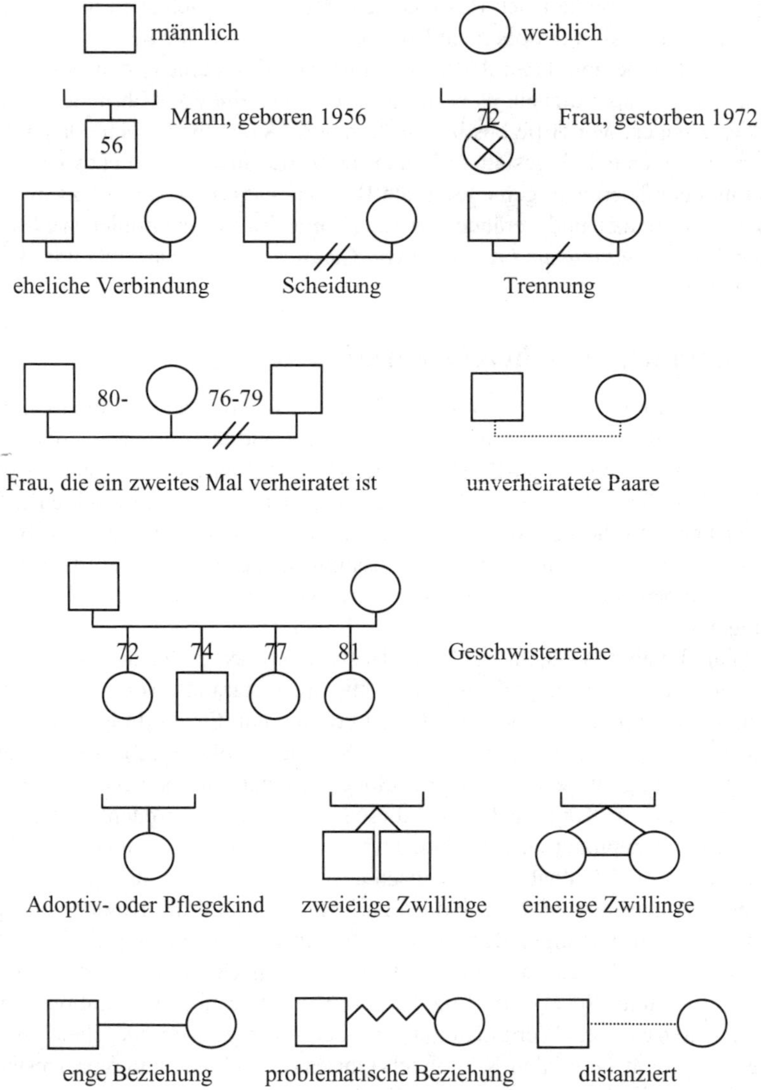

Abbildung 1: Genogramm (vgl. McGoldrick & Gerson, 1990, zitiert nach Rauscher-Gföhler, 1998).

9. Ein Beispiel aus der Therapie

Ein Fallbeispiel von Wimmer-Puchinger (1997) zeigt, wie sich Familienmuster (hier inzestuöse Beziehungen) über mehrere Generationen hindurch wiederholen können:

> Eine hochschwangere, 19 Jahre junge Frau wurde zu mir überwiesen. Auf meine Eröffnungsfrage: „Was führt Sie zu mir?", deutete sie auf ein Heftpflaster auf ihrem Puls. Sie war der Meinung, die Ärzte hätten registriert, daß sie versucht habe, sich selbst zu verletzen. Tatsächlich erfolgte die Überweisung hingegen, weil ein massives Schwangerschaftserbrechen diagnostiziert wurde. Das Gespräch ergab, daß sie die bevorstehende Mutterschaft mit einem Bündel von Ängsten und Problemen konfrontierte, und sie an ihren Fähigkeiten der Mütterlichkeit zweifelte. Ihre Mutter sei wegen Depressionen immer wieder, schon seit sie ein kleines Kind war, in stationärer psychiatrischer Behandlung gewesen. Sie wuchs bei den Großeltern auf. Im Vordergrund standen daher ihre kindlichen Schuldgefühle, die Mutter enttäuscht zu haben, der Mutter Schwierigkeiten bereitet zu haben und deren Relevanz in bezug auf Fantasien, die sie nun ihrem ungeborenen Kind gegenüber empfindet. Die therapeutische Unterstützung wurde auf diese Achse fokussiert. Zwei Jahre später rief sie mich an, sie möchte mich gerne wieder aufsuchen. Dabei erzählte sie mir, daß sie ein Jahr nach der Geburt ihrer Tochter Angstzustände bekam, eine Therapie begann, in der ihr dann gefühlsmäßig mehr und mehr deutlich wurde, daß sie von ihrem Großvater sexuell mißbraucht wurde, und zwar immer dann, wenn ihre Mutter ihrerseits psychiatrisch in stationärer Behandlung war. (S. 110)

10. Zusammenfassung

Beziehungen zwischen Generationen lassen sich auf die unterschiedlichsten Arten betrachten. In diesem Aufsatz sind in erster Linie psychologische und psychotherapeutische Aspekte beschrieben. Die juristische Sichtweise und soziologische bzw. soziodemographische Elemente werden kurz gestreift. Der Bezug zur Praxis wird durch ein Fallbeispiel und Hinweise auf praktisches Arbeiten mit dem Genogramm hergestellt.

Die Gewichtung der unterschiedlichen Aspekte der Annäherung an das Thema Generationenbeziehungen bzw. die Wahl, welche Aspekte weggelassen werden müssen (um den Rahmen nicht zu sprengen), fällt schwer, da bei dieser Thematik der interdisziplinäre Zugang besonders wichtig und interessant erscheint. Die beschriebenen Aspekte stellen daher in diesem Sinn nur eine sehr unvollständige Auswahl dar.

11. Literatur

Amann, A. (1997). Veränderung des Generationenvertrages. In C. Badelt (Hrsg.), *Beziehungen zwischen Generationen. Ergebnisse der wissenschaftlichen Tagung der ÖGIF im November 1995 in Linz* (S. 37-46). Wien: Österreichisches Institut für Familienforschung (ÖIF).

Bittner, B. (1997). Verantwortung zwischen Generationen aus rechtlicher Sicht. In C. Badelt (Hrsg.), *Beziehungen zwischen Generationen. Ergebnisse der wissenschaftlichen Tagung der ÖGIF im November 1995 in Linz* (S. 72-82). Wien: Österreichisches Institut für Familienforschung (ÖIF).

Brandl-Nebehay, A. (1998). *Geschichte der systemischen Familientherapie.* In A. Brandl-Nebehay, B. Rauscher-Gföhler & J. Kleibel-Arbeithuber (Hrsg.), *Systemische Familientherapie. Grundlagen, Methoden und aktuelle Trends* (S. 17-59). Wien: Facultas Universitätsverlag.

Höpflinger, F. (1997). *Generationenbeziehungen und Generationenverhältnisse – ein Problemaufriß.* In C. Badelt (Hrsg.), *Beziehungen zwischen Generationen. Ergebnisse der wissenschaftlichen Tagung der ÖGIF im November 1995 in Linz* (S. 7-19). Wien: Österreichisches Institut für Familienforschung (ÖIF).

Novak, V. & Schipfer, R. K. (1998). *Familie in Zahlen. Daten und Graphiken zur Familie in Österreich auf einen Blick* (working paper). Wien: Österreichisches Institut für Familienforschung (ÖIF).

Rauscher-Gföhler, B. (1998). *Spezielle therapeutische Techniken in der systemischen Familientherapie.* In A. Brandl-Nebehay, B. Rauscher-Gföhler & J. Kleibel-Arbeithuber (Hrsg.), *Systemische Familientherapie. Grundlagen, Methoden und aktuelle Trends* (S. 193-220). Wien: Facultas Universitätsverlag.

Rosenmayr, L. (1995). *Die Kräfte des Alterns.* Wien: Edition Atelier.

Wimmer-Puchinger, B. (1997). *Emotionale Transfers zwischen den Generationen.* In C. Badelt (Hrsg.), *Beziehungen zwischen Generationen. Ergebnisse der wissenschaftlichen Tagung der ÖGIF im November 1995 in Linz* (S. 103-113). Wien: Österreichisches Institut für Familienforschung (ÖIF).

17. Psychologie der Großelternschaft

Claudia Dotter

1. Einleitung

Die Mehrheit aller Menschen werden ein Drittel ihres Lebens als Großeltern verbringen. Dennoch haben die EntwicklungspsychologInnen die Großelternrolle sowie den Einfluß, den Großeltern auf ihre Enkelkinder haben können, größtenteils ignoriert. Tatsächlich spielen die Großeltern aber eine bedeutende Rolle in der Familienbeziehung und der Entwicklung der Kinder. Die Bedeutung der Großeltern ist u. a. abhängig von den verschiedenen Familienstrukturen, den sozialen Gegebenheiten, wie z. B. Berufstätigkeit der Eltern, Gesundheit, Einstellung zur Ehe usw., die Auswirkungen auf die Position und Rolle der Großeltern haben. Diese Faktoren variieren allerdings von Kultur zu Kultur. Etwa 70 % aller Menschen mittleren und höheren Alters werden Großeltern. In der westlichen Gesellschaft liegt das durchschnittliche Alter bei Frauen, in welchem sie Großmutter werden, bei ungefähr 50 Jahren, bei Männern sind es einige Jahre mehr. Sie bleiben Großeltern für ca. 25 Jahre oder mehr, d. h. ein Drittel ihres Lebensabschnittes. Für die meisten Menschen ist die Großelternschaft ein wichtiger Teil des Lebenszyklus, der eine sehr positive Rolle einnimmt. Trotz allem kommt diesem Thema in der Entwicklungspsychologie wenig Aufmerksamkeit zu. Tinsley und Parke (1984, zitiert nach Smith, 1991, p. 1) nennen vier Argumente, warum die Großelternschaft in der Entwicklung der Kinder vernachlässigt wurde:

1) *Demographische Veränderungen:* Demographische Veränderungen im 20. Jahrhundert ergeben sich v. a. durch die wesentliche Erhöhung der Lebenserwartung. Immer mehr Menschen werden Großeltern für einen längeren Zeitraum ihrer Lebensspanne. Das ist ein relativ neues Phänomen.
2) *Tendenz zur Kernfamilie:* Die Kernfamilie besteht aus den Eltern und den Kindern. Tatsächlich ist es so, daß das Interesse der PsychologInnen den Beziehungen innerhalb der Kernfamilie gilt (Mutter-Kind-Beziehung, Vater- und Geschwister-Beziehung). Erst kürzlich wurde dieses soziale Netzwerk auf die Großeltern ausgedehnt.
3) Die Betrachtung der Großeltern-Enkelkind-Beziehung zwingt die WissenschaftlerInnen, auch die *intergenerativen Einflüsse* miteinzubeziehen: Vorher wurde die Entwicklungspsychologie oft unter der „Entwicklung des

Kindes" zusammengefaßt, und man beschränkte sich auf Entwicklungsprozesse, die mehr oder weniger bei der Elternschaft oder „Reife" endeten.

4) Die WissenschaftlerInnen assoziierten beim Arbeiten mit Großeltern bestimmte *methodische Schwierigkeiten:* Ältere Menschen seien oft krank oder eher wenig geeignet als zu untersuchende Personen.

Die Ausdehnung dieses Themas erfolgte erst in den 60er- und frühen 70er-Jahren.

2. Historischer Überblick der Großelternschaft

Um einen Einblick in die Entwicklung der großelterlichen Rolle zu bekommen, soll im folgenden ein kurzer geschichtlicher Überblick gegeben werden.

- *16. Jahrhundert:* Im 16. Jhdt. lag der Anteil der über 60Jährigen bei 5-8 % der Gesamtbevölkerung. Zu dieser Zeit galt eine Heirat als gesellschaftliche Voraussetzung für ein Kind. Die Möglichkeit für ein Kind, seine Großeltern kennenzulernen, war damals von der Geschwisterreihung der Eltern abhängig, da die Ältesten in der Regel als erstes heirateten. Deshalb war die Aussicht eines Kindes der jüngeren Geschwister, einen Großelternteil kennenzulernen, sehr gering. Häufig wurde auch erst nach einer Erbschaft eine Ehe geschlossen. Vor allem auf dem Land wurde oft der Tod des Vaters abgewartet, um den Hof zu erben und heiraten zu können. Zu dieser Zeit kann noch keine Wahrnehmung der großelterlichen Rolle festgestellt werden.
- *17. und 18. Jahrhundert:* Im 17. und 18. Jhdt. scheint es einen leichten Anstieg des Altenbevölkerungsanteils gegeben zu haben, der bei ca. 7-9 % der Gesamtbevölkerung lag. Mitte des 18. Jhdts. finden sich bereits erste Hinweise auf eine emotional empfundene Großelternschaft im Bürgertum. Eine Interaktion zwischen den drei Generationen (Großeltern, Eltern, Kinder) kann wahrgenommen werden, wobei auch häufig Konflikte zwischen den Eltern und v. a. den Großvätern bezüglich der Erziehungsmaßnahmen auftraten.
- *19. Jahrhundert:* Vor allem im Bürgertum wurde die Großeltern-Enkelkind-Beziehung stark aufgewertet. Die Großfamilie sah man in bürgerlichen Kreisen als *die* Familienform an, obwohl eine beträchtliche Zahl der Großeltern nicht den Haushalt mit der übrigen Familie teilte. Bis in die zweite Hälfte des 19. Jhdts. konnte in Mittel- und Westeuropa ein stark steigender Anteil an unehelichen Geburten registriert werden, was eine neue Basis für eine intergenerative Beziehungsform bildet. Bei der ländlichen Bevölkerung kam es besonders häufig dann zu einem engeren Kontakt zur dritten Generation, wenn uneheliche Kinder vorhanden waren. Dabei gab meist die Großmutter mütterlicherseits wichtige Hilfestellungen. In dieser Epoche kann man auf jeden Fall schon von großelterlichen Leitbildern sprechen.

- *20. Jahrhundert:* Erst zur Jahrhundertwende wurde die bäuerliche Großfamilie, wie wir sie heute kennen, richtig gelebt. Die Ältesten der Familie wohnten zu Beginn des 20. Jhdts. oft noch im Hause des Sohnes, wo noch Platz für eine zweite Familie war. Ging der Großvater in „Pension", dann half er immer noch bei Bedarf im Betrieb aus. Der alte Mensch von damals lebte und starb in seiner Familie. Ein Verschwinden der Großfamilie wird von Grube (1988, zitiert nach Wurm, 1998) aufgrund von zunehmender Industrialisierung als unvermeidbar angesehen, weil das neue Zeitalter mehr Flexibilität und Mobilität verlangt. Dies kann aber nur erzielt werden, wenn man in kleinen Einheiten lebt. Eine Kernfamilie kann ohne allzugroße Schwierigkeiten den Wohnsitz ändern, während eine Übersiedelung einer „Dreigenerationenfamilie" mit eventuell gesundheitlich geschwächten Großeltern schwieriger zu bewältigen ist. Auch durch den Rückgang der Landwirtschaft und der abnehmenden Zahl handwerklicher Betriebe, wo oft alte Menschen tätig waren, kommt es zur gesellschaftlichen Isolierung der Familie auf den privaten Bereich, was eine Trennung von Arbeit und Familie zur Folge hat. Nichtsdestotrotz ist die Möglichkeit für die Ältesten der Bevölkerung aufgrund der steigenden Lebenserwartung größer denn je, in Interaktion mit ihren Enkelkindern und sogar auch Urenkelkindern zu treten.

3. Großelterntypen

Um auf die Bedeutung, Rolle etc. der Großeltern eingehen zu können, sollten zunächst die vier Typen von Großeltern unterschieden werden: Großmutter mütterlicherseits, Großvater mütterlicherseits, Großmutter väterlicherseits und Großvater väterlicherseits.

Sowohl das Geschlecht als auch die Erblinie der Großeltern können für die Beziehung zu den Enkelkindern wichtige und bedeutsame Faktoren sein. Viele Studien ergaben, daß die Großmutter mütterlicherseits am meisten in die Entwicklung des Kindes involviert ist und den häufigsten Kontakt zu den Enkelkindern hat. Hoffmann (1979, zitiert nach Smith, 1991) fand heraus, daß Großmütter mütterlicherseits die engste Beziehung zu ihren Enkelkindern haben. Weitere Studien ergaben, daß Großeltern sich im allgemeinen mehr um die Kinder ihrer Töchter kümmern als um die Kinder ihrer Söhne. Ein Faktor könnte die sogenannte „elterliche Ungewißheit" sein. Darunter versteht man, daß die väterliche Elternschaft nicht immer hundertprozentig sicher ist, da die Möglichkeit besteht, daß die Partnerin mit einem anderen Mann das Kind zeugte. Frauen haben im Gegensatz dazu immer die Gewißheit, daß ihr Kind tatsächlich ihr Kind ist. Somit haben auch die Großeltern mütterlicherseits die Gewißheit, daß es sich tatsächlich um die eigenen Nachkommen handelt. Nahemows Untersuchung (1984, zitiert nach Smith, 1991) läßt hier allerdings kulturelle Unterschiede

erkennen. Er beobachtete, daß im afrikanischen Iteso-Stamm die Schulkinder die engste Beziehung zum Großvater väterlicherseits haben.
Im allgemeinen läßt sich erkennen, daß die Großmutter mütterlicherseits die engste Beziehung zu ihren Enkelkindern hat (s. o.), gefolgt von dem Großvater mütterlicherseits, der Großmutter väterlicherseits und schließlich dem Großvater väterlicherseits. Diese Reihung könnte von den gesellschaftlichen Erwartungen, den Erbstrukturen und dem Alter der Großeltern beeinflußt werden.
Den Urgroßeltern kam nur eine sehr geringe spezifische Aufmerksamkeit zu, obwohl sie keine unwesentliche Gruppe sind (viele Leute werden bereits mit Ende 70 Urgroßeltern).

4. Die Rolle der Großeltern

Clavan (1978, zitiert nach Smith, 1991) hat der Großelternrolle eine „rollenlose Rolle" zugeschrieben. Er meint, daß der Rolle der Großeltern keine spezifischen Rechte und Pflichten zukommen, im Gegensatz zur Elternrolle. Die Rolle der Großeltern enthält verschiedene Komponenten:

- Einstellungsgrad: betrifft die Normen, welche Rechte und Pflichten beinhalten;
- Verhaltensgrad: betrifft die Aktivitäten, die die Großeltern mit ihren Enkeln unternehmen;
- Zuneigungs- oder emotionaler Grad: betrifft die Zufriedenheit der Großeltern mit ihrer Rolle;
- Symbolischer Grad: betrifft die verschiedenen Bedeutungen und Meinungen der Großelternrolle für die Großeltern;

Diese Grade können aber durch verschiedene Faktoren, wie z. B. kulturelle Faktoren (Land, Urbanisation), individuelle (Alter, Beruf), persönliche Faktoren etc. beeinflußt werden.

4.1. Aspekte der großelterlichen Rolle

Folgende Merkmale stehen in Zusammenhang mit der Großelternschaft:

- *Emotionale Befriedigung:* Kivnik (1982, zitiert nach Smith, 1991) definiert die Großeltern als „Zentralität". Hierbei bezieht sie sich auf die Wichtigkeit der Großeltern für das Individuum. Generell wird angenommen, daß die emotionale Seite der Großelternrolle relativ stark ist, da die Großeltern nicht mehr dieselbe Verantwortung gegenüber ihren EnkelInnen tragen wie gegenüber ihren eigenen Kindern und sich daher mehr auf Beziehungsaspekte konzentrieren können.

- *Biologische Erneuerung und Kontinuität:* Es besteht der Wunsch der Großeltern, durch die Nachkommenschaft zu überleben. Dieser Wunsch repräsentiert den formalen Aspekt der Großeltern.
- *Soziale Beständigkeit:* Neugarten und Weinstein (1964, zitiert nach Smith, 1991) prägten den Typus „Großeltern als Reservoir der Familienweisheit". Diese besteht aus dem Aufbau der Vergangenheit und der Beimessung ihrer Bedeutung.
- *Eine verfügbare Person sein:* Neugarten und Weinstein sprachen auch vom Typus „Ersatzeltern", speziell bei Müttern, deren Töchter ganztags beschäftigt waren. Tinsley und Parke (1984, zitiert nach Smith, 1991) meinten, daß ein „Elternersatz" sehr wichtig ist, besonders in Zeiten der Krisen, wo z. B. junge Mädchen schwanger werden. Aber das ist keine Weiterführung der Elternrolle, denn die Großeltern helfen nur, wenn sie gefragt werden.
- *Ein Vorbild sein:* Die Dimension erstreckt sich auf die Großeltern, die den Enkelkindern Ratschläge geben und Weisheiten vermitteln wollen, um zu zeigen, wie ältere Menschen denken und leben.
- *Abwesende Großeltern:* Eine Studie von Neugarten und Weinstein zeigt, daß 19 % der Großeltern die „distanzierte Figur" repräsentieren. Das sind jene Großeltern, die kaum in das Leben der Enkel involviert sind.

4.2. Funktionen der Großeltern

Für Großeltern mit Enkelkindern allen Alters ist die Funktion des *Gesprächspartners* vorherrschend. Aber auch *erzieherische Pflichten* und das *Babysitten* spielen eine bedeutende Rolle.

- Bei Säuglingen und Kleinkindern haben die Großeltern überwiegend die Funktion des *Spiel- und Kuschelpartners.*
- Fast alle Großeltern von Vorschulkindern haben eine *betreuende* und *spielende* Funktion, sowie auch die Rolle als *BabysitterIn*. In Studien betonten die meisten Vorschulkinder interessanterweise die „Kuschelfunktion" ihrer Großeltern viel mehr als die Großeltern.
- Kinder bis 12 Jahre geben überwiegend die *emotionale Unterstützung* und das *Spielen* als Funktion der Großeltern an.
- Für jugendliche Mädchen, v. a. für jene mit engem großmütterlichen Kontakt, ist die Funktion der Großmutter die der *Gesprächspartnerin.* In den meisten Studien erwähnten die Großmütter öfter als ihre Enkelinnen das Kuscheln und Spielen. Die Häufigkeit des Kontakts ist ein wesentlicher und wichtiger Faktor für die emotionale Unterstützung; Kuscheln ist für jene Enkeltöchter wichtiger, die mehr Kontakt zur Großmutter haben.

5. Der Einfluß der Großeltern auf die Enkelkinder

Die Qualität der Großeltern-Enkelkind-Beziehung und somit auch der Einfluß der Großeltern sind abhängig vom Alter der Enkelkinder, vom Geschlecht der Großeltern, vom Lebensraum der Personen und auch vom sozioökonomischen Status. Die Beziehung mit der Großmutter mütterlicherseits ist manchmal enger als die Beziehung zur Großmutter väterlicherseits (Siehe oben).
In einer Studie berichteten 42 % aller Enkelkinder, daß die Großeltern keinen Einfluß auf ihr Leben haben. Für 38 % spielen die Großeltern eine unterstützende Rolle. Nur wenige nahmen die Beziehung als „neutral" bzw. gegensätzlich wahr. Apostel (1989, zitiert nach Wurm, 1998) gelangte zu dem Schluß, daß viele Enkelkinder in allen Phasen des Lebens ihre Großeltern als wichtig ansehen.

5.1. Indirekter und direkter Einfluß der Großeltern

Tinsley und Parke (1984, zitiert nach Smith, 1991) meinten, daß Großeltern das Verhalten ihrer Enkelkinder sowohl direkt als auch indirekt beeinflussen können.

- *Indirekter Einfluß* wird durch andere Personen ohne Interaktion ausgeübt – z. B. die Eltern-Kind-Beziehung wird beeinflußt durch die elterliche Erziehung, die wiederum von der großelterlichen Erziehung beeinflußt wurde; in positiver oder auch negativer Weise (d. h., wie die Eltern von ihren Eltern erzogen wurden und welche Erfahrungen sie in ihrer Kindheit gemacht haben). Eine Studie von Huesmann, Lefkowitz, Eron und Walder (1984, zitiert nach Smith, 1991) ergab, daß das Aggressionsausmaß eines 30jährigen Menschen u. a. davon abhängt, wie streng er von seinen Eltern diszipliniert und erzogen wurde. Von der Aggressivität des 30Jährigen wiederum hängt auch die Aggressivität seines Kindes ab. Daneben wird auch die finanzielle und emotionale Unterstützung der Großeltern an die Eltern als indirekter Einfluß gesehen. (Außerdem gibt es eindeutige Hinweise, daß die Eltern-Kind-Beziehung auch stark von Faktoren wie sozialer und wirtschaftlicher Unterstützung abhängt.)
- Die häufigste Form des Einflusses der Großeltern erfolgt aber in *direkter* Weise, vor allem dann, wenn die Großeltern als Ersatzeltern agieren, wie z. B. wenn beide Eltern berufstätig sind, bei Alleinerziehenden, bei sehr früher Mutterschaft etc.

Weiters können die Großeltern ein wichtiger Teil des sozialen Netzwerkes des Kindes sein. Viele Großeltern genießen es, mit den Enkelkindern Gespräche zu führen oder ihnen kleine Geschenke zu machen. Sie können wichtige KameradInnen sein und ihre Enkelkinder v. a. emotional unterstützen, wie z. B. bei partnerschaftlichen Problemen der Eltern, bei Konflikten mit den Eltern etc.

5.2. Großeltern als positiver oder negativer Einfluß

Es wird allgemein angenommen, daß Großeltern am häufigsten positiven Kontakt zu ihren Enkelkindern haben und als UnterstützerInnen tätig sind. Diese positive Sichtweise ist in früheren Untersuchungen nicht der Fall. Vollmer (1937, zitiert nach Smith, 1991) beobachtete, daß Großmütter unbeugsame und belehrende Meinungen hinsichtlich der Kindererziehung vertraten, sowie nur mit Widerwillen den Prozeß der Reife anerkannten. Thompson (1952, zitiert nach Smith, 1991) meinte, daß die unterschiedlichen Ansichten zwischen Großeltern und Eltern über das Verhalten der Kinder häufig Konflikte verursachten. Früher wurde die Großmutter als nicht geeignet für die Betreuung und Erziehung ihrer Enkelkinder empfunden. Die Großeltern wurden als Personen gesehen, die alt, schwach und streitsüchtig sind, sich in die Erziehung der Enkelkinder einmischen, unflexibel sind und altmodische Ansichten vertreten. Auch heutzutage ist trotz Toleranz, Nachsichtigkeit, sozialer Unterstützung etc. dieses Klischee der Großeltern noch vorhanden.

6. Die Großeltern-Enkel-Beziehung

Allgemein kann man sagen, daß die Beziehung zwischen Großeltern und Enkeln für beide Seiten in der Regel positiv ist. Viele Enkelkinder sehen ihre Großeltern als wichtig an, und zwar in jeder Phase ihres Lebens. Elterliche Standpunkte und Einstellungen sind wichtige Einflüsse auf die Großeltern-Enkelkind-Beziehung. Die mittlere Generation dient als Brücke zwischen Großeltern und Enkelkindern. Wenn eine gute Beziehung zwischen der Elterngeneration besteht, speziell zwischen der erwachsenen Tochter und ihrer Mutter, können Interaktionen mit Großeltern einen positiven und stabilen Effekt auf die Entwicklung des Kindes haben. Schon im Jahre 1964 kategorisierten Neugarten und Weinstein (zitiert nach Smith, 1991) Verhaltensformen des Großeltern-Enkelkinder-Interaktionsstils, die auch heute noch bestätigt werden:

- *Formelle Großeltern:* Das sind jene Großeltern, die nur ab und zu in Erscheinung treten, um die Enkelkinder mit Mitbringseln oder kleinen Geschenken zu erfreuen. Dieser Typus beeinflußt die Enkelkinder nicht stark, da er im alltäglichen Umgang sehr zurückhaltend ist.
- *Großeltern als Ersatzeltern:* Diese prägen den inneren Kern der Familie sehr stark. Vor allem die Großmütter übernehmen konkrete Aufgaben der Betreuung und Erziehung.
- *Spaßsuchende Großeltern:* Diese sollen die jüngeren, zeitgemäßeren Großeltern verkörpern. Sie teilen Spiel und Spaß mit ihren Enkeln und hüten sich davor, als Autoritätsperson aufzutreten. Somit weichen sie aber auch einem echten Engagement aus.

- *Distanzierte Großeltern:* Diese Großeltern sind bemüht, soweit wie möglich ihr eigenes Leben zu führen und sich nicht ein von Enkeln geprägtes Dasein zu gestalten.

In den großelterlichen Stilen konnten jedoch Diskrepanzen zwischen den verschiedenen Altersgruppen der Enkeln festgestellt werden. Bei Enkelkindern im Kleinkindalter kommt der spaßsuchende Stil am häufigsten vor. Handelt es sich um Enkeln im jungen Erwachsenenalter, war der formelle Stil am ehesten vorherrschend. Murawski (1985, zitiert nach Smith, 1991) weist auf einen distanzierten Stil hin, wenn die Enkelkinder älter werden. Aber auch die Zufriedenheit der Großelternrolle ist ein wichtiger Faktor. Eine hohe Zufriedenheit zeigt sich in der Beziehung zu den Enkelkindern, die noch nicht im Erwachsenenalter sind. Kaiser (1993, zitiert nach Wurm, 1998) unterstreicht ebenfalls die weniger intensive Beziehung, wenn das Alter auf beiden Seiten höher ist und v. a. der Gesundheitszustand der Großeltern es ihnen nicht mehr ermöglicht, sich den Enkelkindern zu widmen.

7. Zusammenfassung

Bei der Großelternschaft handelt es sich um ein vernachlässigtes Thema, auch im Rahmen der Entwicklungspsychologie. Im allgemeinen kann gesagt werden, daß die Beziehung zwischen Großeltern und Enkelkindern überwiegend positiv gesehen wird. Die Goßeltern-Enkelkind-Beziehung ändert sich allerdings im Laufe der Entwicklung des Kindes. Es wurde beobachtet, daß mit zunehmendem Alter die Bedeutung der Großeltern für die Enkelkinder abnimmt. Generell läßt sich erkennen, daß die Beziehung zu den Großeltern mütterlicherseits enger ist als zu den Großeltern väterlicherseits; die engste Beziehung haben Enkelkinder mit der Großmutter mütterlicherseits. Die Großeltern spielen also eine wichtige Rolle für die Familie ebenso wie für die individuelle Entwicklung des Kindes.

8. Gedanken zum Thema

Das Klischee der Großeltern hat sich im Vergleich zu früher verändert. Großeltern gehen öfter „mit der Zeit“. Sie müssen bzw. dürfen in der Regel nicht mehr als altmodisch, eigensinnig und unflexibel „abgestempelt“ werden, können sich sehr wohl in die Situationen junger Leute hineinversetzten und verständnisvoll sein. Es gibt aber sicher auch Familien, die den Einfluß der Großeltern auf ihre Enkelkinder und auf die gesamte Familiensituation negativ sehen oder die Rolle der Großeltern in ihrem Familienleben außer acht lassen. Trotzdem spielen Großeltern eine sehr wichtige Rolle in der Entwicklung des Kindes und sollten von allen Eltern dabei unterstützt werden.

9. Literatur

Smith, P. K. (Ed.). (1991). *The psychology of grandparenthood*. London: Routledge.

Wurm, E. (1998). *Realbild und Idealbild des Großvaters. Eine explorative Studie über das Bild 15jähriger Enkelkinder von ihren Großvätern*. Unveröffentlichte Diplomarbeit, Universität Wien.

18. Beruf – Familie – Freizeit / Zeitbudgeterhebungen

Ilka Reitzner

1. Einleitung

Im folgenden Kapitel soll ein kurzer Überblick über Ergebnisse aus zwei 1992 durchgeführten Studien zum Zeitbudget der Familien gegeben werden. Aus der Fülle der zur Verfügung stehenden Daten wurden diejenigen ausgewählt, die am interessantesten erscheinen, bzw. deren Ergebnisse überraschen. Es wird hier also kein Anspruch auf Vollständigkeit erhoben, sondern lediglich ein Auszug dieser Studien dargestellt und kommentiert.

1.1. Begriffsklärung: Zeitbudgetstudie

Bei einer solchen Untersuchung wird den Probanden ein „Tagebuch" vorgelegt, das sie für einen oder mehrere Tage führen sollen. Der Tag wird in Einheiten zu 5 Minuten unterteilt und die Versuchspersonen werden gebeten, ihre Haupttätigkeiten, sowie alle gleichzeitig ausgeführten Tätigkeiten entsprechend deren Dauer in diesem Buch einzutragen.
Einer der Hauptvorteile einer solchen Studie liegt darin, daß im Vergleich zu Studien, bei denen man beispielsweise danach fragt, wie bestimmte Personengruppen ihre Freizeit verbringen, der Effekt der sozialen Erwünschtheit der Antworten viel geringer ist.

2. Eine österreichische Studie: „Wo kommt unsere Zeit hin?"

In Österreich wurde 1992 vom Statistischen Zentralamt – erstmals seit 1981 – wieder eine Erhebung über die Zeitverwendung der Bevölkerung durchgeführt. Alle in der Stichprobe des Mikrozensus erfaßten Personen ab 10 Jahren wurden ersucht, über einen Tag „Buch" zu führen. Zur Erleichterung dieser Arbeit befanden sich Vorschläge zur Beschreibung einzelner Tätigkeiten am Ende dieses Buches. Es gelangten mehr als 25.200 Tagebücher aus ganz Österreich zur Auswertung, die zur genannten Studie (Bundesministerium für Jugend und Familie, 1995) führten.

2.1. Das durchschnittliche Tagespensum

Von den möglichen Auswertungen über die Zeitverwendung kommt dem Ausmaß der bezahlten Erwerbsarbeit bzw. der unbezahlten Hausarbeit besondere Bedeutung zu. Die Summe dieser beiden Leistungen ergibt die sogenannte „Gesamtarbeitszeit". Im Durchschnitt aller Personen ab 19 Jahren werden täglich insgesamt 7¾ Stunden gearbeitet.

Betrachtet man nun die geschlechtsspezifische Aufteilung dieser beiden Leistungen, fallen sofort eklatante Unterschiede auf (s. Abbildung 1). Mit etwas über 5 Stunden für Erwerbs- und 2¼ Stunden für Hausarbeit, kommen Männer auf eine Gesamtarbeitszeit von 7¼ Stunden täglich. Bei Frauen hingegen dreht sich das Verhältnis von Erwerbs- zu Hausarbeit geradezu um. Sie arbeiten täglich mit 8 Stunden durchschnittlich etwas mehr als die Männer und verbringen davon 2½ Stunden mit Erwerbs- und 5½ Stunden mit Hausarbeit. Dies entspricht einer Relation der Erwerbs- zur Hausarbeit von 31:69 bei Frauen, im Vergleich zu der Gewichtung bei Männern mit 70:30.

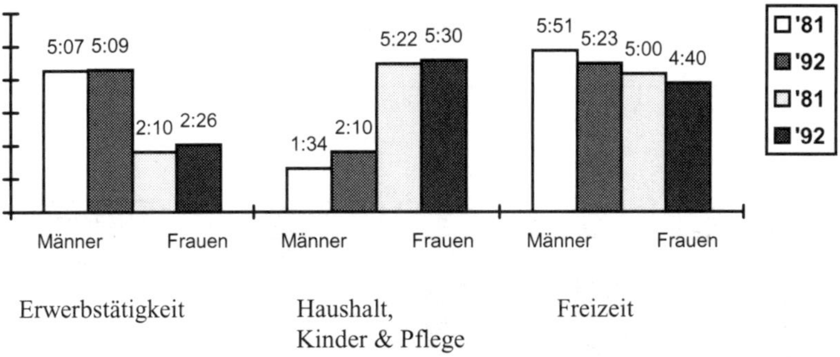

Abbildung 1: Zeitaufwand in Stunden und Minuten pro Tag im Vergleich 1981/1992 – ÖsterreicherInnen ab 19 Jahre (vgl. Bundesministerium für Jugend und Familie, 1995, S. 7).

2.2. Das Tagespensum im Vergleich zweier Zeitbudgeterhebungen (1981 und 1992)

Zwischen 1981 und 1991 hat eine Verschiebung stattgefunden, die bei beiden Geschlechtern festzustellen ist. Die Gesamtarbeitszeit hat zugenommen und die „Freizeit" wurde kürzer. Die Erwerbstätigkeit der Frauen hat im Durchschnitt um 16 Minuten zugenommen, während jene der Männer annähernd gleich geblieben ist (siehe Abb. 1). Auch wenn die österreichischen Frauen mit 4 Stunden und 40 Minuten im Bereich Freizeit noch immer wesentlich schlechter abschneiden als die Männer (5 Std. 23 Min.), ist es erwähnenswert, daß der Verlust der Freizeit beim Mann gänzlich der verstärkten Arbeit im Bereich Haushalt zugute kommt. Eine Steigerung der männlichen Beteiligung im unbezahlten Arbeitsbereich von 38 % innerhalb von 11 Jahren scheint jedenfalls bemerkenswert, auch wenn damit nicht zum Ausdruck kommen soll, daß es nicht wünschenswert wäre, die unbezahlte Arbeit zwischen den Geschlechtern gerechter zu verteilen.

2.3. Zeitbudget zweier erwerbstätiger Partner

In der Angabe der Erwerbstätigkeit ist bei Männern und Frauen die Aus- und Weiterbildung mit jeweils 11 Minuten pro Tag enthalten. Daß die Erwerbsarbeit der Frauen soviel weniger Zeit einnimmt als bei ihren männlichen Kollegen liegt daran, daß bei Frauen ca. 19 % aller Erwerbstätigen in einem Teilzeitarbeitsverhältnis beschäftigt sind. Im Vergleich dazu besetzen nur 2 % der erwerbstätigen Männer einen solchen Arbeitsplatz.
Die auffallendsten Unterschiede zwischen den Geschlechtern ergeben sich auch hier im Bereich von Haushalt, Kinder und Pflege, dem unbezahlten Arbeitsbereich (s. Abb. 2). Einer der Verdienste dieser Studie ist es, daß sie „sichtbar" macht, wieviel Arbeit in diesem Bereich unentgeltlich geleistet wird.

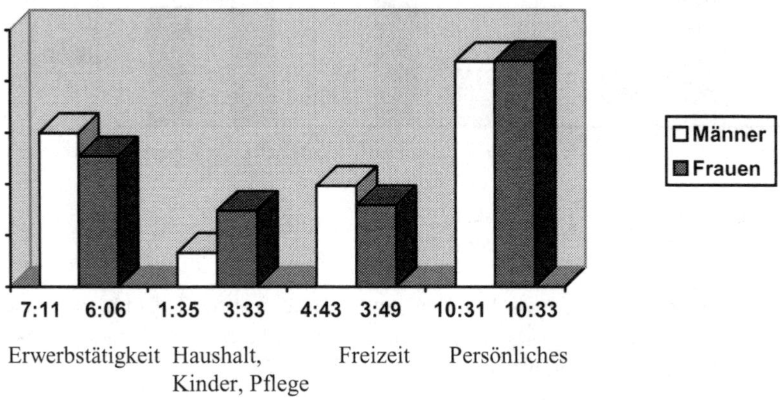

Abbildung 2: Zeitaufwand in Stunden und Minuten pro Tag bei erwerbstätigen Männern und Frauen in Partnerschaften (vgl. Bundesministerium für Jugend und Familie, 1995, S. 9).

2.4. Anteil der Männer an der Familienarbeit, wenn die Frau erwerbstätig ist

Wenn beide Partner erwerbstätig sind, verbringt die Frau in einer Partnerschaft noch 5¾ Stunden damit, sich der Haus- und Kinderarbeit zu widmen. Die Männer hingegen beteiligen sich mit nur knapp 2¼ Stunden in diesem Bereich. Besetzt die Frau eine Teilzeitarbeitsstelle, reduziert ihr Partner seine Beteiligung um ¼ Stunde. „Sie" legt dafür noch etwa um eine ½ Stunde zu. Ist die Frau überhaupt nicht erwerbstätig, dann arbeitet sie im Schnitt 8¾ Stunden und ihr Partner bleibt unverändert auf ca. 2 Stunden (s. Abb. 3). Woher sich die Zunahme der Hausarbeit ergibt, wenn die Frau keiner bezahlten Arbeit nachgeht, ist nicht eindeutig zu beantworten. Insgesamt leisten Männer und Frauen knapp 10¾ Stunden Hausarbeit, wenn „Sie" nicht erwerbstätig ist. Ist die Frau jedoch vollerwerbstätig, beläuft sich die Hausarbeit beider Partner zusammen nur auf nahezu 8 Stunden. Es stellt sich die (rhetorische) Frage, ob Männer soviel effektiver arbeiten, daß sie in ¼ Stunde die selbe Menge Arbeit verrichten, für die Frauen 3 Stunden benötigen. Wahrscheinlicher ist wohl, daß eine nicht erwerbstätige Frau im gemeinsamen Haushalt öfter putzt als eine erwerbstätige, oder daß durch Vollerwerbstätigkeit beider Partner ein Teil der Hausarbeit – wie beispielsweise Mittagessen kochen – entfällt.

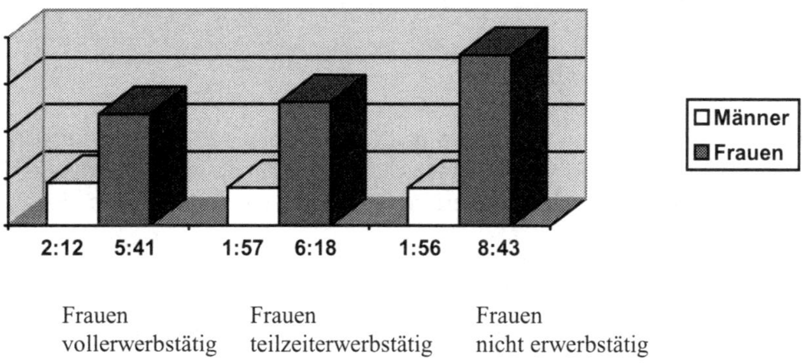

Abbildung 3: Zeitaufwand in Stunden und Minuten pro Tag für Familienarbeit (Partner mit mindestens 1 Kind unter 15 Jahren, Mann erwerbstätig) nach Erwerbstätigkeit der Frauen (vgl. Bundesministerium für Jugend und Familie, 1995, S. 16).

2.5. Erwerbstätige Alleinerzieherinnen und Frauen in Partnerschaften

Wenn man einen Vergleich anstellt zwischen alleinerziehenden Müttern und Müttern, die in einer festen Partnerschaft leben, so würde man wohl erwarten, daß die Gesamtarbeitszeit der Alleinerzieherinnen größer sei als jene der Frauen in Partnerschaften. Doch dem ist ganz und gar nicht so. Dies wirft die Frage auf, ob alleinerziehende Frauen besser gelernt haben, an sich zu denken und sich ihre persönlichen Freiräume zu erkämpfen, oder ob ein Mann im Haushalt wirklich soviel Mehrarbeit verursacht, daß die Frau sich gezwungen sieht, täglich ungefähr 1 Stunde länger im Haushalt tätig zu sein. Die Haushaltsarbeitszeit der Alleinerzieherinnen ist mit knapp 5 Stunden um eine Stunde kürzer als jene der Frauen in Partnerschaften (s. Abb. 4). Diese 1 Stunde pro Tag „gewinnen" sie offenbar, indem sie ihren Ehrgeiz zügeln, Haushalt und Garten perfekt zu gestalten, denn beide Gruppen verbringen gleich viel Zeit mit ihrem Kind (1¼ Stunden).

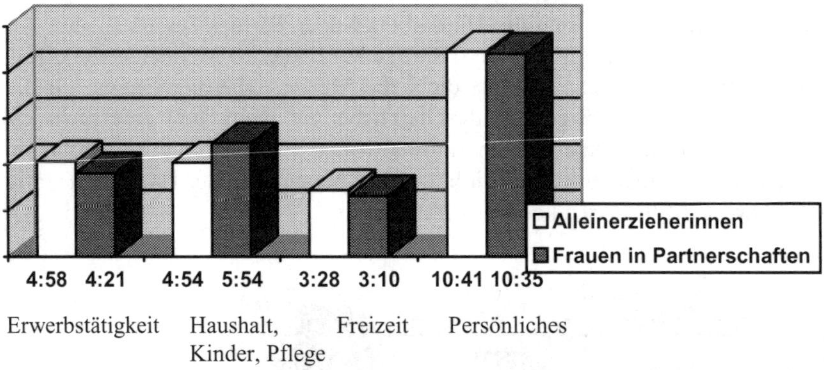

Abbildung 4: Zeitaufwand in Stunden und Minuten pro Tag – Alleinerzieherinnen und Frauen in Partnerschaften mit mindestens 1 Kind unter 15 Jahren (Bundesministerium für Jugend und Familie, 1995, S. 22).

2.6. Aufteilung der unbezahlten Arbeit

Nicht nur die Aufteilung zwischen unbezahlter und bezahlter Arbeit folgt nicht dem partnerschaftlichen Prinzip, sondern auch die Aufteilung dessen, welche Arbeiten die Geschlechter verrichten (s. Abb. 5). Die unbezahlte Arbeit wird geschlechtsspezifisch aufgeteilt. Noch immer sind die Männer „fürs Grobe" zuständig, und Frauen arbeiten vermehrt in der Haushaltsführung. Der Zeiteinsatz von 11 Minuten im Bereich „Kinder", den die männliche Bevölkerung in dieser Statistik aufweist, scheint auf den ersten Blick erschreckend gering (s. Abb. 5). Diese Werte beziehen sich aber auf alle Österreicher ab 10 Jahren, d. h., es fallen auch zahlreiche Bevölkerungsgruppen darunter, die keine eigenen Kinder haben.

Männer (Buben) / 114 Minuten

Frauen (Mädchen) / 294 Minuten

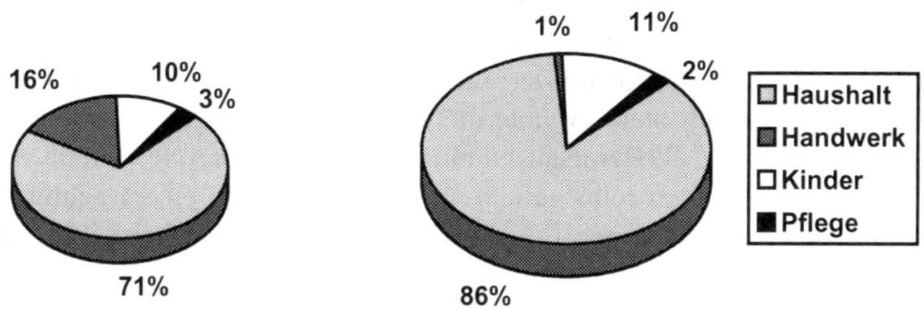

Abbildung 5: Österreicher und Österreicherinnen ab 10 Jahren / Angaben in % (Bundesministerium für Jugend und Familie, 1995, S. 15).

Betrachtet man eine Stichprobe, die nur aus erwerbstätigen Vätern mit mindestens einem Kind unter 15 Jahren besteht, stellt man fest, daß sie sich an Wochentagen ca. ½ Stunde ihrem Sprößling widmen. Man spricht in diesem Zusammenhang auch von „Halbstundenvätern". Frauen verbringen, auch wenn sie vollerwerbstätig sind, unter der Woche täglich mindestens 1¼ Stunden mit ihrem Kind (Bundesministerium für Jugend und Familie, 1995, S. 20).

2.7. Wie die „freie Zeit" verbracht wird

Die folgende Statistik (s. Tabelle 1) zeigt lediglich jenen Ausschnitt der Freizeit, bei dem die Befragten explizit angegeben haben, was sie tun. Insgesamt haben Männer 5½ und Frauen 4¾ Stunden Zeit für ihre Freizeitaktivitäten (bemerkenswert scheint hier insbesondere der Zeitaufwand für TV).

Tabelle 1: Zeitaufwand in Stunden und Minuten pro Tag (Bundesministerium für Jugend und Familie, 1995, S. 28)

	soz. Kontakte	Lesen	TV	Sport	Hobbys
Männer	1:19	0:23	1:57	0:45	0:19
Frauen	1:07	0:20	1:47	0:30	0:22

3. Eine deutsche Studie: „Zeit im Blickfeld“

Diese repräsentative Studie wurde vom deutschen Bundesministerium für Familie, Senioren, Frauen und Jugend in Auftrag gegeben, 1992 durchgeführt und 1996 publiziert. Es wurden in 7200 Haushalten (5800 im früheren Bundesgebiet und 1400 in den neuen Ländern) alle Personen ab einem Alter von 12 Jahren befragt. Die zentralen Elemente der Erhebungsmethode bestanden aus einem mündlichen Einführungsinterview über die soziodemographischen Merkmale der Haushaltsmitglieder (z. B. Berufsausbildung, Erwerbsbeteiligung, Wohnverhältnisse), einem einwöchigen selbstgeführten Tagebuch, sowie einem Schlußinterview über Themenbereiche wie Pflegebedürftigkeit, ehrenamtliche Tätigkeiten und Kinderbetreuungseinrichtungen.
An dieser Stelle sei darauf hingewiesen, daß in den folgenden beiden Statistiken Daten zweier Studien miteinander verglichen werden, die sich streng wissenschaftlich nicht wirklich miteinander vergleichen lassen. Das Alter der Gruppen differiert um 2 Jahre, Begriffsnennungen der ProbandInnen könnten bei beiden Studien unterschiedlichen Kategorien zugeordnet worden sein usw. Es können daher bestenfalls Tendenzen aufgezeigt werden.

3.1. Das durchschnittliche Tagespensum: Vergleich BRD – Österreich

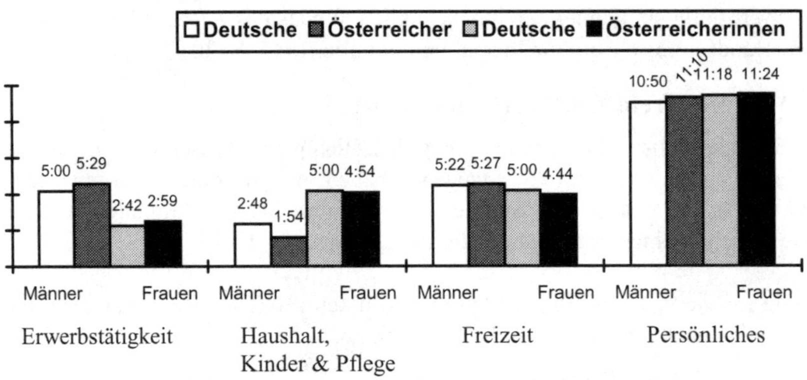

Abbildung 6: Zeitaufwand in Stunden und Minuten pro Tag – ÖsterreicherInnen ab 10 Jahre / Deutsche ab 12 Jahre (Bundesministerium für Jugend und Familie, 1995, S. 6 und Bundesministerium für Familie, Senioren, Frauen und Jugend, 1996, S. 26).

Als auffälligste Tendenz sei erwähnt, daß österreichische Männer und Frauen im Schnitt pro Tag länger ihrer Erwerbstätigkeit nachgehen als die Deutschen und daß deutsche Männer im Haushalt nahezu 1 Stunde länger unentgeltlich tätig sind als ihre österreichischen Kollegen (s. Abb. 6). Im folgenden soll abschließend noch aufgeschlüsselt werden in welchem Teil des Bereichs „Haushalt, Kinder und Pflege“ die deutschen Männer ihre zusätzliche Stunde unbezahlter Arbeit tatsächlich leisten.

3.2. Aufteilung der unbezahlten Arbeit der Männer: Vergleich BRD – Österreich

In der deutschen Studie wurde die Kategorie „Ehrenamt“ für Tätigkeiten wie Mitarbeit beim „Deutschen Roten Kreuz“ oder der freiwilligen Feuerwehr eingeführt. Ihr ist auf österreichischer Seite keine vergleichbare Kategorie zuzuordnen.

Dennoch läßt sich aus der Statistik eine Tendenz dafür erkennen, daß deutsche Männer im Vergleich zu österreichischen weit mehr im Haushalt arbeiten, und verstärkt handwerklichen Tätigkeiten nachgehen (s. Abb. 7).

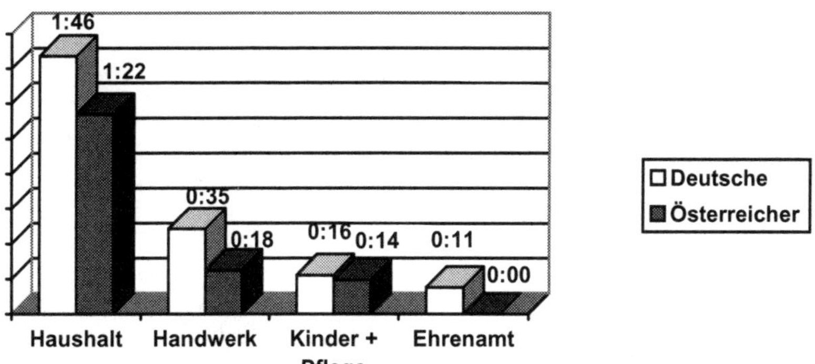

Abbildung 7: Zeitaufwand in Stunden und Minuten pro Tag bei männlichen Österreichern ab 10 Jahren und Deutschen ab 12 Jahren (Bundesministerium für Jugend und Familie, 1995, S. 15 und Bundesministerium für Familie, Senioren, Frauen und Jugend, 1996, S. 13).

4. Zusammenfassung und Gedanken zum Thema

An der klassischen Rollenaufteilung zwischen Müttern und Vätern, betreffend die Arbeit im Haushalt, mit den Kindern und im Beruf, hat sich also (noch?) nicht wirklich substantiell etwas verändert; die Hauptlast für die Hausarbeit und Kinderbetreuung leisten nach wie vor die Mütter; das familiäre Engagement der

Väter erhöht sich zwar, aber nur sehr langsam und gering, in Deutschland etwas mehr als in Österreich.

5. Literatur

Bundesministerium für Familie, Senioren, Frauen und Jugend. (1996). *Zeit im Blickfeld. Ergebnisse einer repräsentativen Zeitbudgeterhebung*. Stuttgart: Kohlhammer.

Bundesministerium für Jugend und Familie. (Hrsg.). (1995). *Wo kommt unsere Zeit hin? Beruf – Familie – Freizeit. Das Zeit-Budget der österreichischen Familien*. Wien: Autor.

19. Familie und Arbeitswelt

Sonja Groß

1. Einleitung

Das Thema Familie und Arbeitswelt umspannt einen sehr großen Bereich. Die vorliegende Arbeit gibt zunächst einen kurzen geschichtlichen Rückblick. Danach werden einige Problemfelder, die mit der Thematik der Familie und Arbeitswelt zusammenhängen, kurz erläutert. Darunter fallen die geschlechtsspezifische Diskriminierung, das Problem der Berufsunterbrechung (auch die für Väter), Kinderbetreuungsmöglichkeiten und der Einfluß der Erwerbsarbeit auf das Familienleben. Danach werden noch einige Lösungsansätze, die die Vereinbarung von Beruf und Familie erleichtern sollen, aufgezeigt.

2. Geschichtlicher Rückblick

Es gibt keine einheitlich anerkannte Definition für den Begriff Familie (s. Kap. 2). Ebenso kann man den Begriff Arbeit nicht einheitlich definieren. Diese zwei Bezeichnungen sind einem ständigen Wandel der Zeit unterzogen (vgl. Beham & Schramm, 1995a, S. 1).

Im Mittelalter war die Familie als Produktionsgemeinschaft mit einer patriarchalischen Struktur gekennzeichnet. Mit der Industrialisierung kam es zur Auslagerung der Arbeit aus der Familie. Durch die Entstehung von Fabriken und Manufakturen zerstörte man die über Jahrhunderte hinweg bestehende Einheit von Leben und Arbeit im „ganzen Haus". Somit verstärkte sich auch die Trennung der Bereiche von Mann und Frau. Die Frau hatte meist die alleinige Verantwortung, wie auch heute noch, für die Erziehung der Kinder und den Haushalt zu übernehmen. Der Ehemann galt als „Brötchenverdiener" und arbeitete seither außerhalb des Hauses. Auch damals gab es für Frauen der niedrigeren sozialen Schicht (Proletariat) das Problem der Doppelbelastung. Das weibliche Geschlecht mußte nämlich durch Heimarbeit Geld dazu verdienen (vgl. Petzold, 1999).

Heute ist die Erwerbsarbeit von der Produktion von Gütern bzw. Dienstleistungen, die sich an die Marktsituation anpassen, gekennzeichnet. Die Familienarbeit orientiert sich nicht an ökonomischen Gesichtspunkten der Gewinnmaximierung und der Kostenminimierung. Sie steht im Zeichen der Erfüllung von körperlichen und psychischen Bedürfnissen (vgl. Beham & Schramm, 1995a).

3. Familie und Arbeitswelt – das gesellschaftliche Vereinbarungsdilemma

3.1. Das Problemfeld der geschlechtsspezifischen Diskriminierung

Die Vereinbarkeit von Familie und Beruf wird meist als „Frauenproblem" angesehen. Es kann nicht bestritten werden, daß die Mutter, die den Föten nun neun Monate in sich getragen hat, eine ganz wichtige Bezugsperson für das kleine Kind darstellt, doch kann auch der Vater, wenn er sich von Beginn an einbringt, eine genauso wichtige Stellung wie die Mutter einnehmen. „Verfestigte traditionelle Rollenvorstellungen der Ehepartner, gesellschaftliche Normen und Erwartungen, soziostrukturelle Rahmenbedingungen – eine partnerschaftliche Aufteilung der Familienarbeit scheitert aus mehreren Gründen" (Beham & Schramm, 1995b, S. 65). Frauen in der westlichen Industriegesellschaft stehen oft vor der Alternative: Kinder *oder* Karriere. Für Männer hingegen bedeuten Kinder in der Regel keinen Karriereabbruch oder -nachteil (vgl. Gisser, Holzer, Münz & Nebenführ, 1995, S. 68). Die Vereinbarung von Berufs- und Familienwelt ist aber kein „Frauenproblem", es ist vielmehr ein gesellschaftliches Problem. Frauen können und wollen oft die Doppelbelastung nicht alleine tragen. Daher wird der Druck auf Männer, die wirtschaftliche, politische und familiäre Verantwortung mit der Frau zu teilen, immer größer. Die Unterstützung von Männern berufstätiger Frauen ist zwar gegeben, aber von einer fairen Aufteilung der Arbeit im Haushalt kann größtenteils nicht gesprochen werden. Männern, die die Erwerbstätigkeit reduzieren oder sogar unterbrechen wollen, wird mangelnde Leistungsbereitschaft nachgesagt (vgl. Beham & Schramm, 1995b). Einen zusätzlichen Diskussionspunkt liefert die Tatsache, daß das Einkommen vollzeitbeschäftigter Männer um 28 % höher ist, als jenes der vollzeitbeschäftigten Frauen.

3.2. Das Problemfeld der Berufsunterbrechung und Teilzeitarbeit sowie deren Auswirkungen

Viele Frauen unterbrechen ihre Erwerbsarbeit, bzw. arbeiten nur Teilzeit, wenn bzw. nachdem ihr Kind zur Welt gekommen ist. Nach einer längeren Unterbrechung, was oft mit dem Verlust beruflicher Kenntnisse einhergeht, oder wenn aufgrund der raschen Entwicklung auf dem Markt die Kenntnisse bereits veraltet sind, ist der berufliche Wiedereinstieg durch minder qualifizierte und schlechter bezahlte Tätigkeiten als vor der Unterbrechung gekennzeichnet (vgl. Gisser et al., 1995). Außerdem fürchten viele Mütter, daß ein in voller Länge bean-

spruchter Karenzurlaub Job und Karriere kosten könnte. Viele Frauen kehren daher, oft auf Drängen des Vorgesetzten, schon früher an ihren Arbeitsplatz zurück.
Frauen mit kleinen Kindern sehen in der Teilzeitarbeit die beste Chance, Familie und Arbeitswelt zu vereinbaren. Jedoch bieten Teilzeitjobs in der Regel so gut wie keine Aufstiegschancen. Zudem handelt es sich meistens um Arbeitsplätze in Niedriglohnbranchen mit unfreundlichen Familienarbeitszeiten (vgl. Gisser et al., 1995). In Österreich arbeiten 21 % der berufstätigen Frauen als Teilzeitkräfte, aber nur 1.4 % aller Männer (vgl. Beham & Schramm, 1995b).

3.2.1. Karenzurlaub für Väter

Der Karenzurlaub für Väter gehört zu den relativ jungen „Errungenschaften" der Familienpolitik. Trotz aller Trends ist der Karenzurlaub nach wie vor Frauensache. Die innenpolitischen Kontroversen über die Einführung des Karenzurlaubes für Väter, der seit 1991 möglich ist, zeigte sich als (fast) überflüssig (vgl. Gisser et al., 1995). Nur etwas über 1 % aller österreichischen Männer bleiben bei ihrem Baby zu Hause. Eine Umfrage des österreichischen Instituts für Familienforschung stellte fest, daß prinzipiell jeder 10. Vater zu Hause bleiben würde, wenn es die beruflichen Rahmenbedingungen erlauben würden. Da die Angst um den Arbeitsplatz groß und das soziale Klima in vielen Betrieben schlecht ist, wagen es nur wenige Männer den Karenzurlaub in Anspruch zu nehmen. Dabei stehen drei Gründe gegen die Inanspruchnahme des Karenzurlaubs für Männer im Vordergrund:

1) die erwartete finanzielle Einbuße, die aus dem im Schnitt höheren Einkommen der Männer resultiert;
2) die Vorstellung, daß die berufliche Tätigkeit des Mannes keine freiwillige Unterbrechung zuläßt, und
3) die These, das Kind gehöre eher zur Mutter als zum Vater. Letzteres wird von den Männern häufiger genannt als von den Frauen (Gisser et al., 1995, S. 104).

Prinzipiell darf der Karenzurlaub nur einmal geteilt werden, dabei muß dieser mindestens drei Monate betragen. Der Karenzurlaub endet mit der vereinbarten Zeit, jedoch spätestens mit Vollendung des 2. Geburtstages des Kindes. Nimmt nur ein Elternteil die Karenz in Anspruch, erhält man das Karenzgeld bis zum 18. Lebensmonat des Kindes. Die Karenz kann bis zum zweiten Geburtstag des Kindes ausgedehnt werden, jedoch erhält man kein Karenzgeld. Mehr Flexibilität in bezug auf die starre Regelung – eineinhalb Jahre kann der eine, das halbe Jahr danach der andere Elternteil in Karenz gehen – wäre wünschenswert; die Wirtschaft(skammer) hält jedoch nicht viel davon. Um zu erreichen, daß Beruf und Familie für Frauen leichter vereinbar ist, sollte außerdem der Rechtsanspruch auf Teilzeitkarenz und Teilzeitarbeit bis zum 6. Lebensjahr des Kindes

für beide Eltern Realität werden, wie auch die Möglichkeit zwischen Voll- und Teilzeitkarenz mehrmals zu wechseln (gesetzliche Änderungen in diese Richtung werden gegenwärtig erwogen).
In Schweden versuchte man durch gesetzliche Regelungen, Männer zum Karenzurlaub zu motivieren. Dort dauert der Karenzurlaub 12 Monate, der dem Vater oder der Mutter zusteht. Künftig sollen die zwölf Monate geteilt werden, das heißt, je sechs Monate für ein Elternteil. Nimmt ein Elternteil diese Möglichkeit nicht in Anspruch, verfällt der Karenzurlaub (vgl. Gisser et al., 1995). In Schweden beansprucht bereits jeder fünfte Mann den Karenzurlaub. Eltern, die den Karenzurlaub beanspruchen, erhalten seit 1998 80 % ihres Gehalts ersetzt. Nach zwölf Monaten besteht die Möglichkeit, bis zum 4. Lebensjahr des Kindes sich phasenweise vom Beruf freistellen zu lassen. Weiters haben die Eltern bis zum 8. Lebensjahr das Recht, ihre tägliche Arbeitszeit auf sechs Stunden zu reduzieren (vgl. Gisser et al., 1995). Das Modell, welches in Schweden angewandt wird, ist jenem in Österreich ähnlich. Ein wichtiger entscheidender Unterschied ist aber, daß karenzierte Eltern in Schweden einen Großteil ihres Gehaltes ersetzt bekommen.

3.3. Das Problemfeld der oft schlecht ausgebauten Kinderbetreuungsmöglichkeiten

Für berufstätige Eltern sind Kinderbetreuungseinrichtungen von besonderer Bedeutung. Leider sind auch auf diesem Gebiet Defizite zu erkennen. In manchen Teilen Österreichs gibt es zu wenig Kindergartenplätze. Die Öffnungszeiten vieler Kindergärten sind oft nicht nach den Bedürfnissen der Eltern gerichtet, viele Kinderstätten sind sogar nur halbtags geöffnet. Probleme ergeben sich außerdem in den Weihnachts-, Oster- und Sommerferien, da zu diesen Zeiten viele Kindergärten geschlossen bleiben (vgl. Gisser et al., 1995). Neben der Betreuung im Kindergarten stehen z. B. die Kinderkrippe, Großeltern, Tagesmütter, Au-pair-Mädchen, „Leihomis“ oder Kindermädchen zur Auswahl. Prinzipiell stellt sich die Frage, ob es sich finanziell rentiert, wenn eine Mutter halbtags einer Erwerbstätigkeit nachgeht, da die Betreuung der Kinder relativ kostspielig ist.

3.4. Die Erwerbsarbeit und ihr Einfluß auf das Familienleben

Die Erwerbsarbeit hat eine fundamentale Bedeutung für die Familie. Sie beeinflußt das Familienleben sowohl direkt als auch indirekt. Das Einkommen der Familie wirkt sich auf die Wohnsituation, ebenso auf die Lebensführung sowie auch auf die Freizeitgestaltung aus. Die Arbeitszeit bestimmt die verfügbare Zeit, die die Familienmitglieder gemeinsam verbringen können. Es ist eine klar belegte Tatsache, daß Frauen mit Kindern signifikant weniger oft erwerbstätig sind als Frauen ohne Kinder (vgl. Beham & Schramm, 1995b). Eine berufliche

Zufriedenheit wirkt sich auf die allgemeine Lebenszufriedenheit und somit auf die familiäre Atmosphäre aus und vice versa (vgl. Petzold, 1999).

3.4.1. Die mütterliche Erwerbstätigkeit

Ob eine Frau einer außerhäuslichen Erwerbstätigkeit nachgeht, hängt unter anderem von der Anzahl und dem Alter der Kinder, vom Bildungsniveau, von der Einstellung des Partners, von den örtlichen Gegebenheiten, den finanziellen Mitteln, den persönlichen Einstellungen usw. ab. Es werden unterschiedliche Motive für eine Erwerbstätigkeit der Frau angegeben. Einerseits leistet die Erwerbsarbeit einen Beitrag zur Sicherung des Lebensunterhaltes und den Erwerb berufsgebundenen Sozialprestiges; andererseits steigt durch die Erwerbsarbeit die Selbstbestätigung, und der Wunsch nach Selbstverwirklichung geht meist in Erfüllung. Auch das Bedürfnis nach sozialen Kontakten und einer abwechslungsreicheren Tätigkeit wird durch eine Arbeit außer Haus gestillt. Als ganz wesentliches Motiv wird die Unabhängigkeit gesehen. Der Wunsch der Mütter, einer Erwerbstätigkeit nachzugehen, ist mit den Jahren angewachsen. Diese Entwicklung geht mit der gestiegenen Bildung der Frauen einher (vgl. Hofer, Klein-Allermann & Noack, 1992, S. 64).

4. Ausschnitt von Lösungsansätzen zu den zuvor genannten Problemfeldern

4.1. Lösungssuche zum Ausbau von Kinderbetreuungsmöglichkeiten

Da es eine Grundvoraussetzung für berufstätige Eltern ist, einen Betreuungsplatz für das Kind zu haben, ist eine flächendeckende Versorgung von Betreuungsplätzen unumgänglich. Lösungsmöglichkeiten:

1) *Elterninitiativen*: Diese unterscheiden sich von herkömmlichen Betreuungseinrichtungen durch eine geringer Anzahl von Kindern in der Gruppe und durch das Mitwirken der Eltern im Tagesablauf und in der Organisation. Finanziert wird die Initiative durch Elternbeiträge.
2) *Tagesmütter bzw. -eltern*: Tagesmütter, die bei einem Verein angestellt sind, sind standardisiert ausgebildet und müssen auch Fortbildungskurse besuchen. Probleme hierbei sind, daß Tagesmütter fast ausschließlich in Ballungszentren zur Verfügung stehen.
3) *Betriebskindergärten*: Die Vorteile sprechen für sich: Durch flexible Öffnungszeiten entsteht keine Hetzjagd beim Hinbringen und beim Abholen. Außerdem sind die Kinder in unmittelbarer Nähe u. a. m.

4.2. Lösungssuche für flexible Arbeitszeitformen:

1) *Teilzeitarbeit*: siehe oben

2) *Gleitzeit*: Hierbei sind der Arbeitsbeginn und das Arbeitsende flexibel gestaltet, jedoch meist mit fixen Kernzeiten. Dies hat zur Folge, daß die tägliche Arbeitszeit von unterschiedlichem Ausmaß sein kann.
3) *Jobsharing*: Beim Jobsharing teilen sich zwei oder mehrere ArbeitnehmerInnen einen oder mehrere Arbeitsplätze. Es wird untereinander ausgemacht, wann und in welchem Ausmaß die KollegIn zum Einsatz kommt. Diese Form der individuellen Arbeitszeitauswahl kommt in Österreich kaum zum Einsatz.
4) *Flexible Jahresarbeitszeit*: Das Ausmaß der Arbeitszeit wird zu Jahresbeginn festgesetzt. Danach wird auf kleinere Teilabschnitte die Arbeitsstunden fixiert. Dieses Modell wäre dann familienfreundlich, wenn Mütter in den Ferien nicht arbeiten müssen (vgl. Beham & Schramm, 1995b) u. a. m.

Brigitte Geissler (1996) meint zur Vereinbarung von Beruf und Familie: „Die Vereinbarung ist kein rein organisatorisches Problem, das durch genügend Kinderbetreuungseinrichtungen oder kürzere Arbeitszeiten gelöst werden könnte, sondern es ist zuallererst ein Problem der *sozialen Leitbilder*, der subjektiven Prioritätensetzung und der Abwägung unterschiedlicher *persönlicher Motive*" (S. 114).

5. Zusammenfassung

Familie und Arbeit sind zwei wichtige Bereiche, die miteinander in Wechselwirkung stehen. Familie und Arbeit zu vereinbaren, wird oft als Problem der Frauen gesehen, es ist jedoch vielmehr ein gesellschaftliches Problem. Es wird daran gearbeitet, Lösungsstrategien zu finden. Um aber eine Veränderung zu bewirken, genügt es nicht, nur organisatorische Probleme zu lösen. Vielmehr muß eine Veränderung im Denken der Familien erfolgen.

6. Gedanken zum Thema

In unserer Zeit ist es gerade für junge Familien schwer, einen Zusammenhalt zu finden. Man könnte die Arbeitswelt und die Familienwelt als zwei Spiralenmodelle sehen, die miteinander in Wechselbeziehung stehen. Die Arbeitswelt befindet sich dabei momentan im Aufschwung. Man denke nur etwa daran, wie sich die Ladenöffnungszeiten verändert haben. Prinzipiell steigen die Anforderungen an den/die ArbeitnehmerIn, welche/r oft aus Angst vor dem Verlust des Arbeitsplatzes die Aufforderung an Mehrarbeit nicht ablehnen kann. All diese Faktoren und noch viele mehr führen dazu, daß sich die Familienwelt (im Spiralenmodell) eher im Abschwung befindet. Obwohl bereits nach Lösungen gesucht wird, um Beruf und Familie harmonisch zu vereinbaren, muß noch viel daran gearbeitet werden.

7. Literatur

Beham, M. & Schramm, B. (1995a). Familie und Arbeit – zwei eindeutig mehrdeutige Begriffe? In Bundesministerium für Unterricht und kulturelle Angelegenheiten (Hrsg.), *Familie und Arbeitswelt* (S. 1-10). Wien: Bundesministerium für Unterricht und kulturelle Angelegenheiten.

Beham, M. & Schramm, B. (1995b). Familie und Beruf – eine ungleiche Wechselbeziehung? In Bundesministerium für Unterricht und kulturelle Angelegenheiten (Hrsg.), *Familie und Arbeitswelt* (S. 57-81). Wien: Bundesministerium für Unterricht und kulturelle Angelegenheiten.

Geissler, B. (1996). Arbeitswelt, Familie und Lebenslauf – Das Vereinbarungsdilemma und der Wandel im Geschlechterverhältnis. In H. Lipinski & L. A. Vaskovics (Hrsg.), *Familiale Lebenswelten und Bildungsarbeit (1)* (S. 111-152). Opladen: Leske + Budrich.

Gisser, R., Holzer, W., Münz, R. & Nebenführ, E. (1995). *Familie und Familienpolitik in Österreich. Wissen, Einstellungen, offene Wünsche internationaler Vergleich.* Wien Bundesministerium für Jugend und Familie.

Hofer, M., Klein-Allermann, E. & Noack, P. (1992). *Familienbeziehungen. Eltern und Kind in der Entwicklung.* Göttingen: Hogrefe.

Petzold, M. (1999). *Entwicklung und Erziehung in der Familie.* Baltmannsweiler: Schneider.

20. Familienpolitik

Silke Oswald

1. Einleitung

Die Aufgabe der Familienpolitik ist es, Rahmenbedingungen für ein befriedigendes Funktionieren der Familien zu schaffen, das heißt, sie soll die Familienbildung materiell und institutionell begünstigen, ohne eine bestimmte Lebensform zu forcieren. Sie soll die volle Leistungsentfaltung der Familie ermöglichen und zu einem Lastenausgleich zwischen kinderbetreuenden und kinderlosen Haushalten beitragen. Dies geschieht zum Teil durch monetäre Leistungen, die einerseits einen Anreiz zum zu Hause bleiben, andererseits aber auch eine Motivation für eine spätere Berufstätigkeit darstellen.
Der Familie muß ein besonderer Stellenwert beigemessen werden, da sie eine persönlichkeitsprägende und somit gesellschaftsbildende Rolle hat. Sie trägt zur Entwicklung des moralischen Urteils bei und ist ein wichtiger Sozialisationsfaktor. Sie darf jedoch nicht isoliert betrachtet werden, sondern nur im Zusammenhang mit anderen, ebenso wichtigen Sozialisationsträgern, wie z. B. der Schule.
Die Kleingruppenhaftigkeit, Intimität und emotionale Nähe kann eine besonders günstige Strukturbedingung darstellen; jedoch muß man sich auch bewußt sein, daß in manchen Familien krisenanfällige Bedingungen vorgefunden werden, weshalb die einzelnen Mitglieder dieser Familien möglicherweise nicht ihr Entwicklungspotential voll ausschöpfen können. Diese Schwachstellen können verschiedene Ursachen haben:

- familienformspezifische: z. B. Ein-Eltern-Familien, Einzelkindfamilien, nichteheliche Familien;
- familienindividuelle: z. B. Schwachstellen in familialen Binnenstrukturen, wie eine fehlende partnerschaftliche Elternbeziehung bis hin zu Gewaltphänomenen in der Familie.

Es können aber auch Probleme der Familie mit Außenbeziehungen auftreten, z. B. besonders nach außen verschlossene Familien. Alle diese Probleme können natürlich nicht nur alleine, sondern auch kummuliert auftreten. Leistungsbehinderungen durch äußere Umstände wären z. B. die Einkommenslage oder die Wohnungssituation (vgl. Abbildung 1).

Schaubild 1: Schematische Darstellung der Wirkungszusammenhänge für den Beitrag der Familie zur Sozialisation des Kindes

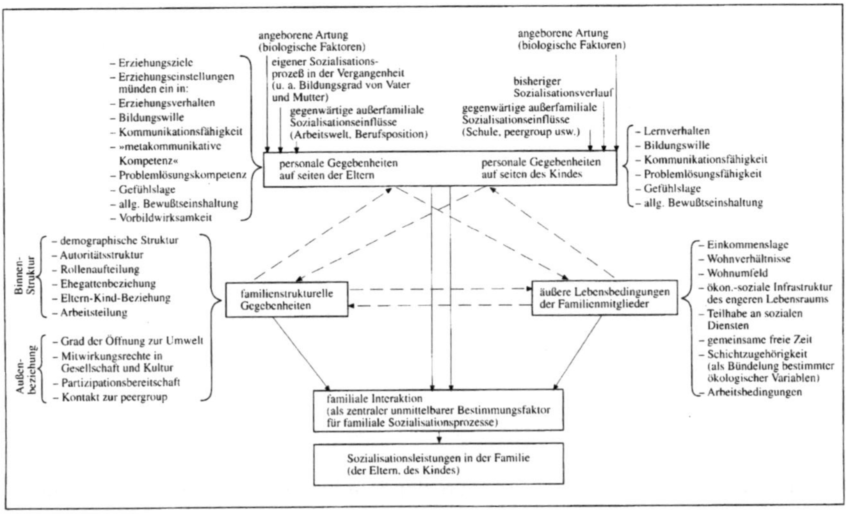

Quelle: M. Wingen (Anm. 17), S. 285; ursprünglich ders., Sozialisationsbedingungen von Kindern in der Familie als politisches Problem, in: Politisches und soziales Lernen im Grundschulalter, Bonn 1978, S. 24.

Abbildung 1: Schematische Darstellung der Wirkungszusammenhänge für den Beitrag der Familie zur Sozialisation des Kindes (Wingen, 1997, S. 50).

Die (für Deutschland formulierten, aber auch auf Österreich übertragbaren) Grundziele der Familienpolitik lauten folgendermaßen:

1) Förderung von gesellschaftsordnungskonformen familialen Binnenstrukturen;
2) öffentliche Rücksichtnahme auf die Eigenständigkeit der gesellschaftsoffenen Familie im Außenverhältnis;
3) Absicherung eines familiengemäßen Einkommens;
4) Sicherstellung eines familiengerechten Wohnens;
5) Gewährleistung einer familienbezogenen Bildung und Beratung sowie Bereitstellung familienergänzender sozialer Dienste und somit einer familienbezogenen sozialen Infrastruktur;
6) Sicherung eines Mindestmaßes an gemeinsamer freier Zeit für familiales Zusammenleben;
7) Gesetzlicher Schutz und öffentliche Wertschätzung der gesellschaftlichen Institutionen Familie und Ehe sowie des ungeborenen Lebens.

2. Instrumente der Familienpolitik:

1) *Transfereinkommen:*
   - laufende: Familienbeihilfe, je nach Alter des Kindes gestaffelt;
   - ereignisbezogene: Geburtenbeihilfe, Wochengeld, Karenzurlaubsgeld, Betriebshilfe für Selbstständige;
   - zielgruppenspezifische: erhöhte Familienbeihilfe für erheblich behinderte Kinder, erhöhtes Karenzurlaubsgeld und Sondernotstandshilfe vor allem für AlleinerzieherInnen von kleinen Kindern, staatlicher Unterhaltsvorschuß, Familienhärteausgleich;

2) *Erwerbseinkommen:*
   - Umverteilung durch verschiedene Besteuerung, einerseits für Eltern überhaupt, andererseits auf spezifische Lebenslagen bezogen (z. B. für AlleinverdienerInnen);

3) *Versicherungsschutz:*
   - beitragslose Mitversicherung von Angehörigen in der Krankenversicherung (gesetzliche Änderungen werden sind in Diskussion);
   - Berücksichtigung von Zeiten der Kindererziehung in der Alterssicherung der Frauen;
   - Unfallversicherung von SchülerInnen und StudentInnen bei Schul- und schulbezogenen Veranstaltungen;
   - Berücksichtigung der familiären Situation bei einer Reihe von Transferzahlungen;

4) *Arbeitsrechtliche Ansprüche:*
   - Kündigungsschutz für Schwangere, Frauen im Mutterschutz und im Karenzurlaub;
   - Anspruch auf Karenzurlaub und Pflegefreistellung;

5) *Sozialrechtliche Ansprüche:*
   - Berücksichtigung der familiären Situation im sozialen Wohnbau und bei der Wohnbauförderung;
   - Berücksichtigung der familiären Situation bei der Bemessung von Sozialhilfe;
   - Familienhärteausgleich;

6) *Infrastruktur- und Sachleistungen:*
   - unentgeltliche Versorgung von Schwangeren, Müttern und Kleinkindern;
   - Beratungsdienste;
   - institutionelle Kinderbetreuung;

7) *Leistungen für Schüler, Lehrlinge und Studenten:*
   - unentgeltlicher Besuch aller öffentlichen Schulen und Hochschulen;
   - Schülerförderung;
   - Familientarife bei öffentlichen Verkehrsmitteln und anderen öffentlichen Einrichtungen (Gisser, Holzer, Münz & Nebenführ, 1995, S. 115-116).

Ziel der Familienpolitik ist es außerdem, eine familienfreundliche Arbeits- und Umwelt zu gewährleisten. Zur Förderung der besseren Vereinbarkeit von Familie und Beruf wurde ein jährlicher Wettbewerb eingeführt. Im Rahmen dieses Wettbewerbs („Taten statt Worte") werden in jedem Jahr vorbildhafte Versuche einzelner Unternehmen ausgezeichnet. Dadurch sollen auch andere Unternehmen motiviert werden, die *Arbeitswelt familiengerechter* zu gestalten. Außerdem erscheint es besonders wichtig, daß Frauen auch in höheren Positionen eingestellt werden, da Mütter oft die besseren Manager sind. Als „Haushaltsprofi" verfügen sie über Organisationstalent, sind gewohnt, Risiken einzugehen und Enttäuschungen hinzunehmen – Fähigkeiten, die auch in der Berufswelt verlangt werden. Überdies haben Mütter in der Regel praktische „Personalführung" schon zu Hause geübt und praktische Fähigkeiten, wie Entscheidungsfähigkeit, Konfliktkompetenz, Motivationsfähigkeit und Einfühlungsvermögen schon in der Familie erworben (vgl. Gisser et al., 1995).
Daneben sollen *verkehrsberuhigte Zonen* und Spielstraßen in den Städten die Probleme, die durch zu wenige Spielplätze und durch zu wenig Natur entstehen, mindern und spielende Kinder schützen.
In Österreich gibt es ca. 280 öffentlich geförderte *Familienberatungsstellen* und ca. 40 von privaten Trägern betriebene Frauenberatungsstellen. Diese sollen u. a. helfen, die Zahl der ungeplanten Schwangerschaften zu reduzieren und individuelle Familienplanung zu fördern. Jedoch haben 9 von 10 Befragten noch nie eine dieser Stellen aufgesucht (92 %). 4 % haben diese Einrichtungen schon einmal in Anspruch genommen, weitere 4 % geben an, eine solche Einrichtung nicht zu kennen. Am ehesten werden Familienberatungsstellen von alleinerziehenden Müttern und von BewohnerInnen der größeren Landeshauptstädte und Wiens in Anspruch genommen (Gisser et al., 1995).

3. Einstellungen zur sozialpolitischen Verantwortung des Staates

84 % der ÖsterreicherInnen sind der Meinung, der Staat habe die Aufgabe, den Frauen die Vereinbarkeit von Beruf und Kindererziehung zu erleichtern. Von Frauen wird dies stärker gefordert, besonders von Alleinerzieherinnen und Teilzeitbeschäftigten. Eine etwas kleinere Gruppe fordert die Förderung der Frauenerwerbstätigkeit sowie Maßnahmen zur Förderung der stärkeren Beteiligung der

Väter an der Kindererziehung. Jüngere Frauen und Männer sind häufiger der Ansicht, der Staat hätte dafür zu sorgen, daß Männer ihren Kindern mehr Zeit widmen können. Die Einstellung der Befragten ist unter anderem auch von der Parteizugehörigkeit abhängig. SPÖ-SympathisantInnen schreiben dem Staat mehr Verantwortung zu. Personen, die den Grünen nahestehen, setzen sich eher für eine stärkere Beteiligung der Männer an der Kindererziehung ein. Sowohl ÖVP, als auch FPÖ und Grüne sehen in der Altersvorsorge und in der Arbeitsplatzbeschaffung eine der wichtigsten Aufgaben des Staates (Gisser et al., 1995).

3.1 Ausweitung familienpolitischer Maßnahmen

Bei einer Befragung über die Ausweitung familienpolitischer Maßnahmen wurden Personen gebeten, ihre Wünsche in konkreten Maßnahmen zu formulieren (s. Gisser et al., 1995). Die erwünschten Maßnahmen kann man in finanzielle, erwerbsbezogene Wünsche, solche, die die Kinderbetreuung und solche, die die Wohnsituation betreffen, unterteilen (s. Abb. 2). Als erstes nennen die ÖsterreicherInnen den Wunsch, daß die Familienbeihilfe vom Einkommen der Familie abhängen soll. Dieser Wunsch ist von folgenden gefolgt: Verbesserung der Wohnsituation für Leute mit Kindern, flexiblere Arbeitszeiten, Erhöhung der Familienbeihilfe um 100 ÖS (7.27 Euro) pro Monat, Steuererleichterung für Eltern von minderjährigen Kindern, längere Karenzurlaube, Teilzeitarbeit, Erziehungsgeld im Anschluß an Karenz für Mütter oder Väter, die ihre Erwerbstätigkeit aufgeben usw. (s. Abb. 2). Bei den Wünschen, die die Kinderbetreuung betreffen, werden vor allem bessere Betreuungseinrichtungen für Kinder zwischen 3 und 6 Jahren, für Kinder bis zu 3 Jahren und für Kinder nach der Schule und während der Ferien gefordert (Abb. 2).

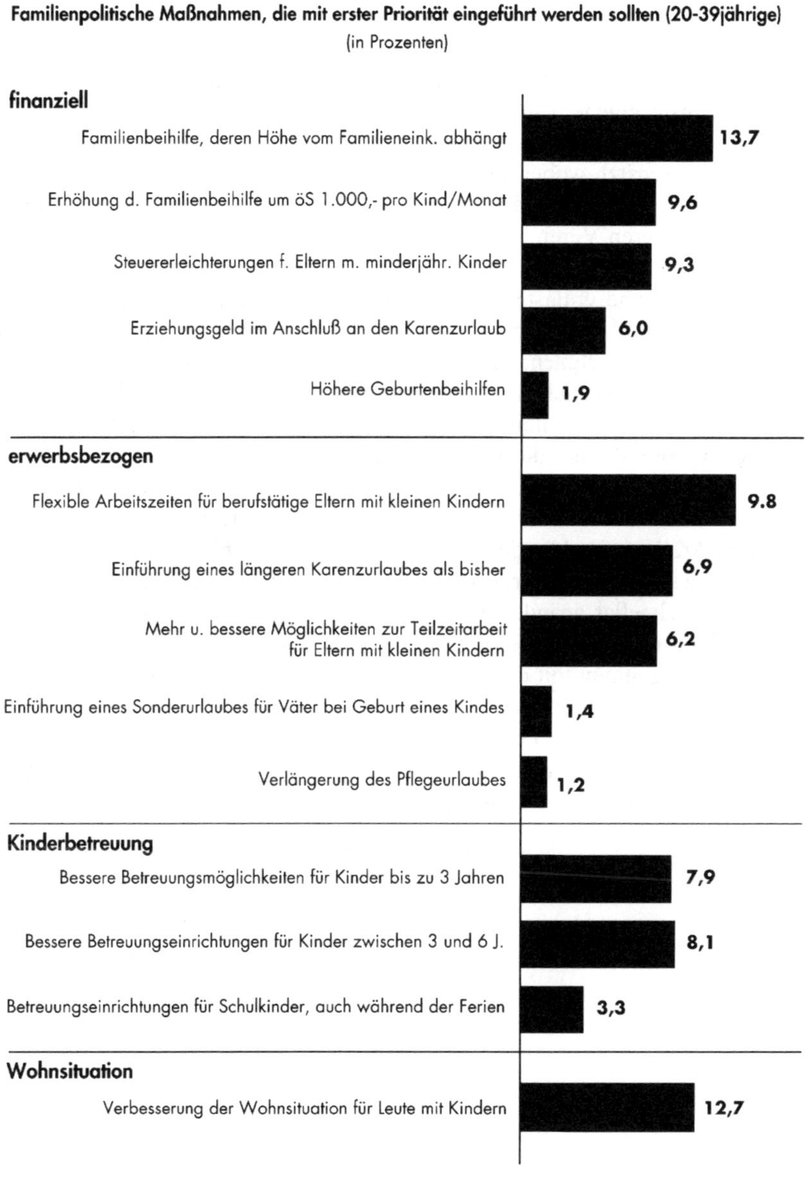

Abbildung 2: Familienpolitische Maßnahmen, die mit erster Priorität eingeführt werden sollten (vgl. Gisser, Holzer, Münz & Nebenführ, 1995, S. 143).

Da, wie oben gezeigt, von den Familien vor allem finanzielle Hilfe vom Staat gefordert wird, stellt sich nun die Frage, was ein Kind tatsächlich kostet. Eine Studie zu den geschätzten monatlichen Kosten eines Kindes im Schulalter bzw. für das jüngste eigene Kind zeigt, daß die Mehrzahl der Paare mit Kindern (nämlich ungefähr 43 %) die Kosten auf ca. 2000 bis 3000 ÖS (145.35 bis 218.02 Euro) schätzt, wobei im allgemeinen gilt: Je älter die Kinder, desto höher sind die monatlich anfallenden Kosten. Der oben erwähnte Wunsch der Frauen nach einer besseren Vereinbarkeit von Beruf und Familie ist leider sehr schwer verwirklichbar. Außerdem wäre es dabei auch wichtig, daß die Männer die Frauen unterstützen und entlasten. Viele Studien zeigen aber, daß der Alltag ganz anders aussieht und daß Männer in vielen Bereichen nicht dazu bereit sind, Verantwortung zu übernehmen: In Familien, in denen beide Partner einer bezahlten Arbeit nachgehen, verrichten Frauen trotzdem den Großteil der Hausarbeit und sie sind auch meistens allein für die Kinderbetreuung verantwortlich (s. Kap. 19). Obwohl die Männer die Erwerbstätigkeit von Frauen größtenteils akzeptieren (ca. 90 % der Männer), werden die anfallenden Tätigkeiten nicht gerecht aufgeteilt. Wenn die Kinder krank sind, ist es meist die Mutter, die einen Arzt bzw. eine Ärztin aufsucht, oder bei dem Kind zu Hause bleibt. Es zeigt sich also, daß der Wunsch und die Bereitschaft der Frauen einer bezahlten Arbeit nachzugehen, sich schneller geändert hat als die Bereitschaft der Männer im Haushalt mitzuarbeiten und deren Zeitaufwand im gemeinsamen Haushalt. Das Ausmaß der Mitwirkung nimmt mit dem Bildungsgrad des Mannes und mit dem Ansehen der beruflichen Stellung der Frau zu; mit der Dauer der Ehe, der Anzahl der Kinder und dem traditionellen Rollenbild der Frau ist es negativ korreliert.
Aus Abbildung 3 kann man erkennen, wie sich die ÖsterreicherInnen ihre Arbeitszeit am liebsten einteilen würden.

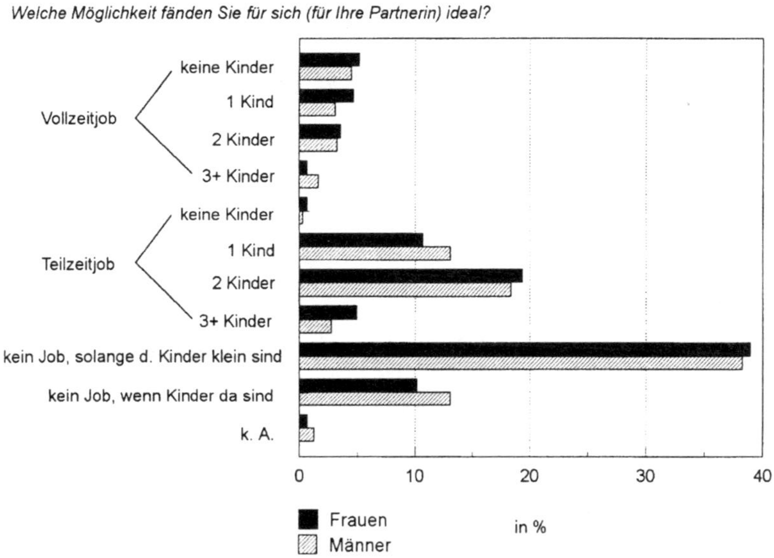

Abbildung 3: Ideale Formen der Erwerbstätigkeit (Gisser, Holzer, Münz & Nebenführ, 1995, S. 73).

4. Zusammenfassung und Gedanken zum Thema

Die familienpolitischen Rahmenbedingungen stellen sich in Österreich, auch im internationalen Vergleich, relativ gut dar, was nicht bedeutet, daß sie nicht verbesserungs- und ausbaufähig wären, wie auch eine empirische Befragung ergab. Mehrere familienpolitische Maßnahmen (Karenzregelungen, Kinderbetreuungsscheck, Familienbesteuerung usw.) werden zur Zeit, 2000, lebhaft diskutiert, sowohl in der breiten Bevölkerung wie auch auf legislativer Ebene. Dies unterstreicht, daß Familie bzw. Familienpolitik ein sehr emotionales Thema ist, welches sehr viel und sehr viele bewegt.

5. Literatur

Gisser, R., Holzer, W., Münz, R. & Nebenführ, E. (1995). *Familie und Familienpolitik in Österreich.* Wien: Bundesministerium für Umwelt, Jugend und Familie.

Wingen, M. (1997). *Familienpolitik.* Bonn: Bundeszentrale für politische Bildung.

21. Familie in verschiedenen Kulturen / Ostasien, Afrika

Tanja Otte

1. Einleitung

Diese Arbeit beschäftigt sich mit dem Vergleich dreier verschiedener Kulturen in Hinblick auf die Besonderheiten der Familienstruktur. Diese Besonderheiten werden unter dem Kontext der Geschichte, Tradition oder der gegenwärtigen sozioökonomischen Lage des Landes betrachtet. Auch wenn immer nur bestimmte Aspekte des menschlichen Handelns untersucht werden können, müssen diese in Zusammenhang mit anderen Merkmalen und vor allem unter Betrachtung des jeweiligen Kontextes gedeutet werden, dies ist besonders bei kulturvergleichenden Studien zu beachten. Auch wenn ohne Zweifel in der jeweiligen Kultur relativ gefestigte Familienbilder und Traditionen bestehen, können diese durch äußere Bedingungen sozialer, wirtschaftlicher oder politischer Art einem Wandel unterworfen sein.

2. Japan

2.1. Geschichte und Tradition

Japan hat eine konfuzianisch, buddhistisch und shintoistisch geprägte Geschichte. Ungefähr im 5. Jahrhundert entstand die konfuzianisch geprägte patriarchalische Familienstruktur. Bis heute gibt es Einflüsse der konfuzianischen Tradition, deren Grundprinzipien Paternalismus, Loyalität, Seniorität, Disziplin, Leistung und Über- bzw. Unterordnung sind (vgl. z. B. Neuss-Kanecko, 1990).
In der *Tokugawa-Zeit* (1600-1868), der Zeit der Abschließung vom Westen, wurde die Familie („ie“) zur Grundform der idealen Gemeinschaft. Staat und Familie („ie“) hatten die gleiche Struktur (Trommsdorf, 1997, S. 45). Im japanischen „ie“ hatte der Hausvorstand die Pflicht, die Genealogie der Ahnen und damit die Kontinuität des Hauses durch einen leiblichen oder adoptierten Erben sicherzustellen, der den Namen des Hauses weiterführt. Die Frau wurde in dieser Zeit sowohl rechtlich als auch ideologisch diskriminiert. Die Stellung von Mann und Frau wird bis heute durch die Yin – Yang Symbolik charakterisiert. Der

Mann wird durch das entschlossene und starke Yangprinzip verkörpert, die Frau durch das passive und schwache Yinprinzip, beides ergänzt sich zu einer Einheit, aber die Frau bleibt stets das schwache und untergeordnete Geschlecht. Ihre Schwäche muß sie durch besondere Anstrengung und Selbstverzicht wettmachen. In der *Meiji-Epoche* (1868-1912), in der weiterhin das „ie“ System galt, verstärkte sich einerseits das konfuzianische System, und andererseits wurden bereits Merkmale der westlichen Gesellschaftsordnung übernommen. Frauen partizipierten zunehmend am westlich orientierten Bildungssystem. In der anschließenden Taisho (1912-1941) und in der frühen Showa-Zeit (1926-1941) gewann immer mehr die Ideologie der Gemeinsamkeit von Familie und Staat an Bedeutung und verband sich mit dem japanischen Nationalismus. 1946 wurde das „ie“-System offiziell aufgelöst, das „ie“-Denken ist aber nach wie vor in der Gesellschaft verwurzelt. Die Besonderheiten der japanischen Kultur muß man als „Außenstehender“ in Hinblick auf die konfuzianische Tradition betrachten.

2.2. Das heutige Japan

Japan hat die höchste Lebenserwartung der Welt. Die Geburtenziffer ist von 4.11 im Jahre 1940 auf 1.46 im Jahr 1992 gesunken. Die Zahl der Großfamilien ist zurückgegangen. Dies hat ähnliche Ursachen wie in anderen westlichen Industriestaaten, nämlich vor allem wirtschaftliche Faktoren. Weiters ist das durchschnittliche Einkommen der Frauen fast um die Hälfte niedriger als das der Männer. Diese Fakten ähneln jenen anderer westlicher Industriestaaten, jedoch gibt es Besonderheiten in bezug auf das Familienleben. In Japan herrscht großer sozialer Druck, eine Ehe einzugehen und aufrechtzuerhalten, außerdem gibt es wenig Scheidungen und kaum alleinerziehende Eltern. Die intakte Familie hat einen hohen Wert und die ideale Rolle der Frau ist die der Mutter und Hausfrau; hinzu kommt eine große Verantwortung für den Schulerfolg der Kinder. Es herrscht großer Leistungsdruck, schon die Wahl des richtigen Kindergartens, richtig im Hinblick auf die schon in frühen Jahren beginnende Schullaufbahn, spielt eine große Rolle. Besonders auffallend ist die hohe Vaterabwesenheit, verglichen mit anderen Ländern verbringen japanische Väter sehr wenig Zeit mit ihren Kindern. Sie arbeiten im Durchschnitt 50 Stunden pro Woche, und es besteht somit eine höhere wirtschaftliche als erzieherische Bedeutung des Vaters.

2.3. Die Eltern-Kind-Beziehung

Ohne Zweifel stehen die Kinder im Mittelpunkt der japanischen Familie. Die Rolle des Vaters ist nur mäßig erforscht, die Beziehung des Kindes zur Mutter ist hingegen durch zahlreiche empirische Untersuchungen gut dokumentiert. Letztere wird als enge Symbiose charakterisiert, die schon in den ersten Lebensmonaten durch ständigen physischen Kontakt aufgebaut wird. Dazu gehört unter anderem das gemeinsame Schlafen (bis ungefähr zum 6. Lebensjahr) und das Tragen des Kindes auf dem Rücken. Die Trennung von der Mutter als Schlafpartnerin kann ein frustrierendes Ereignis für das Kind sein. Die bekannten Studien von Caudill und Schooler (1973) sowie Caudill und Weinstein (1986, zitiert nach Trommsdorf, 1997, S. 50) beschreiben, wie emotional und eng die Mutter-Kind-Beziehung in Japan ist, und wie es die japanische Mutter versteht, sensibel auf die Bedürfnisse ihres Kindes einzugehen. Außerdem belegen kulturvergleichende Studien gewisse Unterschiede in den Erziehungsbedingungen zwischen japanischen und amerikanischen Jugendlichen. Deutsche Jugendliche erleben Gehorsamsforderungen ihrer Eltern als willkürliche Eingriffe in die eigene Entscheidungsfreiheit und Selbständigkeit, japanische Jugendliche hingegen erleben Gehorsamsforderung als Zuwendung ihrer Eltern. Japanische Jugendliche haben eine hohe Autoritätsakzeptanz ihren Eltern gegenüber. Die Eltern-Kind-Beziehung in Japan ist nach verschiedenen Datenquellen deutlich harmonischer als bei deutschen Stichproben.

2.4. Erziehungsstile und Verhalten

Zu Beginn der Meiji-Epoche lassen sich nach Kojima (1990, zitiert nach Trommsdorf, 1997) folgende *Merkmale der Kindererziehung* feststellen:

- *Erziehungstheorien* über die Natur des Kindes und seine Entwicklung: Kinder sind von Natur aus gut; sie sind einander sehr ähnlich und werden erst durch Umwelteinflüsse verschieden; Kinder lernen durch Imitation von Modellen und werden durch frühe Erfahrungen geprägt.
- *Erziehungsziele*: Als grundlegende Werte gelten zum einen die Fähigkeit durch entsprechende Anpassungen harmonische Sozialbeziehungen innerhalb der Eigengruppe aufzubauen, und zum andern, den eigenen Platz in der Gesellschaft zu kennen und pflichtbewußt die entsprechenden Aufgaben zu erfüllen.
- *Erziehungsmethoden*: Elterliche Responsivität und Kindorientierung galten als förderlich; von Überstimulation und Überbehütung wurde abgeraten. Als wichtig bei der Übernahme der Erziehungsstile durch das Kind wurde deren Akzeptanz durch und Verständlichkeit für das Kind betont (vgl. Trommsdorf, 1997, S. 51-52).

2.5. Erziehung heute, ein Vergleich von Deutschen und japanischen Müttern

Für japanische Mütter ist das Modellernen wichtiger als die aktive Beeinflussung. Durchsetzen wird als negatives Erziehungsziel angesehen, und Sanktionen sind eher selten. Japanische Mütter sind in Konfliktsituationen eher bereit, nachzugeben, sie empfinden eine Konfliktsituation nicht als frustrierend, da sie die Einstellung haben, daß das Kind Teil der Mutter und noch unreif ist. Also üben sie sich in Geduld und Toleranz. Im Gegensatz dazu sieht die deutsche Mutter ihr Kind eher als eigenständigen Partner, mit eigenem Willen, und sie reagiert in Konfliktsituationen eher vorwurfsvoll und verärgert. In bezug auf Erziehungsziele unterscheiden sich japanische und deutsche Mütter ebenfalls: japanische im Vergleich zu deutschen Müttern legen mehr Wert auf Kooperation, prosoziales Verhalten, auf Nachgiebigkeit sowie auf Rücksichtnahme und Empathie.

3. China

3.1. Traditionelle Partnerwahl in China

Die traditionelle Partnerwahl in China ist die von den Eltern arrangierte Ehe. Im Prozeß der Partnerwahl spielen familiale Netzwerke, vor allem Verwandte und Freunde, Nachbarn und Heiratsvermittler eine große Rolle. Hauptzweck der Ehe ist die Zeugung von Nachkommen. Die Ehe dient der Sicherung der Kontinuität der Familie und der Verehrung der Ahnen, nicht dem Glück des jungen Ehepaares. Oft findet die erste Begegnung der Brautleute erst am Tag der Heirat statt (vgl. Yi & Hsiung, 1997, S. 25).

3.2. Gegenwärtige Praxis der Partnerwahl

Heute geht die Tendenz immer mehr in Richtung freie, persönliche Partnerwahl. Seit 1950 gibt es ein Eherecht, das die freie Wahl eines Ehepartners unter Ausschluß von Einflußnahme oder Zwang durch dritte Personen garantiert. Die Eheschließung soll also zu einer persönlichen statt zu einer familiären Angelegenheit werden. Andererseits zeigt die vorherrschende Praxis des Einsatzes von Heiratsvermittlern, daß traditionelle Muster der Partnerwahl und Eheschließung nach wie vor weit verbreitet sind. Bei Studien, die Mechanismen untersuchen, welche die Partnerwahl beeinflussen, ist vor allem die Bedeutung von Homogamie im Gegensatz zu Heterogamie bei Paarbildungsprozessen von großem Interesse. Folgende strukturelle Indikatoren sind für eine homogame Eheschließung von Bedeutung: Lebensalter, Wohnort, Zugehörigkeit zu einer bestimmten sozialen Schicht, Religion, Bildung und ethnische Zugehörigkeit. Untersuchungen in der westlichen Welt zeigen eine Tendenz zur homogamen Partnerwahl, vor allem hinsichtlich des sozialen Hintergrunds, dies entspricht dem chinesischen Ideal, nämlich der Gleichheit der Partner nach Herkunft und Ansehen (Yi & Hsiung, 1997).

4. Afrika

4.1. Bevölkerungswachstum und Fertilität

Die Wachstumsrate der südlich der Sahara lebenden Bevölkerung hat sich seit den 50er-Jahren ständig erhöht. Dies ist das Ergebnis eines kombinierten Effekts folgender Faktoren (Lesthaeghe & Jolly, 1997, S. 85-86):

- stetiger Rückgang der Mortalität;
- nachhaltiges Wachstum der Fertilität;
- Verjüngung der Altersstruktur; das durchschnittliche Alter fiel in Ostafrika zwischen 1950 und 1990 von 18.1 auf 16.4.

Die Kombination der steigenden Lebenserwartung mit der extrem jungen Alterszusammensetzung verursachte einen rapiden Rückgang in der allgemeinen Sterberate. Diese Entwicklung zeigt, daß zur langfristigen Wiederherstellung des Gleichgewichts primär die Fertilität reduziert werden müßte. In den 80er-Jahren gab es schlechte sozioökonomische Voraussetzungen für einen Rückgang der Fertilität. Nach letzten demographischen Umfragen wurden in verschiedenen Regionen durch verstärkte Nutzung von modernen Verhütungsmittel zurückgehende Fertilitätsraten erreicht. Studien konnten einen Zusammenhang zwischen dem Kenntnisstand und dem Gebrauch moderner Verhütungsmittel nachweisen. Jedoch bleibt der Anteil der Frauen, die moderne Verhütungsmittel verwenden, unter 10 %, solange weniger als 80 % der Frauen in der Region eine der Methoden kennen. Das heißt, daß nur ab einem sehr hohen Erkenntnisstand die Nutzung expandiert. Weiters ist die Schuldauer ein Indikator für die Nutzung von Verhütungsmitteln. Bei einer Schuldauer unter 4 Jahren ist in praktisch keiner Region der Anteil des Gebrauchs höher als 10 %. Einerseits ist es allgemein bekannt, daß das weibliche Bildungsniveau sowohl auf individueller wie auf regionaler Ebene einen bedeutenden Einfluß auf die Verwendung von Verhütungsmitteln hat, andererseits gehen öffentliche Ausgaben für Bildung und Gesundheit und Einschulungsraten zurück (Lesthaeghe & Jolly, 1997).

4.2. Aka-Pygmäen – die Reziprozität der Ehepartner und die Vater-Kindbeziehung

Aka leben als Jäger, Sammler und Händler in den tropischen Regenwäldern der zentralafrikanischen Republik und im Norden der Volksrepublik Kongo. Sie verbringen 80 % ihrer Zeit mit Jagen und Sammeln. Sie sind aber keine reinen Jäger und Sammler, denn 50 % ihrer Nahrung bestehen aus Erzeugnissen der Bauern im Dorf, mit denen sie Handelsbeziehungen haben. Die durchschnittliche Größe eines Aka-Lagers beträgt 25-30 Personen. Fertilität und Mortalität sind hoch. Die Netzjagd ist die am weitesten verbreitete Art der Nahrungsgewinnung.

Die ganze Familie geht zusammen auf Netzjagd, und jedes Familienmitglied hat dabei eine bestimmte Aufgabe. Grundwerte der Aka sind: Kooperation, Teilen mit anderen, Gewaltlosigkeit und Autonomie.
„Aka-Väter halten sich häufiger in der Nähe ihrer Kleinkinder auf und sind auch häufiger direkt in ihre Betreuung involviert als Väter irgendeiner anderen bekannten menschlichen Gesellschaft" (Hewlett, 1997, S. 105). Während eines 24Stunden Tages sind Aka-Väter für mehr als 50 % der Zeit nur eine Armeslänge von ihrem Kleinkind entfernt, außerdem halten sie ihre Kleinkinder fünf Mal häufiger im Arm als Väter in anderen Kulturen. Zu diesem Verhalten gibt es verschiedene Hypothesen. PsychologInnen meinen, daß die eheliche Beziehung und die Beziehung zwischen Eltern und Kind miteinander in Zusammenhang stehen. Hier spricht man von einem *emotionalen Übertragungseffekt:* Wenn die Beziehung zwischen Ehemann und Ehefrau von emotionaler Wärme und Nähe gekennzeichnet ist, überträgt sich das auf die Beziehung zwischen Elternteil und Kind. In bezug auf die Aka gibt es nun folgende Hypothese: Das Ausmaß der väterlichen Beteiligung ist um so stärker, je größer die Anzahl unterschiedlicher Aktivitäten ist, bei denen die Eltern kooperieren und je häufiger diese Aktivitäten sind. Die Aka haben tatsächlich viele gemeinsame Aktivitäten wie die Jagd, singen, tanzen und vieles mehr. Die Ehepartner teilen also sehr viel miteinander und die Kinderbetreuung ist Teil der Reziprozität zwischen ihnen. Die Theorie dazu ist die des r*eziproken Altruismus*, manchmal auch als „Wie-Du-mir-so-ich-dir-Strategie" bezeichnet. Schlüsselbegriff dieser Theorie ist nicht emotionale Nähe oder physische Anziehung, sondern Interaktionshäufigkeit und Erwartung einer Gegenleistung. Der reziproke Altruismus impliziert, daß eine Zunahme der Interaktionshäufigkeit größere Nähe zwischen den Individuen schafft. Es gibt quantitative Daten zur Häufigkeit der Interaktionen zwischen den Ehepartnern. Diesen Daten liegen Verhaltensbeobachtungen von Aka-Vätern im Rahmen einer Vater-Kind-Studie zugrunde (Hewlett, 1991, zitiert nach Hewlett, 1997). Es handelt sich dabei um eine sehr kleine Stichprobe. 15 Väter wurden währen 12 Tagesstunden beobachtet, wobei die örtliche Entfernung zwischen Vater, Mutter und Kind von Interesse war. *Ergebnis:* Die Ehepartner halten sich zu 72 % des Zeitraums von 24 Stunden in gegenseitiger Sichtweite auf. Die Ehefrau ist 10 % der Tagesstunden nicht weiter als 1 Meter von ihrem Mann entfernt. Weiters ist die Ehefrau zu 17.8 % der Tagesstunden die Person, die sich in der größten räumlichen Nähe zum Vater befindet. Außerdem gibt es eine statistische Signifikanz für den Zusammenhang zwischen dem Halten des Kindes durch den Vater und dem Zeitraum, in dem sich die Mutter nicht weiter als einen Meter vom Vater entfernt aufhält. Insgesamt entsprechen die wenigen Daten der Hypothese, daß das Ausmaß der Beteiligung des Vaters an der Kinderbetreuung wächst, wenn die Zeit, die die Ehepartner gemeinsam verbringen, zunimmt. Die Reziprozität zwischen den Ehepartnern ist wahrscheinlich der Hauptgrund für die starke Beteiligung der Väter an der Kinderbetreuung. Die Ehepartner unter-

stützen sich bei den verschiedensten Tätigkeiten, und sie wissen, daß eine hohe Wahrscheinlichkeit besteht, daß für die Hilfeleistung eine Gegenleistung geboten wird. Eine andere Hypothese stammt von Smuts und Gubernicks (1992, zitiert nach Hewlett, 1997), die meinen, daß Kinderbetreuung durch Männer auch im Zusammenhang mit Werbungsverhalten gesehen werden kann. Aka-Väter, die keine großen verwandtschaftlichen Ressourcen haben, zeigen eine größere Beteiligung an der Kinderbetreuung. Es wird vermutet, daß diese Väter deshalb eher zur Kinderbetreuung bereit sind, weil sie die Ehe erhalten wollen. Außerdem ist die Kinderbetreuung durch Männer Bestandteil des Alltagslebens bei den Aka, und die Frauen neigen dazu, einen Mann zu wählen, der dazu in der Öffentlichkeit auch große Bereitschaft zeigt. Deshalb verschaffen sich Männer einen Vorteil (nämlich die Möglichkeit zu einer außerehelichen Beziehung oder die Möglichkeit, eine neue Frau zu finden), wenn sie ein solches Verhalten öffentlich zeigen (Hewlett, 1997).

4.3. Maasai oder das „Hirtenvolk der Grassavanne“

Maasai leben in Kenia und Tansanien als Rinderzüchter. Ihr ganzes Leben dreht sich um das Wohl der Rinderherden, sie sind sehr religiös und überzeugt, daß alle Rinder der Erde ihnen gehören (von Gott geschenkt). Rinder und Kinder sind das wichtigste in ihrem Leben, beides bedeutet Reichtum. Brauchtum und Traditionen kennzeichnen die Lebensart der Maasai.

4.3.1. Das Familienleben der Maasai

Maasaimütter und ihre Babys haben eine liebevolle Beziehung mit viel körperlichem Kontakt. Die Väter verbringen viel Zeit mit ihren Kindern und kümmern sich auch um die Babys. In der Erziehung wird besonders viel Wert auf Respekt gegenüber Erwachsenen gelegt. Die Kinder sollen alle erwachsenen Männer „Vater“ und die Frauen „ Mutter“ nennen. Meistens sind die Eltern in der Nähe ihrer Kinder, wenn das nicht der Fall ist, gibt es immer andere Erwachsene, die auf das Kind aufpassen, die Kinder haben folglich mehrere Bezugspersonen.
Mit 14-16 Jahren werden Mädchen und Burschen beschnitten, dies ist ein großer Brauch, der ein Symbol, für den „Eintritt“ ins Erwachsenenalter darstellt. Die Mädchen sind mit der Beschneidung zugleich heiratsfähig. Bei den Maasai ist Polygamie üblich. Der Mann ist das Oberhaupt der Familie, er hat mehrere Ehefrauen, diese müssen Respekt zeigen und sich unterwerfen. Jedoch darf die Frau neben ihrem Ehemann auch einen oder mehrere Liebhaber haben. Kinder soll die Frau so viele wie möglich bekommen, wenn sie jedoch von einem Liebhaber ein Kind bekommt, hat der Ehemann das „Sorgerecht“ (Ole Saitoti, 1985).

4.4. Kamerun: Mütterliches Sozialisationsverhalten; Kontinuität und Veränderung

4.4.1. Allgemeines zu Kamerun

Kamerun ist im Vergleich zu anderen afrikanischen Ländern politisch relativ stabil. Kameruns erstem Präsidenten Ahmadou Babatora Ahidjo ist es gelungen, eine Einheit zu formen und auch für ein stetiges wirtschaftliches Wachstum zu sorgen. Die Landwirtschaft bildet die Basis, auf der sich Kamerun zu einem der wohlhabendsten Länder des tropischen Afrika hochgearbeitet hat. 1982 waren noch 81 % der Bevölkerung über 15 Jahre AnalphabetInnen. 1985 konnten rund 36 % der erwachsenen KamerunerInnen lesen und schreiben. Der Schwerpunkt liegt auf dem Grundschulunterricht (kostenlos und obligatorisch).
Eine der wichtigsten Aufgaben von Müttern in Zusammenhang mit der Erziehung die Bewahrung und Weitergabe von kulturellen Werten. Die Sozialisation stellt einen Prozeß dar, durch den das Individuum an seine Umgebung angepaßt und ein anerkanntes, kooperierendes und funktionierendes Mitglied der Gesellschaft wird (Wallerstein, 1979, zitiert nach Tchombe, 1997). Man unterscheidet verschiedene Sozialisationsinstanzen wie Familie, Nachbarschaft, Schule, Gemeinde oder die Gesellschaft, wobei die Familie die primäre Sozialisationsinstanz darstellt. Die Familien in Kamerun sind hoch strukturiert. Es gibt verschiedene Familientypen: Kernfamilie, polygame Familie, Ein-Elternfamilie. Im allgemeinen sind die Väter das Familienoberhaupt. Der traditionelle Sozialisationseinstieg in Kamerun, wie überall in Afrika, heißt das Kind in einer warmen, offenen und mit Zuneigung erfüllten Kultur willkommen, ein Kind wird als besonderes Geschenk angesehen. Sharif (1885, zitiert nach Tchombe, 1997) faßt die Ausgangssituation in die Formel „Kinder sind die Schmetterlinge im Paradies". Das Kleinkind wird intensiv betreut und erhält ständig Aufmerksamkeit. Vielfach wird es durch Verwandte oder Hausangestellte beaufsichtigt, da die Frauen in Kamerun immer öfter berufstätig sind. Somit hat das Kind mehrere Bezugspersonen. In dieser sozialen Umgebung verläuft der Prozeß der Identifikation wahrscheinlich diffuser und weniger festgelegt als in anderen Kulturen mit nur einer Bezugsperson (Lambo, 1960, zitiert nach Tchombe, 1997). Das Kind lebt im Normalfall in einer Großfamilie und hat viele SozialisationsagentInnen wie Onkel, Tante, Großeltern, Geschwister, Cousinen usw. Vettern und Cousinen werden zu den Geschwistern gezählt und bilden den Peerkontext. Das Hauptgewicht elterlicher Sozialisationsbedingungen wird in Kamerun, wie in ganz Afrika, auf die Persönlichkeitsbildung gelegt. Körperliche Bestrafung wird als Erziehungsmittel angesehen (Tchombe, 1997).

4.4.2. Studie zum mütterlichen Sozialisationsverhalten

Die *Stichprobe* bestand aus 164 Mütter zwischen 25 und 65 Jahren; diese waren entweder Mütter, Großmütter oder Urgroßmütter. Die Breite des Bildungsgrades reichte vom Grundschulabschluß bis zur Universitätsbildung. Jede Teilnehmerin hatte mindestens ein Kind, Enkel oder Urenkel. Alle Familientypen (monogame, polygame, Ein-Eltern-Familien) waren vertreten und die Teilnehmerinnen stammten alle aus Städten. *Erhebungsinstrument* war ein Fragebogen mit folgendem Inhalt: Ziele elterlicher Fürsorge, zugrundeliegende Prinzipien der Sozialisation, Inhalte der Sozialisation, mütterliche Verhaltensweisen. Als *Ziele des elterlichen Erziehungsverhaltens* stellten sich nun folgende Kategorien heraus: körperliche Entwicklung und Gesundheit unterstützen; neue Erfahrungsmöglichkeiten bereitstellen; intellektuelle Entwicklung fördern und das Kind zu verantwortlichem Handeln anleiten. Dabei wechselte in jeder Generation der befragten Mütter das Gewicht, mit dem die einzelnen Ziele befürwortet wurden. Die jüngere Müttergeneration legte mehr Wert auf die intellektuelle Förderung, auf die körperliche Entwicklung und die Gesundheit bzw. auf Erziehung zu verantwortlichem Handeln im Vergleich zu den beiden älteren Generationen von Müttern. Die Mütter der Befragten gewichteten ihrerseits intellektuelle Förderung und neue Erfahrungen höher als ihre Großmütter. Folgende *mütterlichen Einstellungen zum Kind* fungierten als Grundlage ihres Sozialisationsverhaltens: Kind ist aktiv; Kind ist einzigartig; Kind sollte gesehen, aber nicht gehört werden; Kind sollte gesehen und gehört werden. Großmütter legten mehr Wert auf ein diszipliniertes als auf ein aktives oder einzigartiges Kind. Junge Mütter wollten, daß ein Kind vor allem aktiv ist. *Bevorzugte Sozialisationsbereiche* waren: die soziale Entwicklung; die kognitive Entwicklung und die Qualität der Interaktion zwischen Mutter und Kind. Wieder gab es je nach Generation eine unterschiedliche Gewichtung der verschiedenen Bereiche. Die jüngste Generation legte verstärkt auf die Interaktion wert, während die Großmütter den Bereich der soziale Entwicklung mehr betonten.

Interpretation: Die Veränderungen der Sozialisationsbemühungen über die Generationen beziehen sich auf die Förderung kognitiver Funktionen anstelle der sozial erwünschten Verhaltensweisen. Der gesamte Sozialisationsstil hat sich zu einer anregenden, unterstützenden und fördernden Interaktion gewandelt. Veränderungen im mütterlichen Verhalten sind offensichtlich, vor allem im Ausmaß der Interaktionen. Von den vorherigen bis zur gegenwärtigen Muttergeneration haben die Interaktionen zugenommen. Einen wesentlichen Einflußfaktor auf die Veränderungen stellt das Wissen um die Bedingungen der psychischen Entwicklung des Kindes dar. Voraussetzung für den Erwerb des Wissens ist die Bildung, diese stellt also einen Schlüsselfaktor der Veränderungen dar. Somit gewinnen die gesellschaftspolitischen Maßnahmen zur Förderung des weiblichen Bildungsniveaus in Afrika eine besondere Bedeutung (Tchombe, 1997).

5. Zusammenfassung

Die beschriebenen Kulturen haben gemeinsam, daß die Familie und die damit verbundenen Werthaltungen und Einstellungen sowohl auf gesellschaftlicher, als auch auf individueller Ebene, eine große Rolle spielen. Weiters werden Traditionen und Brauchtum auch in der heutigen „modernen Gesellschaft" keineswegs vernachlässigt. Besonders in China und Japan finden Traditionen im Familienleben und in der Erziehung ihren Ausdruck. Aus der konfuzianischen Tradition sind Werte wie Loyalität, Paternalismus, Disziplin und Leistung genauso wenig wegzudenken wie die Selbstverständlichkeit, daß die Kinder ihren Eltern lebenslang Gehorsam, Verpflichtung und Respekt schulden. Dazu gehört auch eine Versorgung der Eltern im Alter durch die Kinder und Ahnenverehrung nach dem Tod der Eltern. Im Gegensatz zu den rigiden Werthaltungen und Forderungen an die Kinder präsentiert sich die Erziehung von seiten der Mutter sehr verständnisvoll, kooperativ, sogar nachgiebig und die Beziehung zwischen Eltern und Kind sehr harmonisch. Die traditionellen Muster finden besonders in der Partnerwahl und dem Bild von einer guten Ehe ihren Ausdruck. Der Mann ist das Oberhaupt der Familie und die Ehe hat die Funktion der Fortsetzung der Stammfamilie. Außerdem spielen Heiratsvermittler bei der Partnerwahl eine große Rolle. In Japan ist der Familientyp der Kernfamilie, der mit einer bestimmten funktionellen Rollendifferenzierung verbunden ist, vorherrschend. Die Entwicklung geht, wie in anderen westlichen Industrienationen, in Richtung Ein-Kind-Familie.

In Afrika ist das nicht der Fall, hier sind die Fertilitätsraten im allgemeinen nach wie vor hoch. Der Rückgang der Fertilität in bestimmten Regionen ist auf den verstärkten Gebrauch moderner Verhütungsmittel zurückzuführen, dieser steht mit dem Wissenstand und dem weiblichen Bildungsniveau in Zusammenhang. Prinzipiell werden in Afrika verschiedenste Familienformen gelebt. Polygamie ist üblich, kommt aber unterschiedlich häufig vor. Bei den afrikanischen Stämmen, fernab der städtischen Zivilisation, gelten eigene Traditionen und Brauchtümer. Besonderheiten gibt es auch in der Kinderbetreuung, ein Beispiel dafür sind die Väter bei den Aka-Pygmäen. Diese halten sich häufiger in der Nähe ihrer Kleinkinder auf und sind auch häufiger direkt in ihre Betreuung involviert als Väter irgendeiner anderen bekannten menschlichen Gesellschaft. Die Familienform der Großfamilie ist in Afrika besonders verbreitet, damit verbunden haben die Kinder mehrere Bezugspersonen. Prinzipien wie Leistung und Disziplin stehen in Afrika im Gegensatz zu Japan und China im Hintergrund, denn die wirtschaftliche und soziale Ausgangssituation ist eine ganz andere. In Afrika ist Bildung noch immer ein Privileg, es gibt noch immer sehr viele Analphabeten, der Bildungsgrad der Mehrheit der Bevölkerung geht selbst in Städten oft nicht über die Grundschulausbildung hinaus. Unterschiedliche Familienstrukturen sollten also nicht losgelöst vom angesprochenen Kontext gesehen werden.

6. Gedanken zum Thema

Bei der Auseinandersetzung mit diesem Thema treten viele Fragen auf, über die es sich lohnt nachzudenken, und die in weiterer Folge sicher auch ein weites Feld der Forschung eröffnen wie z. B.: Welche psychologischen Merkmale und Mechanismen, hier in Zusammenhang mit der Familie, können als kultur*un*abhängig gesehen werden? Oder allgemeiner gefaßt; welche Verhaltensweisen und Lebensstile sind eher einer Veränderung unterworfen und welche sind eher konstant? Wie und über welche Zeiträume vollzieht sich ein sozialer Wandel in einer Kultur und welche Faktoren sind dabei maßgeblich? Gibt es die „ideale“ Familienform, oder die „ideale Erziehung“? Und wo können wir EuropäerInnen uns etwas „abschauen“?
Man muß speziell das „System“ Familie, das die wichtigste Sozialisationsinstanz darstellt, jedenfalls auch im sozialen Kontext sehen und kann die Familie nicht losgelöst von dem Gefüge, in dem sie sich befindet, also von der Gesellschaft und den damit verbundenen Werthaltungen und Normen, betrachten.
Die ideale Familienform gibt es vermutlich nicht, ebensowenig wie die ideale Erziehung. Auf der ganzen Welt gibt es wohl Eltern, die sich bei der Kindererziehung unsicher sind und sich dabei auch überfordert fühlen. Erziehung und Familienform sind Ansichtssache und nur, weil etwas nicht der Norm entspricht, heißt das nicht, daß es schlecht ist. Für die Mehrheit der MitteleuropäerInnen klingt die Familienform der Polygamie sicher etwas befremdlich, und wahrscheinlich können sich die wenigsten mit der Vorstellung daran anfreunden. Jede Kultur hat ihre eigene Geschichte und Tradition. Genauso wie uns das Familienleben und unsere Kindheit in gewissem Sinne prägen, bleiben wir auch nicht unbeeinflußt von der Gesellschaft, in der wir aufwachsen.
Entwicklungspsychologisch interessante Fragen stellen sich in Zusammenhang mit der intensiven Kinderbetreuung durch den Vater bei den Aka-Pygmäen und mit der Tatsache, daß afrikanische Kinder mehrheitlich viele Bezugspersonen haben. Durch die intensive Betreuung durch den Vater baut sich sicher auch eine enge Beziehung zwischen Vater und Kind auf. Und warum sollten Väter nicht auch gute „Mütter“ sein (können)?
Ein Kind braucht Vater und Mutter gleichermaßen, weshalb das japanische Familienleben wohl nicht so ideal ist, wie es oft dargestellt wird, da dort sicher der Vater, der 50 Stunden die Woche arbeitet, „fehlt“. Dafür übernimmt die Mutter um so mehr Erziehungsaufgaben, und so herrscht ein Ungleichgewicht. Ein solches Ungleichgewicht scheint es bei den Aka in Afrika überhaupt nicht zu geben, wo Teilen und die Reziprozität an erster Stelle stehen (was auch unserem Ideal am ehesten entspricht) – nur ein Beispiel für den hohen Einfluß der Geschichte, der Traditionen, des Umfeldes, der Denkweise, der Kultur.

7. Literatur

Hewlett, B. S. (1997). Die Reziprozität der Ehepartner und die Vater-Kind-Beziehung bei den Aka-Pygmäen. In B. Nauck und U. Schönpflug (Hrsg.), *Familien in verschiedenen Kulturen* (S. 105-123) Stuttgart: Enke.

Lesthaege, R. & Jolly, C. (1997). Der Beginn des Fertilitätsübergangs im subsaharischen Afrika. Einige Antworten und viele Fragen. In B. Nauck & U. Schönpflug (Hrsg.), *Familien in verschiedenen Kulturen* (S. 85-104). Stuttgart: Enke.

Neuss-Kanecko, M. (1990). *Familie und Gesellschaft in Japan*. München: Beck.

Ole Saitoti, T. (1985). *Maasai*. Japan: Harvill.

Tchombe, T. M. (1997). Mütterliches Sozialisationsverhalten in Kamerun: Kontinuität und Veränderung. In B. Nauck & U. Schönpflug (Hrsg.), *Familien in verschiedenen Kulturen* (S. 124-141). Stuttgart: Enke.

Trommsdorf, G. (1997). Familie und Eltern-Kind-Beziehung in Japan. In B. Nauck & U. Schönpflug (Hrsg.), *Familien in verschiedenen Kulturen* (S. 44-63). Stuttgart: Enke.

Yi, C.-C. & Hsiung, R. M. (1997). Der Einfluß von sozialen Netzwerken auf die Partnerwahl und bildungshomogame Eheschließung in Taiwan: Eine Analyse von Heiratsvermittlern. In B. Nauck & U. Schönpflug (Hrsg.), *Familien in verschiedenen Kulturen* (S. 25-43). Stuttgart: Enke.

22. Familien in verschiedenen Kulturen / Mittelmeer, Osteuropa

Gabriele Adl

1. Einleitung

Die Institution Familie bildete zu allen Zeiten und in jeder Kultur die Grundlage einer Gesellschaft. Die Kindererziehung erfolgt in der Regel im sozialen Umfeld der Familie und ist auf die Erlernung sozialer Rollen ausgerichtet, die sich natürlich von Kultur zu Kultur unterscheiden. Besonderes Interesse gilt hierbei den instrumentellen Kompetenzen, die die Übernahme von Geschlechtsrollen, Familienrollen und Autoritätsbeziehungen vermitteln (vgl. Kagitcibasi & Sunar, 1997; Titmar & Saar, 1997).
Im folgenden soll näher auf Familien in verschiedenen Kulturen eingegangen werden, auf die verschiedenen Rollen der einzelnen Familienmitglieder, Beziehungen zwischen Eltern bzw. Großeltern und Kindern, die unterschiedlichen Geschlechterrollen in verschiedenen Ländern usw. Besondere Berücksichtigung finden Familien in der Türkei, Griechenland, Rußland, Estland, Lettland, Litauen und Weißrußland.

2. Familien in der ehemaligen Sowjetunion

2.1 Geschichtlicher Überblick

Die sowjetische Politik in den 20er-Jahren war gekennzeichnet durch Auflösung der breiten Unterstützung für Familien. Die nächsten Jahrzehnte verfolgte der sowjetische Staat eine äußerst rigide Familienpolitik, die die Scheidung erschwerte. In den Ländern der ehemaligen Sowjetunion beeinflußte die alltägliche Praxis sozialistischer Ideologie die Familie als Institution. Nach der Oktoberrevolution geriet die kommunistische Führung Rußlands in direkten Konflikt mit den traditionellen Vorstellungen von der Familie, mit gesellschaftlichen Werten und Normen, die vormals mit Hilfe familiärer Strukturen von Generation zu Generation weitergegeben wurden. Die Regierung versuchte eine Anzahl familiärer Funktionen mit Hilfe eines neuen Schulsystems zu ersetzen. Als nächster Schritt wurde ein neues Eherecht geschaffen, das Scheidung erleichterte. Zusätzlich versetzte die Abschaffung des Privateigentums der patriarchalischen Struktur der russischen Familie einen empfindlichen Schlag. Die Verstaatlichung rottete die vorherrschende Agrarkultur nahezu aus und läutete damit das Ende der traditionellen Großfamilie mit ihren hohen Geburtenraten ein. Durch das kommunistische Konzept der Emanzipation der Frau veränderte sich auch das Familienleben der städtischen Bevölkerung der Sowjetunion. Die Frauen waren nunmehr zur Teilnahme am Arbeitsleben verpflichtet, und es gehörte nicht länger zur Hauptaufgabe der Frau, sich um das Wohl ihrer Familie zu sorgen. Statt dessen übernahm der Staat die Elternrolle, plante die Erziehung und die Versorgung der Kinder. Diese neue Situation veränderte auch die Beziehungen zwischen Männern und Frauen. Sie zerriß das familieninterne Netz in einem solchen Maße, daß sich der Staat in den 30er-Jahren mit dem drohenden Zusammenbruch von Millionen von Familien konfrontiert sah. Das totalitäre Regime mischte sich nun wieder in die Familienfunktionen ein, indem Scheidungen verboten wurden. Erst nach 1940 wurde die Familie auch offiziell als wichtige Institution betrachtet. Trotzdem wurde die soziale Einheit Familie, definiert durch den Besitz eines Heimes, von Vermögen und durch eigenständige Identität innerhalb der Gesellschaft, nicht wieder hergestellt (Titma & Saar, 1997, S. 219-220).

2.2 Ehe- und Fortpflanzungsverhalten im Baltikum (Estland, Lettland, Litauen) und in Weißrußland

Lettland und Estland gehörten zu den ersten Ländern in Europa, in denen gegen Ende des 19. Jahrhunderts die Geburtenrate dramatisch abnahm, obwohl die Bevölkerung überwiegend agrarisch war. Der gute Bildungsstand dieser Länder spielte in diesem Zusammenhang eine bedeutende Rolle. Zudem war in Lettland und Estland die Lutherische Kirche vorherrschend. Litauen hingegen wies mit seiner katholischen Tradition und einem niedrigen Bildungsstand bis in die 60er-Jahre höhere Geburtenraten auf (Titma & Saar, 1997). Bei den Scheidungen zeigte sich ein ähnliches Bild. Lettland wies im Jahre 1970 eine im Vergleich zu anderen Ländern doppelt so hohe Scheidungsrate auf, woraus geschlossen werden kann, daß die lettische Familie die am wenigsten stabilste aller hier untersuchten Länder ist. Das katholische Litauen hat seit den 80er-Jahren eine gegenüber den anderen baltischen Staaten eindeutig niedrigere Scheidungsrate. Bei einem Vergleich der Geburtenziffern in den letzten vierzig Jahren weist Lettland die niedrigste Geburtenrate im gesamten Baltikum auf. Litauen ist das geburtenreichste Land. Durch die niedrigen Geburtenzahlen liegt die Durchschnittsgröße der Familien im Baltikum und in Weißrußland heute bei 3.1 Mitgliedern. Das bedeutet, daß die Kernfamilie in allen hier untersuchten Ländern dominiert und die mehrere Generationen umfassende Großfamilie nur mehr die Ausnahme bildet. Die gesetzliche Ehe wird im Baltikum üblicherweise als die einzig legitime und angemessene Form der Partnerschaft betrachtet, dies gilt besonders für Litauen und auch für Weißrußland. Der Anteil nicht registrierter „Ehen“ (gemeint sind hier alle Formen von außerehelichem Zusammenleben) ist in Litauen mit 1 % und in Weißrußland mit 2 % sehr niedrig. In Lettland liegt der Anteil bei 6 %, in Estland bei 13 %. Nichteheliche Lebensgemeinschaften sind in Litauen, Lettland und Weißrußland ebenso selten wie in anderen osteuropäischen Ländern, Estland ähnelt hier den nordeuropäischen Staaten, in denen außereheliches Zusammenleben weit verbreitet ist (Titma & Saar, 1997). In jüngster Zeit schieben aber immer mehr junge BaltInnen und WeißrussInnen Heirat und Familiengründung auf und entscheiden sich für alternative Lebensformen nach westlichem Vorbild (Boh, 1989; Eldrige & Kiernan, 1985, zitiert nach Titma & Saar, 1997, S. 224). Während auch in Westeuropa eine wachsende Zahl junger Frauen Heirat und die Geburt des ersten Kindes hinausschiebt – das Durchschnittsalter liegt hier zwischen 25 und 29 Jahren und steigt immer noch an (Chesnais, 1985; Ostby, 1989; Tuma & Huinink, 1990, zitiert nach Titma & Saar, 1997, S. 236) –, heiraten Frauen und Männer im Baltikum im Vergleich dazu früher; am häufigsten mit 20-21 Jahren. Die größte Konzentration in diesem Altersbereich zeigt sich bei den Frauen aus Estland, von denen 30 % mit 20-21 Jahren heiraten. Es folgen die Frauen aus Lettland, Litauen und Weißrußland. In den meisten westlichen Ländern liegt die Geburtenkontrolle in der Hand der Frauen, dies trifft aber auf die Länder der ehemaligen Sowjetunion nicht zu. Abtreibung war hier das einzige und für die Frauen oft kostspielige Mittel der Geburtenkontrolle. Geburtenkontrolle war daher seltener als Heirat, und viele Ehen wurden bereits in Erwartung eines Kindes geschlossen. Im Baltikum liegt das Durchschnittsalter einer Frau bei der Geburt ihres ersten Kindes zwischen 20 und 21 Jahren. Frauen aus Estland und Lettland sind hier wie auch bei der Heirat jünger als Frauen in Litauen. Frauen aus Kleinstädten und ländlichen Gebieten bekamen ihr erstes Kind tendenziell früher als Frauen aus großen Städten.

In weiten Teilen der ehemaligen Sowjetunion ist die öffentliche Haltung gegenüber außereheliche Schwangerschaften sehr ablehnend, die sexuelle Liberalisierung fand hier ausschließlich in Großstädten statt. Estland, wo die sexuelle Revolution am frühesten stattfand, weist auch die höchste Rate von Schwangerschaften vor der Ehe auf. Es folgen Lettland, Weißrußland und Litauen (Boh, 1989; Kiernan, 1988; Prinz, 1994, zitiert nach Titma & Saar, 1997, S. 241).

Das Heiratsalter und das Alter bei der Geburt des ersten Kindes wird in allen Ländern der ehemaligen Sowjetunion weitgehend durch die gleichen Variablen beeinflußt. Ein wichtiger Faktor ist hier vor allem bei Frauen der Faktor Nationenzugehörigkeit. Weiters ist bei Frauen die Familiengründung in hohem Maße von der Zugänglichkeit zur Bildung bzw. von ihrem Bildungsstand abhängig. Bei Männern ist die Stellung und Karriere in der beruflichen Hierarchie wichtig (Titma & Saar, 1997).

3. Familie und Sozialisation in der Türkei

Die Literatur über Familien in der Türkei konzentriert sich zum großen Teil auf eher traditionelle Bereiche der türkischen Gesellschaft. Gründe dafür sind, daß ein sehr großer Anteil der Bevölkerung (beinahe die Hälfte) in ländlichen Gebieten lebt, wo Tradition nach wie vor eine große Rolle spielt. Die traditionellen Bevölkerungsgruppen repräsentieren viel eher die türkische Gesellschaft als die gebildeten Mittelklassegruppen, die eher mit ähnlichen Bevölkerungsgruppen in anderen Ländern vergleichbar sind (Cashmore & Goodnow, 1986, zitiert nach Kagitcibasi & Sunar, 1997, S. 145). Die traditionellen Familienstrukturen unterliegen verschiedenen Einflüssen, die auf Veränderungen drängen. Den größten Druck übt in diesem Zusammenhang der Prozeß der Urbanisierung und der Industrialisierung aus. Außerdem ist die türkische Gesellschaft über Massenmedien und die große Anzahl von Arbeitskräften, die im europäischen Ausland tätig sind, in hohem Ausmaß von der europäischen Kultur beeinflußt (Kagitcibasi & Sunar, 1997).

3.1 Sozialisation der Geschlechterrollen

In der türkischen Familie beginnt die Sozialisation für Geschlechterrollen schon vor der Geburt des Kindes. In der Türkei neigen werdende Eltern dazu, ein Geschlecht dem anderen vorzuziehen, es gelten hier jeweils unterschiedliche Werte und Erwartungen. Die türkischen Familien bevorzugen mit großer Mehrheit Jungen. In einer Umfrage, in der sich die Eltern für eine Möglichkeit entscheiden mußten, fiel die Wahl zu 84 % auf einen Sohn, während sich nur 16 % eine Tochter wünschten. Unter den Vätern ist dieses Muster noch stärker ausgebildet, 92.5 % bevorzugen männliche Nachkommen, „nur" 75 % der Mütter bevorzugen ein männliches Kind (Kagitcibasi, 1982, zitiert nach Kagitcibasi & Sunar, 1997, S. 146). In Städten ist die Bevorzugung von Mädchen erheblich höher, dennoch ist auch hier die Bevorzugung männlicher Nachkommen stark verbreitet. Diese starke Bevorzugung von Jungen scheint mit dem erwarteten Wert des Sohnes für die Verwirklichung der elterlichen Wünsche zusammenzuhängen, z. B. betreffend die Fortführung des Familiennamens. Besonders im ländlichen traditionellen Kontext wird damit der Sorge um die zukünftige elterliche Wohlfahrt durch erhoffte finanzielle und praktische Unterstützung im Alter Rechnung getragen. Da Mädchen nach ihrer Heirat zum Wohlstand der Familie des Ehemannes beitragen und nicht zu dem ihrer eigenen Familie, werden Mädchen als fremder Besitz betrachtet. In traditionellen Teilen der türkischen Bevölkerung herrscht eine deutlich am Nutzen orientierte Einstellung gegenüber Kindern. Der wirtschaftliche Beitrag der Kinder ist der Hauptgrund für den Wunsch nach ein oder mehreren Kindern. Das Muster gegenseitiger, materieller Abhängigkeit der Generationen ist Teil des familiären Lebenskreislaufes. Zunächst ist das Kind auf die Eltern angewiesen, während die älter gewordenen Eltern von ihren erwachsenen Nachkommen abhängen. Türkische Eltern gewähren ihren Söhnen im Vergleich zu ihren Töchtern mehr Unabhängigkeit und erlauben diesen mehr Aggressivität. Von ihren Töchtern erwarten sie hingegen eher Abhängigkeit und Ergebenheit. Die den Mädchen auferlegten Einschränkungen nehmen mit zunehmendem Alter des Kindes zu (Basaran, 1974; Ataca, Sunar & Kagitcibasi, 1994, zitiert nach Kagitcibasi & Sunar, 1997, S. 147). Um ihren Söhnen eine gute Ausbildung angedeihen zu lassen, nehmen türkische Familien oft erhebliche finanzielle Opfer und Anstrengungen in Kauf. Die geringen Erwartungen des wirtschaftlichen Nutzens von Mädchen zeigen sich in dem Widerstand, der der Ausbildung von Mädchen seitens der Familie entgegengebracht wird. Männer sind in jeder Ausbildungsstufe in der Mehrzahl, während die Frauen in der Gruppe der Analphabeten stärker vertreten sind (Shorter, 1995, zitiert nach Kagitcibasi & Sunar, 1997, S. 148). Schon in den ersten Schuljahren beginnt die Trennung der Geschlechter. Währen diese Trennung auch in anderen Gesellschaften üblich ist (Maccoby, 1980, zitiert nach Kagitcibasi & Sunar, 1997, S. 148), bleibt diese in der Türkei auch in der Jugend und im Erwachsenenalter bestehen. Die Sorge um Moral und Ehre führen zur strikten Trennung unverheirateter Mädchen und Jungen, Frauen und Männer. Daraus ergibt sich eine Familienstruktur in der Türkei, in welcher Ehefrauen und Ehemänner praktisch in verschiedenen Welten leben. Die Ehefrau lebt in einer Welt der weiblichen Verwandten, der Nachbarn und der Kinder. Der Ehemann hingegen lebt in einer Welt der männlichen Verwandten, der Freunde und der Arbeitskollegen. Diese Form der Verschiedenheit der Rollen von Mann und Frau setzt sich in den Städten fort und ist auch bei den in jüngster Zeit vom Land in die großen Städte Zugewanderten üblich (Kagitcibasi, 1982; Kandiyoti, 1977, 1982, zitiert nach Kagitcibasi & Sunar, 1997, S. 148). Grundlegend für die Geschlechtertrennung und die Unterordnung der Frau ist weitgehend das Konzept des „namus“ (der Ehre), das auf der Reinheit der Frau beruht. Ehre im Sinne des „namus“ beinhaltet, daß die Männer die Sexualität ihrer Frauen kontrollieren und daß Männer Ehre besitzen, wenn ihre Kontrolle sozial anerkannt und gerechtfertigt ist. Unter „ihre“ Frauen fallen Ehefrauen, Töchter, Schwestern und andere weibliche Verwandte (Dubetsky, 1976; Magnarella, 1974; Meeker, 1976, zitiert nach Kagitcibasi & Sunar, 1997, S. 148). Die einmal verlorene Ehre kann nur durch Taten wiederhergestellt werden, die von der Gemeinschaft anerkannt werden (Özgür & Sunar, 1982, zitiert nach Kagitcibasi & Sunar, 1997, S. 149). Junge Frauen werden daher innerhalb der Familien stark kontrolliert, und trotz der Bedeutung ihres Verhaltens für die Familienehre ist ihr Status niedrig. Von der jungen Braut wird zum Beispiel erwartet, daß sie allen Erwachsenen innerhalb der Familie des Patriarchen zu Diensten ist. In dem Moment, wo sie einen Jungen zur Welt bringt, steigt ihre soziale Position, die ihren Höhepunkt erreicht, wenn der Sohn erwachsen ist und eine Braut in die Familie bringt. Dann beginnt der Kreislauf von neuem. Es wäre aber falsch anzunehmen, daß Frauen innerhalb der traditionellen Gesellschaft keine Macht haben. Die Verbreitung wichtiger Informationen und Nachrichten und die Lösung von Problemen findet innerhalb der Gruppen über die Frauen statt, auch wenn die Männer die legitime Autorität auf vielen Gebieten innehaben. Während im ländlichen Umfeld der Status der Frau durch die Anzahl ihrer Kinder und durch ihr Alter bestimmt wird, sind in der Stadt andere Faktoren, wie zum Beispiel Bildung und Beruf, bedeutsam. Die Arbeit außer Haus wirkt sich im Umfeld der Städte positiv auf die Stellung der Frau aus, in ländlichen Gebieten zeigen sich allerdings negative Auswirkungen für den Status der Frau (Kagitcibasi & Sunar, 1997).

Den Kontext für die Sozialisation der Geschlechterrollen bildet die gemeinschaftliche Familienkultur. Eltern und erwachsene Kinder leben nahe beieinander und sehen einander häufig (Duben, 1982; Olson, 1982, zitiert nach Kagitcibasi & Sunar, 1997, S. 154). Sogar in der Stadt, in von der Mittelschicht bewohnten Ansiedlungen, gehört zum Familienhaushalt zumindest ein Großelternteil oder ein älterer Verwandter. Eigenschaften wie Gehorsam, Verläßlichkeit, Loyalität und Rücksichtnahme anderen gegenüber, sind für das Funktionieren einer in so enger Verbindung miteinander stehenden Familiengruppe unerläßlich, sie werden Buben und Mädchen gleichermaßen beigebracht. Während also auf der einen Seite die Familie eng zusammenhält, existiert auf der anderen Seite eine klare Autoritätsstruktur, in der Erwachsene die Autorität über Kinder und Männer die Autorität über Frauen ausüben. Während die Mädchen einem erheblichen Druck ausgesetzt sind, angepaßt und abhängig zu bleiben, werden die Söhne darauf vorbereitet, ihre dominante Rolle im späteren Leben auszufüllen. Den Jungen wird daher beigebracht, dominant aktiv und kompetent zu sein. Auch in der Beziehung zu ihren Kindern unterscheiden sich Männer und Frauen in der Türkei. Zwischen Müttern und ihren Kindern herrscht eine größere Vertrautheit als zwischen den Vätern und deren Söhnen und Töchtern. Der Grund dafür liegt im Bestreben der Väter, ihre Rolle mit einer relativ distanzierten Autorität auszufüllen. Die Väter nehmen diese Rolle als Pflicht wahr, strenge Verhaltensregeln für die Kinder aufzustellen und auch durchzusetzen. Da die Vesorgung der Kinder als Frauenarbeit betrachtet wird, kümmern sich Väter grundsätzlich nicht um Aufgaben solcher Art. Offene Zornesäußerungen der Kinder werden weder gegenüber Vätern noch anderen Autoritätspersonen toleriert. Mit zunehmendem Alter des Kindes bildet sich eine merkliche Distanz zum Vater, und die Mutter übernimmt eine Vermittlerrolle. Wenn das Kind sich einem Elternteil anvertraut, dann mit hoher Wahrscheinlichkeit der Mutter. Diese legt im Streitfall beim Vater ein gutes Wort für das Kind ein und überbringt den Kindern Anweisungen oder sogar Strafen des Vaters (Kagitcibasi, Sunar & Bekman, 1988, zitiert nach Kagitcibasi & Sunar, 1997, S. 156). Gegenüber der Mutter besteht kein so rigides Verbot wie dem Vater gegenüber, Wut und Zorn zu äußern. Die Rangfolge in der türkischen Kernfamilie mit jüngeren Kinder geht vom Vater über die Mutter zu den Kindern, wobei ein erwachsener Sohn die Mutter in traditionell orientierten Familien von ihrer Position in der Hierarchie verdrängt.

4. Die griechische Familie

Zur Einleitung soll ein kurzer Überblick über das griechische Rechtssystem gegeben werden: 1975 wurde die Gleichberechtigung von Mann und Frau in die griechische Verfassung aufgenommen. Im Jahre 1983 wurde eine neue Familiengesetzgebung geschaffen. Diese bildet die Grundlage für die neue Stellung der Mütter und Frauen in der Gesellschaft. In diesem Gesetz wurden die alleinigen Entscheidungsrechte des Mannes, des Ehemannes oder des Vaters über die Familie aufgehoben. Dazu gehört das Recht, allein über das Kind zu entscheiden. Das neue Recht garantiert die gleichberechtigte Stellung der Frau, außerdem sieht das neue Familiengesetz vor, daß Frauen nach der Heirat ihren Mädchennamen behalten können. Inoffiziell können auch beide Namen verwendet werden (Georgas, 1997).
Die typisch griechische Familie war eine Großfamilie. Dieses System war in Ackerbaugesellschaften weiter verbreitet, weil für die Feldarbeit viele Arbeitskräfte benötigt wurden. In Griechenland herrschte jedoch auch unter Fischern, Hirten und Kaufleuten, ja in der ganzen Gesellschaft die Großfamilie vor. Die Struktur der Großfamilie in den typischen Dörfern bestand aus einem Familienoberhaupt, dem Großvater, den unverheirateten Söhnen und Töchtern, die im Haus des Patriarchen lebten. Die verheirateten Söhne blieben entweder auch im Haus oder sie zogen in ein eigenes, das oft durch die Mitgift der Familie der Braut finanziert wurde. Heiraten sollten oft schon bestehende Familienbeziehungen stärken, in manchen Gegenden Griechenlands waren Heiraten unter Cousins und Cousinen erlaubt. Die Heirat kam jedoch nur zustande, wenn die Mitgift ausreichend war. Die Rolle von Ehemann und Ehefrau bzw. des „Edlen Herrn“ und der „Dame des Hauses“ nahmen im Sozialleben eine wichtige Stellung ein. Ihre Beziehung war gekennzeichnet durch lebenslanges gegenseitiges Vertrauen, gegenseitige Verpflichtungen und unauflösliche Bindung. Die Folgen eines Ehebruchs waren sehr hart für die Betroffenen. Die Gemeinde reagierte auf dieses Vergehen mit Verurteilung und Verbannung aus dem Ort. Von den Mitgliedern der Großfamilie wurde erwartet, daß sie sich an der Feldarbeit, an der Viehhaltung usw. beteiligten. Die Machtverteilung war hierarchisch und männerzentriert. Der Vater als Familienoberhaupt legte autoritäres Verhalten an den Tag, er traf alle Entscheidungen, kontrollierte die Geldangelegenheiten und hatte soziale Macht (French & Raven, 1959, zitiert nach Georgas, 1997, S. 210). Die Mutter war in erster Linie Kindererzieherin, obwohl in einer Großfamilie alle Mitglieder an der Erziehung der Kinder teilnahmen. Der Tod des Familienoberhauptes führte zur Aufteilung des Familienerbes unter den Söhnen. Jeder verhei-

ratete Sohn konnte seinerseits Familienoberhaupt werden, vorausgesetzt, er bekam Söhne und Töchter und von diesen wiederum Enkel.
In den letzten zwanzig Jahren wurden die Anteile der Kern- und Großfamilien in Athen erhoben. Die Ergebnisse zeigen, daß formal der Familientyp Kernfamilie zu überwiegen scheint, aber funktional besteht offenbar eine Großfamilie. Größtenteils wohnen Verwandte im gleichen Haus oder nebenan. Telefonkontakte oder Besuche sind sehr häufig im Vergleich zu Familien in Deutschland oder in England (Georgas et al., 1995, zitiert nach Georgas, 1997, S. 207). Die Kernfamilie im Athen der Gegenwart stellt also der Funktionsweise nach eine abgwandelte Form der traditionellen ländlichen Großfamilie dar.
Zusammenfassend läßt sich sagen, daß die griechische Gesellschaft von einer Ackerbau, Fischzucht, Viehhandel usw. betreibenden Wirtschaftsform, mit einem Großfamiliensystem und ausgedehnten sozialen Netzwerken, in eine Dienstleistungs- und Industriegesellschaft übergeht, mit großen Städten und überwiegend aus Kernfamilien besteht (Katakis, 1984, zitiert nach Georgas, 1997, S. 211).

5. Zusammenfassung

Vergleicht man Familien in verschiedenen Kulturen, so liegt besonderes Augenmerk auf der Entwicklung der instrumentellen Kompetenzen, die die Übernahme von Geschlechterrollen, Rollen innerhalb der Familien und Autoritätsbeziehungen vermitteln.
Während sich die Familienstruktur in den (ausgewählten) Ländern der ehemaligen Sowjetunion, bedingt durch die sowjetische Politik ab den 20er-Jahren, zum Großteil aus Kernfamilien zusammensetzt, leben große Teile der Bevölkerung in den meisten Ländern Südeuropas, wie z. B. in der Türkei und in Griechenland durchaus noch in Großfamilien. Obwohl in der Türkei und besonders in Griechenland formal die Anteile von Kernfamilien immer größer werden, bestehen funktional offenbar meist Großfamilien. Verwandte wohnen im gleichen Haus oder in der Nähe, Telefonkontakte und Besuche sind im Vergleich zu Ländern in Mitteleuropa sehr häufig.

6. Gedanken zum Thema

Die Auseinandersetzung mit diesem Thema zeigt deutlich, daß der Institution Familie trotz oder gerade wegen der verschiedenen Familientypen, Anzahl der Familienmitglieder, Geschlechterrollen, Erziehungsstile usw. in jeder Kultur die gleiche wichtige Bedeutung zukommt. Um die Unterschiede im Familienleben verschiedener Kulturen verstehen zu können, ist es sehr wichtig, sich mit der Familiengeschichte des jeweiligen Landes oder der jeweiligen Kultur und den beeinflussenden Faktoren auseinanderzusetzen. Dies könnte vielleicht dazu beitragen, die Gewohnheiten, Gesetze, Geschlechterrollen usw. anderer Länder und Kulturen besser zu verstehen und so zu helfen, Vorurteile, die oft auf Unwissenheit basieren, abzubauen.

7. Literatur

Georgas, J. (1997). Die griechische Familie. In B. Nauck & U. Schönpflug (Hrsg.), *Familien in verschiedenen Kulturen* (S. 200-213). Stuttgart: Enke.

Kagitcibasi, C. & Sunar, D. (1997). Familie und Sozialisation in der Türkei. In B. Nauck & U. Schönpflug (Hrsg.), *Familien in verschiedenen Kulturen* (S. 145-161). Stuttgart: Enke.

Titma, M. & Saar, E. (1997). Die Wahl des Zeitpunktes von Heirat und Geburt von Kindern in der ehemaligen Sowjetunion. In B. Nauck & U. Schönpflug (Hrsg.), *Familien in verschiedenen Kulturen* (S. 217-247). Stuttgart: Enke.

II Übergang zur Elternschaft

23. Schwangerschaft und Geburtserleben aus Perspektive der Mütter

Sabine Kainz

1. Einleitung

In der vorliegenden Arbeit wird zuerst auf die Aspekte eingegangen, die den Übergang zur Elternschaft nachhaltig beeinflussen. In der Folge sollen die verschiedenen Phasen, in denen sich der Übergang zur Elternschaft vollzieht, aufgezeigt werden. Vor allem sollen die körperlichen, psychischen und sozialen Veränderungen beschrieben werden. Ausführlich wird die Geburtsphase dargestellt. Außerdem sollen psychologische Hilfen beim Übergang zur Elternschaft genannt werden.

2. Aspekte der Lebenssituation am Beginn der Elternschaft

Unterschiedliche Ausgangsbedingungen und Persönlichkeitsmerkmale von Männern und Frauen vor Beginn der Elternschaft können einen großen Einfluß auf die Schwangerschaft und die kindliche Entwicklung haben. Vor allem Erfahrungen in der Herkunftsfamilie oder die Qualität der Paarbeziehung können die Bewältigung der einzelnen Abschnitte, in denen sich der Übergang zur Elternschaft vollzieht, stark erschweren oder erleichtern. Es konnte außerdem gezeigt werden, daß es einen engen Zusammenhang zwischen Merkmalen der Lebenssituation vor der Schwangerschaft und Merkmalen der Zeit nach der Geburt gibt; so hängen z. B. hohe Geplantheit des Kindes, höheres Alter der Mutter, höheres Ausbildungsniveau und höhere Sozialschicht mit größerer Akzeptanz der Mutterrolle und günstigerer Mutter-Kind-Interaktion zusammen (Bloom, 1984; Ragozin, Basham, Crnic, Greenberg & Robinson, 1982).
Wenn man die Lebenssituation des Paares betrachtet, kann man biologische, individuell-psychische und soziale Aspekte unterscheiden (vgl. Brähler & Unger, 1996):

- *Biologische Aspekte:* Als wichtigste Variablen sind hier die Gesundheit der Frau, ihr Drogen- und Genußmittelkonsum, das biologische Alter und ihre

Schwangerschafts- und Menstruationsgeschichte zu nennen. Bei Frauen mit besonders niedrigem bzw. höherem Alter muß mit medizinischen Risiken (Fehlgeburten, Totgeburten, Chromosomenanomalien, Geburtskomplikationen) gerechnet werden, und sie werden deswegen als Risikoschwangerschaften eingestuft. Durch die pränatale Diagnostik und die Schwangerschaftsvorsorge können solche Risiken minimiert werden.

- *Psychologische Aspekte:* Es konnte in vielen Studien nachgewiesen werden, daß Ängstlichkeit, Depressivität bzw. großes seelisches Wohlbefinden den Verlauf der Schwangerschaft nachhaltig beeinflussen. Starke positive Gefühle und Optimismus wirken sich positiv auf den Beginn der Elternschaft aus, wohingegen Angst, Hilflosigkeit und Depressivität sich durchwegs negativ auf die Schwangerschaft auswirken. Auch hohe Motivation für Kinder und die Planung von Schwangerschaften wirken sich nachweislich fördernd auf die Schwangerschaft und das Neugeborene aus (Grossmann, Eichler & Winickoff, 1980; Mittag & Jagenow, 1982). Bei Männern spielt die Geplantheit des Kindes eine größere Rolle für die Anpassung an die Elternschaft als bei Frauen (Brüderl, 1982; Fthenakis, 1988).
- *Soziale Aspekte:* Hier wären vor allem die Sozialschicht der werdenden Eltern, ihr Bildungsniveau, Berufstätigkeit, ihre Sozialkontakte und ihre Familienbeziehungen als die wichtigsten Variablen zu nennen. In einigen Studien hat sich gezeigt, daß Paare mit allgemein traditioneller Geschlechterrollenaufteilung und stark religiöser Orientierung größere Zufriedenheit aufwiesen und weniger Konflikte beim Übergang zur Elternschaft erleben als Paare mit größerer Gleichberechtigung in der Beziehung (Fthenakis, 1988).

3. Verschiedene Phasen des Übergangs zur Elternschaft

Von der Feststellung einer Schwangerschaft bis ungefähr zum ersten Geburtstag des Kindes können vier idealtypische Phasen der Verarbeitung vor der Geburt, eine Geburtsphase und drei Schritte der Verarbeitung der neuen Situation mit dem Kind nach der Geburt unterschieden werden (Gloger-Tippelt, 1988). Im einzelnen gliedert sich der Verlauf in:

1) eine *Verunsicherungsphase* (bis ca. zur 12. Schwangerschaftswoche, SSW);
2) eine *Anpassungsphase* (ca. 12. bis 20. SSW);
3) eine *Konkretisierungsphase* (ca. 20. bis 32. SSW);
4) eine *Phase der Antizipation und Vorbereitung* (ca. 32. SSW bis 40. SSW);
5) eine *Geburtsphase;*
6) eine *Phase der Erschöpfung und Überwältigung* (ca. 4 bis 8 Wochen nach der Geburt);

7) eine *Phase der Herausforderung und Umstellung* (ca. 2. bis 6. Lebensmonat) und
8) eine *Gewöhnungsphase* (ca. zweite Hälfte des ersten Lebensjahres).

Die vorgeschlagenen Zeiten dienen nur als grobe Orientierung; wie oben erwähnt, können verschiedene Aspekte der Lebenssituation die Bewältigung der Phasen erleichtern oder erschweren, wodurch sie verkürzt oder verlängert werden können.
Im folgenden soll nun auf die ersten fünf Phasen genauer eingegangen werden.

3.1. Die Verunsicherungsphase (bis ca. 12. SSW)

Die psychische Auseinandersetzung mit der Schwangerschaft beginnt, wenn erste Erwartungen oder Befürchtungen über eine mögliche Schwangerschaft auftreten. Ultraschalluntersuchungen können schon in der 7. Woche zum Nachweis der Schwangerschaft verwendet werden. Je erwünschter und geplanter die Schwangerschaft, desto weniger wird die Verunsicherung in dieser ersten Zeit der Schwangerschaft erlebt. Trotzdem schließt eine hohe Erwünschtheit starke Ängste und emotionale Verunsicherungen zu Beginn der Schwangerschaft nicht aus. Einerseits wird die Verunsicherung durch rein kognitive Überlegungen hervorgerufen, wie z. B. Vorstellungen, Erwartungen oder Wünsche, und andererseits sendet der Körper schon direkte körperliche Signale, wie Übelkeit, Müdigkeit, Erbrechen, Brustspannen, Appetitveränderungen etc. Viele Dinge werden neu bewertet oder verändert wahrgenommen. Das eigene Alter, die Berufssituation und die partnerschaftliche Beziehung werden neu überdacht, was zu erheblichen Stimmungsschwankungen, Angst, Depression und Besorgnis führen kann. Auch Väter erleben in dieser Phase eine starke Verunsicherung, und dies nicht nur in bezug auf ihre neuen sozialen Rollen, sondern auch auf die Verarbeitung des bevorstehenden psychologischen und biologischen Prozesses (Osofsky & Osofsky, 1980, 1984).

3.2. Die Anpassungsphase (ca. 12. bis 20. SSW)

Das Paar hat die neue Situation inzwischen von allen Seiten betrachtet und in seine Lebenssituation integriert. Die körperlichen Beschwerden der ersten Wochen lassen für die Frau langsam nach, was sich entscheidend auf ihr allgemeines Wohlbefinden auswirkt. Das Risiko einer Fehlgeburt der ersten drei Monate ist nicht mehr so groß, und es tritt eine Art Erleichterung ein. Ein wichtiger Schritt der Anpassung ist die Mitteilung der Schwangerschaft an die Umwelt des Paares. Die pränatalen diagnostischen Untersuchungen wie der Ultraschall tragen entscheidend zur psychischen Anpassung der werdenden Eltern bei, da zum ersten Mal das bisher nur indirekt bemerkte bzw. nur im Kopf existierende Kind veranschaulicht wird.

3.3. Die Konkretisierungsphase (ca. 20. bis 32. SSW)

Meist zwischen der 19. und 22. SSW registriert die Frau erstmals regelmäßige Bewegungen des Kindes im Bauch. Von vielen Frauen wird dies als sicherer Beweis für das Leben des Kindes angegeben, unabhängig von ärztlichen Untersuchungen. Als vorherrschende Gefühle werden große Freude, Stolz und Erfülltheitsgefühle berichtet (Zeits & Prince, 1982). In dieser Zeit der Schwangerschaft ist das niedrigste Niveau von Ängsten erreicht. Die psychosomatischen Beschwerden sinken, und das psychische Wohlbefinden erreicht das höchste Niveau. Die schwangere Frau und ihr Partner beginnen mit dem Aufbau einer Vorstellung von sich selbst als Mutter und Vater. Vor allem spezifische Verhaltensweisen und Erwartungen von anderen Personen geben dem Paar die Rückmeldung, daß sie nun wirklich ein Kind erwarten. Einerseits wird der Mutter von ihrer Umgebung viel Rücksicht entgegengebracht, aber auch Kritik bei nonnormativem Verhalten. Auch körperliche Veränderungen wie das Wachsen des Uterus, Brust- und Bauchumfang konkretisieren die Schwangerschaft bei den werdenden Eltern.

3.4. Die Phase der Antizipation und Vorbereitung (ca. 32. bis 40. SSW)

Als wichtiges Zeichen für den Übergang in diese Phase wird ein Wechsel der Zeitperspektive genannt, es rückt die Zeit, die noch bis zur Geburt bleibt, in den Vordergrund, nicht mehr die bisherige Zeit der Schwangerschaft. Die körperlichen Veränderungen der Frau erreichen ihren Höhepunkt, auch sind die Alltagstätigkeiten von dem bevorstehenden Ereignis der Geburt geprägt (Kleidung kaufen, Zimmer einrichten etc.). Bei beiden Partnern richtet sich die Aufmerksamkeit auf die nahe Zukunft, die Geburt. Die Ängste und emotionalen Konflikte erreichen im dritten Trimester ihren Höhepunkt. Es zeigen sich ambivalente Gefühle: auf der einen Seite Stolz, auf der anderen Seite Geburtsangst, Schmerzerwartung, Angst vor Selbstkontrollverlust bei der Geburt sowie Angst vor dem Ausgeliefertsein in einer anonymen Klinikatmosphäre und Angst vor einer eventuellen Mißbildung des Kindes Die Teilnahme an Säuglingspflegekursen hat nicht nur einen vorbereitenden Charakter, sie fördert auch eine konkrete Antizipation des Kindes als Neugeborenes (vgl. dazu Kap. 27).

3.5. Die Geburtsphase

Durchschnittliche Zeitangaben vom Beginn der Eröffnungswehen bis zur Geburt variieren sehr stark. Für die erste Geburt werden für die Eröffnungsphase neun Stunden und für die Austreibungsphase drei Stunden angesetzt, was aber interindividuell sehr verschieden ist. Viel wichtiger als die Dauer der Geburt ist allerdings das Erleben der Geburt. Die Geburtssituation wird unter anderem auch durch die Rahmenbedingungen bestimmt. Mittlerweile orientiert sich die Ge-

burtshilfe weniger an Geburtsmechanik und am rein medizinischen Vorgehen, sondern seit Leboyer (1975) ist der Begriff der „natürlichen Geburt" ein Schlagwort, das auch in unsere Kreißsäle Einzug gehalten hat. Man versucht mit den Frauen das psychologische Erleben der Geburt zu verbessern, und es wird vor allem danach gefragt, wie sich die Frau am wohlsten fühlt. Früher war es üblich, daß Frauen ihre Kinder im Kreißbett liegend zur Welt brachten; heute kann eine Frau im Kreißsaal zwischen vielen verschiedenen Geburtsmethoden, wie dem Gebärhocker, dem Rad, der Badewanne etc. wählen, je nachdem, wie bzw. wo sie sich am wohlsten fühlt. In Westdeutschland überwiegt noch immer die Krankenhausgeburt. In Holland werden die Hausentbindungen und ambulanten Geburten bevorzugt, bei der das Paar nach einigen Stunden wieder nach Hause entlassen und dort von einer Hebamme betreut wird.
Erst seit kurzem untersucht man, wie sich die Anwesenheit des Vaters bei der Geburt auswirkt (vgl. dazu ausführlich Kap. 25). Es hat sich gezeigt, daß die Anwesenheit des Vaters sowie das Anwenden verschiedener Atemtechniken und Entspannungsmethoden dazu beitragen, daß das Paar versucht, die Kontrolle zu gewinnen, da die Geburt selbst weitgehend autonom abläuft. Weiters konnte gezeigt werden, daß sich die Anwesenheit des Vaters positiv auf die Paarbeziehung auswirkt. Die Beteiligung des Vaters hängt auch sehr eng mit seiner Beteiligung am Schwangerschaftserleben und mit der späteren Pflege des Kindes zusammen (Doering, Entwisle & Quinlan, 1980). Auch hat sich die Anwesenheit des Vaters als Prädiktor für einen günstigen späteren Umgang mit dem Kind gezeigt (Entwisle & Doering, 1981, zitiert nach Gloger-Tippelt, 1988).
Wie schon oben erwähnt wirken sich Streß und Angst negativ auf die Schwangerschaft und somit auch auf das Kind während und nach der Geburt aus (erhöhte Aktivität, mehr Schreien, geringere Nahrungsaufnahme etc.). Dieser Angst-Spannungs-Schmerz-Zirkel wirkt sich auch ungünstig auf die Kontaktaufnahme zum Kind nach der Geburt aus. Geburtsschmerzen gelten, wie alle Schmerzzustände, als nicht physiologisch meßbar und es konnte gezeigt werden, daß eine große Anzahl von psychischen Faktoren eine Rolle spielen. Auch die Faktoren, die das Niveau der Geburtsängste bestimmen, sind vielfältig: v. a. Persönlichkeitsfaktoren und niedrige Sozialschicht, eine Kombination von geringer Information, mehr Streß und schlechter materieller Situation (vgl. Lukesch, 1981).
Der Höhepunkt der Geburt besteht für die Eltern in der ersten Begegnung mit dem Kind. Es konnte eine typische Abfolge von elterlichen Verhaltensweisen beobachtet werden: Das Kind wird vorsichtig mit den Fingern berührt, die Eltern blicken in die Augen des Kindes, lächeln es an und sprechen zu ihm. Oft fallen in den ersten Minuten Bemerkungen über das Geschlecht, das Aussehen oder Familienähnlichkeiten des Kindes (McFarlane, 1978).

4. Psychologische Hilfen beim Übergang zur Elternschaft

Die Existenz der zahlreichen Unterstützungsformen erklärt sich dadurch, daß vor allem die erste Geburt auch als eine körperliche und seelische Belastungssituation betrachtet wird (erst langsam wandelte sich die rein medizinische Sicht der Geburt in eine Sichtweise, daß die Geburt auch ein psychosoziales Ereignis ist). Während der frühen Zeit der Schwangerschaft (bis ca. zur 20. SSW) ist die ärztliche Schwangerschaftsvorsorge und die Schwangerschaftskonfliktberatungen an den verschiedenen Familienberatungsstellen von großer Bedeutung. Die Ultraschalluntersuchungen, aber auch die Amniozentese, die Information über den Ausschluß bestimmter genetischer Krankheiten liefern kann, sind von großer psychologischer Bedeutung, da das Paar zum ersten Mal sein Baby sehen kann bzw. sicher sein kann, daß es gesund ist. Diese pränatalen diagnostischen Verfahren können die Einstellung der werdenden Eltern zu dem sich entwickelnden Kind entscheidend beeinflussen. Informelle Hilfen ergeben sich in der frühen Schwangerschaft durch Gespräche im Freundeskreis, in der Familie, in der Nachbarschaft. Ab der Mitte der Schwangerschaft kommen als unterstützende Interventionen Schwangerschaftsgymnastik, Kurse über Säuglingspflege und Geburtsvorbereitungskurse hinzu (s. Kap. 27). Ziel dieser Kurse ist es, den werdenden Eltern Informationen über Schwangerschaft, Geburt und Stillen zu vermitteln. Sie sollen Ängste reduzieren, die Möglichkeit zum Austausch mit anderen geben und Techniken zur Bewältigung des Geburtsablaufes aufzeigen (Massagetechniken, Atemübungen, progressive Muskelentspannung). Nach der Geburt dienen die Stillgruppen (nach dem Vorbild der La Leche League gegründet) als Informationsquelle über die Vorteile des Stillens, über Ernährung während der Stillzeit, und sie helfen bei Stillproblemen bzw. bei Problemen mit der Ernährung des Kindes nach der Geburt. Eine weitere wichtige Hilfe nach der Geburt stellen die KinderärztInnen dar, da sich die Eltern vor allem beim ersten Kind häufig zu wenig auf ihre elterlichen Instinkte verlassen. Auch für die erste schwierige Zeit mit dem Baby zu Hause bräuchten die Eltern institutionelle Hilfe, wobei es gerade in diesem Bereich noch sehr wenig psychologische Hilfen für die Eltern gibt. Die Vorbereitung auf diese Zeit sollte bereits im Wochenbett erfolgen, um den Eltern, und hier vor allem den Müttern, das schlechte Gewissen, das sie aus verschiedensten Gründen plagen kann, zu nehmen bzw. sie auf diese emotional schwierige Zeit vorzubereiten (vgl. z. B. Lukesch, 1981).

5. Gedanken zum Thema und Zusammenfassung

Vor allem die Entwicklung der letzten Jahre, hin zu der „natürlichen Geburt“ und dem „ungestörten Geburtserleben“, zeigt eine positive Entwicklung auf, wobei noch immer sehr viele Frauen berichten, daß Kliniken ihre Wünsche während der Geburt ignorieren bzw. die Geburt so gestalten, daß es einen möglichst geringen Aufwand für die Geburtshelfer bedeutet. Dabei konnte gezeigt werden, daß gerade das Gefühl der Umsorgtheit bei der Mutter zu einem schöneren Geburtserleben beiträgt, was sich wieder positiv auf die Beziehung zum Kind niederschlägt. Trotz der zahlreich angebotenen Hilfeleistungen während der Schwangerschaft wird noch immer zu wenig auf die psychische Situation der werdenden Eltern eingegangen. Es herrscht das Bild der strahlenden werdenden Mutter mit ihrem strahlendem Ehemann vor, wobei zu wenig auf die Eltern eingegangen wird, die diesem Idealtypus nicht entsprechen (Geschiedene, Stieffamilien, nicht Verheiratete etc.). Außerdem werden die Ängste und Befürchtungen während der Schwangerschaft noch zu wenig ernst genommen bzw. teilweise sogar tabuisiert, was vor allem bei der werdenden Mutter zu starken Konflikten und Versagensängsten führen kann. Es besteht auch zu wenig Aufklärung der Eltern über den sogenannten „Babyschock" unmittelbar nach der Geburt, der sich in Problemen in der Partnerschaft, Minderwertigkeitsgefühlen, Depressivität und dem Gefühl des Versagens zeigen kann. Viele Mütter kommen sich nach der Geburt „schlecht", „anders", „abnormal" vor, weil sie sich auf das Baby gefreut haben, nun zu Hause sind und das Gefühl haben, sie können zu ihrem Kind keine Bindung aufbauen, es nicht lieben, das Gefühl haben, daß ihre Partnerschaft leidet oder sie sich depressiv fühlen und die erwartete Freude und das erwartete Klischee der liebenden Mutter ausbleiben. Mütter und Väter sollten schon in den Geburtsvorbereitungskursen darauf vorbereitet werden. Auch können Hebammen, Krankenschwestern, ÄrztInnen und PsychologInnen die Wöchnerinnen schon im Wochenbett auf diese emotional schwierige Zeit vorbereiten, denn manchmal reicht es schon zu wissen, daß das, was man fühlt und durchmacht, „normal" ist.

Zusammenfassend läßt sich sagen, daß die Entwicklung der letzten Jahre eine positive ist, wenn es auch noch sehr vieler Weiterentwicklungen bedarf, bis eine Schwangerschaft nicht als Krankheit gilt und die Geburt nicht nur von ÄrztInnen und Hebammen bestimmt wird, sondern vor allem von der Mutter selbst; denn nur sie weiß in diesen Augenblicken, was wirklich gut für sie ist, auch wenn dies manchmal mit einem Mehraufwand seitens der GeburtshelferInnen verbunden ist.

6. Literatur

Bloom, D. E. (1984). Delayed Childbearing in the United States. *Population Research and Policy Review, 3*, 103-129.

Brähler, E. & Unger, U. (Hrsg.). (1996). *Schwangerschaft, Geburt und der Übergang zur Elternschaft.* Opladen: Westdeutscher Verlag.

Brüderl, L. (1982). *Formen der Bewältigung des Übergangs zur Elternschaft.* Unveröffentlichte Diplomarbeit, Universität Gießen.

Doering, S. G., Entwisle, D. R. & Quinlan, D. (1980). Modeling the quality of woman's birth experience. *Journal of Health and Social Behavior, 21*, 12-21.

Fthenakis, W. E. (1988). *Väter. Zur Psychologie der Vater-Kind-Beziehung* (Bd. 1). München: Deutscher Taschenbuch Verlag.

Gloger-Tippelt, G. (1988). *Schwangerschaft und erste Geburt. Psychologische Veränderungen der Eltern*. Stuttgart: Kohlhammer.

Grossmann, F. K., Eichler, L. S. & Winickoff, S. A. (1980). *Pregnancy, birth an parenthood.* San Francisco: Jossey-Bass Publications.

Leboyer, F. (1975). *Birth without violence.* New York: Knopf.

Lukesch, H. (1981). *Schwangerschafts- und Geburtsängste*. Stuttgart: Enke.

McFarlane, A. (1978). *Die Geburt*. Stuttgart: Klett-Cotta.

Mittag, O. & Jagenow, A. (1982). Psychosoziale Aspekte der Empfängnisverhütung, Schwangerschaft und Sterilität. *Medizinische Psychologie, 8*, 85-99.

Osofsky, H. J. & Osofsky, J. P. (1980). Normal adaption to pregnancy and new parenthood. In P. M. Taylor (Hrsg.), *Parent-Infant relationships* (pp. 25-49). New York: Grunde & Stratton.

Osofsky, J. D. & Osofsky, H. J. (1984). Psychological and developmental perspectives on expectant and new parenthood. In R. Parke (Hrsg.), *Review of child developmental research* (Vol. 7, pp. 372-398). Chicago: The University of Chicago Press.

Ragozin, A. S., Basham, R. B., Crnic, K. A., Greenberg, M. T. & Robinson, N. M. (1982). Effects of maternal age on parenting role. *Developmental Psychology, 18,* 627-634.

Zeits, C. R. & Prince, R. M. (1982). Child effects on parents. In B. B. Wolman (Eds.), *Handbook of developmental Psychology* (pp. 751-770). Englewood Cliffs / N. J.: Prentice Halls.

24. Kindkonzepte werdender Mütter

Katharina Kramlinger

1. Einleitung

Schon seit jeher macht sich der Mensch Gedanken über Geburt, Entstehung, Wachstum und Entwicklung seiner Nachkommen. Davon zeugen Märchen und Mythen. Auch sozialgeschichtliche Studien untersuchen Einstellungsänderungen über die Jahrhunderte, Kindern und Jugendlichen gegenüber (De Mause, 1980, zitiert nach Neckermann & Felder, 1996). Während Kinder früher – sobald sie arbeitsfähig waren – in den Arbeitsprozeß eingegliedert wurden und den Eltern auch zur „Altersvorsorge“ dienten, stellen Kinder und die Familie heute einen großer Wert an sich dar. Eltern machen sich in unserem Kulturkreis viele Gedanken über ihre Kinder und versuchen, ihnen das beste zu ermöglichen.
Im Rahmen der Psychologie, genauer gesagt der Entwicklungspsychologie, werden nicht nur Entwicklungsprozesse im Kindes- und Jugendalter untersucht, sondern auch die Elternschaft stellt ein wichtiges und sehr viele Menschen betreffendes Thema in der Entwicklung des Menschen dar.
Die Psychologie, die sich häufig mit sogenannten „kritischen Übergängen“ („critical life events“) beschäftigt, betont in diesem Zusammenhang den Übergang zur Elternschaft. Hier wiederum stellen Erkenntnisse zum Kindkonzept werdender Mütter einen wichtigen Baustein dar. Dieser soll in der folgenden Arbeit behandelt werden.

2. Das Kindkonzept – Versuch einer Definition

Unter dem Kindkonzept versteht man allgemein die Vorstellungen einer werdenden Mutter von ihrem Kind. Es liegt nahe, daß diese nicht in jedem Fall gleich sein werden, sondern von Fall zu Fall variieren. Der Zeitpunkt der Schwangerschaft stellt einen ersten wichtigen Einflußfaktor dar. Eine Mutter in der fünften Schwangerschaftswoche wird andere Vorstellungen von ihrem Kind haben als eine Mutter in der 34. Schwangerschaftswoche. Das steht natürlich in Zusammenhang mit dem Ausmaß, in dem sich die werdende Mutter gedanklich schon mit dem Kind und der Geburt auseinandersetzt. Weiters ist das Wissen der Mutter über die Embryonal- und Fötalentwicklung von großer Bedeutung. Auch ärztliche Untersuchungsmethoden und Informationen stellen einen wichtigen

Punkt dar. Ebenso wirken die eigene Mutterbeziehung, die Wahrnehmung von Säuglingen im Verwandten- und Bekanntenkreis, der Bildungsgrad der Mutter und die Gesprächsmöglichkeiten mit anderen Müttern auf das Kindkonzept einer werdenden Mutter (vgl. Neckermann & Felder, 1996).

3. Kurzer Abriß der embryonalen und fötalen Entwicklung und dabei ablaufender psychischer Empfindungen der Mutter

Um die Phasen der Entwicklung des Kindkonzepts werdender Mütter zu verstehen, muß man eine Vorstellung über die embryonale und fötale Entwicklung haben (s. Rauh, 1998). Das Wissen über die vorgeburtliche Entwicklung, aber auch das Empfinden der Mutter (s. Gloger-Tippelt, 1983, 1985, zitiert nach Brüderl, 1989; Gloger-Tippelt, 1988; Kap. 23) beeinflussen das Kindkonzept.

3.1. Zeitraum bis zur 12. Schwangerschaftswoche

Dieser Zeitraum wird allgemein als Embryonalzeit bezeichnet. In der zweiten Schwangerschaftswoche kommt es zur Einnistung der befruchteten Eizelle in die Gebärmutter. Der Kopf nimmt 50 % der Gesamtgröße des Embryos ein. Die Augen treten hervor, es kommt zur Lidbildung; Ohren, Nase, Lippen, Zahnknospen, Gliedmaßenknospen, Hände und Füße mit Ansätzen der Finger und Zehen sowie Handlinien entwickeln sich. Der Embryo ist am Ende der 12. Schwangerschaftswoche 2 cm groß.
Gloger-Tippelt (1983, 1985) nennt diesen Zeitraum die „Verunsicherungsphase“, gekennzeichnet durch die Erwartungen oder Befürchtungen einer positiv ausfallenden medizinischen Schwangerschaftsdiagnose (vgl. dazu ausführlich Kap. 23).

3.2. Zeitraum von der 12. bis zur 20. Schwangerschaftswoche

Ab der 12. Schwangerschaftswoche spricht man von der Fötalzeit. Es bilden sich erste Knochenzellen, die Augen sind noch geschlossen, Finger- und Zehennägel entwickeln sich, und das Geschlecht kann schon erkannt werden. Es folgt ein starkes Wachstum der unteren Extremitäten. Der Fötus setzt schon deutliche Aktivitäten. Es kommt zu aktivem Stoßen der Beine, Drehen des Kopfes, Schließen der Finger, Drehen des Handgelenks, Zwinkern, Runzeln der Stirne sowie Öffnen und Schließen des Mundes. Im fünften Schwangerschaftsmonat werden die Reflexe lebhafter und die Bewegungen von der Mutter spürbar. Der Fötus ist mittlerweile 16 cm groß.
In der Terminologie Gloger-Tippelts (1988) entspricht dieses Stadium der „Anpassungsphase“ (s. Kap. 23).

3.3. Zeitraum von der 20. bis zur 32. Schwangerschaftswoche

Nun erhält die Hautstruktur ihre endgültige Form. Die Augenlider öffnen sich, der Haarwuchs setzt ein, und der Herzschlag ist rasch. Der Fötus zeigt viel Spontanaktivität, Schlaf- und Wachzeiten verhalten sich wie beim Neugeborenen. Es sind Augenbewegungen bei geöffneten Augen, der Greifreflex und gelegentlicher Schluckauf möglich. Mittlerweile erreicht der Fötus am Ende der 32. Schwangerschaftswoche eine Größe von 35 cm.
Gloger-Tippelt (1988) beschreibt für diesen Zeitraum die „Konkretisierungsphase" (Kap. 23).

3.4. Zeitraum von der 32. Schwangerschaftswoche bis zur Geburt

Es kommt zu starker Unterhautfettbildung und Größenwachstum beim Fötus. Er ist sehr aktiv, aber mit seiner Größe von etwa 45 cm am Ende des neunten Schwangerschaftsmonats auch sehr eingekeilt. Bei Gloger-Tippelt (1988) wird dieser Zeitraum die „Phase der Antizipation und Vorbereitung" (Kap. 23) genannt.

4. Ein Integrationsmodell des Kindkonzepts

Aufbauend auf dem Wissen über die Embryonal- und Fötalentwicklung und auf dem Wissen über die psychische Befindlichkeit der Mutter kann man nun auch in der Entwicklung des Kindkonzepts einen Phasenverlauf feststellen (Gloger-Tippelt, 1988). Bis zur 20. Schwangerschaftswoche hat demnach die werdende Mutter nur unklare Vorstellungen über ihr Kind. Das Bewußtsein der Zeugung bzw. Konzeption eines Kindes ist das einzige Merkmal des bislang rudimentären Kindkonzepts. Ob das Kindkonzept positiv oder negativ ist, hängt vor allem von dem Grad der Erwünschtheit des Kindes ab („undifferenziertes Kindkonzept"). Ab der 20. Schwangerschaftswoche (also der Zeitraum der Anpassungsphase) setzen sich die Eltern verstärkt mit der vorgeburtlichen Entwicklung des Kindes auseinander. Dazu tragen vor allem drei Determinanten bei: Durch Ultraschaluntersuchungen wird das Kindkonzept klarer. Es kommt zu bildhaften Repräsentationen des Geschlechts, der Bewegungen und des Wachstums des eigenen Kindes. Auch führen die immer deutlicher werdenden Wahrnehmungen der Bewegungen des Fötus zu einer Veränderung des Kindkonzepts. Die Vorstellungen des Kindes sind von nun an in verschiedene Körperteile differenziert. Auch bewirkt die Geschlechtsbestimmung, daß das Kind als eigenständiges Wesen gesehen wird. Diesem werden auch vermehrt psychologische Merkmale wie Absichten, Wünsche und Bedürfnisse zugeschrieben („Kind als eigenständiges Wesen"). Ab der 32. Schwangerschaftswoche wird dann deutlich, daß die Geburt immer näher rückt. Die Vorstellungen vom Kind werden immer konkreter. In diesen Vorstellungen ist das Kind nun nicht mehr als Fötus, sondern als

individuelle Person nach der Geburt repräsentiert. Ihm werden eigene Merkmale zugeschrieben („Kind als individuelle Person“).
In Zusammenhang mit diesem Phasenmodell der Entwicklung des Kindkonzepts ergibt sich nun allerdings das Problem, daß es nicht für jede Frau in gleicher Art gelten kann. Jede Frau hat unterschiedliche Vorstellungen von Schwangerschaft und Geburt, die schon vor der Konzeption vorhanden sind. Neckermann und Felder (1996) stellen daher ein Integrationsmodell des Kindkonzepts vor: Jede Frau hat unterschiedliche Kognitionen über das „Kinderkriegen“ und die vorgeburtliche Entwicklung. Auch mit Aussehen, Eigenschaften und Verhalten von Neugeborenen, Säuglingen und Kleinkindern sind individuell unterschiedliche Kognitionen verbunden. Diese beginnen bei der Frau schon im Kleinkindalter beim eigenen Puppenspiel. Im Laufe der Schwangerschaft erfolgt dann vor allem bei Erstgebärenden eine Integrationsleistung dieser vielen Kognitionen zu einem Konzept vom „eigenen Kind“. (Die Erfassung dieser Kognitionen, die teilweise erst über bestimmte Emotionen erschlossen werden können, wird weiter unten dargestellt.)

5. Studien zum Kindkonzept

5.1. Kindkonzept und Bindung

Der Schluß liegt nahe, daß ein positives Kindkonzept zu einer positiven Bindung und Beziehung post partum führt. Dies wird auch durch zahlreiche Studien bestätigt: Leifer (1980, zitiert nach Neckermann & Felder, 1996) untersuchte in einer explorativen Studie 19 Erstgebärende mittels Interviews und Fragebögen. Sie stellte als Psychoanalytikerin die These auf, daß die emotionale Bindung an den Fötus prädikativ für die spätere Mutter-Kind-Beziehung ist. Im ersten Trimenon der Schwangerschaft ist die Bindung wenig affektiv. Auch ist noch eine Fehlgeburt möglich. Später kommt es durch die Bewegungen des Fötus zu einer tieferen Bindung. Die Gefühle der Mutter unterliegen einer kontinuierlichen Entwicklung. Formen des Bindungsverhaltens sind Sprechen mit dem Fötus, Schelten aufgrund schmerzhafter Bewegungen und Geben von Kosenamen.
Cranley (1981, zitiert nach Neckermann & Felder, 1996) untersuchte mit der Maternal-Fetal-Attachment-Scale Mütter im ersten Trimenon der Schwangerschaft. Es zeigte sich, daß dabei Gedankenkomplexe, die sich auf das Verhalten und die Einstellung der Mutter beziehen (wie z. B. „Unterscheiden von Selbst und Fötus“, „Rücksichtnahme auf die Schwangerschaft“, „Rollenübernahme“ und „Nestbau“) signifikant häufiger vertreten waren als kindbezogene Gedanken (wie z. B. „dem Fötus Eigenschaften zuschreiben“, „Interaktion mit dem Fötus“). Auch hier wird das Kindkonzept als Voraussetzung für Bindung gesehen. Die Bindung wird vertieft, wenn die Schwangere sicher ist, das Kind auszutragen. Der Zeitpunkt dieses „Sicher-Seins“ ist allerdings fraglich; es wird jener des

Ausschlusses des größten Fehlgeburtrisikos (12. Schwangerschaftswoche) bzw. der beginnenden Wahrnehmung der Kindesbewegungen (20. Schwangerschaftswoche) in Erwägung gezogen.
Lumley (1980, zitiert nach Neckermann & Felder, 1996) befragte 30 schwangere Frauen im ersten Trimenon. Es zeigte sich, daß diese keine Vorstellung vom Kind haben und berichten, es schwer visualisieren zu können. Wieder stellt der Zeitpunkt eine wichtige Einflußgröße dar.

5.2. Träume

In der psychoanalytischen Literatur wird die Schwangerschaft im Traum durch schwere Gegenstände, Mond, See und Holz symbolisiert dargestellt. Die Geburt wird in Träumen regelmäßig in Verbindung mit dem Wasser gebracht. Der Sturz ins Wasser symbolisiert das Gebären, aus dem Wasser kommen bedeutet geboren werden (Schuster & Springer-Kremser, 1994, S. 74). Träume stellen also einen unbewußten Zugang zum Kindkonzept dar.
Gillman (1968, zitiert nach Neckermann & Felder, 1996) berichtet von einer zunehmenden Zahl an Träumen in der Schwangerschaft. Naheliegenderweise werden in diesen auch häufiger die Inhalte der Schwangerschaft behandelt. Leifer (1980, zitiert nach Neckermann & Felder, 1996, S. 217) beschreibt Inhalte wie „Fruchtbarkeitssymbole, Ungewißheit über die Realität des Fötus und Sorge um die Normalität des Säuglings". Deutsch (1945, zitiert nach Neckermann & Felder, 1996) berichtet von Alpträumen über die Schädigung des Kindes und des eigenen Körpers.

5.3. Einfluß des Wissens vom Geschlecht

Die Vermutung liegt nahe, daß die Bekanntgabe des Geschlechts bestimmte Vorstellungen des Kindkonzepts hervorruft bzw. unterdrückt. Katz-Rothman (1986, zitiert nach Neckermann & Felder, 1996) geht davon aus, daß Knaben und Mädchen unterschiedlich beschrieben werden. Demnach werden weibliche Föten aufgrund ihrer Bewegungen eher als „nicht aktiv, nicht übermäßig energisch und nicht ungestüm" beschrieben. Männlichen Föten hingegen werden eher die Eigenschaften „stark und kräftig" zugeschrieben. Rubin, Provenzano und Luria (1974, zitiert nach Neckermann & Felder, 1996) berichten davon, daß weibliche Säuglinge trotz gleicher objektiver Erscheinung eher als „klein, hübsch und niedlich" beschrieben werden.

6. Methodische Erfassung des Kindkonzepts

Da auf dem Gebiet der Erforschung des Kindkonzepts erst sehr geringe Kenntnisse existieren, gibt es dazu verschiedene Zugangsmöglichkeiten – allerdings kein Standardverfahren.

6.1. Fragebögen

Häufig wird auf Fragebögen zur Erfassung der Befindlichkeit der Schwangeren während der Schwangerschaft, aber auch zur Erfassung des Kindkonzepts zurückgegriffen, woraus sich allgemeine Aussagen schließen lassen (sollen). Jeder Fragebogen entsteht aber aufgrund bestimmter theoretischer Annahmen und ist deshalb in seiner Aussage durch diese wiederum eingeschränkt; so auch der Fragebogen zum Kindkonzept von Gloger-Tippelt (zitiert nach Neckermann & Felder, 1996), der einem Integrationsmodell des Kindkonzepts (s. o.) nicht genügen kann.

6.2. Interviews

Eine weitere Möglichkeit zur Erfassung des Kindkonzepts stellt die Durchführung von Interviews dar. Diese Methode wandten Neckermann und Felder (1996) an, um ihr Integrationsmodell des Kindkonzepts zu untersuchen. Aufgrund des Literaturstudiums werden relevante Bereiche beschrieben. Zu manchen Bereichen werden die Schwangeren in allen Interviews befragt, zu manchen nur Schwangere zu einem bestimmten Zeitpunkt. In der Untersuchung von Neckermann und Felder (1996) wurde das erste Interview in der 14. Schwangerschaftswoche durchgeführt. Die Schwangeren wurden zu folgenden Themen befragt: Lebenslauf, Erwünschtheit und Geplantheit der Schwangerschaft, körperliche Befindlichkeit, Kindkonzept, Selbstkonzept, Paarbeziehung, soziales Umfeld, medizinische Vorsorgemaßnahmen, Sorge um das Kind, Zukunftsvorstellungen etc. Weitere Interviews wurden zwischen der 14. und der 16., 16.-20., 20.-24., 24.-32. und 34.-40. Schwangerschaftswoche sowie in der 4.-6. Woche post partum durchgeführt. Die Auswertung erfolgte auf modifizierte Art der strukturellen Inhaltsanalyse nach Mayring (1997). In diesem Zusammenhang erschienen im Interview vor allem drei Hauptdimensionen sehr wichtig: schwangerschaftsbezogene, körperbezogene und kindbezogene Themen. Die kindbezogenen Themen bezogen sich vor allem auf den Fötus, das Kind post partum, Kinder allgemein und das Kind als Topos. Beim Fötus und Säugling wurden Aussehen, Persönlichkeit und Interaktion differenziert. Daraufhin wurden parallel zur Rekonstruktion des jeweiligen Kindkonzepts die Interviews hermeneutisch analysiert.

6.3 Die Repertory-Grid-Technik

Die Repertory-Grid-Technik, welche auch zur Erfassung des Integrationsmodells des Kindkonzepts (Neckermann & Felder, 1996) eingesetzt wurde, ist ein sogenanntes idiographisches Verfahren. Ausgegangen wird hier vom Einzelfall, wobei durch Weiterentwicklung auch allgemeine Aussagen möglich sind (Scheer & Catina, 1993, zitiert nach Neckermann & Felder, 1996). Dieses Verfahren geht auf George Kelly (1955, zitiert nach Neckermann & Felder, 1996) zurück. Normalerweise wird im Zuge dieses Verfahrens verbales Material nach persönlichen Konstrukten eingeordnet und bewertet. Neckermann und Felder (1996) verwenden dieses Verfahren in modifizierter Form: Sie bieten bildhaftes Material zur Schwangerschaft, Geburt und postpartalen Zeit in Form von Bildkarten dar. So werden beispielsweise das geborene Kind als zufriedener Säugling, Kind mit Down-Syndrom sowie weibliches und männliches Kleinkind dargestellt. Die Kategorie „postpartale Interaktion“ wird durch die Dreiergruppe von Mutter, Vater und Kind, eine typische Stillsituation und einen schreienden Säugling dargestellt. Schwangerschaftsbezogenes Verhalten wird durch Genußmittel, Schwangerschaftsvorsorgeuntersuchung und eine Untersuchung im Kreißsaal verdeutlicht. Zu guter letzt bilden das Bild einer Frau unter Preßwehen und einer ruhenden Frau mit dickem Bauch die Kategorie „körperbezogene Aspekte“. Die Befragte muß nun die Bildkarten in eine Reihenfolge bringen, in der am Anfang dasjenige Bild vorzufinden ist, das die Vorstellung verkörpert, die im Moment für die Frau die größte Aktualität hat. Sie muß nun zu jedem Bild eine Eigenschaft nennen. Jedes Bild wird in Folge zu jedem Zeitpunkt der Untersuchung auf einer 6-Punkte Skala mit einem Pol (die von der Frau genannte Eigenschaft) und einem Kontrastpol (die gegenteilige Eigenschaft) bewertet. Die statistische Analyse erfolgt dann aufgrund der zugrundeliegenden Dimensionen der Bewertung für die jeweilige Frau. Es können somit auch Veränderungen im jeweiligen Kindkonzept festgestellt werden. Wie bereits erwähnt, werden durch diese idiographische Methode jedoch nur Einzelfälle dargestellt.

7. Zusammenfassung

Unter dem Kindkonzept versteht man alle Vorstellungen einer werdenden Mutter über ihr Kind. Auf die Art des Kindkonzepts wirken – was naheliegt – der Zeitpunkt der Schwangerschaft, Gedanken, die sich die Mutter schon über die vorgeburtliche Entwicklung gemacht hat, ärztliche Untersuchungsmethoden, wie z. B. die Ultraschalluntersuchung, die Bildung der Mutter, die eigene Mutterbeziehung und die Gesprächsmöglichkeiten der Mutter mit anderen Müttern. Das Kindkonzept kann sich in Träumen verdeutlichen. Ein positives oder negatives Kindkonzept kann für eine positive oder negative Bindung post partum verantwortlich sein. Auch die Bestimmung des Geschlechts ruft bestimmte Gedanken im Kindkonzept hervor, beziehungsweise kann sie unterdrücken.

Da das Kindkonzept vom Zeitpunkt der Schwangerschaft abhängig ist, folgt es einer Entwicklung. Zu Beginn der Schwangerschaft hat die Schwangere nur vage bis gar keine Vorstellungen vom Kind. Das Bewußtsein der Konzeption herrscht vor. Mit dem Ausschluß des größten Fehlgeburtsrisikos in der 12. Schwangerschaftswoche, der ersten Ultraschalluntersuchung und der Wahrnehmung der Kindesbewegungen durch die Mutter wird das Kindkonzept deutlicher. Vor der

Geburt wird das Kind dann zunehmend als Person mit eigenen Eigenschaften, Wünschen und Bedürfnissen wahrgenommen.
Auf methodischem Wege kann das Kindkonzept sowohl nomothetisch mittels Fragebögen als auch idiographisch, z. B. durch die Repertory-Grid-Technik, erfaßt werden.

8. Gedanken zum Thema

Die Entwicklung des Kindkonzepts stellt ein sehr wichtiges Kapitel in der Entwicklungspsychologie und damit in der Forschung der „kritischen Übergänge", genauer gesagt in der Forschung zum „Übergang zur Elternschaft", dar. Die Art des Kindkonzepts wirkt auf die Bindung zu Mutter und Vater nach der Geburt, sie beeinflußt also diese Übergangsphase erheblich. Gerade deshalb scheint es erstaunlich, daß auf diesem Gebiet erst sehr wenige Forschungsarbeiten existieren, was vielleicht auch an der recht schwierigen Zugangsweise zum Kindkonzept und an einer mangelnden allgemeingültigen Theorie dazu liegt.
Die Beziehung zum eigenen Kind bildet sich wesentlich früher als allgemein vermutet, was wiederum die klinische Relevanz deutlich erhöht. Man denke nur an Frauen, die einen Schwangerschaftsabbruch vornehmen oder einen Abortus erleben. Nur sehr selten wird an eine psychologische Stützung dieser Frauen, die diesen kritischen Übergang nun doch nicht erleben, gedacht.
Alles in allem erscheinen die Ergebnisse zum „Kindkonzept werdender Mütter" sehr plausibel, weitere Forschungsarbeit auf diesem Gebiet ist jedoch noch notwendig, schon allein deshalb, weil das Kindkonzept auch aufgrund des rasanten medizinischen Fortschritts und der sich immer weiterentwickelnden Untersuchungsmethoden (z. B. 3D-Ultraschall) Veränderungen unterliegt. Auch weitere Fragen, wie der Einfluß von Kultur und Alter der Mutter auf das Kindkonzept oder das Kindkonzept alleinstehender Mütter bleiben noch unbeantwortet. Es handelt sich also insgesamt um ein sehr interessantes Thema, bei welchem noch weiterer Forschungsbedarf gegeben ist.

9. Literatur

Brüderl, L. (1989). *Entwicklungspsychologische Analyse des Übergangs zur Erst- und Zweitelternschaft.* Regensburg: Roderer Verlag.

Gauda, G. (1990). *Der Übergang zur Elternschaft. Eine qualitative Analyse der Entwicklung der Mutter- und Vateridentität.* Frankfurt / Main: Peter Lang.

Gloger-Tippelt, G. (1988). *Schwangerschaft und erste Geburt. Psychologische Veränderungen der Eltern.* Stuttgart: Kohlhammer.

Mayring, P. (1997). *Qualitative Inhaltsanalyse. Grundlagen und Techniken* (6., durchgesehene Aufl.). Weinheim: Deutscher Studien Verlag.

Neckermann, S. & Felder, H. (1996). Frauen beim Übergang zur Mutterschaft: Präpartale Vorstellungen werdender Mütter über Ihr erwartetes Kind. In E. Brähler & U. Unger

(Hrsg.), *Schwangerschaft, Geburt und der Übergang zur Elternschaft* (S. 213-244). Opladen: Westdeutscher Verlag.

Rauh, H. (1998). Frühe Kindheit. In R. Oerter & L. Montada (Hrsg.), *Entwicklungspsychologie. Ein Lehrbuch* (4., korrigierte Aufl.). Weinheim: Psychologie Verlags Union.

Schuster, P. & Springer-Kremser, M. (1994). *Bausteine der Psychoanalyse.* Wien: WUV-Universitätsverlag.

25. Die Rolle der Väter während Schwangerschaft und Geburt

Sabine Radosztics

1. Einleitung

Das folgende Kapitel soll das Thema der Schwangerschaft und Geburt aus der Sicht des Mannes beleuchten. Die meisten Arbeiten zu dieser Thematik konzentrieren sich nur auf die Frau; hier geht es primär um das Erleben der Schwangerschaft und Geburt durch die Männer, deren Ängste, Motive und Erwartungen. Die Informationen stammen hauptsächlich aus Studien über Väter, die bereits das Geburtserlebnis hinter sich haben, aber es wird auch über praktische Hinweise für den werdenden Vater berichtet.

2. Das Erleben der Schwangerschaft durch den Vater

Die Schwangerschaft läßt sich in Drittel, auch Trimenon I, II und III, von je ca. 12.5 Wochen einteilen. Helmut W. Mallmann (1992) beschriebt die Auswirkungen von körperlichen und psychischen Prozessen der Schwangerschaft, v. a. auch für Mann wie folgt:

1) *Das erste Schwangerschaftsdrittel:* Die Beziehung zum erwarteten Baby findet vor allem durch die Phantasie statt (wie wird das Kind aussehen? wird es ein Junge oder ein Mädchen? usw.). Da die Umwelt die Schwangerschaft noch nicht wahrnimmt, handelt es sich um ein sehr intimes Erlebnis. Die Schwangerschaft steht aufgrund der Alltagsroutine noch nicht im Vordergrund. Erste Grenzen für den Mann zeigen sich durch die aufgrund der Stoffwechselvorgänge auftretende Müdigkeit der Frau. Aufgrund der vorgeburtlichen Untersuchungen bereits am Anfang der Schwangerschaft spielt die Frage des Gesundheitszustandes des Kindes eine Rolle. Im psychischen Bereich treten bei Mann und Frau häufig ähnliche Empfindungen auf, z. B. Angst vor einer Behinderung des Kindes.
2) *Das zweite Schwangerschaftsdrittel:* Aufgrund von Erzählungen der Partnerin (die nun die ersten Kindesbewegungen registrieren kann) entwickelt der Mann nun konkrete Vorstellungen von seinem Kind. Mit Fortschreiten der Schwangerschaft kann auch er das Kind spüren. Mit etwas Ausdauer und

Geduld können die Männer allmählich auch vom Kind Reaktionen auf ihre Berührungen empfangen. Aus Berichten von Geburtsvobereitungskursen geht hervor, daß im sozialen Umfeld der Väter durchaus von positiven körperlichen Erlebnissen berichtet werden darf. Im beruflichen Umfeld wird ihnen eine fast unangenehme Vertraulichkeit von seiten der Kollegen, die schon Väter sind, entgegengebracht.

3) *Das letzte Schwangerschaftsdrittel:* Aufgrund der Größe des Kindes führt die seelische und körperliche Belastung der Frau zum Überdruß dieses Zustandes wovon auch der Mann letztendlich betroffen ist und die Geburt herbeisehnt. Diese Phase ist gekennzeichnet durch viele Ängste, betreffend den Geburtstermin, -Verlauf usw. Oftmals werden diese Ängste durch die Umgebung verstärkt. Eltern bekommen nicht selten, kurz vor der Geburt, von wenig feinfühligen Bekannten schaurige Geburtsgeschichten erzählt.

Eine explizite Differenzierung von männlichem Erleben der Schwangerschaft stellt auch das *Phasenmodell der Entwicklung des Vaterschaftserlebens* von May (1985, zitiert nach Vogl, 1992, S. 8) dar:

1) Die *erste Phase* bezieht sich auf das Gewahrwerden der Schwangerschaft und löst bei Vätern, je nach Erwünschtheit Glücksgefühle aber auch Angst und Verzweiflung aus.
2) In der *zweiten Phase* erfolgt eine Anpassung an die Realität der werdenden Vaterschaft. Schwierigkeiten stellen hier die Entwicklung der Bedürfnisse der Partner in unterschiedliche Richtungen dar. Die werdende Mutter sucht verstärkt Zuwendung, Nähe und Unterstützung des Partners, der sich aber emotional von der Schwangerschaft distanziert. Mit der zunehmenden Auseinandersetzung des Vaters mit den eigenen Gefühlen einerseits und dem Wahrnehmen der körperlichen Veränderungen der Frau andererseits wächst auch in werdenden Vätern eine Bereitschaft zur Vaterschaft.
3) Daran schließt die *letzte Phase*, die der Aufmerksamkeit. Die hörbaren Herztöne des Kindes machen es real, und so wird die eigene Person als Vater definiert. Erst die Bereitschaft zur Vaterschaft macht die Väter auch gewillt, sich aktiv mit dem Schwangerschaftsgeschehen auseinanderzusetzen und sich auf die Geburt des Kindes und die Elternschaft entsprechen vorzubereiten.

Die Arbeit von Engel (1982, zitiert nach Vogl, 1992, S. 10- 11) liefert Hinweise, wie eine postulierte Bedrohung für das Erleben des Mannes beim Übergang zur Vaterschaft konkretisiert werden kann. Zur Frage der Abwehrmomente gegen das Vatersein und der empfundenen Bedrohung führten alle Männer die Angst an, über das gemeinsame Kind auf unbestimmte Zeit an die bestehende Zweierbeziehung gebunden zu sein, was eine langfristige wechselseitige Abstimmung von Arbeit, Wohnort, Freizeit etc. bedeutet und damit den Verlust der „männli-

chen Freiheit". Weiters schreibt er, daß die befragten Männer in der ersten Zeit der Schwangerschaft von einem Gefühl des „Draußenseins", der Abgeschnittenheit von der sinnlichen Erfahrung des entstehenden Lebens und des „Ausgeschlossenseins von der wachsenden Einheit Mutter-Kind" berichteten. Einen Wendepunkt stellt die erste indirekte Kontaktaufnahme zum Kind, über Strampelbewegungen, Ultraschall und den wachsenden Bauch dar. Die Situation, Vater zu werden wird konkreter und greifbarer. Sie verliert den diffusen und abstrakten Charakter der ersten Zeit und ermöglicht eine erste emotionale Bindung an das Kind; eine Anteilnahme an der Schwangerschaft fällt leichter.
Mit der Umbruchsituation der ersten Schwangerschaft der Frau treten beim Mann auch eine ganze Reihe verschiedener *Angstinhalte* hervor (Stippig, 1983 zitiert nach Vogl, 1992, S. 29-30): Es entsteht eine Überforderungsangst dadurch, daß der Mann die materielle Basis der Familie sicherstellen muß und sich im Beruf voll engagiert, gleichzeitig aber emotional bei seiner Frau und seinem Kind, wo der Umbruch in eine neue Form seiner Identität als Mann stattfindet, sein sollte. Als weiteren Angstinhalt führt Stippig die Angst „durch das Kind entthront zu werden" an. Die Männer empfinden die Tatsache, nicht mehr der einzige für ihre Frau zu sein und die Verlagerung des Mittelpunktes auf das Kind als sehr bedrohlich. Eine generelle Identitätsunsicherheit kommt durch die Angst, den eigenen Erziehungsansprüchen nicht gerecht zu werden und bei der Pflege und Versorgung des Kindes nicht gewandt und geschickt genug zu sein, zum Tragen.

2.1. Die Einstellung des Vaters zur Schwangerschaft

Bezüglich der unterschiedlichen Einstellung zur Schwangerschaft fand McCorkel (1964, zitiert nach Fthenakis, 1988, S. 106) drei Gruppen werdender Väter:

1) Väter mit romantischer Haltung, bei denen die Schwangerschaft – aufgrund der größeren, als negativ empfundenen ökonomischen Verantwortung – Schuldgefühle erzeugt;
2) Väter mit Karriere-Orientierung, von denen die Schwangerschaft als Last empfunden wird;
3) Väter mit familiärer Orientierung, welche die neue Verantwortung schnell akzeptieren.

Im folgenden sollen einige Determinanten der väterlichen Einstellungen zur Schwangerschaft und Geburt kurz betrachtet werden.
In einem Fragebogen von Scott-Heyes (1980, 1982, zitiert nach Fthenakis, 1988) erwies sich das Alter als entscheidend für die Einstellung der werdenden Väter. Väter, die jünger als 26 und älter als 40 alt Jahre waren, reagierten weniger positiv auf die Schwangerschaft als Väter zwischen 26 und 40. Weiters spielte die Schichtzugehörigkeit des Mannes eine Rolle. Mit der Statusposition

des Mannes nahm seine positive Einstellung zum emotionalen Zustand der Schwangeren, wie auch zum Faktor allgemeiner Einbezug in Schwangerschaft und Geburt zu. Lukesch (1977, zitiert nach Fthenakis, 1988) stellte fest, daß die Intaktheit der Herkunftsfamilie des Vaters eine günstige Voraussetzung für die eigene Haltung der Schwangeren gegenüber darstellt. Nach Brüderl (1982, zitiert nach Fthenakis, 1988) steht bei Männern die Geplantheit und Erwünschtheit einer Schwangerschaft in engem Zusammenhang mit der Akzeptanz des Kindes. Die Qualität der Ehepartnerbeziehung ist ebenfalls eine wesentliche Einflußvariable. Eine positive Grundhaltung dem Partner gegenüber und eine realistische Einschätzung der Ehe reduziert das Ausmaß der Belastungen, die von der Schwangerschaft ausgehen, und führt seltener zum Auftreten von Geburtskomplikationen (Lukesch, 1975, zitiert nach Fthenakis, 1988).
Vorausgesetzt es herrscht eine positive Grundhaltung des Mannes zur Schwangerschaft und Geburt vor, so besteht die wichtigste Rolle des Mannes in der emotionalen Unterstützung seiner Frau. Dies erleichtert den Rollenübergang von der Ehefrau zur Ehefrau und Mutter. Es wird auch über positive Auswirkungen auf das Kind berichtet, zum Beispiel von Grossmann, Eichler und Winickhoff (1980, zitiert nach Fthenakis, 1988): Kinder von emotional unterstützten Müttern zeigten sich kurz nach der Geburt weniger irritierbar und waren zwei Monate nach der Geburt in einer besseren körperlichen Verfassung. Fthenakis (1988) sieht einen engen Zusammenhang zwischen der emotionalen Unterstützung der Schwangeren und der Haltung des Vaters in sexueller Hinsicht. Die Schwangerschaft beeinflußt das sexuelle Verhalten von Mann und Frau, was im allgemeinen durch eine Abnahme der sexuellen Qualität gekennzeichnet ist. Trotzdem scheint es für die schwangere Frau wichtig zu sein, für ihren Mann körperlich attraktiv zu bleiben (Libenberg, 1969; McCorkel, 1964, zitiert nach Fthenakis, 1988). Scott-Heyes (1980, zitiert nach Fthenakis, 1988) wies nach, daß Männer, die positiv zur Vaterrolle eingestellt waren, sich ihren Frauen gegenüber sowohl in der Schwangerschaft als auch nach der Geburt stärker zugeneigt zeigten.
Als förderlich (für die Praxis) lassen sich für Väter daher beispielsweise folgende Hinweise ableiten:

- die Teilnahme an möglichst allen Vorbereitungen auf die Ankunft des Kindes (Babysachen besorgen, Vornamen aussuchen usw.);
- gemeinsam mit der Frau überlegen, wie man ihr während der Schwangerschaft helfen kann;
- Begleitung der Frau bei einem Frauenarztbesuch und eventuelle Teilnahme an einem Geburtsvorbereitungskurs;
- Informationen über die Babypflege einholen.

Dies gibt auch der Frau deutliche Hinweise, daß der Vater ebenfalls von Anfang an für das Kind da sein wird. Umgekehrt sollte die Frau ihren Mann in ihre Überlegungen und Gedanken miteinbeziehen und mit ihm über Freude und Ängste sprechen. Ihr soll bewußt werden, daß ihre Schwangerschaft auch das Leben ihres Mannes verändert. Daher ist es auch wichtig, mit dem werdenden Vater über seine Sorgen zu sprechen.

3. Die Anwesenheit des Vaters bei der Geburt

Heute ist die Anwesenheit des Vaters bei der Geburt des Kindes bereits zu einer Selbstverständlichkeit geworden. Davor liegt jedoch eine längere Auseinandersetzung, die laut Bullinger (1983, zitiert nach Fthenakis, 1988) Ende der 60er-Jahre begann. Die Frauenbewegung wehrte sich gegen die Vorherrschaft der Ärzte, die nicht nur (freipraktizierende) Hebammen, sondern auch die Väter aus dem Geburtsgeschehen verdrängten. Gleichzeitig wurde in den Kliniken ein technischer Standard zur Überwachung der Geburten erreicht, der es den Hebammen erlaubte, mehrere Geburten parallel zu begleiten. Zu dieser Entwicklung kam die männliche Einstellungsänderung zu Schwangerschaft und Geburt. Um die persönliche Betreuung der Gebärenden zu gewährleisten und dem qualvollen Warten vor dem Kreißsaal ein Ende zu setzen, hielten die Männer Einzug in den Kreißsaal. Mit der sexuellen Revolution der 70er-Jahre, welche einen Abbau der Tabuisierung des Intimbereiches der Frau mit sich brachte, fielen die letzten Hemmungen, die früher den Vätern die Anwesenheit bei der Geburt unmöglich machten.
Dennoch wurden Väter bis zum Beginn der 70er-Jahre noch häufig vom Klinikpersonal davon abgehalten, der Geburt ihres Kindes beizuwohnen. Die Gründe reichten von der Sorge, ob die „Hygiene“ gewährleistet werden könne über die zusätzliche Belastung durch den Mann für die Mutter und das Klinikpersonal bis hin zur Annahme, daß der abschreckende Anblick der Geburt künftige sexuelle Beziehungen für den Mann unmöglich machen würde.

3.1. Ängste der Väter

Die Frau bei der Geburt zu begleiten, ist trotz der heutzutage großen Vaterbeteiligung im Kreißsaal für manche Männer unvorstellbar. Adam, Daimler und Korbei (1986) befassen sich in ihrem Buch „Kinder kriegen“ mit den drei häufigsten Ängsten der Väter:

1) „Ich störe durch meine Nervosität mehr als ich nütze.“ Selbst Partner, die nur „halbfreiwillig“ ihre Frauen begleiten, stellen fast in allen Fällen eine Hilfe dar und machen nicht als hysterische Väter den Kreißsaal rebellisch.

2) „Ich werde ohnmächtig weil ich kein Blut sehen kann.“ Der intensive Kontakt zur Partnerin läßt den Mann in die Situation hinein wachsen und den Geburtsakt als schönes bereicherndes Erlebnis erfahren.
3) „Ich werde impotent.“ Das gemeinsame Erleben dieses intimen Vorgangs hat oft sogar sehr positive Auswirkungen auf das Sexualleben.

3.2. Motive zur Teilnahme an der Geburt

Fragen zur Motivation zum gemeinsamen Geburtserlebnis widmet sich Schneider (1976, 1978 zitiert nach Vogl, 1992, S. 24). In seiner Studie explorierte er, ob bestimmte Persönlichkeitsstrukturen wie neurotische Tendenzen, Ängstlichkeit, Vorurteile, Ich-Stärke und Scheu für das gemeinsame Geburtserlebnis ausschlaggebend sind. Folgende Motive für die Anwesenheit während der Geburt wurden von Vätern genannt:

- Hilfe und moralische Unterstützung für die Ehefrau;
- ein auf Partnerschaft und Gemeinsamkeit ausgerichtetes Eheleben, gemeinsame Lösung von Konfliktsituationen;
- Wunsch nach Intensivierung der ehelichen Bindung durch das gemeinsame Geburtserlebnis;
- Vorstellung, durch das Miterleben eine besonders enge Bindung zum Kind zu bekommen;
- Neugierde und die
- Möglichkeit der Überwachung und Betreuung während der Entbindung.

Die bei der Geburt anwesenden Männer zeichneten sich durch eine geringere neurotische Grundstruktur, geringere Angsthaltung und Überlegenheit an Ich-Stärke gegenüber ihren Ehefrauen aus. Somit wird die Motivation auch durch die Persönlichkeitsstruktur der Ehefrau und die Konfliktbewältigung des Ehemannes mit beeinflußt. Ferner wurde bei den Ehemännern, die an der Entbindung teilnahmen, neben einem besonderen Interesse an der Geburt und Schwangerschaft auch eine gute Einfühlsamkeit und die Fähigkeit, Gefühle frei zu äußern, festgestellt. Sie entsprachen somit nicht dem Stereotyp des „harten“ Mannes.

3.3. Bedeutung der Geburtsvorbereitung

Inwiefern eine unterschiedliche Geburtsvorbereitung sowie die Anwesenheit bei der Geburt Effekte auf das Erlebnis der Geburt als positiv oder negativ haben, wurde von Cronenwett und Newmark (1974, zitiert nach Vogl, 1992, S. 27) untersucht. Es zeigte sich, daß die Geburten mit vorbereiteten anwesenden Vätern am günstigsten verliefen: sie dauerten nicht nur am kürzesten, sondern die Frauen benötigten auch am wenigsten Medikamente.

Im Rahmen einer Längsschnittstudie von Bartoszyk und Nickel (1986) wurde der Einfluß von Säuglingspflegekursen auf das väterliche Pflegeverhalten durch einen Vergleich von entsprechend vorbereiteten und unvorbereiteten Vätern, dargestellt. Bedeutsame Unterschiede ergaben sich im Bereich der alltäglichen und der speziellen Betreuungsaufgaben. Vorbereitete Väter übernehmen sowohl signifikant häufiger Aufgaben wie das Wickeln oder das abendliche Einschlafzeremoniell als auch spezielle Aufgaben, wie das signifikant häufige Tragen der Kinder (mittels Tragetuch) am Körper. Somit wurde insgesamt die Hypothese bestätigt, daß die Qualität der frühen Vater-Kind-Interaktion durch praktische Vorbereitungsmaßnahmen gefördert wird.

3.4. Entscheidung zur Beteiligung an der Geburt

Wimmer-Puchinger (1982 zitiert nach Vogl, 1992, S. 28-29) äußert sich sehr skeptisch gegenüber einer unreflektierten Glorifizierung des Geburtserlebnisses und einer unreflektierten Bejahung einer Vaterbeteiligung an der Geburt. Starke Abhängigkeitsbeziehungen oder unausgesprochene Leistungsanforderungen an die Frau können dazu führen, daß der Vater den Geburtsverlauf stört.
Aspekte, die bei einer Entscheidung über die Vaterbeteiligung berücksichtigt werden sollen, werden von Schindler (1978) zusammengefaßt:

- keine pathologische Persönlichkeit: ein Mann mit mangelnder emotionaler Kontrolle oder großer Ängstlichkeit wäre für die Frau eher belastend als hilfreich;
- gute emotionale Beziehung zur Partnerin;
- befriedigendes Sexualleben. Harmonie, die mit der Akzeptierung der jeweiligen Geschlechtsrolle zusammenhängt, ist wichtig, wenn die Anwesenheit bei der Geburt die Selbstachtung für die Partnerbeziehung stärken soll;
- Besuch eines Vorbereitungskurses bzw. entsprechende Informationen über den Geburtsvorgang: der Mann sollte wissen, wie er seine Frau am besten unterstützen und dem Geburtshelferteam nützen kann.

Auch Bullinger (1983, zitiert nach Fthenakis, 1988) betont die freie Entscheidung der Väter und wehrt sich gegen eine Verhaltensnorm, welche die Väter unter Druck setzt. Zur Klärung für oder gegen eine Teilnahme an der Geburt bietet er den Vätern einige praxisrelevante Fragen an:

- Sind die Erwartungen meiner Frau und der Druck meiner Umgebung die einzigen Gründe für meine Teilnahme an der Geburt?
- Möchte mich meine Frau wirklich bei der Geburt dabei haben oder ist sie sich da selbst unsicher? Will sie es vielleicht nur, weil es auch andere so machen?
- Welche meiner Gefühle sprechen für eine Teilnahme, welche dagegen?

- Wie reagiere ich in extremen Streßsituationen? Habe ich Befürchtungen, daß die Geburtssituation mich überfordern könnte, Angst zu versagen?
- Kann ich es nur schwer ertragen, wenn ich meine Frau leiden sehe?

3.5. Die Rolle des Vaters während der Geburt

Zahlreiche Untersuchungen zeigen, daß die Anwesenheit des Vaters während der Geburt überwiegend positiv beurteilt wird. Bei Wimmer-Puchinger (1982, zitiert nach Fthenakis, 1988, S. 135) geht die positive Beurteilung durch den Wunsch der Frauen (in diesem Fall 92 %) und der Männer (79 %) auf jeden Fall die Geburt eines weiteren Kindes wieder zusammen erleben zu wollen, hervor. Männer übernehmen im Kreißsaal eine Menge von Rollen, den Vermittler von Problemen, Geburtshelfer, Psychologen und die Stütze.
Aus drei Gründen scheint die Anwesenheit werdender Väter bei der Geburt für Richmann (1980, zitiert nach Mallmann, 1992) wünschenswert:

- sie stehen ihren Frauen bei, erleichtern ihnen das Warten und entlasten das Klinikpersonal;
- sie bleiben wacher Zeuge des Geburtsvorganges, während die Frauen aufgrund medizinischer Behandlung oft nicht wissen, was wirklich geschah und
- sie haben das Gefühl, ein wichtiges Ereignis gemeinsam mit ihrer Frau bewältigt zu haben. Die Geburt wird als Eröffnungsritus für einen neuen Lebenszyklus der Familie angesehen.

Whollett, White und Lyon (1982, zitiert nach Mallmann, 1992) führen weiters noch die Aufrechterhaltung des Kontaktes zwischen der Mutter und dem klinischen Personal und zwischen der Mutter und der Familie an. Ebenso erwähnen sie, daß der anwesende Vater die Angst und Aufregung seiner Frau teilt und ihr hilft, sich während der Wehen zu entspannen. Letztendlich geht es um das „Dabeisein“, welches die physische und psychische Anwesenheit bezeichnet. Eine Parallele zeigt sich im Sport. So darf etwa der Trainer einer Spitzensportlerin während des Wettkampfes zwar keine Tips geben, dennoch wird er beim Wettkampf dabeisein, weil er um seinen Einfluß auf die Sportlerin Bescheid weiß. Es hilft eben einfach, jemanden bei sich zu wissen, dem man vertraut. Das gibt Zuversicht und Stärke – auch in schwierigen Situationen.
Abschließend dazu sei nun kurz erwähnt, wie der Mann als Sekundant bei der Geburt die Frau bei ihrer Schwerstarbeit praktisch unterstützen kann: die Lippen befeuchten, die Lippen einfetten, die Stirn kühlen, das Kreuzbein massieren, Schmerzpunkte streicheln, festhalten, umarmen, motivieren, anspornen, beschwichtigen, bestärken, mitatmen, Halt geben und liebkosen. Er kann ihr auch tatkräftig „unter die Arme“ greifen, indem er sie stützt, um die Erweiterung des Bewegungsspektrums der Frau zu gewährleisten (Mallmann, 1992).

4. Zusammenfassung

Im ersten Teil der Arbeit wird die Position der Väter während der Schwangerschaft näher beleuchtet. Während sich das Erleben der Schwangerschaft im psychischen Bereich nicht allzusehr von jenem der Mutter unterscheidet, so beziehen sich die Ängste der werdenden Väter auf den Verlust der Freiheit, die Überforderung, die „Entthronung" und das der Situation Gewachsen-Sein. Die Einstellung der Väter zur Schwangerschaft wird durch verschiedene Determinanten, wie die Schichtzugehörigkeit, die Erwünschtheit der Schwangerschaft usw., beeinflußt. Eine besondere Bedeutung hat die emotionale Nähe zu seiner Partnerin während der Schwangerschaft, die ihr eine leichtere Übernahme der Mutterrolle ermöglicht.
Weiters beschäftigt sich die Arbeit mit dem Thema der Geburtsanwesenheit von Vätern. Als Motive zur Teilnahme werden Hilfe und Unterstützung der Partnerin, der Wunsch nach Intensivierung des Partnerschaftserlebens und des Kontaktes zum Kind sowie die Neugierde und die Möglichkeit der Überwachung der Geburt genannt. Die Rolle des Vaters während der Geburt ist sehr vielfältig und reicht vom Geburtshelfer, Psychologen, Vermittler zwischen dem Klinikpersonal und der Mutter bis hin zur Stütze seiner Ehefrau. Die zunehmende Anwesenheit der Väter während der Geburt wird überwiegend positiv beurteilt.

4. Gedanken zum Thema

Das Thema „Die Rolle des Vaters während der Schwangerschaft und der Geburt" hat eine relativ kurze Geschichte hinter sich. Im Gegensatz zu früher ist es heutzutage selbstverständlich geworden, daß der Mann seine Frau in den Kreißsaal begleitet. Nur mehr eine Minderheit von Frauen entbindet ohne die Unterstützung ihres Mannes. Es stellt sich jedoch die Frage, ob sich wirklich ein Einstellungswandel in der Männerwelt vollzogen hat, oder ob die Männer einfach nur einem Trend folgen, nach dem Motto: „wenn schon jeder bei der Geburt des eigenen Kindes dabei ist, dann muß ich das auch erleben".

6. Literatur

Adam, M., Daimler, R. & Korbei, V. (1986). *Kinder kriegen*. Köln: Kiepenheuer & Witsch.

Bartoszyk, J. & Nickel, H. (1986). Teilnahme von Vätern an Säuglingspflegekursen und ihr Betreuungsverhalten in den ersten Lebenswochen des Kindes. *Praxis der Kinderpsychologie und Kinderpsychiatrie, 35*, 254-260.

Fthenakis, W. E. (1988). *Väter. Zur Psychologie der Vater-Kind-Beziehung* (Bd. 1). München: Deutscher Taschenbuch Verlag.

Mallmann, H. W. (1992). *Schwangerschaftsbuch für Männer*. München: Ravensburger.

Vogl, H. (1992). *Vater-werden – vor dem Hintergrund eines sich wandelndes Geschlechtsrollenverständnisses*. Unveröffentlichte Dissertation, Universität Salzburg.

26. Abtreibung

Angelika Drabek

1. Einleitung

Die Geschichte einer Abtreibung beginnt meist damit, daß man(n) einen Augenblick lang nicht aufpaßt, ordentlich angewendete Verhütungsmittel versagen, Vergewaltigung, der Nachricht, daß beim Kind eine schwere Behinderung vorliegt ... – und dann mit einer Entscheidung, die für die gesamte Zukunft der Frau und auch des Paares entscheidend ist. Das „Glück“, legal eine paar Wochen Zeit zum Überlegen zu haben und sich für oder gegen die Schwangerschaft zu entscheiden, haben Österreicherinnen seit 1975.
In dieser Arbeit soll die gesetzliche Regelung dargestellt werden und anhand eines Beispiels die Anfangsschwierigkeiten der Umsetzung gezeigt werden. Weiters werden aus psychologischer Sicht die Hintergründe einer ungewollten Schwangerschaft dargestellt und die Phase der Entscheidung zum Abbruch und die Verarbeitung von Schwangerschaftsabbrüchen beleuchtet. Auch die Position von AbtreibungsgegnerInnen wird am Beispiel der Organisation „Ja zum Leben – Mütter in Not“ erläutert.

2. Die gesetzliche Regelung in Österreich

Mit der Strafgesetzreform trat am 1.1.1975 die „Fristenlösung“ in Kraft, die die Straffreiheit des Schwangerschaftsabbruchs innerhalb der ersten 13 Wochen nach ärztlicher Beratung gewährt. Nach Ablauf der ersten drei Monate ist der Schwangerschaftsabbruch nur bei Vorliegen von Indikationen (medizinische Indikation, eugenische Indikation oder Unmündigkeit zur Zeit der Schwängerung) straflos. „Mit der Neuregelung, mit der Annahme der Fristenlösung war Österreich das erste Land Europas (nicht eingeschlossen Skandinavien), das die weitgehende Liberalisierung des nunmehr alten Abtreibungsparagraphen durchgesetzt hatte“ (Grillenberger 1989, zitiert nach Sablik, 1997, S. 142).
Der § 97 des österreichischen Strafgesetzbuches lautet:

> (1) Die Tat ist nach § 96 nicht strafbar,
> 1. wenn der Schwangerschaftsabbruch innerhalb der ersten drei Monate nach Beginn der Schwangerschaft nach vorhergehender ärztlicher Beratung von einem Arzt vorgenommen wird; oder

> 2. wenn der Schwangerschaftsabbruch zur Abwendung einer nicht anders abwendbaren ernsten Gefahr für das Leben oder eines schweren Schadens für die körperliche oder seelische Gesundheit der Schwangeren erforderlich ist oder eine ernste Gefahr besteht, daß das Kind geistig oder körperlich schwer geschädigt sein werde, oder die Schwangere zur Zeit der Schwängerung unmündig gewesen ist und in allen diesen Fällen der Abbruch von einem Arzt vorgenommen wird, oder
> 3. wenn der Schwangerschaftsabbruch zur Rettung der Schwangeren aus einer unmittelbaren, nicht anders abwendbaren Lebensgefahr unter Umständen vorgenommen wird, unter denen ärztliche Hilfe nicht rechtzeitig zu erlangen ist.
>
> (2) Kein Arzt ist verpflichtet, einen Schwangerschaftsabbruch durchzuführen oder an ihm mitzuwirken, es sei denn, daß der Abruch ohne Aufschub notwendig ist, um die Schwangere aus einer unmittelbar drohenden, nicht anders abwendbaren Lebensgefahr zu retten. Dies gilt auch für die im Krankenpflegefachdienst, in medizinisch-technischen Diensten oder im Sanitätsdienst tätigen Personen.
>
> (3) Niemand darf wegen der Durchführung eines straflosen Schwangerschaftsabbruchs oder der Mitwirkung daran oder wegen der Weigerung, einen solchen Schwangerschaftsabbruch durchzuführen oder daran mitzuwirken, in welcher Art immer benachteiligt werden.

Mesner (1994) beschreibt, wie schwierig sich die Durchführung der Fristenregelung aufgrund von mangelnder politischer Unterstützung, politischer Kontroversen, Geldmangel, fehlender Institutionen und der Weigerung eines Großteils des etablierten Gesundheitsdienstes anfangs gestaltete. Als Beispiel dafür soll die Gründung des *Ambulatoriums für Schwangerenhilfe* in Wien dargestellt werden: Im September 1975 eröffnete im dritten Bezirk ein Schwangerschaftberatungsdienst, dessen Hauptanliegen es war, Abtreibungen zu ermöglichen. Das International Pregnancy Advisory Service (IPAS), eine amerikanische Organisation, hat diesen Schwangerschaftsberatungsdienst mitfinanziert, da sich keine österreichischen Financiers gefunden hatten. Nach staatspolizeilichen Ermittlungen verfügte der damalige Innenminister Rösch die Auflösung des Vereins aus formaljuristischen Gründen wegen „Überschreitung des statutenmäßigen Wirkungsbereichs", da der Verein „Schwangerschaftsberatung" als Zweck angegeben hatte. Außerdem wurde der Mietvertrag wegen Mieterbeschwerden und gehäuften Demonstrationen von Fristenlösungsgegnern gekündigt. In weiterer Folge wurden Abtreibungen auf private Initiative vom Vorstand der Semmelweis-Klinik Primarius Prof. Alfred Rockenschaub in der Privatpraxis einer Mitarbeiterin der Semmelweis-Klinik durchgeführt. Die Praxis wurde 1979 in ein Ambulatorium für Schwangerenhilfe umgewandelt, das einer britischen Gesellschaft gehörte. Zwischen 1978 und 1980 bemühte sich auch in Innsbruck eine Aktionsgruppe um die Einrichtung eines gynäkologischen Ambulatoriums, was

daran scheiterte, daß sich keine VermieterInnen fanden, die ihre Räumlichkeiten für diesen Zweck zur Verfügung stellten.
Diese beiden Beispiele sollen die Einstellungen und die Untätigkeit der politisch Verantwortlichen und der Administration bei der Einführung der Fristenregelung aufzeigen.

3. Die Position von AbtreibungsgegnerInnen bezüglich psychischer Folgen von Abtreibungen

Seit ihrer Einführung ist die Fristenlösung auch zum Angriffsziel einer radikalisierten Anti-Abtreibungs-Bewegung von verschiedenen, meist katholischen und politischen Gruppierungen geworden, was sich auch in der jüngsten Debatte um die Einführung der Abtreibungspille „Mifegyne" widerspiegelte. Besonders von Kirchenvertretern, PolitikerInnen und ÄrztInnen, die gleichzeitig AbtreibungsgegnerInnen sind, werden mögliche physische und psychische Folgen von Schwangerschaftsabbrüchen in übertriebenem Maße hervorgehoben. So ist zum Thema psychische Folgen nach einer Abtreibung im Buch „Myriam ... warum weinst Du?" von der Stiftung „Ja zum Leben – Mütter in Not" (1996) etwa Folgendes zu lesen:

> Die möglichen psychischen Spätfolgen nach einer Abtreibung, deren Existenz cirka 80 % der befragten Frauen bejahen, sind viel gravierender als die somatischen, weil die Prognose für eine erfolgreiche Psychotherapie derselben erfahrungsgemäß wesentlich ungünstiger ausfällt. Generell kann man sagen, daß nach einer Abtreibung als psychische Spätfolgen gehäuft auftreten: Reue- und Schuldgefühle, Selbstvorwürfe, Stimmungsschwankungen und Depression, unmotiviertes Weinen, Angstzustände und schreckhafte Träume. (S. 137)

Es wird auch immer wieder auf die notwendige Seelsorge hingewiesen, die eine Frau bei der Verarbeitung einer Abtreibung begleiten sollte. In demselben Buch wird das *PAS* (Post Arbortion Syndrom) propagiert, welches einen Spezialfall der durch post-traumatischen Streß hervorgerufenen Störungen darstellen soll. Die Symptome sind:

- das Wiedererleben der schmerzlichen, mit dem ursprünglichen Schwangerschaftsabbruchs-Trauma zusammenhängenden Gefühle;
- Verleugnungs-, Verdrängungs- und Vermeidungsverhalten bei der Verarbeitung von Gefühlsreaktionen und
- damit verbunden Symptome, die vor der Abtreibung nicht vorhanden waren.

Diese Grundgedanken wurden 1985 von Speckhard auf der Grundlage von 45- bis 90minütigen Einzelinterviews mit 30 Frauen, die ihre Abtreibung nach fünf bis zehn Jahren als „schwer belastend" beschrieben, entwickelt (Hlavin-Schulze,

1996, S. 52). Das Posttraumatische Abtreibungssyndrom ist allerdings in keinem wissenschaftlich anerkannten Diagnosemanual zu finden. Eine Abtreibung kann nach Seitz (1993) zwar als kritisches Lebensereignis interpretiert werden, da sich die betroffene Frau mit der plötzlich veränderten Lebenssituation durch die Schwangerschaft und der Entscheidung für oder gegen den Abbruch auseinandersetzen muß. Dies bedeutet jedoch nicht, daß jede ungewollt Schwangere eine Krise im Sinne einer tiefen seelischen Störung durchleben muß (S. 96).

4. Hintergründe ungewollter Schwangerschaften

Seitz (1993) versucht zu verdeutlichen, daß eine ungewollte Schwangerschaft nicht ein plötzlich auftretendes Ereignis im Leben einer Frau ist. Ausgenommen von Schwangerschaften, die durch Vergewaltigungen, dem Versagen von richtig angewendeten Verhütungsmitteln oder Uninformiertheit bezüglich Verhütung entstanden sind, kann eine Schwangerschaft psychoanalytisch als Reaktion auf einen innerpsychischen Konflikt interpretiert werden, der durch die Schwangerschaft insziniert wird und möglicherweise auch bearbeitet und bewältigt werden soll. Angeführt werden zum Beispiel „ein ungelöster ödipaler Konflikt, eine Partnerschaftsproblematik oder das Bedürfnis nach Geborgenheit des frühkindlichen Umhülltseins“ (S. 97). In krisenhaften Partnerschaften soll die Entscheidung für eine (Re-)Intensivierung oder Trennung getroffen werden, oder die Beziehung soll durch ein Kind „gekittet“ werden. In all diesen Situationen steht aber die Partnerschaft im Vordergrund und nicht das Kind. Auch berufliche Belastungen stellen ein weiteres Konfliktfeld dar, aus dem sich eine Frau durch Schwangerschaft zumindest eine Zeitlang zurückziehen kann. Eine ungewollte Schwangerschaft kann auch mit dem Verlust einer Bezugsperson und der damit zusammenhängenden Trauerarbeit, die mit dem „Kind als Ersatz“ geteilt werden soll, in Verbindung gebracht werden. Die Rolle der Mutter zu übernehmen, bringt für Frauen in Situationen, in denen ihnen soziale Anerkennung fehlt, Bestätigung, Unterstützung und Anerkennung. Einen letzten möglicherweise schwangerschaftauslösenden Wunsch stellt die Neugierde auf das Phänomen Schwangerschaft – und diese körperliche Veränderung auch zu erleben und zu spüren – dar (Seitz, Kap. 3.1).

5. Der Entscheidungsfindungsprozeß

„Der Entscheidungsprozeß für oder gegen eine Abtreibung ist eine mehr oder weniger bewußte Auseinandersetzung mit den Bedingungen der ungewollten Schwangerschaft“ (Seitz, S. 71) Selten gibt es nur *den* einen Grund, die Schwangerschaft abzubrechen, meistens wirken mehrere Faktoren zusammen. Auch Reaktionen aus dem sozialen Umfeld, z. B. Reaktionen des Partners, Ge-

spräche mit Freundinnen oder professionelle Beratung wirken auf den Entscheidungsprozeß ein.
Nach Henkel, Kröss und Trescher (1993) sind es drei Problembereiche, die statistisch am stärksten ins Gewicht fallen:

1) *Soziale Konsequenzen:* Dazu zählen finanzielle Schwierigkeiten, Wohnungsprobleme und die Einstellung, weder Beruf noch Ausbildung derzeit unterbrechen zu können oder zu wollen.
2) *Partnerschaft:* Hier spielt die Befürchtung mit dem Kind weniger emotionelle Unterstützung zu erlangen eine Rolle; weiters werden bereits in der aktuellen Beziehungssituation erwartete Bedürfnisse meist nicht erfüllt.
3) *Zweifel an der emotionalen Stabilität:* Hier sind alle Gefühle von Frauen einzuordnen, die sich noch zu „instabil", zu wenig erwachsen einschätzen, die Anforderungen der Mutter-Rolle zu übernehmen.

Für manche Frauen ist die Antwort auf die Frage, ob sie zum Zeitpunkt ihrer Schwangerschaft ein Kind wollen, mit einem relativ eindeutigem ja oder nein zu beantworten, andere müssen für sich die sich zum Teil widersprechenden Argumente abwägen. Für etwa die Hälfte der Frauen, die sich für einen Abbruch entscheiden, steht dieser Entschluß von vornherein fest (Knopf, Mayer & Meyer, 1995, S. 26).

5.1. Die Beratung

Was die vorangehende ärztliche Beratung betrifft, so gibt es im österreichischen Gesetzestext nur Hinweise, was diese enthalten sollte:

> Um eine Frau vor übereilten und unüberlegten Entscheidungen zu bewahren, muß sie aus der derzeit bestehenden Isolation, in die sie durch die Strafandrohung gedrängt wird, herausgeführt werden. Dies geschieht am zweckmäßigsten durch Einräumung einer entsprechenden Überlegungsfrist und durch Beratung der Frau durch den Arzt ihres Vertrauens.

„Diese ärztliche Beratung wird aber leider weitgehend vernachlässigt. Dem Arzt hat der Gesetzgeber eine entscheidende Rolle beim Schwangerschaftsabbruch zugedacht und ihn damit in eine recht belastende Position gebracht" (Husslein, 1979 zitiert nach Henkel et al., 1993, S. 338). Gerade Frauen, die sich in einer Konfliktsituation befinden und der Abtreibung ambivalent gegenüberstehen, sollten die Gelegenheit bekommen, sich mit den vielschichtigen Dimensionen ihrer Situation in Gesprächen mit ausgebildeten Personen auseinanderzusetzen. ÄrztInnen haben für längere Beratungsgespräche oft viel zu wenig Zeit und sind auch oft nicht dafür ausgebildet.
Die Ambivalenz, die den Entscheidungsprozeß länger dauern und besonders schwierig werden ließ, war in einer Untersuchung von Knopf et al. (1995) in folgenden Fällen besonders groß:

- wenn die betroffene Frau zwar zum Schwangerschaftsabbruch tendierte, aber sehr traurig darüber war, daß ihre Situation es nicht zuließ, eine Schwangerschaft auszutragen;
- wenn der Wunsch der Frau im starken Widerspruch zur Meinung ihres Partners oder anderer wichtiger Personen stand;
- wenn sie sich zunächst gefreut hatte, schwanger zu sein, oder bereits Mutter eines kleinen Kindes war;
- wenn sie große Angst vor körperlicher Schädigung durch den Eingriff hatte;
- wenn bei ihr ein schlechtes Gewissen bzw. moralische Bedenken eine wichtige Rolle spielten;
- wenn sie vorher glaubte, daß ein Schwangerschaftsabbruch für sie persönlich nie in Frage käme, und sie die notwendige Auseinandersetzung mit der neuen Situation erst akzeptieren mußte.

6. Die Abtreibung aus medizinischer Sicht

Die Anwendung der Abtreibungsmethoden ist abhängig von der Schwangerschaftsdauer: Bis zur zwölften Woche wird die Absaugmethode (Saugcurettage) angewendet. Sie ist die schonendste und sicherste Methode. Dabei wird unter Vollnarkose oder örtlicher Betäubung der Muttermund leicht gedehnt und mit einem stumpfen Röhrchen das Schwangerschaftsgewebe und die Schleimhaut aus der Gebärmutter abgesaugt. Diese Methode kann auch ambulant durchgeführt werden. Bei der Curettage, die ab der 13. Woche zum Einsatz kommt, werden die Innenwände der Gebärmutter mit einer scharfen Curettage abgeschabt. Bei einer Abtreibung nach der 18. Woche wird durch Einspritzen einer Lösung ein frühzeitiges Einsetzen der Wehen hervorgerufen, und damit eine Fehlgeburt eingeleitet. Danach erhält die Patientin eine Curettage. Diese Methode ist psychisch am schwersten zu verkraften und kommt nur in äußersten Notfällen zur Anwendung (Henkel et al., 1993). Die medikamentöse Abtreibung mit der Abtreibungspille RU 486 geht so vor sich, daß die Frau zuerst auf ihre physiologisch-konstitutionelle Voraussetzung für eine medikamentöse Abtreibung untersucht wird, und erst dann wird ihr RU 486 verabreicht, das die ausreichende Versorgung des Embryos durch die Plazenta verhindert. Nach zwei Tagen erhält sie wehenfördernde Prostaglandine, um die Abstoßung der Frucht herbeizuführen. Das Verfahren ist nur bis zur 7. Schwangerschaftwoche wirksam (Kuhlmann, 1996, Kap. 3). Bei allen Methoden wird eine Nachfolgeuntersuchung mit Ultraschall durchgeführt.

7. Die Psychische Verarbeitung einer Abtreibung

Eine Abtreibung führt nicht notwendigerweise zu traumatischen Folgeerscheinungen, sondern sie wird von jeder Frau verschieden wahrgenommen, interpre-

tiert, bewertet und verarbeitet. Die Zeit vor dem Abbruch wird von vielen Frauen als sehr belastend und konflikthaft erlebt, sie stehen unter hoher Anspannung. Dadurch kann die Abtreibung auch als „Erleichterung“ bewertet werden (Roppelt, 1995. S. 128). Nach Knopf et al. (1996) treten kurz nach dem Abbruch die meisten psychischen Reaktionen, wie Irritation, Gewissensbisse, Trauer, Ängste und Schuldgefühle auf. „Doch langfristig gesehen gibt es gute Ergebnisse. Nach vier Monaten waren 39 % von 106 Patientinnen ambivalent; 14 % zeigten Angstsymptome; 13 % waren depressiv“ (Freeman, 1978, zitiert nach Henkel et al., 1993).
Hinderliche Faktoren bei der psychischen Verarbeitung sind nach Knopf et al. (1995):

- wenn die Frau keine oder falsche Unterstützung durch den Partner erhält und mit ihrer Entscheidung alleine gelassen wird;
- wenig Unterstützung von der Umwelt und Angst vor negativen Reaktionen, weshalb viele Frauen auch die Abtreibung verheimlichen. „Eine wichtige Ursache für Schuldgefühle nach einer Abtreibung ist ein soziales und politisches Milieu, das Abtreibung als unerlaubte, schlechte Handlung ansieht“ (Henkel et al., 1993, S. 334). Schuldgefühle treten nach Henkel et al. (1993) dann verstärkt auf, wenn vor der Abtreibung eine ambivalente Einstellung dazu vorliegt, und Schuldgefühle auch schon vor dem Abbruch angegeben werden.
- vorgefertigte Lösungsmuster von Verwandten und Freundinnen, wenn die Frau noch im Entscheidungsprozeß steht;
- das Gefühl, die Trauer nicht zeigen zu dürfen, was die psychische Bewältigung sehr erschweren kann;
- wenn zusätzliche Belastungen (z. B. bestehende psychische Probleme, Krankheiten, berufliche Belastungen) mit der ungewollten Schwangerschaft und Abtreibung zusammenfallen, kann diese Zeit zu einer Krise werden;
- Zeitdruck, wenn die Schwangerschaft erst sehr spät festgestellt wird, und es damit in der verkürzten Entscheidungszeit zu extremem psychischen Streß kommt;
- wenn moralische Bedenken gegen den Schwangerschaftsabbruch bestehen, sich die Frau aber dazu gezwungen sah.

Wenn die Einstellung einer Frau, die sich für eine Abtreibung entscheidet, zuvor negativ war, so hängt es von ihren Coping-Strategien ab, ihr Selbstkonzept daran anzupassen. Gelingt ihr kein Meinungswechsel, so können Schuldgefühle, geminderter Selbstwert und Depressionen auftreten (Henkel et al., 1993).
Die Frage, welche Faktoren sich positiv auf die Verarbeitung des Abbruchs auswirken, beantworten Knopf et al. (1995) aus ihrer Studie mit dem Stichwort „Akzeptanz in Wohlwollen“. Als ideal läßt sich eine Umwelt beschreiben,

> ... in der die Frau offen über ihre Situation sprechen kann und ihr Verständnis entgegengebracht wird. Es ist wichtig, daß sie vor abwertenden Reaktionen sicher ist und sowohl zeigen darf, daß es ihr gutgeht, als auch traurig sein darf. Sie wird versorgt und verwöhnt, wenn sie dies wünscht, aber nicht wie eine Kranke behandelt, wenn es ihr gutgeht. (S. 57)

8. Gedanken zum Thema

Angstmacherei und die Verbreitung von Fehlinformationen – wie es bei diesem emotionalisierten Thema leider oftmals der Fall ist – sind hier sicherlich fehl am Platz. Frauen, die ungewollt schwanger wurden, stehen großteils ohnehin vor einer unglaublich schwierigen Entscheidung, die nicht noch durch äußerlichen Druck erschwert werden sollte, da dieser, wie gezeigt wurde, sich in der Verarbeitung sehr ungünstig auswirken würde.
Schwangerschaftsabbruch sollte vielmehr (nach Seitz, 1993) als eine Möglichkeit, selbstbestimmt und verantwortungsvoll zu handeln und als Bestandteil der aktiven Gestaltung einer Biographie begriffen werden.
Eine wichtige Rolle muß auch der Beratung zukommen, da die Frauen zu einer eigenen Entscheidung kommen müssen, für die sie auch die Verantwortung übernehmen können.

9. Literatur

Henkel, H., Kröss, H & Trescher, C. (1993). Abtreibung. In P. Innerhofer, B. Schuster, C. Klicpera, H. Lobnig, & G. Weber, (Hrsg.), *Psychosoziale Probleme im Erwachsenenalter* (S. 336-354). Wien: WUV-Universitätsverlag.

Hlavin-Schulze, K. (1996). *Frauen nach der Abtreibung*. Wien: Preaesenes.

Knopf, M., Mayer, E. & Meyer, E. (1995). *Traurig und befreit zugleich. Psychische Folgen des Schwangerschaftsabbruchs*. Reinbek: Rowohlt Taschenbuchverlag.

Kuhlmann, A. (1996). *Abtreibung und Selbstbestimmung*. Frankfurt: Fischer.

Mesner, M. (1994). *Frauensache? Zur Auseinandersetzung um den Schwangerschaftsabbruch in Österreich noch 1945*. Wien: Dachs Verlag.

Roppelt, U. (1995). *Der Schwangerschaftsabbruch*. Frankfurt: Europäischer Verlag der Wissenschaften.

Sablik, B. (1997). *Abtreibung – Ausweg oder Verbrechen? Die Geschichte des Abtreibungsparagraphen in Österreich*. Unveröffentlichte Dissertation, Universität Wien.

Seitz, R. (1993). *Mein Bauch gehört mir? Schwangerschaftsabbruch als Möglichkeit weiblicher Autonomie*. Pfaffenweiler: Centaurus.

Stiftung „Ja zum Leben – Mütter in Not". (1996). *Myriam...warum weinst Du? Die Leiden der Frauen nach der Abtreibung*. Goldach: Autor.

27. Geburtsvorbereitung

Gabriele Adl

1. Einleitung

Die meisten werdenden Mütter wollen die Geburt ihres Kindes zusammen mit ihrem Partner bewußt erleben und aktiv mitgestalten. Die meisten werdenden Eltern wissen aber auch, daß sie selbst etwas dazu tun müssen, damit die Geburt ihres Kindes zu einem schönen und einzigartigen Erlebnis für sie wird. Nahezu alle Frauen, die ihr erstes Kind bekommen, haben mehr oder weniger Angst vor dem unbekannten Ereignis und besonders vor den zu erwartenden Schmerzen. Bereiten sich die werdenden Mütter und auch Väter intensiv auf die Geburt ihres Kindes vor, verlieren sie diese Ängste weitgehend und gewinnen Vertrauen in die eigenen Fähigkeiten (Nees-Delaval, 1995).

2. Geburts-„Philosophien“

Zur Vorbereitung auf die Geburt werden heute eine Vielzahl von Methoden angeboten, deren Ziel es ist, den werdenden Müttern, auch ohne Einsatz von Technik, zu einer möglichst leichten und schmerzarmen Geburt zu verhelfen. Moderne Geburtsvorbereitungskurse sind nicht mehr zu vergleichen mit der früher üblichen Schwangerschaftsgymnastik. Sie basieren meist nicht mehr auf einzelnen Geburtsphilosophien und Lehrmeinungen, wie zum Beispiel die Dick-Read Methode, die Bradley-Methode oder die Lamaze-Methode, sondern es werden die sinnvollsten Elemente der verschiedenen Lehrprogramme mit neuen und verbesserten Methoden kombiniert und von den KursleiterInnen auf die individuellen Bedürfnisse der Schwangeren abgestimmt (Nees-Delaval,1995). Im folgenden soll kurz auf einige „Geburtsphilosophien“ eingegangen werden.

2.1. Die Dick-Read-Methode

Dr. Dick-Read war der erste Geburtshelfer, der feststellte, daß die Angst vor der Entbindung zu den Hauptursachen der Schmerzen während der Wehen gehört. Er sorgte für eine gründliche Aufklärung der Frauen durch Vorbereitungskurse und machte sich für ihre emotionale Unterstützung stark, um den Teufelskreis aus Angst, Anspannung und Schmerz zu durchbrechen. Die Vorbereitung bedeutete für Read nicht nur Information, wichtig war für ihn vor allem, den Frau-

en zu helfen, ihnen beizustehen und die Bereitschaft sich in sie hineinzuversetzen (Stoppard, 1994). Einen der Grundpfeiler seines Programmes stellen Entspannungsübungen dar. Hier soll jeder Körperteil bewußt gemacht werden, die Frauen lernen ihn konzentriert anzuspannen und wieder zu entspannen, um ein sensibleres Körpergefühl zu bekommen. Durch diese Übungen soll es auch während der Geburt möglich sein, bestimmte Muskelgruppen zu entspannen, während andere tätig sind. Wichtig war für Read, die Gedanken von den Gebärmutterkontraktionen abzulenken, um besser entspannen zu können.
Die Dick-Read-Atmung, die ebenfalls in den Vorbereitungskursen geübt wird, hat das Ziel, Gebärmutterarbeit und Atmung in einen harmonischen Gleichklang zu bringen. Dazu wird während der Eröffnungsphase bei jeder Wehe rhythmisch und tief geatmet. Die Atemgeschwindigkeit steigert sich zum Höhepunkt der Wehe und nimmt danach wieder ab. Zur Überwindung des vorzeitigen Preßdranges wird nach Read gehechelt, während der Austreibungsphase wird dann mit angehaltenem Atem gepreßt und nach jeder Kontraktion mit einem tiefen Seufzer-Atem zur Normalatmung zurückgekehrt (Blume, 1982). Das Read Verfahren war ein Meilenstein in der Weiterentwicklung der Geburtshilfe, und es gibt kaum eine Geburtsmethode, die nicht auf das Read-Verfahren aufbaut und Atem- und Entspannungstechniken mit einschließt (Stoppard, 1994).

2.2. Die Bradley-Methode

Diese Methode ist mit dem Read-Verfahren „verwandt" und wurde von dem amerikanischen Arzt Dr. Bradley entwickelt. Sie ist auch als partnergestützte Entbindung bekannt. Die Frauen lernen hier, die Schmerzen zu akzeptieren und sich unter der Anleitung des Partners, des Ehemanns, einer Freundin usw. mit Hilfe eines bestimmten Entspannungstrainings von ihnen tragen zu lassen. Der Partner besucht die Geburtsvorbereitungskurse zusammen mit der werdenden Mutter, hilft ihr, sich zu entspannen und normal weiterzuatmen. Bradley lehnt im Unterschied zur Dick-Read Methode spezielle Atemtechniken ab. Der Partner unterstützt die werdende Mutter auch während der Wehentätigkeit und Geburt, indem er sie anspornt und anleitet. Problematisch kann hier allerdings sein, daß manche Geburtspartner sich von ihrer Aufgabe bei der Entspannung Anleitung zu geben, so hinreißen lassen, daß sie dabei die Frau und ihre Bedürfnisse aus den Augen verlieren (Stoppard, 1994).

2.3. Die Lamaze- Methode

Diese Methode der Psychoprophylaxe wurde in Rußland entwickelt und dann in Frankreich von Dr. Lamaze übernommen. Lamaze hat sich mit den Berichten Pawlows über die Reiz-Reaktions-Konditionierung bei Hunden befaßt, und er erkannte daraus, welchen Wert das konditionierte Lernen haben kann, um die

Schmerzen bei der Geburt zu bewältigen. Diese Methode stützt sich auf drei Hauptthesen, nämlich daß

1) die Angst vor den Wehen durch *Information* und Verständnis der Vorgänge verringert wird;
2) die Frauen, wenn sie lernen, sich zu *entspannen*, ihren Körper bewußt wahrnehmen und somit dem Schmerz wirksam begegnen können; und daß
3) *rhythmisches Atmen* während jeder Wehe die Gedanken von den Schmerzen ablenkt (Stoppard, 1994).

Entspannung und Atmung werden in einem Lamaze-Kurs sehr gründlich gelernt, und die Geburtsarbeit wird wieder und wieder durchgespielt, so daß die Frau unter der Mithilfe und Unterstützung ihres Partners die Geburt sozusagen im Schlaf beherrscht und geradezu reflexhaft bei jeder Kontraktion das Gelernte anwendet. Die Kritik an der ursprünglichen Lamaze-Methode beinhaltet vor allem, daß die Frau auf ein starres Reaktionsmuster eingeengt wird und ihr nicht die Möglichkeit gegeben wird, spontan auf Unvorhergesehenes zu reagieren. Verschiedene KursleiterInnen sind deshalb auch bereits dazu übergegangen, zwar die Grundprinzipien der Lamaze-Technik zu vermitteln, darüber hinaus aber auch die Sensibilität für den eigenen Körper zu wecken, und vor allem das Vertrauen der Frauen in die eigenen Kräfte zu stärken und nicht nur das Vertrauen in eine Methode (Blume, 1982).

3. Geburtsvorbereitungskurse

Viele Frauen entscheiden sich schon sehr früh in ihrer Schwangerschaft für einen Geburtsvorbereitungskurs. Die Anmeldung sollte spätestens ab dem 7. Monat, besser aber früher erfolgen. Angeboten werden Geburtsvorbereitungskurse von Kliniken, Hebammen und Krankengymnastinnen. Die Qualität der Geburtsvorbereitungskurse kann sich in Form und Inhalt unterscheiden. Manche Kurse sind straff strukturiert, mit wenig Zeit für Fragen und Antworten, andere Kurse sind eher praktisch orientiert und lassen viel Raum für das Üben bestimmter Techniken. In einigen Kursen liegt der Schwerpunkt auf Vorträgen, andere stützen sich in erster Linie auf die aktive Beteiligung der KursteilnehmerInnen. Ein großer Vorteil aller Geburtsvorbereitungskurse ist, daß unter den TeilnehmerInnen ein Gefühl der Zusammengehörigkeit entsteht und man mit Menschen über Gefühle und Erfahrungen sprechen kann, die sich in der gleichen Lage befinden (Stoppard, 1994). Wie sehr diese regelmäßigen Treffen auch dazu beitragen, Ängste im Zusammenhang mit Schwangerschaft und Geburt abzubauen, zeigt folgende Schilderung einer Mutter, die an einem solchen Kurs teilgenommen hat:

> Die Begegnung mit den anderen Frauen, die zum Beispiel schon einige Wochen weiter waren als ich, hat mir sehr gut getan. An ihnen konnte ich immer ganz genau sehen und vorausempfinden, was noch auf mich zu-

> kommen würde. Wir haben viel darüber gesprochen, und ich habe immer wieder aufs neue erfahren, daß mich nichts erwartet, wovor ich mich fürchten mußte. Diese Beruhigung durch das Beispiel anderer wirkte natürlich auch fort, als dann die ersten von uns ihre Babys bekamen und die Männer zu uns in den Kurs zurückkamen, um genau zu berichten, wie es gegangen war. Gemeinsam haben wir dann sowohl schöne als auch die weniger schönen Geburten besprochen und dabei viele unnötigen Ängste verloren. (Blume, 1982, S. 204)

Im folgenden nun ein Überblick über mögliche Inhalte der Geburtsvorbereitungskurse.

3.1. Psychoprophylaktische Geburtsvorbereitung

Diese Kurse sind besonders für Eltern von nutzen, die ihr erstes Kind erwarten. Kurse dieser Art haben drei Ziele: Erstens erklären die KursleiterInnen die *Prozesse während der Schwangerschaft* und der Geburt, einschließlich der weiblichen Anatomie, Physiologie und der Veränderungen, die in der Schwangerschaft eintreten. Auch die Anwendung und Einleitung medizinischer Verfahren und Maßnahmen wird besprochen und erklärt. Zweitens lernen die Teilnehmerinnen *Entspannungs-, Atem- und Bewegungsübungen*, die ihnen gestatten, ihre Wehen zu steuern und Schmerzen zu verringern. Drittens werden die einzelnen Phasen der Wehen und der Geburt besprochen, Tips zum Stillen gegeben und *praktische Übungen* zur Kinderpflege durchgeführt (Stoppard, 1994). Im Gegensatz zu den „Wickelkursen" alten Stils ist man heute in der Geburtsvorbereitung jedoch nicht der Meinung, daß Schwangere und ihre Partner über ein Grundwissen der Babypflege hinaus an Gummipuppen lernen müssen, wie man ein Kind badet und wickelt. Das Rooming-in-System, das von den meisten Krankenhäusern angeboten wird, hat solche Lektionen überflüssig gemacht, weil die Mütter und ihre Partner ihre Kinder selbst versorgen und so auf ganz natürliche Weise alles Notwendige lernen können (Blume, 1982). Wichtig ist hierbei, den werdenden Eltern in den Kursen zu helfen, sich den praktischen Aspekten der Babybetreuung gewachsen zu fühlen (Stoppard, 1994).

3.2. Gymnastik

Gymnastik dient vor allem der Verbesserung der Ausdauer, Geschmeidigkeit und Kraft, und hilft Schwangeren, die zusätzlichen Belastungen des Körpers während der Schwangerschaft und Geburt besser zu bewältigen. Regelmäßige Körperbewegung kann für Schwangere nicht nur physisch, sondern auch emotional befriedigend sein. Durch die regelmäßige Bewegung kommt es zum Beispiel zur Freisetzung von Endorphinen, die mitverantwortlich für einen emotionalen Aufschwung sind und entspannend wirken. Durch regelmäßige Übungen werden auch Rückenschmerzen, Krämpfe in den Beinen und Kurzatmigkeit abgebaut, der Energiespiegel erhöht sich merklich und die Schwangeren sind

besser für die „Schwerstarbeit“ während der Geburt gerüstet. Aber auch das Baby im Bauch der Mutter profitiert von den Aktivitäten seiner Mutter. Die freigesetzten Endorphine führen auch beim Baby zu Wohlbefinden und Zufriedenheit (Stoppard, 1994).
Weitere Vorteile der Gymnastik für die Mutter sind, daß sie nach der Geburt schneller ihre alte Figur zurückgewinnt und daß die Übungen gemeinsam mit dem Partner oder auch mit anderen Familienmitgliedern durchgeführt werden können.

3.3. Yoga

Yoga ist eine uralte indische Methode, die Körper, Seele und Geist in Einklang zu bringen versucht (Ramm-Bonwitt, 1991). Der Schwerpunkt liegt hier auf der Beherrschung der Körpermuskulatur durch Willenskraft, Atmung und Meditation (Stoppard, 1994). Diese Methode eignet sich (neben dem – heute schon in den meisten Geburtskliniken angebotenen – autogenen Training) in besonderem Maße für das körperliche und geistige Training während der Schwangerschaft. Yoga-Übungen gewährleisten nicht nur das Gefühl körperlicher Sicherheit und Bewegungsfreude, sondern wirken auch positiv auf die seelische Verfassung, verleihen Stabilität und tragen zum Wohlbefinden bei. Die Körperübungen (Asanas) bereiten nicht nur auf die Geburt vor, sondern sie tragen auch zu einer Körperschulung bei, damit der Alltag während der neun Monate leichter bewältigt werden kann. Die Yoga-Übungen bereiten den Körper optimal auf die Gewichtszunahme durch das wachsende Baby vor, entwickeln eine bewußte Atmung und schaffen die Fähigkeit, die Muskeln jederzeit zu entspannen. Die Körperübungen aktivieren aber auch die geistigen Energien, stärken die Ausdauer und führen zu einer tiefen Entspannung. Sie werden speziell für Schwangere ausgesucht und können bei einer normal verlaufenden Schwangerschaft sowohl von Fortgeschrittenen als auch von Anfängerinnen praktiziert werden. Je nach Wohlbefinden können die Asanas im stehen, im sitzen, auf den Knien und im liegen durchgeführt werden (Ramm-Bonwitt, 1991). Wichtige Bestandteile des Yoga sind neben den Atem- und Körperübungen auch die Entspannung und die Meditation. Bei der Selbstentspannung werden alle Gedanken auf den eigenen Körper gerichtet. Durch das konzentrierte Hinwenden der Schwangeren auf den eigenen Körper, lernt sie, ihn und seine Organe zu beeinflussen, die Atmung zu beruhigen, sich zu entspannen und zu erholen. Während der Schwangerschaft ist es besonders wichtig, diese Kunst der Entspannung zu üben, da durch die hormonelle Umstellung hohe Anforderungen an die Energie der werdenden Mutter gestellt werden und Streßgefühle dem noch ungeborenen Kind mitgeteilt werden.
Eine wichtige Rolle spielt in Yoga Kursen für Schwangere auch die richtige Ernährung während der Schwangerschaft. Hier wird betont, daß durch richtige Ernährung und tägliche Yoga-Praxis die werdende Mutter die Schwangerschaft

positiv als inneres Wachstum erlebt, was sich genauso positiv auf das Baby auswirkt (Ramm-Bonwitt, 1991).

3.4. Schmerzbewältigungstechniken

Zu den Strategien der Schmerzlinderung, die in Vorbereitungskursen besprochen werden, gehören beispielsweise:

- *Die kognitive Kontrolle:* Der Körper soll hier von den Schmerzen gelöst werden, indem sich die Gebärende ein angenehmes Szenario vorstellt, in dem sie die Schmerzen erlebt. Auf diese Weise konzentriert sie sich auf einen nichtschmerzhaften Aspekt. Auch wenn die Aufmerksamkeit auf die Atmung gelenkt wird, werden die Gedanken ebenfalls davon abgehalten, sich auf die Schmerzen zu konzentrieren. Bei dieser Methode wird betont, daß es wichtig ist, sich abzulenken, damit die Schmerzen nicht das ganze Bewußtsein ausfüllen.
- *Systematische Entspannung:* Um die Angst vor dem Schmerz abzubauen und somit die Toleranzschwelle zu erhöhen, lernen die Schwangeren bestimmte Muskelgruppen zu entspannen. Die Schwangeren sollen so lernen, Schmerzen zu isolieren und zu verhindern, daß sie sich auf andere Körperbereiche ausdehnen (Stoppard, 1994). Zum Beispiel beschränkt sich die Progressive Muskelentspannung bei Schwangeren vor allem auf folgende Übungen: Anspannen und Entspannen der Füße, der Unter- und Oberschenkel, des Gesäßes, der Schultern, des Rückens, des Nackens, der Gesichtsmuskulatur, der Arme und Hände. (Zusätzlich wird oft die sogenannte Känguruhschwanz-Übung durchgeführt, die zur Entspannung und Lockerung des Beckenbodens dient und den Schwangeren hilft, ein besseres Gefühl für ihren Beckenbereich zu bekommen; vgl. Tönnis & Wirths, 1996).

4. Ergebnisse einer Studie zur personenzentrierten Gruppenarbeit mit Schwangeren zur Minderung von Schwangerschafts- und Geburtsängsten

4.1. Behandlungsprogramm

Es wurden zwei Schwangerschaftsgruppen mit je 12 Teilnehmerinnen gebildet. Die Gruppensitzungen fanden einmal pro Woche statt und ihre Dauer lag zwischen 2 und 2½ Stunden. Das Therapieprogramm umfaßte acht Sitzungen, dies entspricht einer Behandlungsdauer von ungefähr zwei Monaten. In den Gruppensitzungen wurde zuerst eine Entspannungsphase durchgeführt, danach folgte der Wochenbericht und die personenzentrierten Gruppengespräche. Die Ent-

spannungsphase, mit der jede Gruppensitzung eingeleitet wurde, dauerte ca. 30 Minuten (Tönnis & Wirths, 1996).
Folgende Entspannungsverfahren wurden angeboten:

- Die *Körperreise*: Bei diesen Übungen sollen die Teilnehmer ihre Aufmerksamkeit nacheinander auf ihre einzelnen Körperbereiche lenken und diese bewußt wahrnehmen und spüren. Die Schwangeren werden dadurch auf mögliche Verspannungen aufmerksam und können sich in der anschließenden Entspannungsphase auf die betreffenden Körperbereiche konzentrieren.
- *Ruhebilder und Phantasiereisen*: Dies sind Formen der Bild-Meditation. Das Bildererleben kann durch einen verbal gesteuerten Ablauf der Bilder gelenkt werden, wobei die Zuhörerin ihre eigenen Vorstellungen entwickeln kann und ihre Phantasie- und Erlebnisfähigkeit im entspannten und damit angstfreien Zustand angeregt werden kann.
- Zusätzlich wurde auch die *Progressive Muskelentspannung* nach Jacobson angeboten. Zur Unterstützung der entspannenden Wirkung der genannten Verfahren wurde meditative Entspannungsmusik eingesetzt.

Im Anschluß an die Entspannungsphase hatte jede Teilnehmerin die Möglichkeit im Wochenbericht ihre Probleme und positiven Erlebnisse mit der vorangegangenen Entspannung zu äußern und alle persönlichen Erfahrungen und möglichen Sorgen aus der vergangenen Wochen anzusprechen. Aus dem Wochenbericht kristallisierte sich regelmäßig ein Thema heraus, das auch andere Teilnehmerinnen gefühlsmäßig berührte und das anschließend in Gruppengesprächen nach dem Konzept der klientenzentrierten Psychotherapie aufgearbeitet wurde (Tönnis & Wirths, 1996).

4.2. Psychodiagnostische Instrumente

Die Auswirkungen der Gruppenbehandlung auf die Ängste der Teilnehmerinnen während der Schwangerschaft und Geburt wurden in dieser Untersuchung mittels der „Geburts-Angst-Skala (GAS)“ und dem „Fragebogen zur Messung von Einstellungen zur Schwangerschaft, Sexualität und Geburt (SSG)“ überprüft. Die Fragebogen wurden jeweils vor Beginn und im Anschluß an die letzte Gruppensitzung vorgegeben (Tönnis & Wirths, 1996).

4.3. Bewertung der Gruppenbehandlung

Die Ergebnisse der vorliegenden Untersuchung belegen, daß das Angebot personenzentrierter Gruppenarbeit mit Schwangeren effektiv gewesen ist. Die Kombination von Entspannung und hilfreichen Gesprächen hat zur Minderung bestehender Schwangerschafts- und Geburtsängste beigetragen. Nach den Aussagen der Teilnehmerinnen waren für fast alle Frauen die Gruppengespräche von hoher Bedeutung. Für über 80 % der teilnehmenden Frauen waren die Entspannungsübungen besonders wichtig und hilfreich. Über 40 % der Frauen gaben an, daß die Gruppe ihnen geholfen hat, ihre Schwangerschaft bewußter zu erleben und körperliche sowie psychische Veränderungen bewußter wahrzunehmen. Bei über 30 % der Teilnehmerinnen hat diese Gruppenbehandlung bei der Klärung bestehender Probleme und Schwierigkeiten geholfen (Tönnis & Wirths, 1996).

5. Zusammenfassung

Zur Vorbereitung auf die Geburt werden heute eine Vielzahl von Methoden angeboten, welche zum Ziel haben, den werdenden Müttern zu einer möglichst leichten und schmerzarmen Geburt zu verhelfen. Moderne Geburtsvorbereitungskurse setzen sich zusammen aus einzelnen Geburtsphilosophien, wie z. B. der Dick-Read-Methode, der Bradley-Methode oder der Lamaze-Methode und aus der Kombination dieser Lehrmeinungen mit neuen verbesserten Methoden. Die verschiedenen Geburtsvorbereitungskurse beinhalten beispielsweise folgende Methoden und Techniken: psychoprophylaktische Geburtsvorbereitung, Gymnastik, Yoga und Schmerzbewältigungstechniken.
Eine Studie zur personenzentrierten Gruppenarbeit mit Schwangeren zur Minderung von Schwangerschafts- und Geburtsängsten zeigt, daß die Kombination von Entspannung und hilfreichen Gesprächen durchaus zur Minderung der Ängste beiträgt und für die Schwangeren eine wichtige Hilfestellung bedeutet.

6. Gedanken zum Thema

Eine Geburt ist ein so elementares Erlebnis, daß sie nicht nur den Körper, sondern auch die Psyche der Frau voll fordert. Darum ist es auch sehr wichtig, daß sich werdende Mütter seelisch und körperlich auf dieses Ereignis vorbereiten. Jede Geburt ist aber auch etwas einzigartiges, und keine noch so gute Vorbereitung kann einen idealen Geburtsverlauf garantieren. Daher ist auch dagegen einzuwenden, daß jene Mütter, die mit ihrer Angst nicht fertig werden oder eine niedrige Schmerzschwelle haben, auch medikamentöse Hilfsmittel erhalten, wenn es ihr ausdrücklicher Wunsch ist. Wichtig ist, daß die Frauen nach ausführlicher Information und Aufklärung selbst entscheiden können, welchen Weg sie wählen.

7. Literatur

Blume, A. (1982). *Andere Umstände. Eine Orientierungshilfe für Vorsorge, Geburtsvorbereitung und Geburt.* Reinbek: Rowohlt.

Nees-Delaval, B. (1995). *Ich bekomme ein Baby. Wegweiser für Schwangerschaft und Geburt.* Niederhausen: Falken-Verlag.

Ramm-Bonwitt, I. (1991). *Yoga in der Schwangerschaft. Übungen zum Wohl der Mutter und des ungeborenen Kindes.* München: Ariston.

Stoppard, M. (1994). *Empfängnis, Schwangerschaft und Geburt*. Ravensburger Buchverlag.

Tönnis, S. & Wirths, I. (1996). Personenzentrierte Gruppenarbeit mit Schwangeren zur Minderung von Schwangerschafts- und Geburtsängsten. In E. Brähler & U. Unger (Hrsg.), *Schwangerschaft, Geburt und der Übergang zur Elternschaft* (S. 29-39). Opladen: Westdeutscher Verlag.

28. Tod / Behinderung des Kindes

Sonja Grosz

1. Einleitung

In dem folgenden Kapitel geht es um die Problematik der Fehl- und Totgeburt sowie um die Behinderung eines Kindes.

Noch im 19. Jahrhundert war der Tod ein ganz normaler Teil des menschlichen Lebens, ebenso normal wurde damit umgegangen. Damals gehörte das Totenhemd vielerorts zur Aussteuer. Auch das Ritual, den verstorbenen Leichnam über Tage zu Hause in den eigenen vier Wänden aufzubahren und so Abschied zu nehmen, ist heute unvorstellbar geworden. Heutzutage haben viele Menschen noch nie einen Toten gesehen (vgl. Lothrop, 1998, S. 18). Die Gesellschaft greift auf Schemata wie Verdrängen, Ignorieren, Tabuisieren, nicht darüber sprechen, so tun, als ob nichts geschehen wäre (dann sei alles bald vergessen) zurück. Leider verfahren so auch viele Menschen, die im klinischen Bereich arbeiten. Deshalb wird auch den Eltern ihr totes Kind oft vorenthalten, was die Trauerarbeit bei vielen Familien wesentlich erschwert (vgl. Lothrop, 1998, S. 230).

2. Tod eines „Kindes"

Der Tod eines Babys kann in verschiedenen Phasen des Wachstums bzw. des Lebens auftreten (bis zur 12. Schwangerschaftswoche, SSW, spricht man von einem Embryo, ab der 12. SSW von einem Föten, nach der Geburt von einem Neugeborenen).

Die Angaben über die Häufigkeit von Aborten differieren. Einige MedizinerInnen vertreten die Meinung, daß 60 % aller Konzeptionen bis zum Ende der 12. SSW mit einem Abort enden, wobei aber 90 % dieser Schwangerschaften nicht von der Frau bemerkt werden; eine andere Studie ergab, daß etwa 43 % aller Schwangerschaften durch einen Abort schon in einem sehr frühen Stadium vorzeitig beendet werden, wobei 70 % der Frauen nichts von ihrer Schwangerschaft wußten (vgl. Albrecht & Gerhard, 1988, S. 1).

75 % aller Fehlgeburten treten im ersten Schwangerschaftstrimester auf. Eine Fehlgeburt kann sich durch Blutungen mit nachfolgenden krampfartigen Schmerzen ankündigen, oder der Frauenarzt bzw. die Frauenärztin stellt bei

einer Routineuntersuchung fest, daß das Kind nicht mehr lebt, die Schwangerschaft „nicht mehr intakt“ ist (vgl. Lothrop, 1998, S. 26).

2.1. Begriffsdefinitionen

Lebendgeburt: „als lebendgeboren gilt unabhängig von der Schwangerschaftsdauer eine Leibesfrucht dann, wenn nach dem vollständigen Austritt aus dem Mutterleib entweder die Atmung eingesetzt hat, oder irgendein anderes Lebenszeichen erkennbar ist, wie Herzschlag, Pulsation der Nabelschnur oder deutliche Bewegung willkürlicher Muskeln, gleichgültig, ob die Nabelschnur durchschnitten ist oder nicht, oder ob die Plazenta ausgestoßen ist oder nicht“ (Hebammengesetz, zitiert nach Lothrop, 1998).
Totgeburt: „Von einer Totgeburt spricht man dann, wenn ein Kind mit über 500 Gramm im Leib der Mutter oder unter der Geburt stirbt“ (vgl. Lothrop, 1998, S. 30).
Abort oder auch Fehlgeburt: „dies liegt vor, wenn bei einer Leibesfrucht kein Zeichen einer Lebendgeburt vorhanden ist und die Leibesfrucht ein Geburtsgewicht von weniger als 500 Gramm aufweist“ (Hebammengesetz, zitiert nach Lothrop, 1998).

Es gibt *verschiedene Arten von Aborten* (Albrecht & Gerhard, 1988, S. 13):

- *Primärer / sekundärer Abort:* Frauen, die bisher noch kein lebendes Kind zur Welt gebracht haben, gehören der Gruppe der primären Aborte an. Frauen, die hingegen mindestens ein lebendes Kind geboren haben, zählen zu der Gruppe der sekundären Aborte.
- *Früh / Spätabort:* Wenn eine Fehlgeburt bis zur Vollendung der 12. SSW eintritt, spricht man von einem Frühabort, während ab der 13. bis zur 25. bzw. 28. SSW von einem Spätabort gesprochen wird.
- *wiederholter / habitueller Abort:* Von einem wiederholten Abort spricht man, wenn eine Frau zwei Fehlgeburten vor der 22. bis 28. Schwangerschaftswoche post menstruationem erlebt hat. Von einem habituellen Abort wird gesprochen, wenn eine Frau drei oder mehrere Fehlgeburten vor der 22. bis 28. SSW post menstruationem erlitten hat.

2.2. Ursachen für den (habituellen) Abort

Alle Ursachen eines Aborts sind noch nicht geklärt.

1) *Pathologischer Uterusfaktor:* Das Vorkommen einer kongenitalen uterinen Anomalie in der Gesamtbevölkerung wird mit 0.5 % angegeben. Dies kommt durch inkomplette Verschmelzung der Müller-Gänge oder Septumresorptio (oder beides) zustande.

2) *Chromosomenstörung:* Es gilt als bewiesen, daß Chromosomenanomalien die häufigste Ursache eines Spontanabortes ist, ohne daß chromosomale Veränderungen bei den Eltern vorhanden sein müssen.
3) *Endokrinopathien:* verschiedenste hormonelle Störungen der Frauen.
4) *Infektionen:* Infektionskrankheiten spielen insofern eine Rolle, da eine Schwangerschaft durch eine Erstinfektion gefährdet ist. Bei einer erneuten Schwangerschaft besitzt die Frau bereits Antikörper, die vor einem erneuten Abort schützen.
5) *Andrologische Faktoren:* (Andrologie: Teilgebiet der Medizin, auf dem man sich mit den geschlechtsabhängigen Erkrankungen des Mannes beschäftigt.) Es ist heute noch unklar, inwieweit ein pathologisches Spermiogramm des Mannes mit der Wahrscheinlichkeit habitueller Aborte in Zusammenhang steht.
6) *Immunologische Ursachen:* eine Abstoßungsreaktion;
7) *Schadstoffbelastung:* Schwermetalle können entweder inhalativ oder über die Nahrung aufgenommen werden und somit in verschiedenen Organsystemen abgelagert oder akkumuliert (angehäuft, gespeichert) werden. Frauen, die einer hohen Schadstoffbelastung ausgesetzt sind, sind besonders für habituelle Aborte, Frühgeburten und Mißbildungen gefährdet. Selbstverständlich haben Schwermetalle auch eine negative Wirkung auf die Samenzellenproduktion des Mannes.
   Blei: Bleiverbindungen werden häufig in der Metall-, Farben- und Druckindustrie verwendet. Weitere, für uns wichtige Bleiquellen ist zu niedrig gebranntes Keramikgeschirr, woraus das Blei durch saure Nahrungsmittel gelöst wird, und somit in unseren Körper gelangt. Eine andere Bleiquelle sind alte Wasserrohre, wie sie auch noch in Wien vorkommen.
   Cadmium: Herstellung von Batterien; hohe Cadmiumkonzentrationen werden auch in Klärschlamm von Kläranlagen gefunden (und können über Dünger in die Nahrungskette gelangen); auch Zigaretten enthalten Cadmium, deshalb ist Rauchen während der Schwangerschaft schädlich.
   Quecksilber: z.B. in Amalgamfüllungen oder zur Thermometerherstellung und Leuchtstoffröhrenfabrikation (vgl. Albrecht & Gerhard, S. 2-12).

3. Folgen für die Eltern

Der folgende Auszug stellt die Situation einer Familie dar, die gerade ein Kind verloren bzw. ein schwer behindertes Kind zu Welt gebracht hat:

> Die Ärzte verhalten sich wie die Schwestern: negierend. Der Oberarzt, der den Kaiserschnitt durchgeführt hat, kommt nur ein einziges Mal. Gezwungenermaßen, weil ausgerechnet in seinem Dienst eine neue Infusionsnadel nötig ist. Er sagt kein einziges Wort! Anna betrachtet ihn schweigend, will sich sein Gesicht einprägen. Auch ihr Gynäkologe, bei

> dem sie seit zwölf Jahren in Behandlung ist und schon zwei gesunde Kinder entbunden hat, spricht das Thema während seiner Visiten nicht an, verläßt ihr Zimmer so rasch wie möglich. ... Der Kinderarzt wiederum, pragmatischer Professor und Wissenschaftler, erklärt ihr die medizinische Seite ganz exakt. Sie hört ihn und kann ihn doch nicht verstehen. Er geht gut um mit dem Tod. Eine sachliche Geschäftsbeziehung. ... Empfinden diese Menschen wirklich alle nichts? Oder glauben sie, daß darüber zu reden ein Schuldbekenntnis wäre? ...Was will Anna eigentlich? (Waldhäusl, 1999)

Frauen in einer solchen schwierigen Situation werden also auch heutzutage oftmals nicht einfühlsam (genug) behandelt. Besonders schlimm für Frauen ist, daß, je nachdem in der wievielten Schwangerschaftswoche sie ihr „Kind“ verloren haben, das Kind häufig nicht anerkannt wird. Bei einer Fehlgeburt wird lediglich von einem „Fruchtabgang“ gesprochen. Gerade dieser Umstand erschwert es vielen Frauen bzw. Familien, von ihrem „Kind“ Abschied zu nehmen. Wie soll man auch um etwas trauern (dürfen bzw. können), was für andere nicht wirklich existiert hat. Eine Fehlgeburt gilt nicht als Geburt und schon gar nicht als Trauerfall. Aber gerade die Trauerarbeit ist bei dem Verlust eines Kindes sehr wichtig. Der Preis, der für verdrängte Trauer bezahlt wird, ist hoch. Er kann sich in Form von tiefen Depressionen, chronischen Schmerzen, Abhängigkeiten und Süchten, Über- oder Untergewicht oder von lebensbedrohlichen Krankheiten zeigen. Oder man wird unfähig, Freude am Leben zu empfinden. Trauer ist wie eine tiefe Wunde, das Eiter muß abfließen können, um zu heilen (vgl. Lothrop, 1998, S. 52f). Wenn ein Kind nach dem dritten Schwangerschaftsmonat im Bauch der Mutter abstirbt, steht eine „normale“ Geburt bevor. Ist der errechnete Geburtstermin nicht mehr weit, wartet man möglicherweise bis die natürliche Wehentätigkeit einsetzt, ansonsten wird die Geburt eingeleitet. Natürlich ist der Wunsch nach einem Kaiserschnitt nicht selten (Lothrop, 1998, S. 69). Für die Trauerarbeit ist es jedoch für viele Familien von Vorteil, die Geburt bei vollem Bewußtsein mitzuerleben. Auch das tote Baby nachher anzusehen, zu berühren und es zu halten, ist ein wichtiger Aspekt, damit man weiß, von wen man sich verabschiedet. „Niemand käme auf die Idee, eine Mutter zu fragen, ob sie ihr lebendes Kind sehen will. Es ist doch das Natürlichste der Welt, daß eine Mutter ihr Kind sieht – ob lebend oder tot.“ (Marcovich, zitiert nach Lothrop, 1998, S. 81). Auch bei Babys, die mit Fehlbildungen zur Welt kommen, sollten sich die Eltern ihr Kind ansehen. Die Erfahrungen haben gezeigt, daß die Realität nie so schlimm ist, wie sich die Eltern in ihrer Phantasie ihr Kind vorstellen (vgl. Lothrop, 1998, S. 85).

3.1. Trauerphasen

1) *Schock und Betäubung:* kann Stunden bis Wochen dauern; man ist emotional betäubt und hat Schwierigkeiten, Entscheidungen zu treffen;

2) *Suchen und sich sehnen:* ca. vier bis sechs Monate; nach dem Schockzustand werden die Gefühle durcheinandergewirbelt. Alle möglichen Emotionen von Wut bis Schuldgefühle können aufkommen;
3) *Desorientierung und Verwandlung:* ca. nach einem halben Jahr bis zum ersten Todestag, danach meist abklingend;
4) *Erneuerung und Neuorientierung:* meist im zweiten Jahr; neue Energie und neue Hoffnungen wachsen.

Für den Umgang mit Betroffenen, die sich akut in diesen Trauerphasen befinden, haben sich sinngemäß folgende (grobe) Richtlinien bewährt:

- *Passende Worte für trauernde Eltern:* „Es tut mir leid"; „das muß schwer für euch sein"; „ich bin hier, und ich höre zu"; „laß' dir Zeit"; „ich weiß nicht, was ich sagen soll"; „wie geht es dir mit all dem?"
- *Unpassende Worte:* „Besser jetzt als später"; „es war wohl das beste"; „Gott sei dank, du hast ja das Kind noch nicht gekannt"; „du bist jung, du kannst noch andere Kinder haben".
- *Was Trauernden noch mehr weh tut:* so tun, als ob nichts geschehen wäre; ignorieren; beschwichtigen wollen, um den Schmerz zu lindern; Tatsachen herunterspielen, damit Trauernde sich (vermeintlich) besser fühlen; ihnen schmerzliche Konfrontationen ersparen wollen, z. B. durch Wegräumen der Babysachen und Meiden des Themas in Gesprächen.

Phasen der Katastrophenverarbeitung nach Kübler-Ross (zitiert nach Moser, 1990), welche dem Modell aus der Behinderungsforschung stark ähnlich sind:

1) Schock, Verleugnung und Aufschiebung („Nein ich nicht!");
2) Groll und Verbitterung („Warum ich?"), die Familie sieht weder Sinn noch Ausweg;
3) Hadern und Feilschen („Ja, aber ..."); häufig suchen PatientInnen Zuflucht in magischen Behandlungsformen, suchen andere ÄrztInnen auf etc.;
4) Depression, Selbstwertverlust („Wehe mir!"), Rückzug aus dem mitmenschlichen Umfeld;
5) Annahme („Ich bin bereit"); die Annahme kann ein wirkliches Akzeptieren sein, aber auch ein eher resignierendes Sich-Fügen in das Unausweichliche (vgl. Moser, 1990).

4. Das behinderte Neugeborene und seine Familie

Der natürliche Platz zum Aufwachsen eines Kindes ist die Familie. Dies gilt natürlich auch für behinderte Kinder. Die Realität, ein behindertes Kind zu haben, trifft die Eltern meist unvorbereitet (außer es wurde bereits während der Schwangerschaft mit Hilfe der pränatalen Diagnostik festgestellt) und löst oft überwältigende Ohnmacht aus. Hoffnungslosigkeit, Verzweiflung, Niederge-

schlagenheit und Trauer überfällt die ganze Familie. Gerade in diesen Situationen wäre eine psychologische „Erste Hilfe“, neben den medizinischen Maßnahmen, von großer Bedeutung, um die gegebene Situation verarbeiten zu können.
In heutiger Zeit ist es möglich, sehr kleine Frühchen mit Hilfe der neuen Technologien und medizinischen Interventionen am Leben zu erhalten. Der Preis dafür ist in vielen Fällen hoch. Behinderungen, zunächst von ungewissem Grad, sind die Folgen. Viele Eltern können vorerst keine Bindung zu ihrem Kind aufnehmen, da sie große Angst vor dem Verlust haben. Einerseits besteht Freude über ihr Baby, andererseits ist auch Trauer vorhanden. Eine eingegangene Bindung erleichtert jedoch den Abschied, sollte das Kind nicht überleben (vgl. Lothrop, 1998, S. 36).

4.1. Behinderung – was nun?

Betreffend die Art der Mitteilung über die Behinderung des Kindes passiert es leider oft, daß sich die ÄrztInnen nur wenig Zeit nehmen (können) und auch zuwenig Mitgefühl zeigen. Neben der mangelnden Anteilnahme gibt es zwei extreme Reaktionen der ÄrztInnen, nämlich unvollständige, diffuse Auskünfte, mit denen die Eltern wenig anfangen können und den Rückzug auf medizinische, unverständliche Fachausdrücke, unter denen sich die Eltern nichts konkretes vorstellen können (vgl. Moser, 1990). Auch besänftigende Phrasen, Verharmlosungen oder, im Gegensatz dazu, die völlige Hoffnungslosigkeit sind hier absolut fehl am Platz. Die Eltern wünschen sich in der Regel die Wahrheit in einer freundlichen und einfühlenden Art und Weise mitgeteilt zu bekommen. Außerdem sollten sie laufend Informationen und auch die Möglichkeit bzw. Zeit erhalten, um Fragen stellen und diskutieren zu können (Moser, 1990, S. 73).
Zur Illustration nun wieder ein Auszug aus der bereits oben begonnenen Fallgeschichte:

> Als Anna das erstemal aufwacht, sieht sie Doktor H. Er steht einen Meter von ihrem Bett entfernt, die Arme abwehrend verschränkt: „Wir haben das Kind ins AKH gebracht.“ Sie schläft wieder ein. ... Stunden später im Aufwachzimmer. Anna hat starke Schmerzen. Sie ist verwirrt, kennt sich nicht aus, möchte wissen, was los ist. Sie denkt, die Schmerzen seien Wehen und das Baby ist noch im Bauch. Aber es sind die Nachwehen und ein Sandsack, der auf ihrer Wunde liegt. Martin ist gerade nicht da. Sie versucht sich zu konzentrieren, erinnert sich schließlich an die Stimme von Doktor H.: „Wir haben das Kind ins AKH gebracht.“ „Wie geht es meinem Kind? – Was ist passiert? – Ich möchte wissen, wie es meinem Kind geht!“ Dreimal muß Anna fragen, rufen, schreien. Schließlich sagt die diensthabende Schwester, sie wisse es nicht. ... (Waldhäusl, 1999)

4.2. Euthanasie: ja oder nein?

Wird nun ein Kind lebend, aber mit einer starken Behinderung geboren, müssen die Eltern dann oft Entscheidungen treffen, denen sie sich nicht gewachsen fühlen. Außerdem befinden sie sich in einem Schockzustand. Möglicherweise werden sie gefragt, ob ein operativer Eingriff, der das Leben des Kindes eventuell nur um kurze Zeit verlängert, gemacht werden soll, oder sie sollen noch schwerwiegendere Entscheidungen treffen, nämlich ob lebensverlängernde Geräte abgestellt werden sollen oder nicht, also sich für oder gegen Euthanasie aussprechen (vgl. Lothrop, 1998, S. 74).
Durch die pränatale Diagnostik ist es ermöglicht worden, Behinderungen schon frühzeitig zu erkennen, weshalb sich Eltern immer öfter mit diesem Fragenkomplex, der „nicht freiwilligen" Euthanasie", auseinandersetzen (müssen).

5. Gedanken zum Thema

Es wird wohl kein Elternpaar die Euthanasie-Entscheidung leichtfertig treffen, aber es sollte die Möglichkeit bestehen, eine Abtreibung vorzunehmen bzw. Sterbehilfe zu leisten, ohne daß dies generell von der Gesellschaft verurteilt wird. Wenn sich Eltern eines neugeborenen schwerstbehinderten Kindes nach reiflicher Überlegung im Übereinkommen mit ÄrztInnen für den Tod ihres Kindes entscheiden, sollte dies zumindest straffrei sein.
Sehr viele Frauen – mehr als oft vermutet –verlieren im Laufe ihres Lebens ein Kind. Man kann auf eine solche Situation nicht vorbereitet sein, aber wenn man sich einmal damit auseinandergesetzt hat, kann man es vielleicht ein wenig besser verstehen, bzw. man weiß, daß man mit dieser Situation nicht alleine da steht und alleine damit fertig werden muß. Selbsthilfegruppen können in dieser Situation oft guten Rückhalt geben.

6. Literatur

Albrecht, H. & Gerhard, I. (Hrsg.). (1988). *Wiederholte Fehlgeburten.* Hippokrates.
Lothrop, H. (1998). *Gute Hoffnung – jähes Ende.* München: Kösel.
Moser, U. (1990). *Belastungsfaktoren in Familien mit behinderten Kindern.* Unveröffentlichte Diplomarbeit, Universität, Wien.
Waldhäusl, M. (1999). Wiegenlied für Dorothea. *Baby Express 2/99*, 85-89.

29. Postpartale Stimmungsstörungen bei Müttern

Claudia Dotter

1. Einleitung

Schwangerschaft und Geburt gelten im allgemeinen als kritische Lebensereignisse. Es sind nicht nur wichtige und schöne, sondern vor allem auch turbulente und anstrengende Ereignisse im Leben einer Frau. Die Zeit der Schwangerschaft und der ersten postpartalen Monate wird von einer Reihe biologischer, psychischer und sozialer Veränderungen begleitet. Die meisten Frauen passen sich diesen Veränderungen und deren Auswirkungen auf andere Lebensbereiche, wie Partnerschaft, Arbeit, Freizeit etc. langfristig gut an. Trotzdem berichten viele Mütter auch von starken Stimmungsschwankungen in der ersten Zeit nach einer Entbindung. Zu keiner Zeit des Lebens ist die Wahrscheinlichkeit für eine Frau so hoch, in eine psychiatrische Klinik eingewiesen zu werden wie nach einer Entbindung. In den ersten Tagen nach der Geburt unterliegen Frauen sehr häufig beträchtlichen Stimmungsschwankungen. Sie empfinden nach der Geburt nicht das erwartete Glücksgefühl, sondern leiden unter Verstimmungen, die von abrupten Stimmungswechseln bis zu psychischen Störungen reichen können (s. Unger & Rammsayer, 1996).
Generell können diese psychogenen Störungen nach einer Entbindung in drei Formen unterteilt werden:

- postpartaler Blues;
- postpartale Depression und
- postpartale Psychose.

In der internationalen Klassifikation psychischer Störungen ICD-10 (Dilling, Mombour & Schmidt, 1993) werden diese Störungsformen folgendermaßen klassifiziert:

F53 psychische oder Verhaltensstörungen im Wochenbett, nicht andernorts klassifizierbar

Hier sind nur Störungen im Zusammenhang mit dem Wochenbett zu klassifizieren (Beginn innerhalb eines 6-Wochen-Zeitraums nach Geburt), die nicht die Kriterien für andere im Kapitel V (F) klassifizierte Störungen erfüllen; ...

F53.0 leichte psychische und Verhaltensstörungen im Wochenbett, nicht andernorts klassifizierbar

Dazugehöriger Begriff:

– nicht näher bezeichnete postnatale Depression
– nicht näher bezeichnete postpartum Depression

F53.1 schwere psychische und Verhaltensstörungen im Wochenbett, nicht andernorts klassifizierbar

Dazugehöriger Begriff:

- nicht näher bezeichnete Puerperalpsychose. (S. 205)

Die Differentialdiagnose dieser Störungsbilder erfolgt über Störungsbeginn, Dauer und Ausprägung der auftretenden Symptome.
Im folgenden soll nun auf diese drei psychogenen Störungsformen näher eingegangen werden.

2. Postpartaler Blues

Der postpartale Blues setzt typischerweise in den ersten Tagen nach der Entbindung ein und hält etwa 10 Tage an. Früher wurde deshalb auch vom „Zehntageflennen" gesprochen. Im 19. Jhdt. sprach man von „Milchfieber", weil diese Stimmungsstörung zur Zeit des Einschießens der Milch beobachtet wurde. Die betroffenen Frauen erleben sich selbst von einem Moment zum anderen, meist ohne ersichtlichen Grund, als „himmelhochjauchzend und zu Tode betrübt".
Die Angaben zu den Prävalenzraten sind beim postpartalen Blues sehr unterschiedlich, zwischen 46 % und 76 % (vgl. Unger & Rammsayer, 1996). Aufgrund dieser jedenfalls sehr hohen Verbreitung ist es fraglich, ob man überhaupt von einer Störung oder nicht vielleicht eher von einer adäquaten psychologischen Reaktion auf die vielfältigen Belastungen dieser Phase sprechen kann.
Die betroffenen Frauen leiden meist unter plötzlichen und auch für sie überraschenden Weinanfällen. Sobald die Euphorie über die Ankunft des neuen Familienmitgliedes verflogen ist, sehen sich die Frauen mit der Realität der Mutterrolle konfrontiert und haben Angst, ob sie dieser wirklich gewachsen sind. Das Neugeborene fordert die gesamte Aufmerksamkeit und Fürsorge der Mutter, für deren Bedürfnisse bleibt nur wenig Raum.

2.1. Beschreibung der Symptomatik

In der Literatur wird das Phänomen des postpartalen Blues sehr unterschiedlich benannt: v. a. *mother's blues, baby-blues, postnatal blues* oder *post-partum-Blues*.
Bis in die 60er-Jahre war das klinische Bild des postpartalen Blues unklar. Erst eine Studie von Yalom, Lunde, Moos und Hamburg (1968, zitiert nach Unger & Rammsayer, 1996) zeigte die möglichen Symptome auf. Sie untersuchten und befragten eine Gruppe von 39 Frauen täglich – 10 Tage lang – nach der Entbindung. Es konnten bei zwei Dritteln der befragten Frauen mehrere Weinepisoden registriert, jedoch keine Aussagen über die zeitliche Aufeinanderfolge und Auftretenswahrscheinlichkeit der einzelnen Symptome getroffen werden.
Nach Levy (1987, zitiert nach Unger & Rammsayer, 1996) steht der Blues für einen postpartalen Gefühlszustand, der vorübergehende Phasen kennzeichnet und durch Symptome wie Weinen, Traurigkeit, Verzagtheit, Verwirrung, Ängstlichkeit und Schlaflosigkeit charakterisiert werden kann. Diese Symptome treten in den ersten 10 Tagen nach der Entbindung auf. Knight und Thirkettle (1986, zitiert nach Unger & Rammsayer, 1996) klassifizierten den postpartalen Blues nach der Zeit des Beginns und der Remission sowie nach den folgenden Primärsymptomen: erhöhte Stimmungslabilität, unvorhersagbares Weinen, Traurigkeit, generelle Dysphorie, kognitive Verwirrung und Ängstlichkeit. Stein (1982, zitiert nach Unger & Rammsayer, 1996) meint jedoch, daß es keinen Konsens über die Symptome gibt, die das postpartale Blues-Syndrom charakterisieren. Der Beschreibung der Symptome fehle es an Präzision. Denn Symptome wie emotionale Labilität, Weinen, Reizbarkeit oder Müdigkeit treten auch relativ häufig bei nichtschwangeren Frauen auf. Um entscheiden zu können, ob ein bestimmtes Symptom Teil des post-partum-Blues ist, müsse der Nachweis erbracht werden, daß

1) das Auftreten dieses Symptoms bzw. der Ausprägungsgrad vom Faktor der Geburt abhängt und
2) ein intra- oder interindividuell stabiles Wiederholungsmuster vorliegt.

2.2. Zeitlicher Verlauf der Symptome

Die Symptome des postpartalen Blues können an jedem Tag in der ersten postpartalen Woche auftreten und für einige Wochen anhalten. Eine allgemein gültige zeitliche Festlegung ist jedoch schwierig, da einzelne Symptome wie Weinen und Traurigkeit über mehrere Wochen anhalten können.

> Einige Symptome wie Erschöpfung, Appetitverlust und Konzentrationsmangel sind am häufigsten am ersten postpartalen Tag und treten danach nur noch selten auf, während andere Symptome wie Depression, Reizbarkeit, Unruhe und Alpträume eher zwischen dem 4. und 6. postpartalen Tag bemerkbar sind. Auch Weinen ist in den ersten zwei Tagen nach der

> Entbindung häufig und dann erst wieder gegen Ende der ersten postpartalen Woche zu beobachten, wobei die Weinphasen länger andauern. (Unger & Rammsayer, 1996, S. 158)

2.3. Ätiologie und Prädiktorvariablen

Im allgemeinen läßt sich sagen, daß Variablen wie Alter, sozioökonomischer Status und Anzahl der Geburten keinen nachweisbaren Einfluß auf das Auftreten des post-partum-Blues (PPB) haben.

> Auch Faktoren wie Dauer der Geburt, Geburtsverlauf (vaginal oder kaiserschnitt), Länge des Klinikaufenthaltes und Stillen konnten nicht mit dem PPB in Verbindung gebracht werden (Stein, 1982). Zahlreiche Studien belegen jedoch einen signifikanten Zusammenhang zwischen der psychischen Befindlichkeit während der Schwangerschaft und dem Auftreten des PPB (Davidson, 1972; Harris, 1980; Nott et al.; 1976). (Unger & Rammsayer, 1996, S. 159)

2.3.1. Der Einfluß hormoneller Faktoren

„In der Literatur wird immer auf einen möglichen Zusammenhang zwischen dem häufigen Einsetzen depressiver Symptome und hormonellen Veränderungen hingewiesen (Stern & Kruckman, 1983)" (Unger & Rammsayer, 1996, S. 159-160). Der biologische Erklärungsansatz für den postpartalen Blues orientiert sich an den hormonellen Veränderungen von Östrogen, Progesteron, Prolactin und Kortisol während der Schwangerschaft und nach der Entbindung. Der abrupte und unvermeidliche Abfall des Hormonspiegels, bei dem es dem Körper schwer fällt sich anzupassen, wird als Ursache für den postpartalen Blues angesehen. Diese Umstellung kann merkliche Auswirkungen auf emotionale Prozesse haben, die bei den meisten Frauen bewirken, daß sie bei der kleinsten Kleinigkeit in Tränen ausbrechen, launenhaft, reizbar, unentschlossen und nervös sind. Es gibt jedoch keine einheitlichen Beweise, daß eine hormonelle Veränderung den postpartalen Blues verursacht (vgl. Unger & Rammsayer, 1996).

2.3.2. Der Einfluß von Persönlichkeitsmerkmalen

Neben den hormonellen Erklärungsansätzen gibt es aber auch noch andere Faktoren, die an der Entstehung des post-partum-Blues beteiligt sind. Zahlreiche Untersuchungen befassen sich mit dem Zusammenhang von postpartalem Blues und individuellen psychischen Symptomen während der Schwangerschaft, wie z. B. Ängstlichkeit, depressive Vorgeschichte usw. Jacobson, Kaij und Nilsson (1965, zitiert nach Unger & Rammsayer, 1996, S. 161) fanden signifikante Korrelationen zwischen Ängstlichkeit und Depression vor oder während der Schwangerschaft und dem Auftreten von Ängstlichkeit und Depression im ersten postpartalen Jahr.

2.3.3. Der Einfluß geburtsspezifischer Variablen

In früheren Studien (z. B. Uddenberg & Wilson, 1975, zitiert nach Unger & Rammsayer, 1996) fand man heraus, daß Frauen mit einer symptomfreien und unkomplizierten Schwangerschaft in der postpartalen Zeit eher depressiv wurden. „Daraus könnte man schließen, daß diese Frauen aufgrund des positiven Erlebens ihrer Schwangerschaft auch positive Erwartungen an das Geburtserlebnis entwickeln und das Auftreten des PPB die Folge eines unerwartet negativen Geburtserlebnisses sein könnte“ (Unger & Rammsayer, 1996, S. 161-162).
Knight und Thirkettle (1987, zitiert nach Unger & Rammsayer, 1996) untersuchten, ob es einen Zusammenhang zwischen Erwartungen an das Geburtserlebnis und dem postpartalen Blues gibt. Sie befragten 98 erstgebärende Frauen über ihre Erwartungen und tatsächlichen Erfahrungen während der Schwangerschaft und Geburt. Ihre Hypothese war, „daß das Auftreten des PPB durch den unerwarteten Schmerz des Geburtserlebnisses mitverursacht wird und somit die Wahrscheinlichkeit für ein Auftreten des PPB steigt, wenn die Erwartungen und die tatsächlichen Erfahrungen bei der Geburt nicht übereinstimmen“ (Unger & Rammsayer, 1996, S. 162). In den Ergebnissen von Knight und Thirkettle konnte jedoch kein signifikanter Zusammenhang zwischen dem erwarteten und tatsächlichen Geburtserlebnis festgestellt werden. Geburtserwartung, Geburtserfahrung und ob die Geburt wie erwartet erlebt wurde, erlaubten *keine* Vorhersagen hinsichtlich des Auftretens des postpartalen Blues.

2.3.4. Der Zusammenhang zur prämenstruellen Befindlichkeit

In einer Reihe von Studien wurde der Zusammenhang zwischen prämenstruellen und menstruellen Beschwerden und dem PPB untersucht.

> Nach Reid und Yen (1981) berichten Frauen, die unter dem prämenstruellen Syndrom (PMS) leiden, von folgenden Symptomen: Müdigkeit, Depression, Gereiztheit, verstärkter Durst und Appetit, Kopfschmerzen, anschwellende Brüste, Magenkrämpfe, Ödeme in den Extremitäten, verstopfung sowie eine Verschlechterung bestehender Störungen wie z. B. Akne. Vergleicht man diese Symptome mit denen des PPB, so finden sich einige Übereinstimmungen. ... In der Studie von Yalom et al. (1968) fanden sich signifikante Korrelationen zwischen dem Menarche-Alter bzw. kürzerer Dauer der Blutungen und dem PPB. Auch Handley et al. (1980) zeigten, daß Frauen mit menstruellen Beschwerden eher zum PPB neigen. (Unger & Rammsayer, 1996, S. 163)

Besonders wichtig ist die klinische Abgrenzung der Störungsbilder, da der postpartale Blues nicht mit einer beginnenden postpartalen Depression oder postpartalen Psychose verwechselt werden darf.

3. Postpartale Depression

Eine postpartale Depression zeigt sich meist erst später im Verlauf der ersten 3 Monate nach der Entbindung und dauert bis zu einigen Monaten an. Allgemein ist eine Depression eine Krankheit, die bei Menschen allen Alters auftreten kann. Sie ist gekennzeichnet durch Trübsinn, Niedergeschlagenheit, Verzweiflung, Lustlosigkeit, Interesselosigkeit, Verlust der Konzentration, Schlaf- und Appetitlosigkeit, etc. Die postpartale Depression unterscheidet sich von der typischen Depression in einigen Merkmalen und wird als atypische Depression bezeichnet, weil sie nur nach einer Schwangerschaft auftreten kann. Reizbarkeit ist dabei immer ein ausgeprägtes Merkmal depressiver Zustände nach der Geburt. Frauen mit Postpartaler Depression haben einen unstillbaren Schlafdrang. Weiters können Antriebslosigkeit, ausgeprägte Niedergeschlagenheit, Angstzustände, Nervosität und Verlust des sexuellen Interesses auftreten. Ein anderes Symptom, das nicht immer auftritt, aber wenn es festgestellt wird, auf eine postpartale Depression hindeutet, ist eine Galaktorrhoe, d. h. das Vorhandensein von Milch in der Brust 2 Monate nach dem Abstillen oder noch später. Häufig fühlen sich die Frauen körperlich krank und klagen über Schwindel, Schmerzen in der Brust oder allgemeines Unwohlsein. Die Mütter, die an einer postpartalen Depression leiden, fühlen sich ständig überfordert, sind gereizt, kommen weder mit dem Baby noch mit dem Haushalt zurecht. Jede Frau wird durch eine postpartale Depression in unterschiedlicher Weise beeinträchtigt, wobei die betroffenen Frauen den einzelnen Beschwerden unterschiedliches Gewicht beimessen.
Eine betroffene Frau (Geburt des dritten Kindes) berichtet:

> Plötzlich kommen schwere Depressionen, ich ärgere mich über meinen Mann und die Kinder, suche Streit. Schon mehrmals war ich verzweifelt, fing grundlos an zu weinen, rang nach Luft und wünschte, ich wäre tot. Dann habe ich Angst vor dem Lebendigsein, ich will tot sein und fange an nachzudenken, wie man sterben könnte (mir ist oft nach Selbstmord zumute). (Dalton, 1984, S. 41)

Bei einer schweren postpartalen Depression besteht die Möglichkeit eines Selbstmordes. Die meisten Selbstmordversuche sind Hilferufe, wodurch die Mütter auf ihre Situation aufmerksam machen wollen. Mit der Depression entsteht der Wunsch, sich aus seiner Umwelt zurückzuziehen, sich abzukapseln, Kontakt mit anderen Menschen zu vermeiden, und die betroffenen Frauen verlieren Zuversicht und Selbstvertrauen. Somit verwundert es nicht, daß sich die Mütter schließlich vor sich selbst und ihren Handlungen ängstigen. Sie fürchten z. B., dem Baby weh zu tun, es fallen zu lassen oder beim Baden zu ertränken. Ein weiteres Problem bei der postpartalen Depression sind Ablehnung und Feindseligkeit gegenüber dem Baby. Wenn eine Mutter sich auf die Schwangerschaft ehrlich gefreut hat, das Baby aber dann ablehnt und nicht mehr liebt,

deutet dies auf eine postpartale Störung hin. Da Abneigung gegen das Baby zudem auch noch Schuldgefühle bei der Mutter erzeugt, wird sie oftmals verschwiegen.
Es ist natürlich aber auch möglich, daß Frauen, die, als sie nicht schwanger waren, eine typische Depression durchlebten, im ersten Jahr nach der Entbindung einen Rückfall in diese frühere Depression erleiden. Dann präsentieren sich die charakteristischen Merkmale einer typischen Depression und nicht jene einer postpartalen Depression. Die postpartale Depression ist also nicht dasselbe wie eine typische Depression und erfordert deshalb eine andere Behandlung. Je nach Symptomen wird die postpartale Depression psychotherapeutisch oder auch medikamentös behandelt, meist mit sehr gutem Erfolg (vgl. z. B. Dalton, 1984; Stoppard, 1994).

4. Postpartale Psychose

Die postpartale Psychose oder auch Wochenbett- oder Puerperalpsychose genannt, ist die schwerste Form der Stimmungsstörungen nach der Entbindung. Eine postpartale Psychose setzt in 80 % der Fälle zwischen dem 3. und 14. Tag nach der Entbindung ein. Sie ist durch Halluzinationen und Wahnvorstellungen charakterisiert. Die Patientin hat den Kontakt mit der Realität verloren, Verworrenheit, Selbsttäuschung und unsinnige Handlungen können auftreten. Die Schwere der Störung erfordert häufig die sofortige Trennung von Mutter und Kind sowie eine psychiatrische Versorgung der Mutter (Unger & Rammsayer, 1996).
In der Regel bricht diese Krankheit akut aus, mit einer vollständigen Persönlichkeitsveränderung. Wenn Mütter agitiert, überaktiv, störend, quengelig, übermäßig anspruchsvoll, mißtrauisch wirken, können dies frühe Anzeichen für eine Puerperalpsychose sein. Wenn Mütter in den ersten Tagen nach der Geburt verstört oder ungewöhnlich unglücklich zu sein scheinen, wird sehr oft eine frühe Rückkehr nach Hause empfohlen, weil man hofft, daß sich ihr Zustand in der gewohnten häuslichen Umgebung wieder normalisiert. Wenn sich diese psychische Störung aber nicht gibt, erfolgt meist eine sofortige Aufnahme in eine psychiatrische Abteilung. Frauen, die an einer postpartalen Psychose erkranken, haben ein irrational gestörtes Denken, sind zerfahren und verwirrt durch bizarre Ideen. Die Betroffenen leben in ihrer eigenen Phantasiewelt und sind sich ihrer Umgebung nicht bewußt.
Immer mehr Krankenhäuser richten Mutter-Kind-Abteilungen ein, wo sich die Mutter allmählich an ihr Baby gewöhnen kann und zusätzlich lernen kann, es zu versorgen. In dem Maße, wie sich der Zustand der Betroffenen bessert, kann die Mutter immer wieder auf Besuch nach Hause, bis sie schließlich ganz entlassen werden kann. Die Patientin braucht aber weiterhin beträchtlichen Beistand und Hilfe im Umgang mit dem Baby, im Haushalt und im Umgang mit den Familien-

angehörigen. Sehr oft stehen betroffene Mütter auch unter dem Einfluß starker Beruhigungsmittel. Die Behandlung der postpartalen Psychose kann „normalisierend“ wirken; trotzdem ist die Psychose, solange sie anhält, für alle Betroffenen eine traumatische Erfahrung.

5. Zusammenfassung

Schwangerschaft und Geburt gelten nicht nur als freudige, sondern auch als anstrengende Ereignisse im Leben einer Frau. Nach der Geburt sieht sich die Frau nicht nur mit körperlichen Veränderungen, sondern auch mit starken Stimmungsschwankungen konfrontiert. Neben dem postpartalen Blues können sich aber auch längerfristige psychogene Störungen entwickeln, wie die postpartale Depression oder die schwerste Form der Stimmungsstörungen, die Puerperalpsychose. Bedarf der postpartale Blues keiner speziellen Behandlung, so sollten die postpartale Depression und Psychose auf keinen Fall ignoriert werden und sofort professionelle Hilfe in Anspruch genommen werden.

6. Gedanken zum Thema

Es spricht einiges dafür, den postpartalen Blues nicht als psychische Störung zu klassifizieren. Ansonsten hätten, wie aus der Literatur hervorgeht, bis zu 76 % der Frauen nach einer Entbindung eine „psychische Störung“.
Wichtig für die Praxis ist v. a., daß die werdenden Mütter in Geburtsvorbereitungskursen gut darauf vorbereitet werden, daß nach der Entbindung nicht nur Glücksgefühle, sondern auch starke Stimmungsschwankungen auftreten können, damit die Mütter wissen, was nach der Geburt auf sie zukommt.

7. Literatur

Dalton, K. (1984). *Mütter nach der Geburt. Wege aus der Depression*. Stuttgart: Klett-Cotta.

Dilling, H., Mombour, W. & Schmidt, M. (Hrsg.). (1993). *Internationale Klassifikation psychischer Störungen. ICD-10 Kapitel V (F). Klinisch-diagnostische Leitlinien* (2. korrigierte und bearbeitete Auflage). Bern: Huber.

Stoppard, M. (1994). Wechselbad der Gefühle. In M. Stoppard (Hrsg.), *Empfängnis, Schwangerschaft und Geburt* (S. 328-331). Ravensburger Buchverlag.

Unger, U. & Rammsayer, T. (1996). „Himmelhochjauchzend und zu Tode betrübt“. Eine Literaturübersicht zum Post-Partum-Blues und Ergebnisse einer klinischen Studie. In E. Brähler & U. Unger (Hrsg.), *Schwangerschaft, Geburt und der Übergang zur Elternschaft* (S. 153-173). Opladen: Westdeutscher Verlag.

30. Identitätsveränderungen im Zuge des Übergangs zur Elternschaft

Silke Oswald

1. Was ist Identität?

Identität kann einerseits definiert werden über die Persönlichkeit bzw. die Individualität, andererseits als die Summe aller Rollen, die ein Mensch darstellt (von außen zugeschrieben). Der Begriff besteht also aus zwei Komponenten:

- die Person, für die man sich selbst hält (personale Identität) und
- die Person, für die einen die anderen halten (soziale Identität).

Zwischen diesen beiden Formen von Identität besteht eine ständige Wechselwirkung. Außerdem steht Identität in einem lebensgeschichtlichen Zusammenhang von Erfahrungen, die ein Mensch gemacht hat (Vergangenheitsperspektive) und orientiert sich daran, wie man werden möchte (Zukunftsperspektive). Dabei wird sie ständig von aktuellen Lebenserfahrungen beeinflußt und verändert (Gegenwartsperspektive). Daneben lassen sich drei Komponenten der Identität, nämlich Kognition, Emotion und Verhalten voneinander unterscheiden, wie weiter unten noch genauer ausgeführt wird (vgl. dazu z. B. Gauda, 1990, Kap. 3.1).

1.1. Was ist Elternidentität?

Erikson beschreibt Mutteridentität als die Fähigkeit und die Absicht der Mutter, das Kind zu ernähren und willkommen zu heißen. Im allgemeinen beschreibt man Elternidentität als die innere, subjektive Sicht von sich selbst als Mutter oder Vater, deren Entwicklung aus dem wachsenden Bewußtsein, Mutter oder Vater zu sein, besteht, und in dessen emotionalem Erleben (Gauda, 1990, Kap. 3.2).

1.1.1. Die Bildung der Elternidentität

Bei der Bildung einer Elternidentität muß man sich mit dem Bild der eigenen Eltern und generell mit Vorbildern aus der Umgebung auseinandersetzen. Das beinhaltet natürlich auch ein Auseinandersetzen mit den Rollenerwartungen. Spricht man von Elternidentität, dann ist damit nicht gemeint, daß sich eine neue, andere Identität bildet, sondern es entwickelt sich eine *zusätzliche* Identi-

tät, die zu den schon bestehenden (z. B. Partneridentität, berufliche Identität) hinzugefügt wird. Teile der Elternidentität trägt sicherlich jede/r schon in sich, auch er bzw. sie selbst noch keine Kinder hat. Diese basieren auf Erfahrungen mit den eigenen Eltern in der Kindheit und werden dann später in der Pubertät durch die eigene Lebensplanung weiter differenziert. Man kann also auch als Nicht-Eltern eine Vorstellung von sich als Elternteil haben, was fehlt, ist aber die emotionale Auseinandersetzung mit der aktuellen Situation.
Wenn man dann tatsächlich ein Kind erwartet, kommt zu der vorher nur rein kognitiven Auseinandersetzung nun auch die Erfahrung der eigenen Elternschaft und die stärkere emotionale Bewertung. In dieser Zeit setzt man sich derart stark damit auseinander, nun selbst Mutter oder Vater zu sein, daß dieser Teil der Identität sozusagen den Kern ausmacht und andere Aspekte in den Hintergrund treten. Das sieht man besonders deutlich daran, daß, wenn man „frischgebackene" Eltern nach Anteilen ihres Selbst fragt, deutlich weniger aufgezählt werden als zu anderen Zeitpunkten (s. Gauda, 1990).
Zusammenfassend dazu kann man also sagen, daß Elternidentität ein Teil der Gesamtidentität der Persönlichkeit ist, der beim Übergang zur Elternschaft einen großen Teil der Identität ausmacht oder sie sogar ganz ausfüllt. Die (schon oben erwähnten) drei Komponenten der Elternidentität sind folgende:

- *Kognition:* Selbstkategorisierung als Mutter oder Vater;
- *Emotion:* (positive) Einstellung zu dieser Gruppe;
- *Verhalten:* Orientierung des Verhaltens an Rollentypisierungen.

1.1.2. Die Geschichte des Themas „Identitätsveränderung im Zuge des Übergangs zur Elternschaft"

Dieses Thema ist als solches relativ neu, das heißt, daß sich frühere Forschungsarbeiten kaum oder gar nicht mit der Veränderung der Identität beim Übergang zur Elternschaft beschäftigten. Damals wurde hauptsächlich die Entwicklung des Kindes betrachtet und die Einflüsse der prä-, peri- und postnatalen Faktoren auf das Kind. Erst später wurde auch die Mutter miteinbezogen. Dabei ging es aber hauptsächlich um Veränderungen der Geburtsvorbereitung und des Geburtsvorganges selbst. Außerdem wurde auch noch der frühe Mutter-Kind-Kontakt betrachtet und dessen Einflüsse auf die Mutter-Kind-Bindung. Im nächsten Schritt erst wurde auch der Vater miteinbezogen. Man beschäftigte sich aber hauptsächlich mit dem Einfluß der Elternbeziehung auf die kindliche Entwicklung. Zu ungefähr der selben Zeit wurden dann auch die Geschwister miteinbezogen, man erweiterte die Untersuchungen auf die gesamtfamiliären Beziehungen. Erst in letzter Zeit beschäftigt man sich auch mit den historischen Aspekten der Einzelpersonen und versucht so, die Entwicklung der Familie vorherzusagen. Dabei ist vor allem die Ursprungsfamilie wichtig und die Erfahrungen, die die Eltern selbst in dieser gemacht haben. Erst seit wenigen Jahren beschäftigt man sich auch mit Veränderungen, die in den Eltern vorgehen, und damit auch mit der Veränderung der Identität (vgl. z. B. Petzold, 1999).

1.2. Die Entwicklung der Identität nach Erikson

Es gibt mehrere Theorien zur Entwicklung der Identität im Erwachsenenalter. Eine davon stammt von Erikson (z. B. 1976). Er sieht die Entwicklung der Persönlichkeit als eine Entwicklung des Ichs und der Ich-Identität. Seine Entwicklungsstufen im allgemeinen lauten:

1) Vertrauen versus Mißtrauen
2) Autonomie versus Scham und Zweifel
3) Initiative versus Schuldgefühl
4) Werksinn versus Minderwertigkeitsgefühl
5) Identität versus Identitätsdiffusion
6) Intimität und Solidarität versus Isolierung
7) Generativität versus Stagnation
8) Integrität versus Verzweiflung

Die letzten drei Stufen beziehen sich auf das Erwachsenenalter. Anfangs steht der bzw. die junge Erwachsene vor der Aufgabe, den Widerspruch zwischen Intimität und Isolierung zu bewältigen. Mit Intimität meint Erikson die Vereinigung der Identitäten in einer Paarbeziehung. Mit Isolierung ist die Unfähigkeit, eine Paarbeziehung herzustellen und die Aufrechterhaltung der gegenseitigen Distanz gemeint. Generativität versus Stagnation bezieht sich nun (bei Erikson) v. a. auf die Geburt, die Erziehung und das Heranwachsen der Kinder. Diese Phase ist hier von besonderer Bedeutung. Nach Erikson ist Elternschaft ein Zeichen seelischer Gesundheit. Bei Menschen, bei denen dieses Bedürfnis entfällt, tritt seiner Meinung nach ein quälendes Bedürfnis nach Pseudointimität auf, das mit dem Gefühl des Stillstandes und der Verarmung einhergeht. Bei ihnen entwickelt sich das Gefühl, sie seien ihr eigenes Kind und müßten sich selbst verwöhnen. (Man muß natürlich dazusagen, daß schon der bloße Kinderwunsch Generativität bedeutet). Den Grund für die Unfähigkeit, dieses Stadium zu erreichen, sieht Erikson in frühen Kindheitseindrücken und in der unheilvollen Identifikation mit den Eltern. Daraus folgt dann übermäßige Eigenliebe und ein Mangel an „Vertrauen in die Gattung". Die letzte Phase, Integrität versus Verzweiflung, zeigt den Zwiespalt zwischen entfalteter Persönlichkeit und depressiver Verzweiflung. Diese Phase beschreibt das höhere Erwachsenenalter. Ich-Integrität kann durch das Akzeptieren des eigenen Ichs erreicht werden, man muß mit der Verzweiflung und Unzufriedenheit mit dem eigenen Leben fertig werden. Einige dieser Ansichten sind heute natürlich veraltet. Die Grundaussagen der Theorie gelten (gegebenenfalls etwas modifiziert) aber immer noch.

1.3. Die Entwicklung der Identität nach Havighurst

Eine Weiterführung dieses Konzepts stammt von Havighurst (vgl. dazu z. B. Petzold, 1999). Er ging davon aus, daß in jedem Lebensabschnitt eine entweder biologische, soziale oder psychische Konfliktsituation bewältigt werden muß. Diese Situationen werden aber von der Person aktiv aufgesucht. Entwicklung der Persönlichkeit wird als Folge einer Auseinandersetzung mit einer Entwicklungsaufgabe und mit individuellen oder gesellschaftlichen Normen gesehen. Es kommt zu einer Veränderung der Erlebnis- und Verhaltensweisen, und somit zu einer Weiterentwicklung der Persönlichkeit.

1.4. Das Konzept der Wendepunkte

Der Lebenslauf jedes Menschen setzt sich aus mehreren Sequenzen zusammen. Diese verändern sich dauernd und werden durch sogenannte Wendepunkte abgeschlossen bzw. neu eröffnet. Ein Wendepunkt im Leben bezeichnet eine neue Situation, die Lebensbewältigung verändert sich. In solchen Zeiten kommt es oft zu einer Rückbesinnung auf die eigene Person, die Wahrnehmung für seelische und körperliche Vorgänge wird dann besonders scharf. Man bezeichnet diesen Übergang auch oft als „Phase objektiver Selbstaufmerksamkeit". In bezug auf die Identität werden danach einige Ausschnitte besonders akzentuiert und neu gewichtet, die Gesamtkonstellation der einzelnen Bereiche kann sich verändern.

Früher erleichterten Rituale den Übergang von einem Abschnitt zum nächsten. Diese Rituale sind heute weitgehend verschwunden, man muß die Wendepunkte selbst erkennen und die Krisen und Kursänderungen auch selbst und alleine (oder manche mit dem Partner) bewältigen. Ohne Zweifel ist die Geburt eines Kindes ein solcher Wendepunkt. Im allgemeinen kann man aber sagen, daß Wendepunkte oft durch das Alter bestimmt werden, im Familienzyklus sind sie oft durch einen Wechsel der Anzahl der Familienmitglieder gekennzeichnet.

Ein typischer Familienzyklus und die dazugehörigen Wendepunkte könnte ungefähr so aussehen:

Eheschließung	→	Paar ohne Kinder
Geburt des ersten Kindes	→	Familie mit Kleinkindern
ältestes Kind kommt in die Schule	→	Familie mit Schulkindern
ältestes Kind beginnt mit dem Berufsleben	→	Familie als „Sprungbrett"
jüngstes Kind verläßt das Elternhaus	→	„leeres Nest"
Tod eines Partners	→	Witwenschaft

Auf der linken Seite kann man immer die Wendepunkte, rechts die darauffolgende Stufe im Familienzyklus, ablesen. Diese Liste kann man natürlich individuell gestalten und ihr noch Punkte hinzufügen (z. B. Scheidung → Neuorientierung) oder nicht passende weglassen.

Die heutige Zeit ist gekennzeichnet durch einen Anstieg an Wendepunkten. Diese resultieren aus dem heute vermehrten Wechsel der Arbeitsplätze, der Wohnorte und durch die häufigeren Scheidungen bzw. Partnerwechsel.
Früher nahm man an, daß die Entwicklung mit dem Erreichen des Erwachsenenalters, die Identitätsentwicklung mit dem Erreichen einer Erwachsenenidentität, abgeschlossen ist. Heute weiß man, daß das keineswegs der Fall ist; man kann auch im Erwachsenenalter selbstverständlich noch Entwicklungen feststellen.

1.4.1. Krise oder bedeutsames Lebensereignis?

Besonders die Geburt des ersten Kindes, aber auch sonst alle Wendepunkte im Lebenszyklus, können sich zu einer Entwicklungskrise, oder aber zu einem bedeutsamen Lebensereignis entwickeln. Das hängt v. a. von folgenden Faktoren ab (vgl. Filipp, 1995):

- Bewältigung vorheriger kritischer Lebensereignisse;
- Zeitpunkt des Eintretens;
- Erwünschtheit;
- normativer oder nicht normativer Charakter.

1.4.2. Faktoren für die erfolgreiche Bewältigung eines Wendepunktes

- Es ist wichtig, ein *Ende* zu *finden* und mit bisherigen Gewohnheiten, Einstellungen und manchmal auch Beziehungen abzuschließen. Das sollte nicht nur äußerlich, sondern auch psychisch abgeschlossen werden.
- *Neuorientierung:* Wendepunkte können sich oft als Chancen zur Veränderung und zur persönlichen Weiterentwicklung entpuppen. Man braucht natürlich eine gewisse Zeit, um sich klar zu werden, wie es jetzt weitergehen soll.
- Unbelastet von den vorangegangenen Phasen sollte man dann die neue Phase beginnen, einen *Neuanfang* machen und die persönliche Entwicklung vorantreiben.

1.4.3. Faktoren zur positiven Bewältigung des Wendepunktes „Übergang zur Elternschaft"

Grundsätzlich muß man dazu sagen, daß das subjektive Erleben immer eine entscheidende Rolle spielt. So interpretiert jeder Mensch ein Ereignis anders, der eine erlebt es als belastend, der andere nicht. Trotzdem gibt es bestimmte Faktoren, die immer wieder auftreten und entscheidend zur Bewältigung beitragen, für Mütter etwa folgende:

- Gesundheit der Mutter;
- Zufriedenheit in der sexuellen Beziehung;
- eheliche Zufriedenheit bzw. Zufriedenheit in der Partnerschaft;
- soziale Unterstützung;

- Fähigkeit der Frau, sich selbst als Mutter zu sehen bzw. Klarheit des Rollenbildes;
- Alter der Mutter;
- Persönlichkeitsfaktoren der Mutter (z. B. Ängstlichkeit, Depressivität);
- Erwünschtheit des Kindes.

Diese Liste ist natürlich für jede Person verschieden, und auch die Gewichtung der unterschiedlichen Faktoren kann bei jeder Person variieren.
In der Gesellschaft gibt es verschiedene Einrichtungen, die uns auf bestimmte Lebensereignisse vorbereiten und auch zur erfolgreichen Bewältigung beitragen. Ein Beispiel im Zusammenhang mit der Geburt sind Geburtsvorbereitungskurse. Der schon oben erwähnte Zeitpunkt des Eintretens ist auch insofern von Bedeutung, da es meist zu einer Erleichterung kommt, wenn Gleichaltrige dasselbe erleben. Man kann sich in solchen Situationen dann leichter gegenseitig stützen und ist auch eher in das soziale System eingebunden. Trotzdem sind solche Wendepunkte immer mit Streß verbunden, egal ob die Veränderung positiv oder negativ erlebt wird. Es ist immer eine Anpassungsleistung erforderlich.

1.5. Einflußfaktoren auf die Bildung der Elternidentität während der Schwangerschaft

Es gibt auch noch andere Faktoren während der Schwangerschaft, die die Bildung der Elternidentität erleichtern. Obwohl der Übergang zur Elternschaft ja schon viel früher beginnt, also eigentlich schon mit der ersten Auseinandersetzung mit der Frage, ob man überhaupt Kinder will, soll nun auf die Faktoren eingegangen werden, die bei dem tatsächlichen Eintritt einer Schwangerschaft von Bedeutung sind.
Den Beginn stellt die *Mitteilung der Schwangerschaft durch den Arzt* dar. Man hat nun absolute Sicherheit und muß sich nicht mehr auf relativ unsichere Zeichen wie das Ausbleiben der Regel oder morgendliche Übelkeit verlassen. Nun beginnen die Eltern meist, sich mit der Frage der Elternschaft auseinanderzusetzen. Den *ersten akustischen und visuellen Kontakt* mit dem Baby erleben viele Eltern als besonders beeindruckend. Die Ultraschallbilder des Kindes und auch die ersten Herztöne sind für viele wichtig, um sich eine Vorstellung von ihrem Kind zu machen und um es als eigenes Wesen, getrennt von der Mutter, zu sehen. Trotzdem wird an den Ultraschallbildern auch Kritik geübt, da sie möglicherweise die Aufmerksamkeit von körperlichen Vorgängen ablenken. So sind auch die *ersten Bewegungen des Kindes* (ca. 18.-22. Schwangerschaftswoche) von großer Bedeutung. Sie stellen den ersten körperlichen Kontakt der Mutter mit dem Kind dar. Die Mutter spürt nun, daß ein eigener kleiner Mensch in ihr heranwächst. Diese Erlebnisse sind zumindest am Anfang nur auf die Mutter beschränkt; erst später werden die Bewegungen so stark, daß sie auch der Vater durch das Auflegen der Hand auf den Bauch der schwangeren Frau miterleben

kann. Später können die Bewegungen sogar durch die Bauchdecke gesehen werden. Auch die *deutlich sichtbaren körperlichen Veränderungen* (etwa ab der 24. Schwangerschaftswoche wird der größere Bauchumfang nun auch für noch nicht Eingeweihte deutlich sichtbar) weisen dann schon auf die bevorstehende Geburt hin. Das bewirkt, daß das Paar nun auch von Außenstehenden öfter auf die zukünftige Elternschaft angesprochen wird. Spätestens zu diesem Zeitpunkt müssen die Eltern sich mit der neuen Rolle auseinandersetzen. Sie sehen auch, daß sie jetzt von ihrer Umwelt anders betrachtet werden. Es ist von sehr großer Bedeutung, das *Kind als autonomes Individuum* zu begreifen. Das ist eine der wichtigsten Entwicklungsaufgaben während der Schwangerschaft und geschieht vor allem durch *Phantasien* über das Kind und über *Vorstellungen* über Aussehen, Charakter usw. Die Wahl eines Namens zeigt, daß man das Kind schon in gewisser Weise mit einem Charakter belegt hat. Auch Gedanken über das Geschlecht, verbale oder nonverbale Kommunikation und eine Vorstellung über das Temperament des Kindes deuten auf ein recht konkretes Bild von dem Kind hin. Wichtig sind auch die *Vorbereitungen* auf den neuen Familienzuwachs, die Herstellung und der Einkauf von Kleidung, sowie das Einrichten des Kinderzimmers und der Kauf des Bettchens für das Kind. Die Beschäftigung mit dem Kind und die zunehmend stärker werdende Vorstellung davon führen auch zu einem zunehmend konkreter werdenden Bild der Eltern von sich selbst als Vater oder Mutter (vgl. z. B. Gloger-Tippelt, 1988; Kap. 23 und 24).

Zusammenfassend dazu kann man sagen, daß die Entwicklung der Elternidentität ein Entwicklungsprozeß ist, der durch verschiedene Ereignisse vorangetrieben wird (z. B. Ultraschallbild und Herztöne). Für die Mutter spielen dabei auch körperliche Wahrnehmungen eine Rolle (z. B. Kindesbewegungen), für den Vater vor allem soziale Aspekte (z. B. auf die Vaterschaft angesprochen werden).

1.6. Einflußfaktoren auf die Bildung der Elternidentität nach der Geburt

Nach der Geburt gibt es typisch elterliche Verhaltensweisen gegenüber dem Säugling, die nicht nur bei Eltern, sondern auch bei Nicht-Eltern und in allen Kulturen zu beobachten sind. Diese „Parenting-Programme" sind biologisch fundierte Programme in der postnatalen Zeit. Beispiele dafür sind die sogenannte Babysprache und daß man sich den Kindern immer mit einem lachenden Grußgesicht nähert. Man kann durch sie auch darauf schließen, ob eine Mutter- bzw. Vater-Kind-Beziehung gestört ist oder funktioniert. Bei den Auslösebedingungen handelt es sich hauptsächlich um Verhaltensweisen des Kindes, wie z. B. schauen, lächeln, Laute von sich geben.

2. Die Geburt des ersten Kindes aus psychoanalytischer Sicht

2.1. Aufgaben der Mütter

Die Entwicklung des Ichs im Erwachsenenalter ist sehr eng mit der Entwicklung eines Eltern-Ichs verbunden. Schwangerschaft und Geburt werden als Teilbereiche der weiblichen Sexualität gesehen, die zur Entwicklung der Persönlichkeit einen wichtigen Beitrag leisten.

- Die *Auseinandersetzung mit der eigenen Mutter* ist von großer Bedeutung. Es kommt zu einem neuerlichen Erleben der Mutter-Kind-Symbiose, diesmal aber mit dem eigenen Kind. Durch diese Auseinandersetzung kann es zu ambivalenten Gefühlen der eigenen Mutter gegenüber kommen, und es kann auch die Einstellung zur Schwangerschaft beeinflußt werden. Dieser Reifeprozeß ist dann erfolgreich bewältigt, wenn die Frau sich mit der eigenen Mutter identifizieren kann, und die Mutter als „Prototyp“ akzeptieren kann.
- Durch den Übergang zur Mutterschaft kommt es zu einem „wachsen“ der Weiblichkeit. Es ist wichtig, sich mit der *neuen weiblichen Rolle anzufreunden* und diese zu akzeptieren (vgl. z. B. Benedek, 1959; Bibring, 1959; Deutsch, 1945, zitiert nach Gauda, 1990, S. 22).
- Eine bedeutende Veränderung ist natürlich auch, daß man nun selbst Mutter wird. Zu dem *Status als Tochter* wird nun auch *jener der Mutter hinzugefügt*. Die Tochter wird nun selbst Mutter.

2.2. Aufgaben der Väter

Die Angst vor der Vaterschaft resultiert häufig aus unterdrückter Wut und Haß gegenüber zurückweisenden eigenen Eltern. Diese unterdrückten Gefühle machen den Vater unsicher, ob er sein Kind auch genügend lieben kann. Nur wenn der Vater selbst liebende Eltern gehabt hat, gelingt es ihm, seine eigenen Liebesgefühle gegenüber dem Kind zu akzeptieren. Wie die Mutterschaft bedeutet auch die Vaterschaft einen Kampf zwischen Identifikation und Trennung im Hinblick auf die eigenen Eltern. Sie bedeutet auch eine Reifung vom Jugendlichen zum Erwachsenen und phallische Erfüllung. Besonders für die Väter stellt der Rollenwechsel oft ein Problem dar, da häufig noch kein klares Bild über die neue Rolle besteht. In den eher traditionellen Familien besteht dieses Problem nicht so stark wie in den Familien mit „neuen Vätern“ (vgl. z. B. Werneck, 1998).

3. Zusammenfassung und Gedanken zum Thema

Bei der Entwicklung der Elternidentität gibt es große interindividuelle Unterschiede. So wie jeder Mensch mit seiner Lebensgeschichte, seiner Umgebung, aber auch mit seinen Gefühlen einzigartig ist, so verläuft auch die Identitätsbildung bei jedem Menschen anders und in einer ganz persönlichen Form. Jeder Mensch hat auch andere Vorstellungen von seiner Rolle als Elternteil. Natürlich gibt es auch gewisse Gemeinsamkeiten und Ereignisse, die sich bei allen Paaren wiederholen, doch die *individuelle* Interpretation ist von Mensch zu Mensch verschieden.

4. Literatur

Erikson, E. (1976). *Identität und Lebenszyklus*. Frankfurt / Main: Suhrkamp.

Filipp, S.-H. (Hrsg.). (1995). *Kritische Lebensereignisse* (3. neuausgestattete Aufl.). Weinheim: PsychologieVerlagsUnion.

Gauda, G. (1990). *Der Übergang zur Elternschaft. Eine qualitative Analyse der Entwicklung der Mutter- und Vateridentität*. Frankfurt / Main: Peter Lang.

Gloger-Tippelt, G. (1988). *Schwangerschaft und erste Geburt. Psychologische Veränderungen der Eltern*. Stuttgart: Kohlhammer.

Petzold, M. (1999). *Entwicklung und Erziehung in der Familie*. Baltmannsweiler: Schneider.

Werneck, H. (1998). *Übergang zur Vaterschaft. Auf der Suche nach den „Neuen Vätern“*. Wien: Springer-Verlag.

31. Belastungsaspekte und Gratifikationen beim Übergang zur Vaterschaft

Verena Schwertberger

1. Einführung

Der Thematik der Vaterschaft und den damit verbundenen Gefühlen des Mannes wird in der heutigen Forschung sowie in der Fachliteratur zwar bereits mehr Beachtung geschenkt als früher, verglichen mit der Fülle an Material zum Thema Schwangerschaft und Mutterrolle ist diese jedoch immer noch gering.
Wenn ExpertInnen in Fachbüchern über Schwangerschaft und Elternschaft spezifisch zum Thema „Vaterschaft" Stellung nehmen, so handelt es sich häufig nur um einen kurzen Abschnitt in einem umfassenden Buch. Häufig wird die Rolle des Mannes auf die des Familienerhalters reduziert, gerne wird darauf verwiesen, daß sich der Mann während der Schwangerschaft besonders um die Bedürfnisse seiner Frau kümmern und auf ihre veränderten Gefühle Rücksicht nehmen sollte. Es ist offensichtlich, daß die Mutter während der Schwangerschaft eine Reihe tiefgreifender Veränderungen durchmacht. Sie selbst spürt die Veränderungen in ihrem Körper schon bevor diese für den Partner deutlich sichtbar werden. Die Frau sieht sich als Trägerin eines neuen Lebens, und sie bereitet sich unter anderem durch den Erfahrungsaustausch mit anderen Müttern auf ihre Mutterschaft vor. Von seiten der Gesellschaft erhält die werdende Mutter erhöhte Aufmerksamkeit und emotionale Unterstützung. Die Emotionen und Bedürfnisse der werdenden Väter werden jedoch allzu oft übergangen oder gar übersehen.

2. Männlichkeit – Väterlichkeit

2.1. Der Mann als Krieger

Männer wurden über Generationen hinweg im Sinne einer kämpferischen Moral erzogen. Die Aufgabe des Mannes war es, die Familie zu versorgen und zu schützen, indem er jagte bzw. Kriege führte. Statt Zärtlichkeit war Mut gefragt.

Um der Familie gegenüber ein großzügiges Oberhaupt sein zu können, mußte der Mann erst egoistisch genug sein, um sich eigenen Besitz zu schaffen, notfalls auf Kosten anderer. Der Philosoph Sam Keen behauptet, daß der kriegerische Aspekt der Männlichkeit keiner inneren Veranlagung, sondern einer aus der historischen Notwendigkeit heraus entstandenen kulturellen Prägung der männlichen Psyche entsprang (Heinowitz, 1999).

2.2. Der Mann als Arbeiter

Im 19. Jahrhundert verließen unzählige Männer ihre Familien, um in weit entfernten Fabriksanlagen zu arbeiten. Durch technische Errungenschaften wie der des Fließbandes, sowie durch den wachsenden Gedanken an eine Steigerung der Produktivität entwickelte sich eine neue Moral. Dieses in der industriellen Massenproduktion gewonnene Erfolgsschema legte den Männern nahe, daß sie stark sein müssen und nicht emotional sein dürfen. Aufgaben mußten um jeden Preis bewältigt werden, auch wenn dieser oft sehr hoch war. Viele Männer standen schließlich ihren eigenen Gefühlen und Bedürfnissen ganz fremd gegenüber und verkannten den Sinn für das Dasein an sich (Heinowitz, 1999).

2.3. Die westliche Kultur heute

Erst seit kurzem wird die elterliche Fürsorge zunehmend als eine Aufgabe gesehen, die von der Mutter und vom Vater gemeinsam gemeistert wird. Doch auch wenn werdende Väter in den Geburtsvorbereitungskursen willkommene Gäste sind, fehlt es in unserer Kultur an angemessenen Wertvorstellungen und an geeigneten Ritualen, die dem Mann den Übergang zur Vaterschaft erleichtern. Auch „Vätergruppen“, die ihnen einen gegenseitigen Erfahrungsaustausch ermöglichen würden, gibt es bislang kaum.
Unsere Kultur bietet Männern kein realistisches Vorbild oder Modell. Die Männer werden nicht auf ihre Rolle als Vater vorbereitet. Es wird ihnen nicht vermittelt, daß Vaterschaft ein großartiger Ausdruck von Menschlichkeit ist, und ihnen somit erschwert, die Elternschaft als eine für sie wertvolle Rolle zu begreifen (vgl. z. B. Heinowitz, 1999).

2.4 Neudefinition der Männlichkeit

In unserer heutigen Zeit besteht der Bedarf einer Neudefinition des Begriffes der Männlichkeit. Der Autor und Kolumnist Richard Louv (zitiert nach Heinowitz, 1999) schrieb kürzlich: „Männer werden nicht in die Familie zurückkehren, bis unsere Kultur die Begriffe Männlichkeit und Vaterschaft überdacht hat, bis also junge Männer ihre Vaterschaft nicht vor allem als eine biologische Tatsache, sondern als den vollkommensten Ausdruck von Männlichkeit ansehen.“ Eine neue Definition von Männlichkeit sollte Stärke mit Zärtlichkeit verbinden, und die väterliche Einfühlsamkeit sollte zum entscheidenden Aspekt von Männlichkeit erklärt werden.

3. Der Übergang zur Vaterschaft

3.1. Die Schwangerschaft

Vor allem in der ersten Zeit der Schwangerschaft hat der Mann und werdende Vater häufig mit ambivalenten Gefühlsregungen zu kämpfen. Das Zeigen von Freude oder Begeisterung ist ihm vorerst oft nicht möglich, wodurch zusätzlich auch Schuldgefühle entstehen können. Meist wagen es die Väter nicht, mit ihrer Partnerin über ihre negativen Gefühle zu sprechen. Die Unterdrückung negativer Gefühle verhindert jedoch auch das Wahrnehmen und Eingestehen positiver Gefühle wie Glück, Stolz, oder Vorfreude. Der Mann fühlt sich häufig überfordert durch die neuen Anforderungen, die die Vaterrolle an ihn heran trägt. Es überkommen ihn Selbstzweifel und Angst vor der Zukunft. Im weiteren Verlauf der Schwangerschaft können beim Vater auch Eifersucht, Verlustängste und Frustration auftreten. Der Mann fühlt sich von der Mutter-Kind-Dyade ausgeschlossen und leidet unter der Veränderung in der Paarbeziehung. Die körperliche Veränderung der Partnerin und Veränderungen im Sexualleben können Auslöser für Partnerschaftskonflikte sein, besonders dann, wenn dem Mann das Aussehen der Frau (sozusagen als „Statussymbol“) extrem wichtig ist (vgl. z. B. Kitzinger, 1998).

3.2. Die Geburt

Untersuchungen zeigen den positiven Einfluß, den die Anwesenheit des Vaters auf den Geburtsvorgang hat (Kitzinger, 1998). Für den Vater selbst ist es wichtig, daß er gut auf die Geburt vorbereitet ist, damit er weiß, was er tun kann, um seine Partnerin zu unterstützen. Diese sollte ihm sagen, was sie gerne möchte. Anderenfalls würde der Vater sich hilflos bzw. nutzlos fühlen. Die aktive Teilnahme an der Geburt und das Gefühl, gebraucht zu werden, fördern sein Selbstbewußtsein bezüglich der Vaterrolle. Schmerzäußerungen der Mutter sowie Gesichtsausdrücke der ÄrztInnen führen häufig zu großer Verunsicherung der Väter, die diese nicht einzuschätzen bzw. zu deuten wissen. Wenn der Vater eine Erholung benötigt, sollte er das auch offen sagen dürfen. Auf keinen Fall sollte er zur Anwesenheit bei der Geburt gezwungen werden (vgl. Kap. 25).

3.3. Die ersten Erfahrungen mit dem Kind

Der Vater wird beim ersten Kontakt mit seinem Kind oft von zwiespältigen Gefühlen beherrscht. Dies sind einerseits Freude und Rührung, andererseits die

Angst, dies zu zeigen, weil er dies als unmännlich bzw. als Zeichen von Schwäche empfindet.
Gleich nach der Geburt sollte die Mutter die Beziehung zwischen Vater und Kind fördern und eine Vertiefung der Beziehung erleichtern, indem sie den Vater von Anfang an in die Fürsorge und Pflege des Kindes einbezieht. Auf diese Weise kann auch Eifersucht vermieden werden. Väter berichten, daß sie nicht Eifersucht empfinden, weil das Kind so viel Aufmerksamkeit erhält, sondern darauf, daß die Mutter dem Kind etwas geben kann, was sie als Männer nicht können. Durch das Stillen entsteht zwischen Mutter und Kind vor allem anfangs eine besonders enge Beziehung (Brüser & Wilberg, 1996).
Häufig werden Väter als emotional wenig ausdrucksfähig im Umgang mit ihrem Kind bezeichnet. Dieses Urteil ist jedoch nicht gerecht, bedenkt man, daß die Vaterrolle mitten in einem Wandel steht. Die Väter von heute haben noch keine Vorbilder für das von ihnen erwartete „richtige" Verhalten (vgl. z. B. Werneck, 1998). Auch Rituale als Unterstützung bei der Suche nach der Vaterrolle sind in unserer Gesellschaft kaum verbreitet (eventuell der Besuch von Vorbereitungskursen).

4. Wissenschaftliche Studien zum Thema

4.1 „Familienentwicklung im Längsschnitt" (vgl. z. B. Rollett & Werneck, 1993)

Das österreichische Teilprojekt eines international angelegten Forschungsprojektes setzte sich eine detaillierte Analyse von Veränderungsprozessen auf individueller und familiärer Ebene zum Ziel. Weiters befaßte es sich speziell mit der *Identifikation und Erklärung von typischerweise als belastend bzw. belohnend empfundenen Faktoren beim Übergang zur Vaterschaft* (vgl. z. B. Werneck, 1997).

4.1.1. Versuchsdesign

175 Elternpaare aus dem Großraum Wien wurden zu drei Zeitpunkten befragt:

- im 6. Schwangerschaftsmonat,
- 3 Monate nach der Geburt und
- 3 Jahre nach der Geburt.

4.1.2. Untersuchungsinstrumente

Die Fragebogenbatterie bestand aus:

- Elternschaftsfragebogen (Nickel, Grant & Vetter, 1990);
- Partnerschaftsfragebogen PFB (Hahlweg, 1979);

- Fragebogen zur Gesamtsituation – bezüglich Hausarbeitsaufteilung, Freizeitgestaltung, soz. Netzwerke, sozioökonomische Situation, ... (vgl. z. B. Quaiser-Pohl, 1996; Werneck, 1998);
- zur 3. Befragung wurde den Vätern zusätzlich die „Skala zur Beschreibung der individuellen Belastung des Vaters“ (Ehlers, 1981) vorgegeben;
- ein Temperamentfragebogen für Kinder (in Anlehnung an Thomas und Chess, 1977) – wurde von der Mutter ausgefüllt.

4.1.3. Einige der wichtigsten Ergebnisse bezüglich der Väter

- Die Partnerschaftsqualität hat einen hohen Einfluß auf die Bewältigung des Überganges zur Vaterschaft.
- Eine Einschränkung der Sozialkontakte nach der Geburt stellt einen Risikobereich für die Väter dar.
- Das Kind selbst bzw. dessen Pflege stellt ein relativ geringes Belastungsmoment für den Vater dar (weil die Hauptlast der Arbeit mit Kindern bei der Mutter liegt?).
- Positiv auf das Erleben der Vaterschaft wirkt sich vor allem die Freude am Umgang mit dem Kind aus.
- Die Einstellung zu Kindern und zur Elternschaft hat eine wesentliche Regulatorwirkung hinsichtlich der subjektiven Qualität des Überganges zur Vaterschaft.
- Eine beträchtliche Rolle spielen auch Einflußgrößen wie die Geplantheit bzw. Erwünschtheit des Kindes sowie auch sein Geschlecht (vgl. z. B. Werneck, 1997).

4.2. „Partnerschaft und emotionale Befindlichkeit von Eltern nach der Geburt ihres ersten und zweiten Kindes“ (Meyer, 1988)

Diese Untersuchung setzte sich mit der Frage auseinander, wie sich aus der Sicht der Eltern ihre Persönlichkeit, emotionale Belastung und Partnerzufriedenheit vom ersten zum zweiten Kind verändert, und welche Bedingungen zur Veränderung der Partnerzufriedenheit beitragen.

4.2.1. Versuchsdesign

An der Untersuchung nahmen 35 Familien aus dem südhessischen Raum teil.

- Die erste Erhebung wurde durchgeführt, als die erstgeborenen Kinder 14 Monate alt waren.
- Bei den Familien, die ein zweites Kind bekamen, wurde eine zweite Erhebung durchgeführt, als dieses 8 Monate alt war.
- Als das zweite Kind dieser Familien dann 14 Monate alt war, wurden erneut Daten erhoben (auch bei Familien mit Einzelkindern als Kontrollgruppe).

4.2.2. Worauf sich die erhobenen Daten bezogen

- Partnerschaftsbeziehung,
- selbstperzipierte Persönlichkeitsveränderung,
- subjektive Belastung,
- Überidentifikation mit der Elternrolle und
- emotionale Erregbarkeit.

4.2.3. Wesentliche Ergebnisse bezüglich der Väter

Auf interindividueller Ebene zeigt sich, daß die erfaßten Merkmale vom ersten zum zweiten Kind relativ stabil sind. Auf Ebene der Gruppenmittelwerte können bei den Vätern folgende Veränderungen festgestellt werden:

- Sie erleben bei der Geburt des zweiten Kindes nochmals eine überwiegend positive Veränderung ihrer Persönlichkeit.
- Die subjektiv erlebte Belastung der Väter steigt an (die Ursachen dafür sind unklar).
- Ein kurzer Geburtsintervall zwischen den Kindern stellt einen gewissen Risikofaktor für die Partnerbeziehung dar (Meyer, 1988).

4.3. Längsschnittstudie von Feldman (1987)

Diese setzte es sich zum Ziel, Belastungen beim Übergang zur Elternschaft durch die während der Schwangerschaft erhobenen Daten vorherzusagen:

4.3.1. Versuchsdesign

Zu diesem Zweck wurden von 30 (werdenden) Elternpaaren entsprechende Daten erhoben. Der erste Erhebungszeitpunkt wurde im letzten Schwangerschaftsdrittel festgesetzt und ein zweiter, als die Kinder bereits 6 bis 8 Monate alt waren.

4.3.2. Worauf sich die erhobenen Daten unter anderem bezogen

- Ehe (Qualität, Zufriedenheit, Einfühlungsvermögen, Kommunikation, Spannungen, Entfremdung, ...);
- Reaktion auf Schwangerschaft (Reaktion auf körperliche Veränderung, Distanz, Ängste, Belastungen, Stimmungsschwankungen, Veränderung des Selbstkonzeptes, ...);
- Beziehung zu anderen nahestehenden Personen (zu eigenen Eltern und Schwiegereltern);
- Bedeutung des Berufes;
- Geplantheit der Schwangerschaft;
- Alter der Ehepartner.

4.3.3. Wesentliche Ergebnisse

Die Vorhersage von Belastungen anhand der erhobenen Daten war allgemein möglich, wobei jedoch die einzelnen Variablen bei Männern und Frauen unterschiedlichen Vorhersagewert besaßen. Am treffendsten war die Vorhersage für Väter und Mütter allerdings bei einer übergreifenden Betrachtung der erhobenen Daten beider Elternteile (Wechselwirkung). Feldmann (1987) fand *fünf Faktoren, welche 69 % der Varianz des Belastungserlebens ein halbes Jahr nach der Geburt des Kindes erklären konnten:*

1) allgemeiner Streß;
2) Änderungen im Selbstkonzept der Frau;
3) Ungeplantheit der Schwangerschaft;
4) negatives Erleben der Schwangerschaft durch den Mann;
5) geringes Alter der Frau.

Im Gegensatz dazu entwarfen Hoffman und Hoffman (1973, zitiert nach Werneck, 1998) eine *Systematik positiver Werte, die Kinder für ihre Eltern darstellen können*. Genannt wurden unter anderem: Erreichen sozialer Identität, Selbstverwirklichung, Fortbestehen der eigenen Familie, emotionale Bindung an die Kinder, religiöse Aspekte, Kinder als neue Herausforderung bzw. als Bereicherung, Gelegenheit zur Machtausübung usw.

5. Zusammenfassung und Gedanken zum Thema

Verschiedene Untersuchungen haben gezeigt, daß (werdende) Väter oft die gleichen oder zumindest ähnliche Sorgen und Belastungen erfahren wie die (werdenden) Mütter. Die von beiden Partnern erlebten Belastungen sind von den Persönlichkeitsfaktoren sowie von diversen sozialen und ökonomischen Faktoren abhängig. Diese stehen in Wechselwirkung zueinander.
Trotzdem werden die Männer in Ratgebern zu Schwangerschaft und Elternschaft meist kaum berücksichtigt. Viel eher wird der Vater darauf aufmerksam gemacht, daß er besondere Rücksicht auf seine Frau nehmen sollte. Er muß die eigenen Bedürfnisse in den Hintergrund stellen und seine eigenen aufgewühlten Gefühle unterdrücken, um dem Bild des Idealpartners so gut wie möglich zu entsprechen. Häufig kommt es beim Mann so zu einem Konflikt der Gefühle. Er fühlt sich unter Druck gesetzt. Echte Zufriedenheit in der Partnerschaft und dem Kind gegenüber kann jedoch nur eintreten, wenn Einfühlsamkeit und Aufmerksamkeit aus freier Entscheidung und aus Liebe entstehen und nicht, wenn Pflichterfüllung das Motiv ist. Daher sollten sich beide Partner bemühen, Rücksicht und Verständnis füreinander zu zeigen. Gefühle, die Partnerschaft und das Kind betreffend sollten stets ausgesprochen und ernst genommen werden.

6. Literatur

Brüser E. & Wilberg G. M. (1996). *Zeit für uns. Ein Buch über Schwangerschaft, Geburt und Kind.* München: Kunstmann.

Ehlers, T. (1981). *Fragebogenskalen zur Beschreibung der Umwelt und der Verhaltensbesonderheiten von Kindern durch die Eltern* (Berichte aus dem Fachbereich Psychologie Nr. 79). Marburg / Lahn: Philipps-Universität.

Feldmann, S. S. (1987). Predicting strain in mothers and fathers of 6-months-old infants: A short-term longitudinal study. In P. W. Berman & F. A. Pedersen (Eds.), *Men's transitions to parenthood. Longitudinal studies of early family experience* (pp. 13-35). Hillsdale / NJ: Lawrence Erlbaum Associates.

Hahlweg, K. (1979). Konstruktion und Validierung des Partnerschaftsfragebogens PFB. *Zeitschrift für Klinische Psychologie, 8*, 17-40.

Heinowitz, J. (1999). *Der Mann in anderen Umständen. Der einfühlsame Ratgeber für die aufregende Phase des Vaterwerdens.* München: Mosaik.

Kitzinger S. (1998). *Schwangerschaft und Geburt. Das umfassende Handbuch für werdende Eltern.* München: Kösel-Verlag.

Meyer, H. J. (1988). Partnerschaft und emotionale Befindlichkeit von Eltern nach der Geburt ihres ersten und zweitens Kindes. In M. Cierpka & E. Nordmann (Hrsg.), *Wie normal ist die Normalfamilie? Empirische Untersuchungen* (S. 43-62). Berlin: Springer.

Nickel, H., Grant, H.-B. & Vetter, J. (1990). *Fragebogen zur Elternschaft.* Düsseldorf: Heinrich-Heine-Universität, Institut für Entwicklungs- und Sozialpsychologie.

Rollett, B. & Werneck, H. (1993). *Die Bedeutung von Rollenauffassungen junger Eltern für den Übergang zur Elternschaft.* Wien: Universität, Institut für Psychologie, Abteilung für Entwicklungspsychologie und Pädagogische Psychologie.

Quaiser-Pohl, C. (1996). *Übergang zur Elternschaft und Familienentwicklung in Deutschland und Südkorea. Eine interkulturelle Untersuchung.* Münster: Waxmann.

Thomas, A. & Chess, S. (1997). *Temperament and development.* New York. Brunner / Mazel.

Werneck, H. (1997). Belastungsaspekte und Gratifikationen beim Übergang zur Vaterschaft. *Psychologie in Erziehung und Unterricht, 44*, 276-288.

Werneck, H. (1998). *Übergang zur Vaterschaft. Auf der Suche nach den „Neuen Väter".* Wien: Springer-Verlag.

32. Mütterliche Belastungsverarbeitung

Bettina Saur

1. Einführung

Im allgemeinen wird die Geburt eines Kindes hauptsächlich mit positiven Assoziationen verbunden. Deshalb kommt es für viele Eltern überraschend, daß der Familienzuwachs mit unterschiedlichen Krisen zusammenhängt.
In diesem Kapitel sollen nun zunächst verschiedene Belastungsfaktoren, die zu Beginn der Elternschaft speziell für Mütter Schwierigkeiten mit sich bringen können, erläutert werden. Dabei wird besonders auf das erste Lebensjahr des Kindes eingegangen, da in diesem Zeitraum die Anforderungen an die Mutter bzw. den Vater hinsichtlich der Umstellung und Neuorientierung in ihrer Situation besonders groß sind. Das Hauptaugenmerk liegt dabei jedoch nicht auf den Belastungsfaktoren an sich, sondern auf den Möglichkeiten und Mechanismen der Belastungsverarbeitung, wobei sowohl auf günstige Formen der Belastungsbewältigung als auch auf mögliche problematische Entwicklungen eingegangen werden soll.

2. Belastungsfaktoren

Der Übergang zur Elternschaft bedeutet in vielerlei Hinsicht eine enorme Veränderung in der Lebensführung der Eltern. Es scheint daher nur logisch zu sein, daß dieses einschneidende Erlebnis auch eine gewisse Belastung darstellt.
In diesem Zusammenhang ist zunächst darauf hinzuweisen, daß die Eltern in der Regel noch so gut wie keine Erfahrung im Umgang mit einem Neugeborenen haben, wenn es sich um das erste Kind handelt. Huwiler (1995, S. 26) bringt die Körperpflege eines Säuglings als Beispiel dafür, daß solche Situationen aufgrund mangelnder Erfahrung und Routine als große Herausforderung und belastend erlebt werden. Die Folge solcher Alltagsbelastungen ist dann in vielen Fällen Unsicherheit, die auch durch die Lektüre von Fachbüchern und die Ratschläge aus dem sozialen Umfeld nicht vollkommen ausgeräumt werden kann, manchmal sogar noch verstärkt wird: Huwiler (1995) weist etwa auch darauf hin, daß sich die Eltern durch die allgemein bekannten Erkenntnisse aus Medizin

und Psychoanalyse oft unter Druck gesetzt fühlen (S. 44). Aus medizinischer Sicht wird immer eindringlicher darauf hingewiesen, wie wichtig das Stillen für die Gesundheit des Kindes ist, und gleichzeitig haben Mütter Probleme beim Stillen. Sie fühlen sich dann oft schuldig und haben Angst, nicht das Bestmögliche für ihr Kind zu tun.

Die Psychoanalyse nach Freud hat immer wieder auf die Wichtigkeit der frühen Erfahrungen eines Menschen hingewiesen, und spätere psychische Störungen werden laut dieser Theorie sehr häufig auf problematische Mutter-Kind-Beziehungen in der frühen Kindheit zurückgeführt. Mütter stehen daher oft unter Druck, alles richtig zu machen und somit ihrem Kind die besten Grundlagen für seine weitere Entwicklung zu bieten (Huwiler, 1995, S. 44). Natürlich ist diese Forderung nach Perfektion mit einer erheblichen Belastung verbunden

Daneben erleben viele Mütter den Alltag mit einem Säugling schwieriger, als sie es erwartet hatten (Huwiler, 1995, S. 120): Das Gefühl der Belastung ist teilweise durch Eigenschaften des Kindes – wie: das Kind ist sehr anspruchsvoll, es fordert ständige Präsenz, will getragen werden usw. – begründet. Auch Probleme seitens der Mütter können zu erhöhter Belastung führen. So haben manche Mütter Schwierigkeiten, sich mit der Mutterrolle zu identifizieren, oder sie finden den mangelnden Freiraum für eigene Interessen belastend. Auch psychische Probleme der Mütter, wie Angst, Labilität und Depression oder ständiger Schlafmangel und Müdigkeit können zur Erschwerung des Alltags beitragen. Huwiler kam in seiner Studie zu dem Ergebnis, daß diese Belastungen hauptsächlich in den ersten Monaten nach der Geburt des Kindes auftreten. Nach zwölf Monaten tritt eine sichtliche Erleichterung der Situation ein.

2.1. Streß als eine Form von Belastung

Spricht man von Belastung, so stößt man zwangsläufig auch auf den Begriff „Streß“ und natürlich auch auf Formen der Streßbewältigung. Zum besseren Verständnis soll hier ganz kurz auf verschiedene Streßmodelle eingegangen werden. Zunächst kann Streß als Reaktion auf einen Reiz aufgefaßt werden, das entspricht einem reaktionsorientierten Ansatz. Bei dieser Sichtweise wird vor allem die physiologische Reaktion auf einen Reiz in der Außenwelt betont. Im Zusammenhang mit dem alltäglichen Umgang mit einem Säugling bedeutet das, daß die Mütter den unterschiedlichen Situationen mit verschiedenen Reaktionen begegnen, je nachdem, wie sehr sie den Reiz (die Situation) als Stressor wahrnehmen (Schedle, 1994, S. 68). Streß kann aber auch im Sinne eines relationalen Ansatzes als Beziehung zwischen Reiz und Reaktion aufgefaßt werden (Lazarus & Launier, 1981, zitiert nach Schedle, 1994, S. 70). Ob eine Situation als Stressor wahrgenommen wird, hängt auch stark mit der subjektiven Einschätzung dieser und möglicher Bewältigungsressourcen zusammen. Mütter setzen sich im Erziehungsalltag ständig mit verschiedenen Anforderungen auseinander, die sie durch subjektive Einschätzungsprozesse auf Handlungsmöglichkeiten evaluie-

ren. „Streß wird dann empfunden, wenn die perzipierte subjektive Streßexposition die wahrgenommenen verfügbaren Bewältigungsressourcen übersteigt" (Schedle, 1994, S. 71).
Ganz allgemein stellt sich auch die Frage, wann Menschen zu Bewältigungsstrategien greifen. Es wurde bereits auf die subjektive Einschätzung eines Reizes hingewiesen. An dieser Stelle soll noch eine allgemeine Definition von Coping sensu Lazarus, dem wohl führenden Wissenschaftler in der Bewältigungsforschung angeführt werden. Nach Lazarus heißt es: „Coping is defined as the cognitive and behavioral efforts made to master, tolerate, or reduce external and internal demands and conflicts among them" (Folkman & Lazarus, 1980, p. 223). Bei dieser Definition werden also die Anlässe, die zu Bewältigungsprozessen führen, relativ offen gelassen.

3. Belastungsverarbeitung

3.1. Verschiedene Formen der Belastungsverarbeitung

Wie bereits schon weiter oben dargestellt, versuchen Mütter auf unterschiedliche Weise mit Streßsituationen umzugehen und diese zu bewältigen. Brüderl (1985, zitiert nach Schedle, 1994, S. 73) faßte im Rahmen einer Studie die verschiedenen Bewältigungsmechanismen zu drei Formen der Auseinandersetzung zusammen: Coping (Umweltveränderung), Abwehr und Anpassung. Unter Anpassung wird ein Sich-Angleichen bzw. das Sich-Fügen verstanden. Diese Bewältigungsstrategie wählen häufig Eltern mit sehr kleinen Kindern, wenn sie mit ihnen Probleme im Erziehungsalltag haben. Die Abwehr bedient sich eher defensiver und evasiver Strategien. Sie scheint besonders von Müttern gewählt zu werden, die sich sehr belastet fühlen. Eine weitere Bewältigungsstrategie besteht darin, in der sozialen Umgebung aktiv nach Hilfe zu suchen. Diese Form wird vor allem bei praktischen Problemen, wie bei Krankheit des Kindes oder Schwierigkeiten bei der Körperpflege, gewählt (Schedle, 1994).

3.2. Ein Situations-Verhaltensmodell der Belastungsverarbeitung

In diesem Modell wird davon ausgegangen, daß eine Situation durch ein Zusammenspiel aus Komponenten der Umwelt und einer Person zu einem gewissen Zeitpunkt entsteht. Sie ist also einerseits durch objektive Merkmale und andererseits durch die subjektive Einschätzung durch die Person festgelegt. Dabei spielt auch die emotionale Bewertung eine große Rolle. Bei einer belastenden Situation wird versucht, durch einen Operator (eine Handlung) eine Lösung (ein Ergebnis) zu erzielen. In ganz kurzer Form könnte man dies folgendermaßen darstellen: Belastungssituation → Verarbeitung / Bewältigung → Ergebnis (Schedle, 1994, S. 85).

3.3. Merkmale von Belastungsereignissen

Belastungsereignisse können durch Strukturmerkmale, wie Komplexität und Ereignis- bzw. Zeitstruktur, gekennzeichnet sein. Darunter versteht man beispielsweise die Zeitdauer der Belastung, ob diese chronisch oder intermittierend auftritt, oder inwieweit sie akut ist. Weiters kann man Ereignisse anhand ihres Realitätsstatus voneinander unterscheiden. Konkret versteht man darunter die Unterteilung in faktische (bereits eingetretene) und potentielle (antizipierte) Ereignisse. Unter Ambiguität oder Intransparenz versteht man die mangelnde Fähigkeit oder auch Schwierigkeit, eine Situationen, ein Ereignis treffsicher zu deuten. In Folge dieses Umstandes kann es dann zu Belastungen kommen. Ambiguität liegt zum Beispiel dann vor, wenn eine Mutter die heiße Stirn und das Jammern ihres Kindes nicht deuten kann und dadurch Unsicherheit und Belastung empfindet (Schedle, 1994, S. 81).

3.4. Merkmale der Belastungsverarbeitung

Die Belastungsverarbeitung auf der theoretischen Grundlage des Situations-Verhaltensmodells wird durch verschiedene Komponenten festgelegt. Zunächst spielt die Wahrnehmung sowie die Bewertung einer Situation seitens der Mutter eine große Rolle, dahingehend, ob sie die Situation als Belastung empfindet oder nicht. In diesem Zusammenhang ist auch interessant, inwieweit die subjektive Repräsentation, die eine Mutter von einer Situation hat, mit den objektiven (intersubjektiven) Merkmalen übereinstimmt oder diskrepant ist. Auch die subjektive Vertrautheit mit einer Situation hat Einfluß auf die Wahrnehmung und Bewertung dieser seitens der Mutter. Wenn ein Kind beispielsweise häufig erbricht, wird dessen Mutter mit einer gewissen Vertrautheit auf diese Situation reagieren und weniger unter dem Gefühl der Belastung leiden (Schedle, 1994, S. 84). Auch die emotionalen Belastungsreaktionen der Mutter spielen bei der Bewältigung einer Belastungssituation eine wichtige Rolle, da sie Einfluß auf die Wahrnehmung und auch den Anlaß zum Handeln nehmen. Im vorliegenden thematischen Kontext handelt es sich großteils um negative emotionale Reaktionen, die meist mit den Termini „Angst-Streß", „Ärger-Streß" und „Verlust-Streß" beschrieben werden (vgl. Schedle, 1994).
Die Belastungsverarbeitung wird auch durch die Bewältigungsziele (Absichten) determiniert. Unter Bewältigungsziel versteht man einen antizipierten, erwünschten Zustand für die Zukunft. Man kann dabei drei Zieldimensionen differenzieren. Wenn eine Mutter beispielsweise alles für ihr Kind tut, damit die Belastung vermindert wird, spricht man von einem Anpassungsziel der Umwelt-Person-Beziehung (alloplastisch). Es kann aber auch sein, daß die Mutter vorwiegend ihre Interessen vertritt, um die Belastungssituation zu bewältigen und das Kind mehr auf sich selbst gestellt läßt (autoplastisch). Eine weitere Zieldimension stellt die emotionale Äquilibrierung dar. Es geht hier um die Aufrecht-

erhaltung des erlebnismäßigen sowie des physiologischen Gleichgewichtes. Bei der dritten Zieldimension handelt es sich um die Selbstwert-Äquilibrierung, die die Aufrechterhaltung des Selbstbildes und der Integrität der Persönlichkeit gewährleisten soll (Schedle, 1994, S. 85).
Eine weitere Komponente der Belastungsverarbeitung besteht im Bewältigungsverhalten. Dieses zielt auf Veränderung ab. Man unterscheidet dabei verschiedene Formen: Das *situationsbezogene* Bewältigungsverhalten zielt auf Veränderung von Komponenten der Belastungssituation ab. Eine Mutter kann zum Beispiel ihr Bewältigungsverhalten auf das Kind (Beruhigung) oder auf die Beseitigung störender Umweltkomponenten beziehen. Beim *repräsentationsbezogenen* Bewältigungsverhalten handelt es sich um intrapsychische Transformationen und Handlungen. Es muß zum Beispiel, um zu mehr Information zu gelangen, die Aufmerksamkeit von der Belastungssituation weggelenkt werden. Das *bewertungsbezogene* Bewältigungsverhalten richtet sich auf die Veränderung von Zielen, der Bewertung der Situation oder der Bewertungsmaßstäbe selbst (Schedle, 1994, S. 86).

3.5. Mißhandlung als extreme Form der Belastungsverarbeitung

Sehr schlechte Lebensbedingungen und der damit verbundene Streß können auch bis hin zur körperlichen und psychischen Mißhandlung, zum sexuellen Mißbrauch und zur Vernachlässigung des Kindes führen. Es sei hier explizit darauf hingewiesen, daß Streß und Schwierigkeiten nicht generell zur Mißhandlung des Kindes führen, aber es unter gewissen Umständen dazu kommen kann. Es zeigte sich, daß alleinerziehende Mütter und Frauen, die in instabilen Partnerschaften leben, häufiger ihre Kinder mißhandeln (Schedle, 1994, S. 66). Grundsätzlich kann man auch sagen, daß im allgemeinen schlechte Lebensbedingungen wie Armut, lange Arbeitslosigkeit und große Schwierigkeiten in der Partnerschaft, den Kindesmißbrauch „begünstigen“. Zur Vernachlässigung kann es auch kommen, wenn die Mütter sehr rigid-dogmatische Vorstellungen haben, und sich deshalb nur schwer an die sich ständig verändernden Bedürfnisse ihrer Kinder anpassen können. Sie wollen ihre Kinder auch nicht „verwöhnen“ oder „verziehen“, indem sie jedem Weinen des Kindes nachgehen.

3.6. Unterstützung durch soziale Dienste

Eine Form der Belastungsbewältigung oder zumindest eine Unterstützung bei der Lösung von Problemen besteht in der Inanspruchnahme sozialer Dienste. Deren Angebote reichen von Elternberatung über zeitweise Betreuung des Kindes bis hin zu Hilfe in praktischen Angelegenheiten, wie beispielsweise im Haushalt (Huwiler, 1995, S. 84). Meist schöpfen die Betroffenen zuerst alle anderen Möglichkeiten zur Bewältigung von schwierigen Situationen aus; erst dann suchen sie bei sozialen Diensten Unterstützung. Ob diese in Anspruch genommen wird, hängt auch von der Einschätzung der Situation durch die betroffene Person ab. Diese wird wiederum von deren Selbstvertrauen und früheren Erfahrungen determiniert (Huwiler, 1995, S. 86). Mit der Inanspruchnahme von Hilfe durch Fachleute ist wohl immer auch die Angst vor Stigmatisierung verbunden, da es gesellschaftlich immer noch wenig anerkannt ist, bei Problemen mit Kindern oder der Partnerschaft professionelle Hilfe zu suchen.

3.7. „Günstige“ mütterliche Belastungsverarbeitung

Bei einer positiven mütterlichen Belastungsverarbeitung spielen verschiedene Faktoren eine entscheidende Rolle. Diese sollen im folgenden kurz erläutert werden (vgl. Schedle, 1994, S. 87-88).

- Um die Belastungen, die im Alltag mit einem kleinen Kind auftreten, zu meistern und zu verarbeiten, ist es wichtig, daß die Mütter ihre *Gefühle* (Wut, Angst, Deprimiertheit, ...) *zulassen* und nicht ständig verleugnen. Auf diese Art und Weise können diese Emotionen auch verarbeitet werden. Problematisch wird es dann, wenn eine Mutter massive emotionale Schwierigkeiten, wie zum Beispiel schwere Depressivität oder ein sehr hohes Aggressionspotential entwickelt, da es dann zu unerwünschten Auswirkungen auf die Interaktionen mit dem Kind kommen kann.
- Von großer Bedeutung ist weiters die *adäquate Einschätzung der Situation.* Diese besteht zum Beispiel darin, bei schwerer Krankheit des Kindes einen Arzt bzw. eine Ärztin aufzusuchen, und liegt nicht vor, wenn die Mutter einfach darauf wartet, daß sich der Zustand des Kindes von alleine bessert. Wichtig ist auch die Fähigkeit der Mutter, sich in die Situation des Kindes hineinversetzen und so dessen Bedürfnisse adäquat befriedigen zu können.
- Im allgemeinen erscheint es wünschenswert, wenn Mütter größtenteils *aktive Bewältigungsstrategien* wählen. Dies ist beispielsweise dann der Fall, wenn eine Mutter ihr weinendes Kind durch direkten Körperkontakt zu beruhigen sucht. In den meisten Fällen ist es weniger zielführend, wenn die Mutter mit Passivität und Abwendung reagiert.
- Weiters hat es sich als positiv herausgestellt, wenn die Mütter in einer Streßsituation sich *nicht allzusehr mit Selbstreflexionen* aufhalten. Besonders hinderlich ist es, wenn sie sich in Selbstvorwürfen ergehen oder dem Kind die Schuld an der schwierigen Situation geben. In diesem Fall sollte man immer beachten, daß ein Kind seine Mutter nicht absichtlich in eine Streßsituation bringt.

4. Gedanken zum Thema

Das Thema der mütterlichen Belastungsverarbeitung ist sicherlich sehr wichtig für die Praxis, weil viele Mütter, besonders jene, die das erste Kind erwarten, nicht darauf vorbereitet sind, daß der Umgang mit einem kleinen Kind auch viele Streßsituationen mit sich bringt. Deshalb ist es außerordentlich wünschenswert, daß Mütter bereits vor der Geburt ihres Kindes, vielleicht im Rahmen der Geburtsvorbereitung, auch auf die verschiedenen Belastungen und Schwierigkeiten, die auftreten können, in gewissem Maße vorbereitet werden. Natürlich kann nicht individuell jede Streßsituation vorhergesehen werden. Doch es wäre wichtig, daß Mütter erfahren, daß es ganz normal ist, sich in bestimmten Situationen belastet zu fühlen, und daß es ab und zu auch durchaus zielführend ist, wenn sie ihre Gefühle von Angst, Wut oder Depressivität zulassen. So ließen sich sicher auch manche Schwierigkeiten bereits im Vorfeld verhindern. Außerdem könnte das Wissen um Schwierigkeiten, mit denen viele Mütter zu kämpfen haben, auch Vorwürfe gegen die eigene Person und Selbstwertzweifel sowie einen Teil des Drucks, der auf Müttern lastet, unterbinden oder zumindest vermindern helfen.

5. Literatur

Folkman, S. & Lazarus, R. (1980). An analysis of coping in a middle-aged community sample. *Journal of Health and Social Behavior, 21*, 219-239.

Huwiler, K. (1995). *Herausforderung Mutterschaft*. Bern: Huber.

Schedle, A. (1994). *Mütterliche Belastungsverarbeitung und frühe Entwicklung des Kindes*. Hamburg: Verlag Dr. Kovac.

33. Wiedereinstieg von Frauen in das Berufsleben

Martina Mayer

1. Einführung

Die Auseinandersetzung mit dem Thema „Wiedereinstieg von Frauen in das Berufsleben" ist gerade in der heutigen Zeit von großer Wichtigkeit, in welcher Frauen weder auf eine engagierte Mutterschaft noch auf ihre Berufstätigkeit verzichten möchten. Als Beweggründe, wieso Frauen mit Kindern einer Erwerbsarbeit nachgehen wollen, sind unter anderem die immer besseren Berufsausbildungen der Frauen sowie der Wunsch nach finanzieller Unabhängigkeit zu nennen. Obwohl die Beschäftigung mit dem Thema „Vereinbarkeit von Beruf und Familie" in den Medien stark zugenommen hat, sind die Probleme für die Frauen, die Beruf und Familie koordinieren müssen, kaum geringer geworden. Aus den „traditionellen drei K" – Küche, Kinder, Kirche – sind die „modernen drei K" geworden: Küche, Kinder, Karriere (Ehrhardt, 1994). Die Schwierigkeit, Karriere und Kinderbetreuung miteinander zu vereinbaren, ist noch immer ein Frauenproblem, da auch heute noch viele Männer nur einen relativ geringen Anteil der Hausarbeit und Kinderbetreuung leisten. Somit bleibt der Großteil der Verantwortung für diese Tätigkeiten bei den Frauen, für welche die Geburt eines Kindes nach wie vor der häufigste Grund ist, die Berufstätigkeit zu unterbrechen oder für immer aufzugeben (Bundesministerium für Frauenangelegenheiten / Bundeskanzleramt, 1995).
Im folgenden sollen neben den Gründen für den Wiedereinstieg in das Berufsleben auch die damit im Zusammenhang stehenden Schwierigkeiten beleuchtet werden (vgl. z. B. Wicki. 1997).

2. Rechtliche Grundlagen: Mutterschutz und Karenzurlaub

Das Mutterschutzgesetz, welches auch vom Arbeitnehmerschutzrecht bestimmt wird, regelt Beschäftigungsverbote, den Kündigungs- und Entlassungsschutz, den Karenzurlaub und die Teilzeitarbeit der Eltern von Kleinkindern. Während der Schwangerschaft sind bestimmte Arbeiten verboten, wie z. B. das Heben

schwerer Lasten oder die Beschäftigung unter Einwirkung von gefährlichen Arbeitsstoffen. Außerdem sind Nachtarbeit und Überstundenarbeit verboten. Schwangere Arbeitnehmerinnen dürfen während der Schutzfrist keinesfalls beschäftigt werden (die Schutzfrist dauert in der Regel von 8 Wochen vor dem voraussichtlichen Entbindungstermin bis 8 Wochen nach der Entbindung; bei Mehrlings- oder Kaiserschnittgeburten bis 12 Wochen nach der Geburt). Diese Frauen erhalten für die Dauer der Schutzfrist ein Wochengeld. Dieses entspricht dem durchschnittlichen Nettoeinkommen der letzten drei Monate (Bundesministerium für Frauenangelegenheiten / Bundeskanzleramt, 1995, S. 279). Zum Ausgleich für die während des Karenzurlaubs bzw. durch die Geburt bedingte Lösung des Dienstverhältnisses erfolgte Lohn- oder Gehaltseinbuße besteht die Möglichkeit, Karenzurlaubsgeld zu beziehen. Seit 1. 1. 1990 haben auch Väter einen Karenzurlaubsanspruch. Trotz der Möglichkeit für Väter, in Karenzurlaub zu gehen, wird dieser nach wie vor fast ausschließlich von Frauen in Anspruch genommen. Es gibt die Möglichkeit, den Karenzurlaub zu teilen, wobei ein Teil mindestens 3 Monate betragen muß. Für Mütter wie für Väter besteht – durch das Mutterschutzgesetz geregelt – bis zu 4 Wochen nach Ende des Karenzurlaubs ein besonderer Kündigungs- und Entlassungsschutz (Bundesministerium für Frauenangelegenheiten / Bundeskanzleramt, 1995; vgl. dazu auch Kap. 19). Die Höhe des Karenzurlaubsgeldes ist unabhängig vom vorangegangenen Einkommen und beträgt derzeit (im Jahr 2000) in der Regel 186.60 ÖS (13.56 Euro) pro Tag.
Seit 1990 gibt es die Möglichkeit Teilzeit-Karenzurlaub in Anspruch zu nehmen. Dieser hat zwischen ArbeitgeberIn und ArbeitnehmerIn einvernehmlich vereinbart zu werden; jedoch kann der Arbeitgeber bzw. die Arbeitgeberin die Inanspruchnahme von Teilzeitbeschäftigung ablehnen. Während dieser Teilzeitbeschäftigung besteht Anspruch auf Karenzurlaubsgeld – entsprechend der Reduktion der Arbeitszeit, um maximal 50 % (Bundesministerium für Frauenangelegenheiten / Bundeskanzleramt, 1995, S. 281). Durch die Teilzeitbeschäftigung erhöht sich der Karenzurlaub auf maximal 3 Jahre.

3. Wiedereinstieg in das Berufsleben

Das Vorhandensein von Kindern reduziert zwar die Erwerbsbeteiligung der Frauen, trotzdem waren 1992 60 % der 15- bis 59jährigen Mütter auch berufstätig (65 % der Frauen ohne Kinder) und der Anteil nimmt ständig zu (Bundesministerium für Arbeit und Soziales, 1994, S. 50). Der Wiedereinstieg von Frauen ins Berufsleben wird heute vor allem von individuellen Merkmalen bestimmt. Dazu gehören unter anderem die Bildungsqualifikation der Frau, die Dauer der Berufstätigkeit vor der Unterbrechung und die Plazierung im Berufssystem (Lauterbach, 1994, zitiert nach Klugger, 1996, S. 22). Die Wiederaufnahme in das Berufsleben erfolgt häufig in Teilzeitarbeit, um auch auf die Familiensituati-

on noch positiv einwirken zu können. Dies kann jedoch oft nur durch einen Berufswechsel erfolgen.
Die Ergebnisse des Mikrozensus 1990 (vgl. Bundesministerium für Frauenangelegenheiten / Bundeskanzleramt, 1995, S. 70) zeigen, daß v. a. drei Verläufe der Berufsunterbrechungen nach der Geburt eines Kindes sehr häufig sind:

- 36.1 % der Frauen entschlossen sich, nach Ablauf des Karenzurlaubs die Erwerbstätigkeit nicht wieder aufzunehmen oder für einen längeren Zeitraum ruhen zu lassen;
- rund 30 % der Frauen nahmen die Erwerbstätigkeit unmittelbar nach Beendigung des Karenzurlaubs wieder auf;
- rund 9 % nahmen nach dem Karenzurlaub einen unbezahlten Urlaub, bevor sie die Erwerbsarbeit wieder aufnahmen.

Die Ergebnisse zeigen somit, daß nur zirka ein Drittel der Mütter unmittelbar nach Beendigung des Karenzurlaubs die Erwerbstätigkeit wieder aufgenommen hatte. Längerfristig kommt es jedoch dazu, daß sich viele Frauen, die ihren Beruf nach dem Karenzurlaub aufgegeben hatten, später wieder zur Aufnahme einer Erwerbsarbeit entschließen.

3.1. Bedeutung der Erwerbsarbeit und verändertes Erwerbsverhalten von Frauen

Klugger beschäftigte sich 1996 mit diesem Thema und berichtete, daß die Erwerbsarbeit strukturierend in alle Bereiche des Lebenszusammenhangs des Menschen eingreift und daher ein wichtiger Bestandteil zum Aufbau und Erhalt der persönlichen Identität ist. Die Erwerbstätigkeit bietet Frauen die Möglichkeit, sich nicht nur über die Rolle der Ehefrau und Mutter zu definieren, sondern eigene fachliche Kenntnisse in die Arbeit einzubringen, die in der Hausfrauentätigkeit keinen besonderen Stellenwert einnehmen. Daher wird die Berufstätigkeit von Frauen und Männern positiver bewertet als Hausarbeit. Als Vorteile der Erwerbsarbeit werden ein höheres Selbstbewußtsein, finanzielle Unabhängigkeit und eine gesichertere Zukunft gesehen.

3.2. Gründe für den Wiedereinstieg

Die Gründe für den Wiedereinstieg sind sehr unterschiedlich und abhängig von der jeweiligen Lebenssituation der Frau. So steht bei Frauen in „einfacheren" Berufen in erster Linie der Wunsch nach Abwechslung, Kontakt zu anderen und einem eigenen Einkommen im Vordergrund, während bei Frauen mit höherer beruflicher Qualifikation die Freude am Berufsinhalt, an der eigenen Selbstständigkeit und Leistungsfähigkeit eine größere Rolle spielen (Beck-Gernsheim, 1984, zitiert nach Klugger, 1996, S. 26). Klugger gibt einige Gründe, die Frauen zu einem Wiedereinstieg ins Erwerbsleben bzw. zu einer Aufrechterhaltung ihrer Berufstätigkeit ohne längere Unterbrechung bewegen, an:

- Identität durch den Beruf;
- Selbständigkeit;
- (Zuverdienen zum) Familieneinkommen;
- Befriedigung und Bestätigung durch den Beruf;
- Wunsch nach sozialen Kontakten.

3.3. Schwierigkeiten beim Wiedereinstieg

Die Schwierigkeiten beim Wiedereinstieg in das Berufsleben hängen von zahlreichen Faktoren ab. Strukturelle Hindernisse, wie z. B. der Mangel an Betreuungseinrichtungen sind *eine* Barriere, die es für Frauen zu bewältigen gilt. Eine andere Schwierigkeit beim Wiedereinstieg ergibt sich dadurch, daß die erworbenen fachlichen Kenntnisse der Frauen nach einer mehrjährigen Pause durch technologische Entwicklungen oft veraltet sind und Schulungen und Kurse notwendig machen, um wieder Anschluß zu finden (Klugger, 1996). Eine längere Berufsunterbrechung kann somit zu einer Dequalifizierung führen. Darüber hinaus tragen mangelndes Selbstbewußtsein der Frau und fehlende Unterstützung von seiten des Partners dazu bei, daß vielen Frauen eine neuerliche Berufstätigkeit fast unmöglich erscheint. Sie versuchen es erst gar nicht, da ihnen familiäre und berufliche Belastung ohnehin unvereinbar und zu groß erscheinen. Dazu kommt ein Mangel an Teilzeitarbeitsplätzen, der eine zumindest teilweise Teilnahme der Frauen am Erwerbsleben verhindert (Weidenbach-Janositz, 1990, zitiert nach Klugger, 1996, S. 29). Daneben können gesellschaftliche Faktoren oder auch die räumlichen Entfernungen von mitbetreuenden Großeltern eine Rolle spielen und somit Schwierigkeiten für den Wiedereinstieg darstellen.

4. Unterschiedliche Arten der Erwerbstätigkeit

4.1. Geringfügige Beschäftigung

Frauen mit Kindern gehen vor allem einer geringfügigen Beschäftigung nach, wenn sie in Karenzurlaub sind (da sie ansonsten den Anspruch auf Karenzgeld verlieren). Der Betrag ist monatlich begrenzt (Stand im Jahr 2000: 3977 ÖS oder 289.02 Euro). Nachteile dieser Beschäftigungsform (nach Ablauf der Karenzzeit), die eigentlich keine eigene Arbeitszeitform repräsentiert, sind u. a., daß keine Versicherungspflicht in der Kranken- und Pensionsversicherung und keine Arbeitslosenversicherung besteht. Personen, die einer geringfügigen Beschäftigung nachgehen, sind arbeitsrechtlich schlechter gestellt als Teilzeitbeschäftigte (Bundesministerium für Frauenangelegenheiten / Bundeskanzleramt, 1995, S. 260).

4.2. Teilzeitarbeit

Teilzeitarbeit ist für viele Frauen in Österreich eine günstige Lösung zur Vereinbarung von Erwerbstätigkeit und Familie, wobei die wöchentliche Arbeitszeit zwischen 12 und 35 Stunden liegt. Daher wird Teilzeitarbeit fast ausschließlich von Frauen ausgeübt und häufig als „Mütterarbeit" bezeichnet (Klugger, 1996). So betrug 1992 in Österreich bei Frauen mit einem Kind unter 15 Jahren die Teilzeitquote 28.9 %, bei Frauen mit zwei Kindern unter 15 Jahren 34.2 % (Ranftl, 1995, zitiert nach Klugger, 1996, S. 24). Die Nachteile bei dieser Beschäftigungsform sind jedoch vielfältig:

- weniger Einkommen;
- geringere soziale Sicherheit;
- geringere Aufstiegschancen;
- Teilzeitarbeiten umfassen weniger qualifizierte Tätigkeitsbereiche;
- unkonventionelle Arbeitszeiten.

4.3. Teleworking

Diese Art der Beschäftigung ist relativ neuartig. Bei dieser Arbeitsform arbeiten die Angestellten einer Firma zu Hause am Computer für ihre Firma. Diese Art der Arbeit scheint vorteilig für die Vereinbarung von Erwerbstätigkeit und Familie zu sein. Dennoch ist anzumerken, daß man Selbstdisziplin und auch viel Ruhe braucht, um zu Hause zu arbeiten. Nachteile dieser neuen Form der Arbeitstätigkeit können unter anderem sein:

- Informationsmangel von seiten der Firma;
- Isolation;
- Vereinsamung;
- Gefühl, ständig arbeiten zu müssen.

4.4. Jobsharing

Beim Jobsharing teilen sich zwei oder mehrere ArbeitnehmerInnen einen Arbeitsplatz. Sie teilen sich, weitgehend in Eigenverantwortung, die Arbeit und legen die Arbeitszeiten fest. Die Job-Sharer wechseln sich stunden-, tage-, wochen- oder monatsweise an ihrem gemeinsamen Arbeitsplatz ab (Ehrhardt, 1994). Diese Beschäftigungsform ist in Österreich jedoch sehr selten.

4.5. Jahresarbeitszeitvertrag

Bei dieser Beschäftigungsart wird eine Soll-Arbeitszeit von ca. 1000 Stunden pro Jahr vorgegeben. Üblich sind solche Verträge in Branchen, die saisonbedingt Stellen vergeben. Der Vorteil beim Jahresarbeitsvertrag im Gegensatz zu einem befristeten Arbeitsvertrag ist, daß die Sozialversicherung für das ganze Jahr gezahlt wird (Ehrhardt, 1994).

5. Rollenkonflikte erwerbstätiger Frauen

Entscheidet sich eine Frau dafür, Erwerbstätigkeit und Familie zu verbinden, entstehen oft Rollenkonflikte aufgrund von zeitlichen Überlastungen im familiären und beruflichen Bereich. Die Reaktionsmöglichkeiten auf Rollenkonflikte sind vielfältig.
Klugger (1996) stellt verschiedene Lösungsmöglichkeiten dar:

- Entscheidung für eine der Rollen: dies ist dann einfach, wenn eine der Rollen eindeutig wichtiger für die Person ist.
- Zeitlicher Kompromiß: die inkompatiblen Rollenerwartungen werden zeitlich nacheinander erfüllt.
- Gemischter Kompromiß: es wird versucht, einen „goldenen Mittelweg" zu finden; meist, indem bei beiden Rollenerwartungen Abstriche gemacht werden.
- Vermeidung: es werden die Situationen vermieden, in denen man mit dem Interrollenkonflikt konfrontiert wird. Hierzu gehören auch Verhaltensweisen wie Krankwerden oder Wegbleiben.
- Direkte Lösung: die Person versucht aktiv, die Erwartungen der RollensenderInnen zu verändern oder Aktivitäten zu delegieren.
- Indirekte Lösung: die Person zeigt anderen den Konflikt auf, überläßt aber die Art und Richtung einer möglichen Veränderung ihnen.

Die Mehrheit der Frauen versucht eine Kompromißlösung zu finden (Sieverding, 1990, zitiert nach Klugger, 1996, S. 58). Demnach nehmen viele Frauen Teilzeitarbeitsmöglichkeiten in Anspruch, auch wenn sie dadurch auf Aufstiegschancen und finanzielle Besserstellung verzichten müssen, oder eine Beschäftigung in ihrem gewünschten Beruf erst gar nicht in Frage kommt.

6. Zusammenfassung

Durch die zunehmende Emanzipation der Frauen hat eine enorme Veränderung der Erwerbstätigkeit von Frauen mit Kindern stattgefunden. Für einen Großteil der Frauen in unserer Zeit bedeutet ihre Mutterschaft keinen Verzicht auf ihre Erwerbstätigkeit; jedoch gehen viele Frauen mit Kindern nur einer Teilzeitbeschäftigung nach. Die Nachteile dieser Beschäftigungsform sind jedoch vielfältig.
Obwohl die Schwierigkeiten beim Wiedereinstieg in das Berufsleben oft gravierend sind, scheinen die Vorteile eines Wiedereinstieg oftmals zu überwiegen.

Wie sich die heute oftmals vorhandenen Probleme bezüglich der Erwerbstätigkeit von Frauen mit Kindern in Zukunft reduzieren lassen, ist abhängig von der weiteren gesellschaftspolitischen Entwicklung – das heißt, wie z. B. die Öffnungszeiten von Kinderbetreuungseinrichtungen den Bedürfnissen der Eltern angepaßt werden. (können).

7. Gedanken zum Thema

Das Thema „Wiedereinstieg von Frauen in das Berufsleben" betrifft sicherlich einen Großteil der Familien in Österreich. Ein allgemeingültiges „Rezept" für die betroffenen Frauen kann es wohl nicht geben, da die Ausgangspositionen (Familienstruktur, Umfeld, persönliche Einstellungen usw.) zu unterschiedlich sind. Wichtig scheint jedoch, die Entscheidungen der Mütter bezüglich der Zeitaufteilung zwischen Beruf und Familie zu akzeptieren und – wie auch immer die Entscheidung ausfällt – die nötigen Hilfestellungen zu gewährleisten.

8. Literatur

Bundesministerium für Arbeit und Soziales. (Hrsg.). (1994). *Die wirtschaftliche Lage und soziale Rolle der Frau in Österreich. Analyse statistischer Daten*. Wien: Autor.

Bundesministerium für Frauenangelegenheiten / Bundeskanzleramt. (Hrsg.). (1995). *Frauenbericht. Bericht über die Situation der Frauen in Österreich*. Wien: Autor.

Ehrhardt, U. (1994). *Strategien für Mütter im Beruf. Gut organisiert bei Doppelbelastung*. München: Gräfe und Unzer.

Klugger, U. (1996). *Die berufliche und familiäre Rolle der Frau nach der Karenz. Eine vergleichende Untersuchung von erwerbstätigen und nichterwerbstätigen Frauen bezüglich familiärer Arbeitsteilung, Partnerschaft und Einstellung zur Elternschaft*. Unveröffentlichte Diplomarbeit, Universität, Wien.

Wicki, W. (1997). *Übergänge im Leben der Familie. Veränderungen bewältigen*. Bern: Huber.

34. Jugendliche werden Mütter

Judith Sams

1. Einleitung

In der Adoleszenz, der Zwischenstufe zwischen Kindheit und Erwachsenenalter, ein Kind zu bekommen, stellt für junge Frauen eine ganz besondere Herausforderung dar. Die Geburt eines eigenen Kindes bedeutet zu jedem Zeitpunkt des Lebens einen starken Einschnitt in den gewohnten Alltag und vor allem auch eine Zurückstellung der eigenen Wünsche und Interessen. In der Phase der Adoleszenz wiederum sind die meisten Jugendlichen genug gefordert, mit ihren eigenen Problemen fertig zu werden und sich in das Leben der Erwachsenen einzufinden. Was muß es dann aber für eine Aufgabe für eine Frau im Jugendalter darstellen, die gerade mitten im Ablösungsprozeß von den eigenen Eltern steht, eine Schwangerschaft zu erleben und ein Kind großzuziehen?
Es treffen somit zwei spannungsgeladene Lebensphasen zum gleichen Zeitpunkt aufeinander. Mairhofer (1998, S. 8) meint dazu, daß die adoleszente Schwangere gerade erst im Begriff ist, ihre Identität als Frau zu finden, und nun soll sie sich gleichzeitig in jene der Mutter hineinfinden, wo sie doch gerade erst im Begriff ist, sich von der eigenen Mutter abzulösen. Die junge Frau wird also zugleich in mehrere für sie neue Rollen gedrängt, die sie unter Umständen noch nicht bewältigen kann. Allerdings betrifft diese problematische Situation, in der Adoleszenz ein Kind zu bekommen, nach Schätzwerten in den U.S.A. 20 % der weißen und 40 % der schwarzen Frauen, und jedes fünfte Neugeborene hat eine Mutter unter 18 Jahren. In Österreich hingegen sind die Schwangerschaften während der Adoleszenz seit 1982 rückläufig (Janig, 1994, S. 85).

2. Gründe für eine Schwangerschaft in der Adoleszenz

In den westlichen Ländern werden Kinder heute nicht mehr in die Welt gesetzt, um einen ökonomischen Vorteil zu erlangen (man könnte sogar sagen, das Gegenteil sei der Fall). So kann eine Schwangerschaft nicht als Vorsorge für die Zukunft angesehen, sondern es können v. a. ideelle Gründe für eine Schwangerschaft und die Geburt eines Kindes angeführt werden.
Die Erklärungen dafür, warum eine Frau in so jungen Jahren schwanger wird, sind dennoch mannigfaltig. Es muß jeweils die individuelle Situation genau

betrachtet werden. Die Gründe reichen von einer bewußten Entscheidung für die Zeugung eines Kindes bis zu sogenannten „Unfällen". Auch Mairhofer (1998, S. 110) konnte in ihrer vergleichenden Studie zeigen, daß immerhin drei Viertel der Schwangerschaften der jungen Frauen ungeplant waren.
Nun sollen einige der Einflußfaktoren, die eine Schwangerschaft begünstigen können, genannt werden.

2.1. Unerfahrenheit

Die Jugendlichen lernen gerade erst die Sexualität kennen und sind auf diesem Gebiet noch unerfahren. Werden sie zu diesem Zeitpunkt mit einer Schwangerschaft konfrontiert, fällt ihnen der Umgang damit natürlich noch schwerer als einem erwachsenen Menschen. Auch wenn sie aufgeklärt wurden, mag der Gebrauch von Verhütungsmitteln Schwierigkeiten bereiten, und es besteht auch Scham, diese zu besorgen oder mit dem Partner offen über sexuelle Inhalte zu sprechen. Viele junge Frauen fürchten auch den Besuch bei einer Gynäkologin oder einem Gynäkologen, was wiederum die Verwendung von Verhütungsmitteln beeinflußt und bei einer bestehenden Schwangerschaft auch die eindeutige Bestätigung derselben verzögert (vgl. z. B. Mairhofer, 1998).

2.2. Unbedachtheit

Andererseits nehmen zahlreiche junge Frauen auch einfach an, daß sie trotz ungeschützten Geschlechtsverkehrs nicht schwanger werden und verlassen sich einfach darauf, daß kein „Unfall" passiert. Die sexuellen Partner wiederum verlassen sich auf die Frau, was die Verhütung anbelangt; für sie bedeutet ein Kind zwar ebenfalls eine Veränderung ihrer Lebensumstände, aber es ist für sie dennoch einfacher, sich „aus der Affäre" zu ziehen (vgl. z. B. Mairhofer, 1998).

2.3. Kompensation eines Mangels an Liebe

Manchmal ist ein Kind in diesem Alter auch der Ausdruck des Wunsches nach Liebe und Zuwendung. Mairhofer (1998, S. 14) meint dazu, daß Mädchen, deren Beziehung zu ihrer Mutter eher oberflächlich verläuft, häufiger schwanger werden, um diesen Mangel an Zuneigung und Geborgenheit bei einem anderen Wesen wieder gutzumachen und diesen Verlust, den sie selbst erlebt haben, zu kompensieren. Die reale Situation entspricht dann allerdings nicht mehr den Phantasien und Wunschvorstellungen des adoleszenten Mädchens. Das „Phantasiekind" stellt einen Idealzustand dar, der in der Realität durch Anstrengungen und Verantwortung getrübt wird.

2.4. Anspruch, als erwachsen zu gelten

Die Schwangerschaft und ein eigenes Kind können auch dazu benutzt werden, die Achtung der Mutter zu erlangen, um praktisch auf der gleichen Ebene mit ihr zu stehen. Sie kann gewissermaßen als ein Teil des Ablösungsprozesses interpretiert werden, da die Tochter die Rolle der Mutter übernimmt. Nach Bürgin (1993, S. 295) kann die Schwangerschaft auch auf den Wunsch nach Verschmelzung und Identifikation mit der eigenen Mutter hindeuten.

3. Umgang mit der Situation

Wird ein Mädchen in so jungen Jahren schwanger, entdeckt sie diesen Tatbestand in der Regel erst sehr spät. Mädchen, die das Kind austragen, erkennen die bestehende Schwangerschaft, wie Nöstlinger (1988, S. 249) schreibt, durchschnittlich erst in der neunten Schwangerschaftswoche. Mairhofer (1998, S. 14) meint dazu, daß die späte Erkenntnis durch Scham oder durch falsche Deutung der Anzeichen bedingt sein kann. Diese falsche Deutung könnte durch ein gewisses „Nicht-wahr-haben-Wollen" der Situation bedingt sein. Dadurch, daß es so lange dauert, bis eine junge Frau merkt, daß sie schwanger ist, erschwert dies auch die Möglichkeit einer Schwangerschaftsunterbrechung. Für eine adoleszente Frau stellt eine Schwangerschaft auch alleine dadurch, daß sie wesentlich weniger auf diese Situation vorbereitet ist und sich wahrscheinlich nicht sonderlich damit auseinandergesetzt hat, eine größere Anforderung dar. Junge Frauen sind außerdem weniger auf die Streßverarbeitung vorbereitet, da sie noch vermehrt mit ihren eigenen persönlichen Problemen – abgesehen von der Schwangerschaft – fertig werden müssen.
Mairhofer (1998, S. 102) stellte in einer vergleichenden Studie zwischen jungen und älteren Schwangeren fest, daß die älteren Frauen in der Lage waren, sich intensiver auf die Geburt vorzubereiten und daß sie auch über mehr Informationen über Schwangerschaft und Geburt verfügten. Interessant erscheint allerdings in diesem Zusammenhang, daß sich die jüngeren Schwangeren weniger persönliche Belastungen durch das Kind erwarteten. Diese Tatsache kann mit der mangelnden Information einhergehen oder auch mit einer illusionistischeren Weltsicht.
Unterstützung von seiten der Familie ist sehr wichtig für die junge Mutter, entlastet sie und erhöht ihre Lebenszufriedenheit. Allerdings kann ein zuviel an Fürsorge durch die Mutter (bzw. inzwischen schon die Großmutter) auch leicht zu einer Konkurrenzsituation zwischen den beiden Frauen führen (Mairhofer, 1998, S. 32). Die Tochter fühlt sich in ihrer Kompetenz beschnitten und kann so wiederum nicht ihre Eigenständigkeit der Mutter gegenüber unter Beweis stellen. Die Mutter hingegen will ihrer Tochter in einer schwierigen Situation Hilfe leisten, aber wahrscheinlich fällt es ihr auch schwer loszulassen und die Tochter als erwachsen anzusehen.
Sehr häufig entscheidet die junge Frau alleine, ob sie das Kind bekommen möchte oder ob sie die Schwangerschaft unterbrechen soll. Geschieht diese Entscheidung dann gegen den Willen ihres Freundes oder den der Eltern, er-

schwert das die Situation der jungen Frau noch um einiges. Sie wird dann ihre Entscheidung hinterfragen und sich unsicher fühlen, ob es denn wirklich die richtige war. Mairhofer (1998, S. 103) fand in ihrer Vergleichsstudie zwischen älteren und jüngeren schwangeren Frauen auch heraus, daß die Partner der jungen Frauen wesentlich negativer auf die Nachricht der bestehenden Schwangerschaft reagierten als dies bei den älteren Frauen war. Weiters kannten sich die jungen Paaren natürlich erst kürzere Zeit, was, wie das Jugendalter, ebenfalls einen Einfluß auf die Reaktion der jungen Väter ausüben kann.

4. Einflußfaktoren auf die jugendliche Schwangere

4.1. Unterstützung durch die Umgebung

Wenn die jungen werdenden Mütter von ihrer Umgebung keine Unterstützung erhalten, ist diese Lebensphase für sie kaum zu bewältigen und kann durch die eklatante Überforderung der Frau negative Auswirkungen auf das Kind haben. Auch die finanzielle Situation spielt eine nicht unerhebliche Rolle, da ökonomische Probleme noch zu einer Verschärfung der Situation führen und auch in diesem Bereich ebenso wie im emotionalen eine Unterstützung durch die Familie unentbehrlich ist. Wie Bürgin (1993, S. 285) zeigen konnte, hängt die Anpassungsleistung der werdenden Mutter an die Schwangerschaft mit der Beziehung zu ihren eigenen Eltern zusammen. Ist diese Beziehung relativ spannungsfrei und wird als positiv wahrgenommen, fällt es den jugendlichen Frauen leichter, die Mutterrolle anzunehmen.

4.2. Ausbildung und Arbeitstätigkeit

Auch der Bildungsgrad stellt einen weiteren Einflußfaktor dar. Janig und Wang (1993, S. 424) widerlegten das Vorurteil, daß Schülerinnen, die auf Grund der Schwangerschaft die Schule unterbrechen mußten, später selten einen eigenen Beruf ergreifen können, denn sie zeigten, daß diese Frauen eher ihre Ausbildung wieder aufnehmen als Frauen, die ihre Arbeit in jungen Jahren auf Grund der Schwangerschaft unterbrochen haben.

4.3. Schichtspezifität

Auch die Schichtspezifität der jugendlichen Schwangerschaft kann (zumindest in einer empirischen Studie im Wiener Raum) nicht bestätigt werden (Mairhofer, 1998, S. 10). Es werden also die Töchter von Eltern, die gut oder besser situiert sind, ebenso häufig schwanger, wie das bei jungen Frauen, die in unteren sozialen Schichten aufwachsen, der Fall ist. Die jugendliche Schwangere ist demnach also kein „Unterschichtsphänomen“.

4.4. Familienstruktur

Außerdem hängen Schwangerschaften in der Adoleszenz mit der Familienstruktur zusammen. Häufig ist die Mutter der Schwangeren selbst in jungen Jahren schwanger geworden und jetzt mit der Rolle der Großmutter konfrontiert (Mairhofer, 1998, S. 10).
Die speziellen familiären Strukturen verstärken auch oft die emotionalen Belastungen während der Schwangerschaft. Diese werden von den jungen Müttern schlechter bewältigt und können u. a. zu mehr Komplikationen bei der Geburt führen (vgl. Mairhofer, 1998, S. 19).

5. Gesellschaftliche Auswirkungen

Viele Schwangerschaften im Jugendalter sind ungewollt, stoßen allerdings auch bei der Umgebung auf Unverständnis und Verwirrung. Häufig wird die junge Mutter oder das junge Elternpaar gering geschätzt und mit Worten wie „hätten sie halt besser aufgepaßt“ oder Ähnlichem bedacht. Von den Jugendlichen wird die richtige Einschätzung der Situation und ein großes Maß an Selbständigkeit erwartet.
Ein Mädchen, das schwanger wird, wird durch die gesamte Veränderung ihrer Lebenssituation aus dem Kreis ihrer gleichaltrigen Freundinnen gerissen, da sich ihr Alltag nun gravierend von den Lebensumständen der anderen Gleichaltrigen unterscheidet. Es kann für sie aber auch ein Zeichen dafür sein, daß sie nun erwachsen ist oder sich auf diese Art bewußt von ihren Freundinnen abheben will. Allerdings ist heute zunehmend nicht mehr nur das Mädchen von der Situation betroffen, da die traditionellen Rollenbilder im Wandel begriffen sind. Nun wird auch dem Mann Verantwortung zugeschrieben und Anteilnahme an der Kindererziehung von ihm erwartet. Anzumerken ist aber, daß Partnerschaften, die schon in so jungen Jahren bestehen, häufig in die Brüche gehen, noch dazu, wenn ein Kind als zusätzlicher Belastungsfaktor gegeben ist, was die Bewältigung des Alltags in der Regel erheblich erschwert. In diesem Fall bleibt dann doch die Frau als Verantwortliche übrig und muß alleine mit dieser Situation fertig werden (vgl. Mairhofer, 1998).

6. Abbruch der Ausbildung und Veränderungen der ökonomischen Verhältnisse

Der Abbruch der Ausbildung ist zumeist eine Folge der Schwangerschaft, die Möglichkeit der Wiederaufnahme besteht aber durchaus. Die Hälfte der Mütter nimmt ihre Ausbildung für zumindest ein Jahr wieder auf und ein weiteres Viertel verfolgt ihre Schullaufbahn wieder für zwei Jahre weiter (Janig, 1994, S. 85). Janig stellt dazu allerdings auch die Frage, ob Frauen, die ihre Ausbildung nicht

wieder aufnehmen oder sie zu Ende führen, nicht von vornherein weniger leistungsorientiert in der Schule waren, und für das Abbrechen des Bildungsweges nicht auch noch andere Gründe als die Schwangerschaft ausschlaggebend sind.
Mairhofer (1998, S. 102) fand in ihrer vergleichenden Studie, daß nur wenige der jungen Frauen bereits berufstätig waren, was natürlich zu einer Verschlechterung der ökonomischen Situation führt. Diese Verschlechterung führt zu einem Absinken der Zufriedenheit der Frauen mit ihrer Situation. Weiters merkten die jungen Frauen, daß sich durch die Schwangerschaft nicht nur die materielle Situation verschlechterte sondern auch die Beziehung zum Partner. Es stellt sich natürlich auch die Frage, wann für eine Frau, die einen Beruf ergreifen und auf eigenen Beinen stehen möchte, der „richtige“ Zeitpunkt ist, um ein Kind zur Welt zu bringen (Mairhofer, 1998, S. 22). In einigen Fällen wird die Entscheidung, ein Kind zu bekommen, auch durch die Tatsache, daß die Frau dadurch aus der Berufswelt aussteigen kann oder gar nicht erst einzutreten braucht, unterstützt.
In einer österreichischen Studie (Janig & Wang, 1993) wurde die Bildungssituation von Müttern, die ihr erstes Kind zwischen 16 und 18 Jahren bekommen hatten, erhoben. Die jungen Frauen dieser Studie hatten alle den Pflichtschulabschluß, und die Hälfte von ihnen nahm nach der Geburt des Kindes die Ausbildung wieder auf und wurde danach auch erwerbstätig. Weiters wurde von den Frauen, die ihre Ausbildung nicht wieder aufnahmen, das Kind als Ursache für diese Entscheidung angeführt. Die Mütter, die später ins Berufsleben eintreten konnten, empfanden das Kind aber keineswegs als Hindernis. Ein weiteres Ergebnis war, daß die Frauen, die während der ersten Schwangerschaft noch zur Schule gingen, alle diesen Bildungsweg nach der Geburt ihres Kindes fortsetzten. Für die Mütter, die eine Lehre begonnen hatten, war diese Tatsache nicht zutreffend, und diese wurde in beinahe allen Fällen nicht wieder aufgenommen. Außerdem fand man in dieser Studie heraus, daß die Situation nach der Geburt eines Kindes nur in den ersten 4 bis 6 Jahren danach zu verändern ist; d. h., steigt eine Frau in dieser Zeit nicht wieder in ihre Ausbildung oder den Beruf ein, geschieht das in den wenigsten Fällen später. Danach sind die familiären und ökonomischen Zwänge zumeist zu groß, um die aktuelle Lage noch zu verändern. Es konnte auch ein Zusammenhang zwischen der elterlichen Unterstützung und der Wiederaufnahme der Berufsbildung oder Schullaufbahn festgestellt werden. Daneben zeigte sich, daß die Wiederaufnahme und Fortsetzung des Ausbildungsweges für die jungen Mütter selbst sehr wichtig war, da sie so das Gefühl hatten, etwas für ihre Selbstverwirklichung getan zu haben. Dies war auch dann der Fall, wenn der gegenwärtige Beruf nicht dem einstigen Wunsch entsprach. Anders war es bei den Frauen, die ihre berufliche Ausbildung nicht mehr aufnahmen: Diese trauerten noch lange ihrem ehemaligen Wunsch nach und blieben darin verhaftet. Die Studie zeigte auf jeden Fall, daß eine Schwangerschaft in der Adoleszenz eine starke Anforderung darstellt, aber der Umgang

mit dieser Streßsituation nicht unbedingt mit dem Alter der betroffenen Frau zusammenhängt. Diese Frauen leiden auch nicht, wie früher häufig angenommen, „an Persönlichkeits- oder milieubedingten Defiziten" (Janig, 1994, S. 89). Das Erlangen von höher qualifizierten Berufsausbildungen war aber nur in Ausnahmefällen, bei idealen Bedingungen, die Kinderbetreuung, die Motivation und die finanzielle und örtliche Lage betreffend, möglich.

Die Frage der ökonomischen Mittel sollte in diesem Zusammenhang ebenfalls erwähnt werden. Die meisten adoleszenten Mütter stehen noch in einem finanziellen Abhängigkeitsverhältnis zu ihren eigenen Eltern, da sie noch nicht im Arbeitsprozeß, sondern erst in der Ausbildung sind (Bürgin, 1993, S. 295). Damit die Klärung der Finanzen halbwegs reibungslos verläuft, ist es notwendig, daß sich auch die Eltern der Jugendlichen in gewissem Ausmaß mit der Situation abfinden.

Mairhofer (1998, S. 102) fand in ihrer Studie, daß ein Drittel der jüngeren schwangeren Frauen nicht mit dem Kindesvater in einem gemeinsamen Haushalt und über ein Drittel der jugendlichen Mütter noch bei den Eltern zu Hause lebte. Es war auch nur ein Fünftel der jungen Frauen verheiratet; bei den älteren Frauen hingegen waren es zwei Drittel, was wiederum auf gefestigtere Beziehungen hindeutet.

7. Zusammenfassung

In der Adoleszenz schwanger zu werden stellt für junge Frauen eine schwerwiegende Belastungssituation dar. Sie sind in der Regel weniger auf diese Umstellung der Situation vorbereitet, und die Streßbewältigung fällt ihnen schwerer. Auch wenn das Kind geplant war, fällt es Frauen in diesem Alter natürlich wesentlich schwerer, sich auf die reale Situation einzustellen, da sie mitten in der Phase ihrer eigenen Persönlichkeitsentwicklung begriffen sind. Die Situation ändert sich auch insofern gravierend, als die junge Frau aus dem Kreis der Gleichaltrigen gerissen wird. Ihre ökonomische Situation stellt sich problematisch dar, und häufig befindet sie sich noch in Abhängigkeit zu ihren Eltern. Durch die Schwangerschaft muß die Frau auch ihre Ausbildung unterbrechen, aber die Möglichkeit der Wiederaufnahme wird inzwischen verstärkt genutzt.

8. Gedanken zum Thema

Für eine junge Frau ist Unterstützung von außen während der Schwangerschaft noch wichtiger als für ältere, schon erfahrenere Frauen, die auch in ihrer Persönlichkeit gefestigter sind. Vor allem Gruppen, in denen die jugendlichen Frauen andere werdende Mütter kennen lernen können, die das gleiche Schicksal wie sie selbst haben, sind wichtig. In solchen Gruppen können Erfahrungen ausgetauscht werden und dann, wenn das Kind auf der Welt ist, durch gegenseitiges Aufpassen auf die Kinder gewisse Freiräume für die adoleszenten Mütter geschaffen werden. Auf jeden Fall ist die Umgebung aufgefordert, die junge Mutter bestmöglich bei der Bewältigung ihrer Situation zu unterstützen.

9. Literatur

Bürgin, D. (1993). Eltern werden.... *Kinderanalyse, 3,* 272-302.

Janig, H. (1994). Familiäre Unterstützung, Schulbildung und Berufstätigkeit bei jugendlichen Müttern. In H. Janig (Hrsg.), *Psychologische Forschung in Österreich* (S. 85-89). Klagenfurt: Universitätsverlag Carinthia.

Janig, H. & Wang, M. (1993). Lebenschancen jugendlicher Mütter. In H. Janig & B. Rathmayr (Hrsg.), *2. Bericht zur Lage der Jugend* (S. 420-429). Wien: Bundesministerium für Umwelt, Jugend und Familie.

Mairhofer, M. (1998). *Die Jugendliche Schwangere.* Unveröffentlichte Diplomarbeit, Universität Wien

Nöstlinger, C. (1988). *Schwangerschaft in der Adoleszenz. Eine Vergleichsstudie über Interruptio und Geburt.* Unveröffentlichte Dissertation, Universität Wien.

35. Alleinerziehende

Carina Maria Kranz

1. Einleitung

Der Anstieg von Ein-Eltern-Familien war eine der wesentlichsten Veränderungen in der Familienstruktur in den letzten Jahren. Neun von zehn Ein-Eltern-Familien bestehen aus alleinerziehenden *Müttern* (mit ihrem/n Kind/ern). Die Anzahl der Familien mit alleinerziehenden Müttern ist in verschiedenen Ländern unterschiedlich hoch (höher in Nordeuropa, niedriger in Südeuropa). In Österreich war 1993 der Anteil Alleinerziehender mit ca. 15 % relativ hoch. Manche sehen in Ein-Eltern-Familien einen Indikator für den Verfall sozialer Werte bzw. der Wichtigkeit der Familie; andere akzeptieren Ein-Eltern-Familien als eine alternative Familienform, die sich von der ökonomischen Unabhängigkeit und der Emanzipation der Frauen ableiten läßt (Kiernan, 1998).
Die Lebenssituationen von Alleinerziehenden weisen eine große Vielfalt auf, die im folgenden Kapitel beschrieben werden soll. Dabei wird zuerst ein kurzer Überblick über die Veränderungen dieser Lebensform in den letzten 5 bis 10 Jahren gegeben. Außerdem soll auf Unterschiede hinsichtlich der subjektiven Bedeutung dieser Lebensform für ledige und geschiedene Mütter eingegangen werden bzw. darauf, wie ledige Väter ihren Alleinerzieher-Status wahrnehmen. Nach einer kurzen Analyse der ökonomischen Situation der alleinerziehenden Mütter soll abschließend der juristische Hintergrund angerissen werden.

2. Veränderungen in der Familienform „alleinerziehend“

Betrachtet man die Veränderungen in der Familienform „alleinerziehend“ in den letzten fünf bis zehn Jahren so fällt auf, daß sich die Zahl alleinerziehender Väter im steigen befindet. Während der Anteil alleinerziehender Mütter in Westdeutschland laut einer Untersuchung (Statistisches Bundesamt Wiesbaden, 1996, zitiert nach Krüger, 1998, S. 153) im Zeitraum von 1980 bis 1994 nahezu konstant blieb (und sich in Ostdeutschland eine leicht abnehmende Tendenz zeigte), läßt sich bei den alleinerziehenden Vätern eine Zunahme verzeichnen. Um dies in Zahlen für ganz Deutschland zu verdeutlichen: 1990 betrug die Zahl alleinerziehender Väter (mit Kind/ern unter 18 Jahren) 163.000, 1995 bereits 244.000 (Anstieg von 11 % auf 14 % unter den Alleinerziehenden). Hier fehlen Forschungsergebnisse, die über die Ursachen dieser Zunahme und die Motive der Väter, alleinerziehend zu werden, Auskunft geben. Trotz dieser Veränderungen bleibt diese Familienform nach wie vor eine weiblich geprägte. Die (absolute) Zahl alleinerziehender Frauen stieg im gleichen Zeitraum von 1,264.000 auf 1,458.000 (Anteil von Frauen unter den Alleinerziehenden: 89 % bzw. 86 %). In Österreich sind insgesamt ca. 12 % aller Familien „Teilfamilien" – 242.500 alleinerziehende Mütter und 33.200 alleinerziehende Väter (Statistik Österreich, 2000).

Betrachtet man die Entwicklung der Altersgruppenverteilung von Kindern Alleinerziehender von 1980 bis 1990, so fällt die starke Zunahme der Kinder unter 3 Jahren auf. Ihr Anteil hat sich von 7 % auf 14 % verdoppelt (vgl. Krüger, 1998, S. 154). Der hohe Anteil an unter Dreijährigen verschärft Probleme im Hinblick auf die Vereinbarkeit von Familie und Erwerbstätigkeit bzw. die Kinderbetreuung. Bei ledigen Müttern dominiert die jüngste Altersgruppe der Kinder unter 6 Jahren. Verwitwete Mütter haben vor allem ältere Kinder (89 % sind 6 bis 18 Jahre alt). Bei getrennt lebenden alleinerziehenden Müttern wie Vätern befindet sich der Großteil der Kinder (55 %) im Alter von 6 bis 15 Jahren. Bei geschiedenen Müttern dominiert die Gruppe der 6- bis 15Jährigen (61 %). Bei alleinerziehenden ledigen Vätern überwiegt die Altersgruppe der Kinder unter 6 Jahren, wobei fast 40 % dieser Kinder jünger als 3 Jahre sind. Damit liegt der Anteil der unter 3jährigen Kinder bei ledigen Vätern noch über demjenigen lediger Mütter. Insofern ist die These, daß alleinerziehende Väter vorwiegend für ältere, jugendliche Kinder sorgen, aufgrund dieser Untersuchung zu relativieren. Es ist aber darauf hinzuweisen, daß ledige Väter eine Minorität gegenüber geschiedenen und verwitweten Vätern darstellen. Außerdem werden (bei diesen Angaben) auch nicht-eheliche Paargemeinschaften zu den Alleinerziehenden gezählt (Krüger, 1998).

Die meisten Studien über Einelternfamilien zeigen die eingeschränkte ökonomische Situation der Ein-Eltern-Haushalte auf, indem z. B. der Sozialhilfebezug erfaßt wird. Zunehmend wird der Blick weiter gefaßt und auf die gesamte sozioökonomische Situation gerichtet. Berücksichtigt werden immer mehr die Gefahr der Isolation, die geringen Gestaltungsspielräume, die Überlastung durch mehrfache Rollenübernahme, die oft erheblichen konsumtiven Verzichtleistungen, die Verschuldung sowie die Begrenzungen der sozialen Kontaktmöglichkeiten für die Betroffenen. Heute wird nicht mehr, wie noch vor einigen Jahrzehnten üblich, allein aufgrund der bloßen Abwesenheit der Mutter oder des Vaters von vornherein eine problematische Erziehungssituation angenommen. Weniger die Familienstruktur als solche, sondern sozioökonomische und sozioökologische Faktoren finden immer mehr Berücksichtigung (Krüger, 1998). So hat man unter anderem festgestellt, daß manche als langfristige Auswirkungen der elterlichen Scheidung angesehene Merkmale der Kinder (z. B. ein geringeres Anspruchsniveau hinsichtlich Schul- und Berufsausbildung, ein niedrigeres Heiratsalter oder Delinquenz etc.) eher auf finanzielle Deprivation zurückzuführen sind als auf die Alleinerzieherschaft als solche. Eine Langzeitstudie in den USA (Sorensen, 1998, zitiert nach Krüger, 1998) konnte belegen, daß delinquente Kinder und Jugendliche auch schon vor der Scheidung ihrer Eltern Verhaltensauffälligkeiten zeigten, und nicht die Lebenssituation als Alleinerziehende vorrangiger und auslösender Faktor für das abweichende Verhalten war. Einige Studien (z. B. Gutschmidt, 1986; Heiliger, 1991, zitiert nach Krüger, 1998) belegen, daß Kinder von Alleinerziehenden gegenüber Kindern in Elternfamilien mehr Verantwortung im familiären Bereich übernehmen und größere soziale Kompetenzen aufweisen.

Die Frage, ob Alleinerziehende ihre Lebensform bewußt gewählt haben, wird in der Literatur widersprüchlich beantwortet: Es gibt Frauen, die bereits vor der Geburt bewußt planen, ihr Kind allein zu erziehen. Diese Gruppe von Frauen ist meist zwischen 30 und 40 Jahren alt, hat häufig eine akademische Ausbildung und übt einen qualifizierten Beruf aus. Andere Untersuchungen (z. B. Nave-Herz & Krüger, 1992) legen die Vermutung nahe, daß es sich bei der Lebensform „Alleinerziehend“ häufig nicht um eine Entscheidung *für* diese Lebensform handelt, sondern *gegen* eine andere, nämlich gegen die bis dahin geführte Ehe oder gegen ein Leben ohne Kind. Nicht selten kommt es außerdem vor, daß eine häufig nicht geplante Schwangerschaft zur Beendigung einer bestehenden Beziehung zwischen der ledigen Mutter und ihrem Partner führt.

Die Zunahme der Zahl alleinerziehender Väter weist darauf hin, daß sich Väter bewußt entscheiden, alleine zu erziehen und sich aktiv um das Sorgerecht bemühen. Auffallend hierbei ist, daß alleinerziehende Väter schneller und häufiger eine neue Partnerschaft anstreben als alleinerziehende Mütter. Aufgrund mangelnder empirischer Analysen muß offen bleiben, ob es sich hier wirklich um ein geändertes Selbstverständnis handelt, oder ob die Versorgung und Erziehung des Kindes schnell wieder an eine weibliche Bezugsperson abgegeben werden soll und damit die traditionelle Rollenverteilung wiederhergestellt wird (Krüger, 1998, S. 156)

3. Der Übergang zur Ein-Eltern-Situation

Die subjektive Bedeutung der Lebensform „Alleinerziehend“ ist verschieden, denn sie variiert mit der Lebensform, die der Alleinerzieherschaft vorausgegangen ist. In einer Untersuchung von 1992 (Nave-Herz & Krüger, zitiert nach Krüger, 1998) wurde erfaßt, wie ledige und geschiedene Mütter sowie ledige Väter ihre Situation als Alleinerziehende wahrnehmen. Bei ledigen Müttern bezieht sich der Wandel der Lebensform vor allem auf die Zeit unmittelbar nach der Geburt des Kindes. Sie heben besonders die Mobilitätseinschränkung durch das Kind hervor, aber auch die Notwendigkeit eines festen Tagesplanes nach der Geburt. Neben psychischen und physischen Belastungen werden aber auch positive Veränderungsfaktoren erwähnt, wie z. B. die Tatsache, daß sich das gesellschaftliche Ansehen lediger Mütter erhöht hat, oder daß sie nun der Generation der Eltern nähergerückt sind und ihnen dadurch mehr Reife und Verantwortung zugesprochen werden. Die Gruppe der geschiedenen Mütter erfährt die Veränderungen durch die Ein-Eltern-Situation sehr zwiespältig: Viele erleben die Alleinverantwortung für sich und das Kind als Belastung, die in der Regel mit einer Einschränkung des Lebensstandards verbunden ist. Als positive Aspekte betonen geschiedene Frauen ihre eigene Persönlichkeitsentwicklung und ihre aktivere Lebensgestaltung, während sie früher eine eher abwartende und passive Haltung einnahmen. Für die Väter hat Alleinerziehen eine andere Bedeutung. Sie sehen die Ein-Eltern-Situation seltener als eine gravierende Veränderung an und betonen lediglich die Umstrukturierung des Tagesablaufs. Als positive Veränderungsfaktoren nennen sie vor allem die Selbstbestimmung und Alleinverantwortung der Alltagsgestaltung und die gesellschaftliche Anerkennung. Negative Erwähnung findet die Einschränkung der persönlichen Freiräume, weil die entlastende Partnerin fehlt.

> Während alle Mütter darin übereinstimmen, daß sich ihre Lebenssituation, seitdem sie alleinerziehend sind, stark verändert hat, vertreten Väter die Auffassung, daß die Veränderungen eher marginal waren. Dieses Ergebnis ist vor dem Hintergrund zu sehen, daß die Väter in der Regel mehr Privilegien haben als Mütter. Sie befinden sich in einer besseren ökonomischen Situation, und sie erhalten mehr familiäre Unterstützung bei der Betreuung der Kinder. (Krüger, 1998, S. 157)

4. Ökonomische Situation alleinerziehender Mütter

Der bedeutendste Unterschied zwischen Familien mit alleinerziehenden Müttern und Zwei-Eltern-Familien betrifft die zur Verfügung stehenden Geldmittel (vgl. z. B. Kiernan, 1998; Wilder, Bodenmann, Perrez & Plancherel, 1995) . Armut ist in Ein-Eltern-Familien weit verbreiteter als in Zwei-Eltern-Familien. Definiert man Armut als ein Einkommen, welches weniger als die Hälfte des durchschnittlichen Einkommens beträgt, so variiert der Anteil armer Alleinerziehender von 56 % in Großbritannien bis 3 % in Schweden. In Österreich liegt dieser Anteil mit 47 % ebenfalls sehr hoch (die Angaben beziehen sich auf eine Einkommensstudie aus Luxemburg in den frühen 90er-Jahren).
Es gibt eine Vielzahl von Gründen, warum Familien mit alleinerziehenden Müttern weniger Geld zur Verfügung haben als Zwei-Eltern-Familien (Kiernan, 1998):

- Frauen verdienen im allgemeinen um rund 20 % weniger als Männer.
- Eine alleinerziehende Mutter verdient daher ebenfalls weniger als ein verheirateter Vater, der meist Hauptverdiener in einer Zwei-Eltern-Familie ist.

- Laut einer Einkommensstudie schätzen Experten für die USA, daß die Geldmittel, die alleinerziehende Mütter mit ihren Kindern ein Jahr nach der Scheidung zur Verfügung haben, um ca. 33 % geringer sind als vorher; während sich das Einkommen geschiedener Männer nur um rund 10 % verringert hat.
- Der Anteil alleinerziehender Mütter am Arbeitsmarkt ist in Europa sehr unterschiedlich. In Deutschland oder Großbritannien arbeiten (Teil- und Vollzeit) ca. 40 % der alleinerziehenden Mütter, während es in Frankreich, Dänemark, Spanien oder Schweden rund 70 % sind.
- Viele alleinerziehende Mütter sind daher von staatlicher Unterstützung abhängig bzw. von den Unterhaltszahlungen des Vaters.
- Des weiteren liegen die Kosten für die Kinderbetreuung bei Alleinerziehenden meist höher als bei Zwei-Eltern-Familien, da die Unterstützung des Partners fehlt.

5. Ein-Eltern-Familien aus juristischer Sicht

Das Zusammenleben eines Elternteils mit Kindern tritt in drei rechtlichen Fallkonstellationen auf, die unterschiedlich gehandhabt werden (vgl. Bergman, 1998):

1) Die Mutter lebt mit ihrem nicht-ehelichen Kind zusammen.
2) Ein vom anderen Elternteil getrennt lebender Elternteil lebt in einem Haushalt mit einem ehelichen Kind.
3) Ein geschiedener Elternteil lebt mit einem ehelichen Kind zusammen.

In Deutschland wurde nach dem Gleichberechtigungsgesetz von 1957, durch das die rechtliche Stellung der Mutter derjenigen des Vaters angeglichen wurde, durch ein weiteres Gesetz von 1969 die rechtliche Stellung nicht-ehelicher Kinder derjenigen ehelicher Kinder angenähert. Als weiterer Meilenstein in der Rechtsentwicklung des deutschen Familienrechts wird ein Beschluß angesehen, durch den die gemeinsame Sorge beider Eltern nach der Scheidung zugelassen wurde (diese ist in Österreich derzeit, im Jahr 2000, noch nicht möglich – siehe. unten). Außerdem wurde die gemeinsame Sorge der Eltern eines nicht-ehelichen Kindes unter bestimmten Voraussetzungen ermöglicht, und es wurde weiters dem nicht mit der Mutter zusammenlebenden Vater eines nicht-ehelichen Kindes das Elternrecht zuerkannt.

5.1. Elterliche Sorge

Das österreichische Recht räumt der Mutter seit 1989 die uneingeschränkte elterliche Sorge für ein nicht-eheliches Kind ein. Bis dahin standen nicht-eheliche Kinder unter Amtsvormundschaft. In Österreich wird (auf Regierungsebene) ein Gesetz diskutiert, wonach Eltern eines nicht-ehelichen Kindes die gemeinsame Sorge beantragen können. Diese soll ihnen zugesprochen werden, wenn sie zusammenleben, und zwar nach gerichtlicher Prüfung. Im Falle der Trennung verbleibt es bei der gemeinsamen Sorge, wenn nicht ein Antrag auf gerichtliche Entscheidung gestellt wird. Der Vater, der nicht mit der Mutter gemeinsam sorgeberechtigt war, hat kein Vorrecht gegenüber anderen Personen, wenn die Mutter als Sorgeberechtigte ausfällt. Diese rechtliche Regelung steht im Einklang mit sozialwissenschaftlichen Untersuchungen, wonach gut ein Drittel der Mütter nicht-ehelicher Kinder keine feste Partnerschaft hat, sondern allein für ihr Kind sorgen muß.

5.2. Kindesunterhalt

Der Umfang der Unterhaltszahlungen richtet sich nach dem Einkommen beider Elternteile und dem Alter des Kindes. Die Unterhaltspflicht erlischt mit der Selbsterhaltungsfähigkeit des Kindes; die Rechte und Pflichten der Obsorge, also der Pflege, Erziehung, Verwaltung und Vertretung, enden mit der Volljährigkeit.
Diese Ausführungen machen deutlich, daß in zahlreichen Fragen für Ein-Eltern-Familien gegenüber der Zwei-Eltern-Familie abweichende rechtliche Regelungen gelten. Ein einheitliches Recht für möglichst viele Lebensformen erscheint erstrebenswert und auch Voraussetzung, daß Eltern mehr Entscheidungen eigenverantwortlich lösen können. Allerdings gebietet das Wächteramt des Staates, „dort, wo die Eltern zur Wahrnehmung der Belange ihrer Kinder nur unzureichend in der Lage sind, Maßnahmen zum Schutz der Kinder vorzusehen" (Bergmann, 1998, S. 167).

6. Zusammenfassung

Die Verschiedenartigkeit der Familienform „Alleinerziehend" wird in Forschung und Öffentlichkeit noch immer zu wenig berücksichtigt. Es finden sich aber erste Ansätze, welche die Vielfalt dieser Lebensform wahrnehmen. Die Familienform „Alleinerziehend" hat in den letzten Jahren einige Veränderungen durchlebt, so z. B. die starke Zunahme der Kinder unter 3 Jahren bei Alleinerziehenden. Auch die Zahl der alleinerziehenden Väter befindet sich im steigen. Im Gegensatz zu früher wird die sozioökonomische Situation Alleinerziehender nun differenzierter erfaßt, und es wird nicht nur auf die ungünstigen materiellen Umstände hingewiesen. Noch vor einem Jahrzehnt wurde die Alleinerzieherschaft als problematische Erziehungssituation angesehen. In der heutigen Zeit finden sozioökologische Faktoren immer mehr Berücksichtigung, und nicht die Familienstruktur als solche wird als alleiniger Auslösefaktor für Verhaltensauffälligkeiten verstanden.

Der Übergang zur Ein-Eltern-Situation variiert mit der Lebensform, die der Alleinerzieherschaft vorausgegangen ist. Geschiedene Frauen geben vor allem eine belastende finanzielle Situation sowie Probleme beim beruflichen Wiedereinstieg, aber auch einen Zuwachs an Autonomie an. Charakteristisch für ledige Mütter ist die hohe Bedeutung des Kindes in ihrem Leben bei gleichzeitiger Einschränkung ihrer Unabhängigkeit. Alleinerziehende Väter sehen den positiven Aspekt der Selbstbestimmung insbesondere darin beeinträchtigt, daß sie sich durch die Alleinerzieherschaft „im Aufbau einer neuen Partnerschaft" behindert fühlen, was letztendlich auch eine Begrenzung der Autonomie darstellt. In Ein-Eltern-Familien ist Armut weiter verbreitet als in Zwei-Eltern-Familien. Dafür gibt es eine Vielzahl von Gründen, wie z. B. die höheren Kosten für Kinderbetreuung im Vergleich zu Familien mit Mutter und Vater.
Nach der Angleichung der rechtlichen Stellung der Mutter an diejenige des Vaters wurde auch die rechtliche Stellung nicht-ehelicher Kinder derjenigen ehelicher angenähert.

7. Gedanken zum Thema

Bei dem Wort „Alleinerziehend" sehen wahrscheinlich viele Menschen eine junge, ledige Mutter vor sich und denken nicht daran, daß Frauen sehr schnell in diese Situation geraten können, ohne sich wirklich bewußt dafür entschieden zu haben, etwa durch Scheidung, Trennung oder Tod des Partners. Die Schwierigkeiten dieser Lebensform sind sehr vielfältig; deshalb sollten auch viele Möglichkeiten, Alleinerziehende zu unterstützen, gegeben sein. Die Zusammenarbeit der verschiedensten Institutionen und Fachbereiche ist hierfür eine notwendige Voraussetzung.

8. Literatur

Bergmann, M. (1998). Ein-Eltern-Familien aus juristischer Sicht. In L. A. Vaskovics & H. Schattovits (Hrsg.), *Lebens- und Familienformen – Tatsachen und Normen* (Materialiensammlung, Heft 4, S. 161-167). Wien: Österreichisches Institut für Familienforschung.

Kiernan, K. (1998). Lone-Mother families. In L. A. Vaskovics & H. Schattovits (Hrsg.), *Lebens- und Familienformen – Tatsachen und Normen* (Materialiensammlung, Heft 4, S. 149-152). Wien: Österreichisches Institut für Familienforschung.

Krüger, D. (1998). Lebenssituationen von Alleinerziehenden – ein Einblick in die Pluralität der Lebensform mit Kindern. In L. A. Vaskovics & H. Schattovits (Hrsg.), *Lebens- und Familienformen – Tatsachen und Normen* (Materialiensammlung, Heft 4, S. 153-159). Wien: Österreichisches Institut für Familienforschung.

Statistik Österreich. (2000). *Bevölkerung und soziale Bedingungen. Haushalte, Familien.* [Online im Internet]. URL: http://www.oestat.gv.at/fachbereich_03/haushalt_txt.htm [28. 8. 2000].

Wilder, R., Bodenmann, G., Perrez, M. & Plancherel, B. (195). Eine Vergleichsuntersuchung zwischen alleinerziehenden und verheirateten Müttern bezüglich Zufriedenheit und Belastungen. In M. Perrez, J.-L. Lambert, C. Ermert & B. Plancherel (Hrsg.), *Familie im Wandel* (S. 113-122). Bern: Huber

36. Väter-Forschung

Alice Zech

1. Einleitung

Die Definition der Vaterrolle wird durch gesellschaftliche Ideale bestimmt und paßt sich an historische Veränderungen an. Sie ist im Rahmen der gesetzlichen, sozialen und kulturellen Situation zu verstehen (vgl. auch Rollett & Werneck, in Druck). Die Väter-Forschung als solche ist erst vor ca. 30 Jahren entstanden. Einige Beweggründe dafür waren der Feminismus, die zunehmende Berufstätigkeit der Mütter und die Idee, daß die Frau entlastet werden soll, wie auch, daß der Vater ebenfalls einen bedeutenden Einfluß auf die Entwicklung des Kindes haben kann. Lange Zeit war die Rolle des Vaters überwiegend als „Brotverdiener" definiert – eine Einstellung, die auch heute noch weit verbreitet ist. Viele „Vater-Studien" beziehen sich auf väterliches Engagement, „Involvement" (Beschäftigung, Zugänglichkeit, Verantwortung) – Tätigkeiten, die traditionell von Müttern ausgeführt wurden. Pleck (1997) warnt allerdings davor, die Bedeutung des Involvements zu überschätzen. Einige Studien belegen z. B. einen Zusammenhang zwischen geringem Familieneinkommen und Verhaltensproblemen bei Adoleszenten, daher darf die Bedeutung der materiellen Sicherheit nicht zu kurz kommen. Ziel und Zweck der Forschung ist es, Faktoren herauszufinden, welche die Entwicklung der Väter und jene ihrer Kinder begünstigen können (vgl. auch Fthenakis, 1999; Werneck, 1998). Was kann Vätern helfen, ihre Vaterschaft besser oder zufriedenstellender auszuleben?

2. Familiärer Kontext

Um die Auswirkungen des väterlichen Einflusses zu erfassen, sind komplexe Modelle notwendig. Eltern-Kind-Beziehungen sind interaktiv und müssen dementsprechend interpretiert werden. Eine prozeßorientierte Sichtweise ist notwendig und wird in einem Modell von Cummings und O'Reilly (1997) zusammengefaßt. Dieses besagt – in aller Kürze –, daß Väter die Eltern-Kind-Beziehung, die Ehebeziehung, und die elterliche psychische Befindlichkeit beeinflussen und von all diesen Faktoren gleichzeitig auch beeinflußt werden. Diese stehen wiederum in Wechselwirkung zu den kindlichen Eigenschaften, wobei auch stabilere Eigenschaften wie das Temperament mitspielen. Das familiäre Geschehen beeinflußt die Entwicklung der kindlichen Coping-Strategien und die kindliche Entwicklung an sich.

3. Väterliches Involvement

Nicht nur die Quantität der Zeit, die mit den Kindern verbracht wird, ist von Bedeutung, sondern auch die Qualität. Es geht um Involvement, d. h. die Beschäftigung mit Kindern und die Teilnahme an Erziehung und Versorgung, also um Inhalte der gemeinsamen Zeit. Pleck (1997) erläutert *vier Faktoren*, die das Ausmaß und die Art der Beschäftigung beeinflussen:

1) Die *Motivation* wird durch die Entwicklungsgeschichte des Vaters beeinflußt. Hier geht es v. a. um die Fragen: Wie war seine Beziehung zum eigenen Vater? Hat er Geschwister? Wenn ja, hat er sich um sie gekümmert? Wie hat er sich auf die Geburt und den Übergang zu Elternschaft vorbereitet? (Allerdings kann die Vorbereitung ihrerseits mit der schon vorhandenen Motivation zusammenhängen.) Wie sind seine Einstellungen und Überzeugungen bezüglich Kinder und Kinderbetreuung?
2) Die Motivation kann die Entwicklung von *Fähigkeiten und Selbstsicherheit* beeinflussen. Wie bei den Müttern, entstehen die väterlichen Fähigkeiten und Selbstsicherheit in hohem Ausmaß erst durch Beschäftigung mit ihren Kindern. Die Vermittlung von „Skills" (Fertigkeiten) durch Interventionen kann das Involvement fördern.
3) *Soziale Unterstützung bzw. sozialer Streß:* Väter sind oft mehr beteiligt, wenn die Mutter berufstätig ist. Im Verhältnis zur Mutter helfen sie dann relativ mehr mit, da sie entweder tatsächlich mehr Zeit für die Kinder aufwenden oder die Mütter durch ihre Arbeit weniger Zeit für die Kinder haben. Es gibt sehr unterschiedliche Ergebnisse bezüglich des Zusammenhangs zwischen der Berufstätigkeit der Frau und der Beteiligung des Mannes an der Kindererziehung. Väter sind oft mehr beteiligt, wenn die Frau gute Berufsaufstiegsmöglichkeiten hat. Es gibt auch keine eindeutigen Ergebnisse über einen Zusammenhang zwischen der Anzahl der Arbeitsstunden der Frau und der Qualität des Involvements des Vaters. Wenn die Frau eine höhere Bildung und eine gute Beziehung zum eigenen Vater hat, ist die Beteiligung des Mannes tendenziell höher. Wenn Frauen gewöhnt sind, Dinge alleine zu tun, beziehen sie die Väter vielleicht weniger ein oder können nicht so leicht die Kinder abgeben. Ein soziales Netzwerk, wie es bei Müttern oft beobachtet wird, entsteht bei „involvierten" Vätern nicht so oft. Ihre Netzwerke bieten nicht so viel Anerkennung und Unterstützung, vielleicht weil diese Rolle noch relativ neu ist.
4) *Institutionelle Bedingungen:* Wie wird am Arbeitsplatz mit Vaterschaft umgegangen? Gibt es Karenz für Väter? In den U.S.A. wurden bisher ge-

setzliche Rahmenbedingungen dafür geschaffen, daß der Vater auch einen Anspruch hat, wenn die Mutter einen Anspruch hat. Nicht jede Institution bietet dort Karenzurlaub. Viele Väter verwenden Urlaubstage und Krankentage nach der Geburt. Es zeigt sich, daß, je mehr Tage nach der Geburt frei genommen wurden, das Involvement später umso größer war. Es ist aber auch möglich, daß beides von der ursprünglichen Motivation (als „konfundierte" Variable) abhängig ist.

3.1. Involvement

Die vier oben genannten Faktoren können den Rahmen des Involvements beeinflussen. Lamb et al. (1985, zitiert nach Pleck, 1997, p. 67) teilten Involvement in drei Komponente ein: „*Engagement*" (unmittelbare Beschäftigung), *Zugänglichkeit* und *Verantwortung*, die nach Quantität und Qualität unterschieden werden können.

Es hat sich als günstig erwiesen, das Involvement des Vaters als Prozent des mütterlichen Involvement anzugeben. Die Studien lassen sich dadurch leichter vergleichen. Im allgemeinen hat väterliches Involvement sowohl absolut als auch proportional zum mütterlichen zugenommen. Während in den 70er- und frühen 80er-Jahren die Väter ca. ein Drittel der Beschäftigungszeit und 50 % der Zugänglichkeit im Vergleich zu den Müttern aufwiesen, waren es in den späteren 80er- und 90er-Jahren 43.5 % Beschäftigung und 65.6 % Zugänglichkeit (Lamb et al., 1985, zitiert nach Pleck, 1997, p. 71). Der Anteil an Verantwortung, z. B. für Entscheidungen bezüglich Kinderbetreuung, ist erheblich geringer bei den Vätern, und auch geringer als bei der Zugänglichkeit und Beschäftigung. Es wurde bisher keine Tätigkeit im Verantwortungsbereich identifiziert, wofür hauptsächlich die Väter zuständig sind (Pleck, 1997, p. 73). Die absolute Zeit, die Väter mit Kindern verbringen, ist eindeutig mehr als vor 30 Jahren. Sie verbringen von der Quantität her mehr Zeit mit ihnen und haben dabei im Durchschnitt weniger Kinder als vor 30 Jahren. Diese Behauptung gilt als gesichert, obwohl es methodische Schwierigkeiten gibt. (Verwendet werden sehr zeitaufwändige Zeit-Tagebücher. Dabei wird die Zeiteinschätzung nach Rekonstruktion des Tages häufig erst im nachhinein eingesetzt – eine sehr fehleranfällige Methode. Wenn den Befragten nicht bestimmte Richtlinien gegeben werden, ist ein Großteil der Varianz wahrscheinlich auf unterschiedliche Rekonstruktions-Techniken zurückzuführen.)

3.2. Konsequenzen des Involvements

Aus dem Grad des väterlichen Involvements resultieren direkte und indirekte Konsequenzen für alle Familienmitglieder. Durch die Entlastung der Mutter kann es dieser im Umgang mit den Kindern besser gehen. Väterliches Involvement kann die Geschwister-Beziehung und die Ehebeziehung positiv beeinflussen. Einige Studien (vgl. Pleck, 1997) bestätigen, daß die Kinder von Vätern, die 40 % der Kinderbetreuung (hohes Engagement und Zugänglichkeit) in der Familie übernehmen, mehr kognitive Kompetenz, mehr interne Kontrollüberzeugung, mehr Empathie, höheres Selbstwertgefühl, Selbstsicherheit und weniger Tendenz zur Geschlechtsstereotypie hatten. Im Vergleich zu den „strengen Ordnungshütern" der 50er-Jahre sind die „neuen Väter" unmittelbarer in die Erziehung involviert und können die Entwicklung ihrer Kinder in vielen Bereichen fördern. Wenn die Väter nur Kontrollfunktion bzw. Autorität ausüben und Grenzen setzen, wird das mit mehr Verhaltensproblemen bei Jungen in Zusammenhang gebracht, z. B. Auffälligkeiten in der Schule, mehr Externalisieren bzw. Internalisieren und geringerer sozialer Kompetenz (Pleck, 1997, p. 97).

4. Partnerbeziehung

Die eheliche Beziehung wird sowohl als Einflußvariable auf wie auch als Ergebnis von Involvement betrachtet. Wenn die Ehequalität hoch ist, werden häufig positive Eltern-Kind-Beziehungen, ähnliche Einstellungen der Eltern bezüglich Erziehung und Disziplin, bessere Einstellungen zu Kindern und der Elternrolle, kooperative Kinderbetreuung, emotionale Sicherheit des Kindes und hohe soziale Kompetenzen beobachtet (Cummings & O'Reilly, 1997). Eine gute Elternbeziehung kann auch negative Lebenserfahrungen des Kindes besser auffangen. Bei geringer Ehequalität beobachtet man hohen Streß, Inkonsequenz in der Erziehung, weniger Wärme, mehr Eltern-Kind-Konflikte, geringe elterliche Beschäftigung mit den Kindern. Konflikte in der Ehebeziehung können sich auf das Involvement mit dem Kind auswirken wie auch die Kindesentwicklung beeinflussen. Wichtig ist, wie mit Konflikten umgegangen wird, ob das Kind die Versöhnung bzw. die Lösungsfindung wahrnimmt. Körperliche Aggression und ungelöste Konflikte stressen das Kind und können sich negativ auf seine Entwicklung auswirken. Konstruktive Konfliktlösung kann dazu beitragen, daß Kinder ebenfalls positive Problem-Löse-Strategien erlernen. Es wurde beobachtet, daß die väterliche Beziehung zum Kind durch Eheunzufriedenheit anfälliger ist. Bei geringer Zufriedenheit besteht die Tendenz, sich von Frau und Kind zurückzuziehen.

4.1. Scheidung

Wenn die Mutter das Sorgerecht hat, sind einige Väter unsicher bezüglich ihrer weiteren Vaterschaftsfunktion. Oft wird ihre Prä-Scheidungsrolle fortgesetzt. Gemeinsam verbrachte Zeit hat mehr mit Spaß und weniger mit Disziplin zu tun. Schwierigkeiten entstehen, wenn die elterlichen Konflikte fortdauern, wenn das Kind gegen den Ex-Partner benützt wird und Loyalitäts-Konflikte entstehen. Es ist wichtig, den Interessen des Kindes eine hohe Priorität einzuräumen. Väter, die nach einer Scheidung getrennt von ihren Kindern leben, weisen ein erhöhtes

Risiko für Anpassungsschwierigkeiten, psychische Probleme, Alkoholmißbrauch und andere impulsive, destruktive Verhaltensweisen auf. Die meisten können sich aber mit der Zeit anpassen (Hetherington & Stanley-Hagan, 1997).

5. Klinische Psychologie

Lange Zeit wurden im klinischen Bereich die Mütter für kindliche Fehlentwicklungen und Verhaltensprobleme verantwortlich gemacht. Für Studien über Kinder mit Problemen wurden (und werden noch) eher die Mütter und ihre psychopathologische Geschichte herangezogen. Wenn die Väter mit einbezogen werden, entsteht ein vollständigeres Bild. Es besteht noch immer die Annahme, daß Väter nicht so involviert sind, oder daß sie nicht so leicht für klinische Untersuchungen zu rekrutieren sind.
In einer Studie über Depression bei Adoleszenten von Hops und Seeley (1992, zitiert nach Phares, 1997, p. 263) nahmen die Väter signifikant weniger teil: von 500 zwei-Eltern-Familien 92 % der Mütter und 40 % der Väter. Die Mütter, die alleine teilnahmen, waren mit ihrer Ehe weniger zufrieden und erlebten die familiäre Kohäsion geringer im Vergleich zu Müttern, deren Ehemänner ebenfalls teilnahmen. Väter, die alleine teilnahmen, zeigten erhebliche depressive Symptome.
Eine Verhaltens-Beobachtungs-Studie, ebenfalls von Hops und Seeley (1991, zitiert nach Phares, 1997, p. 263), ergab folgendes Muster: Bei Anwesenheit der Väter waren Mütter und Jugendliche weniger bedrückt, aber aggressiver als bei Abwesenheit. Es wurde interpretiert, daß Mütter und Jugendliche durch väterliche Abwesenheit negativ beeinflußt waren. Phares (1997) meint, diese Arbeiten zeigen, daß es vielleicht schwierig ist, Väter zu rekrutieren, aber, daß es sich im Hinblick auf den Informationsgewinn lohnt.

6. Gewalt in der Familie

Obwohl Vätern größtenteils für Gewaltakte in der Familie die Schuld gegeben wird, wurden sie in diesem Bereich bisher wenig untersucht. Das Hauptaugenmerk lag auf den Frauen und Kindern. Die Aussagen der Frauen schienen oft ausreichend. Studien zeigen jedoch, daß, je mehr Beteiligte gefragt werden, z. B. Frauen, Männer und Kinder, die Angaben umso unterschiedlicher sind. Wenn eine Mutter ihr Kind mißbraucht, werden öfter Interventionen unternommen, um die Mutter-Kind-Beziehung positiv umzugestalten. Väter werden in derselben Situation eher auf Distanz gehalten, z. B. nach einer Scheidung wird das Besuchsrecht nicht gestattet, um Mutter, Kind oder beide zu beschützen. Wenn die Väter Zeichen geben, daß sie sich auch bessern wollen, sollte ihnen die Möglichkeit der Versöhnung auch zustehen. Silverstein (1996, zitiert nach Sternberg, 1997, p. 295) macht darauf aufmerksam, daß die meisten Morde an Ehefrauen während der Trennung geschehen. Möglicherweise wäre dies seltener, wenn die Väter mehr einbezogen würden. Wegen der Tabuisierung ist es schwierig, umfassende Daten zu bekommen. Um Gewalt in der Familie besser zu verstehen und entsprechende Theorien zu entwerfen, um Präventions- und Interventionsmaßnahmen abzuleiten, ist die Teilnahme der Väter unabdingbar (vgl. Sternberg, 1997).

Weiters sollten Forschungsinhalte ergänzt werden. Die Beziehung zum Vater wurde meistens in bezug auf negative Inhalte untersucht, wobei neuere Studien positive Aspekte beinhalten und zeigen, daß die Kinder auch viel Positives an ihren Vätern sehen. Bei Gewaltstudien muß auch klar zwischen der Rolle der Väter als Gewalttäter und als Ehepartner der Täterin unterschieden werden. Gewalt in der Familie geht häufig Hand in Hand mit Ehekonflikten, Unzufriedenheit, inkonsequenter Erziehung und unterschiedlichen Meinungen bezüglich Erziehung (Sternberg, 1997).

7. Gedanken zum Thema

So gut und wichtig es ist, daß die Väter stärker in die Familienforschung mit einbezogen werden, so schwierig ist es, die Bedeutung und Rolle des Vaters an sich isoliert zu präzisieren. Die meisten Forschungserkenntnisse sind relativ leicht nachvollziehbar. Eine gute elterliche Beziehung, ein liebevoller, warmer, konsequenter Umgang mit den Kindern fördern deren Entwicklung – sei es kognitiv, sozial oder affektiv – und wirken sich wiederum positiv auf die Elternteile aus. Mit dem Wegfall der Großfamilie ist es wichtiger denn je, daß Väter eine sorgende, liebevolle Rolle übernehmen.

Etwas bedenklicher stimmt die Überbewertung von „Quality Time“ bei, zu geringer der (Zeit-) Quantität. Diese Entwicklung scheint für beide Elternteile ein ernstes Thema. Bei steigender Berufstätigkeit beider Elternteile bleibt immer weniger Zeit für die Kinder, die durch externe Betreuung gedeckt wird. Ideal wäre es, gewisse Aufgaben der Familie auf die Gesellschaft zu erweitern, sodaß die Kinder gewissermaßen unser aller Sorge werden. Es müßte in der Kinderbetreuung noch viel passieren, um der Verwirklichung dieser Vorstellung nahe zu kommen. Dies ist allerdings auch eine Kostenfrage.

Man könnte abschließend also v. a. zwei Aufgaben für Familien-PsychologInnen ableiten: Auf der einen Seite müssen Väter im Familiengeschehen, Prävention und Intervention viel mehr mit einbezogen werden. Andererseits muß noch mehr für Familien in Notsituationen getan werden. Es ist schon bekannt, daß Kinder eine finanzielle Belastung mit sich bringen. Sie bedeuten aber ebenfalls eine Bereicherung der Familie und Sicherung der Gesellschaft. Daher wären Arbeit an Einstellungsänderungen der Gesellschaft, speziell der Väter, und verbesserte gesetzliche Unterstützungsmaßnahmen notwendig.

8. Literatur

Cummings, E. M. & O'Reilly, A. W. (1997). Fathers in family context: Effects of marital quality on child adjustment. In M. E. Lamb (Ed.), *The role of the father in child development* (3rd ed., pp. 49-65). Canada: John Wiley & Sons.

Fthenakis, W. E. (1999). *Engagierte Vaterschaft. Die sanfte Revolution in der Familie.* Opladen: Leske + Budrich.

Hetherington, E. M. & Stanley-Hagan, M. M. (1997). The effects of divorce on fathers and their children. In M. E. Lamb (Ed.), *The role of the father in child development* (3rd ed., pp. 191-211). Canada: John Wiley & Sons.

Phares, V. (1997). Psychological adjustment, maladjustment, and father-child relationships. In M. E. Lamb (Ed.), *The role of the father in child development* (3rd ed., pp. 261-283). Canada: John Wiley & Sons.

Pleck, E. H. & Pleck, J. H. (1997). Fatherhood ideals in the united states: Historical dimensions. In M. E. Lamb (Ed.), *The role of the father in child development* (3rd ed., pp. 43-48). Canada: John Wiley & Sons.

Pleck, J. H. (1997). Paternal involvement: Levels, sources, and consequences. In M. E. Lamb (Ed.), *The role of the father in child development* (3rd ed., pp. 66-103). Canada: John Wiley & Sons.

Rollett, B. & Werneck, H. (in Druck). Die Vaterrolle in der Kultur der Gegenwart und die väterliche Rollenentwicklung in der Familie. In H. Walter (Hrsg.), *Männer als Väter. Sozialwissenschaftliche Theorie und Empirie.* Konstanz: Universitätsverlag Konstanz.

Sternberg, K. J. (1997). Fathers, the missing parents in research on family violence. In M. E. Lamb (Ed.), *The role of the father in child development* (3rd ed., pp. 284-308). Canada: John Wiley & Sons.

Werneck, H. (1998). *Übergang zur Vaterschaft. Auf der Suche nach den „Neuen Vätern".* Wien: Springer-Verlag.

37. Väter in unterschiedlichen Familienstrukturen

Alrun Trebo

1. Einleitung

Bedeutsame Veränderungen können wir, besonders in den letzten Jahrzehnten, nicht nur in der Organisation und der Rollenaufteilung innerhalb der traditionellen Familie beobachten, sondern auch bezüglich ihrer äußeren Struktur, wobei eine *Pluralität an Lebens- und Familienformen jenseits der Kernfamilie* beobachtet werden kann. Dies bedeutet, daß die Eltern-Kind-Beziehungen durch die verschiedenartigen Familienformen bzw. -strukturen unterschiedlich gestaltet werden, oder sich durch den Wechsel von einer Familienform zu einer anderen verändern (Fthenakis, 1988, S. 4). Im folgenden Kapitel soll nun die Stellung des Vaters in vier unterschiedlichen Familienstrukturen dargestellt und kurz aufgezeigt werden, was dies jeweils für die Vaterrolle und die Vater-Kind-Beziehung bedeutet und welche komplexen Bedingungsgefüge für ein gutes Funktionieren der Vaterschaft berücksichtigt werden müssen.

2. Väter nichtehelicher Kinder

Die Notwendigkeit einer Auseinandersetzung mit dem Vater eines nichtehelichen Kindes ergibt sich einerseits durch das vermehrte Interesse am Vater und seiner Funktion innerhalb der kindlichen Entwicklung und zum anderen durch die Zunahme der Zahl nichtehelicher Geburten und v. a. nichtehelicher Lebensgemeinschaften (Fthenakis, 1988, S. 48).
Viele Väter sehen ihre Funktion nicht mehr nur in der Rolle des Ernährers und wollen sich aktiv an der Pflege und Erziehung ihrer Kinder beteiligen, bzw. die Verantwortung für ihre Kinder übernehmen (vgl. Werneck, 1998). Zusätzlich leben immer mehr Männer und Frauen in eheähnlichen Verhältnissen zusammen und verzichten häufig auch dann auf eine Legalisierung ihrer Verhältnisse, wenn ein Kind geboren wird; z. B. lebten 1995 nach Schätzungen in Deutschland 700.000 Kinder in nichtehelichen Lebensgemeinschaften (Schneider, Rosenkranz & Limmer, 1998, S. 77). Aus diesem Status des Kindes ergibt sich für den Vater nichtehelicher Kinder eine Rechtssituation, die ihn in der Wahrnehmung

seiner Elternverantwortung stark einschränkt, wobei dies in den meisten Ländern noch den Ausschluß eines väterlichen Sorgerechts betrifft (Fthenakis, 1988).
Es bestehen wenige gesicherte Aussagen über den Lebensstil von Vätern nichtehelicher Kinder und über ihre väterlichen Beziehungen zu den Kindern. Als Gründe können u. a. das tatsächliche „Verschwinden" der Väter, eine grundsätzliche Ablehnung, über ihre Situation zu sprechen oder auch das lange Zeit herrschende Desinteresse der ForscherInnen genannt werden.
Die Gründe für väterliche Ablehnung einer aktiven fürsorgerischen Tätigkeit sind vielfältig: So kann die Mutter z. B. eine Heirat verweigern, möchte den Kontakt zum Vater nicht aufrechterhalten und verhindert damit auch jeglichen Kontakt zu dem Kind (vgl. z. B. Schneider et al., 1998). Gerade im Falle der nichtehelichen Lebensgemeinschaft muß bedacht werden, daß es bei einer Ablehnung der ehelichen Bindung und zusätzlichen Auflösung der elterlichen Beziehung zu einem Ausschluß des Vaters von seiner elterlichen Sorge kommen kann (Fthenakis, 1988, S. 50). Die wenigen früheren Studien (Hendricks, 1983; Webler, 1969, zitiert nach Fthenakis, 1988), die zu Einstellungen der Väter nichtehelicher Kinder durchgeführt wurden, konnten zeigen, daß diese Väter durchaus Interesse am Leben ihrer Kinder haben, ein fürsorgerisches Potential für das Kind darstellen und häufig andere Gründe, wie mangelnde finanzielle Mittel, persönliche Probleme usw. dazu führen können, nicht für das Kind zu sorgen.
Die *„nichteheliche Lebensgemeinschaft"* als alternative Form des Familienlebens wird heute vielfach deshalb gewählt, weil sich ihre Mitglieder mehr Möglichkeiten zur Selbstentfaltung, Unabhängigkeit und Partnerschaftlichkeit versprechen als in einer traditionellen Ehe und damit eher tradierte Rollenvorstellungen von Mann und Frau abgebaut werden können (Fthenakis, 1988; Schneider et al., 1998). Ältere und auch neuere Studien (Eiduson, 1981, zitiert nach Fthenakis, 1988; Schneider et al., 1998, S. 81) zur Aufgabenteilung und zum Umgang der Familienmitglieder in nichtehelichen Lebensgemeinschaften bestätigen, daß allgemein die geschlechtsspezifische Rollenteilung nicht so stark ausgeprägt ist wie in einer traditionellen Familie und weitgehend eine egalitäre Arbeitsteilung besteht. Alle Familienmitglieder stehen in einer sehr engen Beziehung zueinander, und die Kinder stehen ihren Vätern näher als dies in anderen Familienformen der Fall ist, wobei es z. B. zu stark ausgeprägter Offenheit, Intimität und starkem emotionalen Engagement der Familienmitglieder kommt; die Familie verbringt mehr Zeit miteinander, und der Vater beteiligt sich stark an der Kinderpflege und -erziehung (Eiduson, 1981, zitiert nach Fthenakis, 1988, S. 46). Anders als bei verheirateten Paaren engagieren sich die Väter stärker bei allen Arbeiten, die mit den Kindern in Zusammenhang stehen (Meyer & Schulze, 1992, zitiert nach Schneider et al., 1998, S. 81) und auch geschlechtsrollengebundene Unterschiede hinsichtlich emotionaler Unterstützungsleistungen

scheinen weniger ausgeprägt zu sein (Diewald, 1993, zitiert nach Schneider et al., 1998, S. 81).

Kinder aus nichtehelichen Lebensgemeinschaften können zwar durchaus auch für diesen Lebensstil charakteristischen Stressoren ausgesetzt sein (z. B. häufiger Wohnungswechsel, Konflikte zwischen den Erwachsenen und persönliche psychische Probleme, v. a. im 1. Lebensjahr des Kindes, weniger finanzielle Mittel, soziale Probleme wie z. B. Arbeitslosigkeit), jedoch ist damit nicht eine negativere Entwicklung im Vergleich zu Kindern anderer Familiensettings verbunden (Fthenakis, 1988).

3. Nicht-sorgeberechtigte Väter

Angesichts der seit Jahren steigenden Zahl der Scheidungen und der Zunahme der Ein-Eltern-Familien kommt der Frage der Beziehungsgestaltung zwischen betroffenen Vätern und Kindern eine besondere Relevanz zu, wobei Trennungen von Kindern aus nicht-traditionellen Beziehungen, die gleiche oder ähnliche Folgen nach sich ziehen, statistisch gar nicht erfaßt werden (Blesken, 1998, S. 345).

Im auffälligen Gegensatz zur Bedeutung des Vaters steht seine allseits beklagte mangelnde reale Präsenz im familialen System. Im Falle der Scheidung sind es prozentuell nur sehr wenige Väter, die das Sorgerecht übernehmen bzw. Interesse an einem gemeinsamen Sorgerecht haben. Tatsächlich ist – besonders im Streitfall – die Chance eines Mannes, das Kind zugesprochen zu bekommen, eher gering (Blesken, 1998), wobei v. a. die Annahme der „Hauptverantwortlichkeit der Mutter" eine Rolle spielt (Fthenakis, 1988, S. 81).

Aus Sicht der Väter scheint in der Nachscheidungsphase ihre primäre Funktion in der Unterhaltsbezahlung und in der Wahrnehmung einer gewissen Kontrolle hinsichtlich einer angemessenen Entwicklung des Kindes zu bestehen, wobei sich viele Väter eine direkte, positiv empfundene Beteiligung an der Erziehung und Betreuung ihrer Kinder wünschen (Blesken, 1998; Fthenakis, 1988; Hetherington & Stanley-Hagan, 1997). Gerade in Trennungssituationen ist zu bedenken, daß diese mangelnde Teilnahme der Väter nicht nur als Folge persönlichkeitsspezifischer „männlicher Defizite" aufgefaßt werden darf, sondern auch durch das familiale System und die Paardynamik (mit)bedingt ist. Als *Strategien und Mechanismen der Ausgrenzung des Vaters* lassen sich folgende Argumentationsstränge erkennen (Blesken, 1998, S. 346):

- Argument *„Zerrissenheit":* Das Kind wird durch einen häufigeren Kontaktwechsel zwischen Vater und Mutter zu sehr hin- und hergerissen und eine Mutter erachtet es häufig als eine positive Entwicklung, wenn das Kind nicht mehr vom Vater spricht oder nach ihm fragt.

- Argument *„Ruhe“:* In das gestörte Familiensystem soll wieder Ruhe einkehren, v. a. wenn ein neuer Partner hinzugekommen ist, und eine neue Familienwelt aufgebaut werden soll (Fthenakis, 1988; Krähenbühl et al., 1986, zitiert nach Blesken, S. 347).
- Argument *„Trauer“:* Die Präsenz des Vaters ist für das Kind schädlich, weil diese im Kind immer wieder Erinnerungen an die Trennung wachruft und negative, schmerzliche Reaktionen verursachen kann (Dinse, 1994, zitiert nach Blesken, 1998, S. 347).
- Argument *„mangelnde Kompetenz“:* Der Vater wird als ungeeignet im Umgang mit den Kindern eingestuft, bzw. entsprechen die Erziehungs- und Lebensvorstellungen des Vaters nicht der mütterlichen Welt (Fthenakis, 1988, S. 81).

Ursachen und Prozesse, die diese Ausgrenzungsbestrebungen fördern, sind sehr unterschiedlich und komplex, z. B. die Phase im Trennungsprozeß, individuelle Geschichte, Rollenstereotypien, ökonomische Gründe (Naturalunterhalt versus finanzieller Unterhalt). Sowohl Untersuchungen über Auswirkungen einer Scheidung auf Kinder, als auch über die Auswirkungen der Vaterabwesenheit infolge einer Scheidung bzw. Trennung bezeugen die Notwendigkeit, Kindern mit alleinerziehenden Müttern den Kontakt zum Vater soweit als möglich zu erhalten (Fthenakis, 1988, 1995; Napp-Peters, 1992, zitiert nach Blesken, 1998, S. 354; Schmidt-Denter & Beelmann, 1995). *Wichtige Voraussetzungen* dafür sind, daß sowohl der Vater als auch die Mutter dem Umgang mit den Kindern positiv gegenüber stehen und, wenn möglich, auch nach der Scheidung konstruktiv und eigenverantwortlich „miteinander“ gestalten (Blesken, 1998; Fthenakis, 1988; Hetherington & Stanley-Hagan, 1997). Der Vater selbst, aber auch die Kinder müssen erst die Vaterrolle bzw. diese gegenseitige Beziehung außerhalb der ursprünglichen Kernfamilie neu definieren und gestalten (Blesken, 1998; Schlesinger, 1982, zitiert nach Fthenakis, 1988, S. 73). Dabei sind besonders die Häufigkeit, die Dauer und Ausgestaltung des Umgangs bestimmend dafür, daß das Kind die Scheidung angemesssen verarbeiten kann und beide ihre Beziehung sicher und positiv erleben, sowie eine bedeutsame Beziehung bestehen bleibt (Fthenakis, 1988). Gleichzeitig muß aber auch die Wichtigkeit dieser Beziehung von allen Beteiligten anerkannt werden (Hetherington & Stanley-Hagan 1997, p. 203). Sehr wichtig ist dabei, daß sich die Eltern nach den Bedürfnissen des Kindes richten (Fthenakis, 1988; Fthenakis & Walbinger, 1989, zitiert nach Blesken, 1998, S. 351). Es zeigt sich nämlich ein starkes Bedürfnis der Kinder nach einem kontinuierlichen und ungebundenen Zugang und Kontakt. Obligate Wochenendbesuche werden diesem Bedürfnis oft nicht gerecht. Diese Bedürfnisse können aber auch je nach Alter des Kindes variieren (Kelley & Wallerstein, 1977, zitiert nach Fthenakis, S. 69), z. B. ist das schwierigste Alter zwischen 9 und 12 Jahren, im Vorschulalter besteht noch eher eine Unsicherheit des Vaters. Die Väter nehmen bei häufigem Kontakt weniger eine Veränderung der Vaterrolle wahr, und es steigt auch die Bereitschaft, sich weiterhin an der Kinderbetreuung und -erziehung zu beteiligen. Aus Sicht der Väter ist genügend Zeit für eine angemessene Bindung deshalb von Bedeutung, da so auch eine Betreuung und Pflegetätigkeit möglich ist und ein Stück Alltag mit dem Kind erlebt werden kann (Friedman, 1980; Greif, 1979, zitiert nach Fthenakis, 1988, S. 69). Eine Wiederverheiratung beider Elternteile stellt allgemein eine Belastungsprobe für die Vater-Kind-Beziehung dar (Furstenberg, 1983, Seltzer & Brandreth, 1994, zitiert nach Hetherington & Stanley-Hagan, 1997).

4. Alleinerziehende Väter

Alleinerziehen stellt eine Lebensform dar, „in der ein Elternteil die Erziehungsverantwortung oder das Sorgerecht für das Kind bzw. die Kinder besitzt, mit dem es in einer Haushaltsgemeinschaft zusammenlebt" (Nave-Herz & Krüger, 1992, zitiert nach Schneider et al., 1998, S. 113). Es stellt sich aber die Frage, ob dies die alleinige Verantwortung für die tägliche Versorgung und Pflege bedeutet, ob andere Personen im Haushalt wohnen und ob diese die Erzieherfunktion größtenteils übernehmen (Fthenakis, 1988, S. 87).

Alleinerzieherschaft als Lebensform, aber auch die Zahl der alleinerziehenden Väter hat in den letzten 20-30 Jahren deutlich zugenommen. In Deutschland handelte es sich im Jahre 1995 bei 83 % aller Alleinerziehenden (mit Kindern ohne Altersbegrenzung) um Frauen, bei 17 % um Männer (Schneider et al., 1998, S. 120). Die Gründe, die den Vater zur alleinigen Elternschaft veranlassen, sind in der Regel der Tod der Ehefrau, eine Adoption und, als häufigster Grund, eine Trennung bzw. Scheidung (Fthenakis, 1988; Schneider et al., 1998).

Der Übergang zur alleinigen Elternschaft erfordert vom Vater folgende zwei Anpassungsleistungen: Er muß damit fertig werden, ohne Partnerin zu leben und zusätzlich, ein alleinerziehender Elternteil zu sein. Mangels kulturell verankerter Normen muß der Vater seine Rolle erst selbst konzipieren, was mit einer großen Unsicherheit verbunden sein kann (Hipgrave, 1981, zitiert nach Fthenakis, 1988, S. 90). Doch auch die Ursache, die zur Alleinerzieherschaft geführt hat, trägt sehr oft maßgeblich zum Gelingen dieser neuen Anpassung bei (Fthenakis, 1988; Hetherington & Stanley-Hagan, 1997). O'Brien (1980, zitiert nach Fthenakis, 1988, S. 89) hebt in diesem Sinne das Ausmaß der Aggressivität (versöhnliche oder aggressive Beziehung der Eltern), das den Sorgerechtsprozeß kennzeichnet, als bedeutenden Einflußfaktor in der Wahrnehmung der neuen Rolle des Vaters und der Entwicklung der familiären Beziehungen nach einer Trennung hervor.

Folgenden Schwierigkeiten sehen sich alleinerziehende Väter häufig gegenüber gestellt:

- Die *gesellschaftlichen Bedingungen* tragen der Alleinerziehung durch den Vater nicht wirklich Rechnung, wobei Hilfsangebote in Erziehungsfragen und im sozialpolitischen Bereich vor allem auf die Mutter abgestimmt sind (Mendes, 1976, zitiert nach Fthenakis, 1988, S. 92). Andererseits erhalten gerade alleinerziehende Väter mehr als Mütter Unterstützung durch Verwandte, NachbarInnen, LehrerInnen usw. (Hetherington & Stanley-Hagan, 1997, p. 205).
- Die *Vereinbarung der beruflichen und familiären Rolle* bereitet häufig besonders große Schwierigkeiten. In vielen Fällen bedeutet die Alleinerziehung nämlich ein Umdenken hinsichtlich der eigenen Wertvorstellungen zugunsten der Familie und zuungunsten der beruflichen Laufbahn, was sicherlich Selbstbewußtsein und Eigenständigkeit erfordert. Folgen, wie Einschränkung der Berufstätigkeit, Wechsel oder gar Aufgabe der Arbeitsstelle können bei den Vätern zu Identifikationsprobleme führen.
- Eine *gesicherte ökonomische Situation* ist daher ein entscheidender Faktor, diese Anforderungen zu bestehen (Ferri, 1976; O'Brien, 1980, zitiert nach Fthenakis, 1988, S. 93). Auch alleinerziehende Väter haben unter finanziellen Einbußen zu leiden, nicht jedoch in dem Maße wie alleinerziehende Frauen (Fthenakis, 1988; Schneider et al., 1998). Diese bedeuten aber oft auch für die gesamte Familie eine Verschlechterung der Lebensqualität, wie z. B. Verschlechterung der Wohnsituation, Reduktion der familiären Freizeitunternehmungen, Einschränkung der Sozialkontakte (Fthenakis, 1988).
- Anfängliche Schwierigkeiten zeigen sich v. a. *in der Organisation der Haushaltsführung und Versorgung der Kinder*, und viele Väter fühlen sich zu Beginn hinsichtlich *eigener elterlicher Kompetenzen* sehr unsicher (Hetherington & Stanley-Hagan, 1997).
- Ein weiteres großes Problem stellt die *soziale Isolation* dar, wobei alleinerziehende Väter häufiger als alleinerziehende Frauen unter Einsamkeit und Mangel an engen vertrauensvollen Beziehungen leiden, z. B. bedingt durch wenig Anerkennung von Freunden oder andere Interessen der Freunde. Kontakte mit Personen in der gleichen Situation werden zögernd aufgesucht, Hilfe wird eher bei Verwandten gesucht, was wiederum eine Abgrenzung vom übrigen sozialen Leben bedeuten kann (Barry, 1979; Hipgrave, 1981, zitiert nach Fthenakis, 1988, S. 94).
- Das Eingehen einer neuen Partnerschaft ist auch mit Ängsten gegenüber den Kindern und auch der nicht-sorgeberechtigten Partnerin verbunden, da dies grundsätzlich eine neuerliche Beunruhigung des ganzen Familiensystems mit sich ziehen kann (Arntzen, 1980; Furstenberg, 1981; Lempp, 1983, zitiert nach Fthenakis, 1988, S. 94).

Für die Kinder bedeutet diese neue Familiensituation in gleichem Maße eine Anpassung an die innere Struktur der Familie (z. B. verändertes Vaterbild und

Rollenverhalten des Vaters) und an die Veränderungen der Rahmenbedingungen (Fthenakis, 1988).
Untersuchungen, die sich mit einzelnen Merkmalen von Kindern aus verschiedenen Familienformen befassen, machen deutlich, daß *eine Alleinerzieherschaft von Müttern wie Vätern per se keine negativen Auswirkungen auf die Entwicklung des Kindes* haben muß und eher andere Faktoren dafür verantwortlich sind (Ferri, 1976, zitiert nach Fthenakis, 1988, S. 103; Hetherington & Stanley-Hagan, 1997; vgl. auch Kap. 15). Wichtige Einflußfaktoren für das Gelingen der Anpassung des Kindes sind aber das Alter des Kindes, eine adäquate Neuorganisation der Rahmenbedingungen, die Fähigkeit und aktive Bereitschaft des Vaters, Verantwortung für die Erziehung seiner Kinder zu übernehmen und somit allgemein die Qualität des Erziehungsverhaltens (z. B. demokratischer Erziehungsstil) und nicht zuletzt die Bereitschaft der Eltern, auch nach der Trennung in bezug auf das Wohl ihrer Kinder weiterhin zu kooperieren und Kontakt zum nicht-sorgeberechtigten Elternteil aufrecht zu erhalten (Fthenakis, 1988). Vielfach konnte auch gezeigt werden, daß das Sorgerecht des Vaters einen positiven Effekt auf die Eltern-Kind-Beziehung bewirkt, wie z. B. eine enge und liebevolle Bindung, Väter werden sich der Bedürfnisse ihrer Kinder bewußter und zeigen auch im Umgang mit kleinen Kindern Einfühlungsvermögen, Zärtlichkeit und Zuneigung (Mendes, 1976, zitiert nach Fthenakis, 1988, S. 96). Auf Dauer scheinen Väter hier weniger Probleme zu haben als alleinerziehende Mütter, z. B. bei der Disziplinierung und Kontrolle, v. a. wenn sie schon vor ihrer alleinigen Elternschaft Erfahrung in der Kindererziehung hatten und das Sorgerecht aus Freude an der Erziehung erhalten wollten (Hetherington & Stanley- Hagan, 1997, p. 205; Mendes, 1976, zitiert nach Fthenakis, 1988, S. 95).

5. Väter in Stieffamilien

Unter Stieffamilien werden alle jene Familien gezählt, in denen ein Elternteil nicht leiblich mit dem Kind verwandt ist (Peuckert, 1996, zitiert nach Schneider et al., 1998, S. 135). Aufgrund unterschiedlicher struktureller Differenzen, die sich aus der Entstehungsgeschichte der Stieffamilie, aus der Ehevergangenheit des Vaters und der weiteren Entwicklung der reorganisierten Familie ergeben, können jedoch verschiedene Formen von Stieffamilie bzw. Stiefvaterschaft unterschieden werden, z. B. Stiefvater- bzw. Stiefmutterfamilie, zusammengesetzte Stieffamilie, mehrfach fragmentierte Stieffamilie u. a. (Fthenakis, 1988; Hetherington & Henderson, 1997, p. 214; Schneider et al., 1998, S. 137). Eine Stiefvaterschaft kann sehr positiv für eine alleinerziehende Frau und für die Entwicklung der Kinder sein. Voraussetzung für ein gutes Funktionieren diese Familiensystems ist jedoch die Anerkennung der strukturellen Besonderheit der Stieffamilie, bei der ein weiterer Elternteil oder gar eine zweite Familie außerhalb dieser Haushaltseinheit für die Kinder existiert. Die Beziehung zwischen dem Stiefvater und dem Kind muß daher auch immer als Teil eines interagierenden und sich wechselseitig beeinflussenden Systems gesehen werden, in welchem das Verhalten jedes Individuums oder Familiensubsystems Einfluß ausübt, z. B. in Form der partnerschaftlichen Beziehung, der Mutter-Kind-Beziehung, des Geschwister-Subsystems, der Beziehung des Kindes zum leiblichen Vater usw. (Hetherington & Henderson, 1997, p. 217). Weitere *wichtige Faktoren, die die Stiefvaterschaft beeinflussen*, sollen im folgenden skizziert werden.

- Eine wichtige Rolle und Bedeutung für die Akzeptanz des Stiefvaters durch die Kinder spielt weiterhin die *Beziehung des Kindes zum leiblichen, nichtsorgeberechtigten Vater*. Unmittelbar nach einer Wiederverheiratung scheint der Kontakt zum leiblichen Vater wichtig für die kindliche Anpassung und Umstellung zu sein, wobei sich dies mit der Zeit ändert und der Stiefvater immer mehr an Bedeutung gewinnt (Fthenakis, 1988; Hetherington & Henderson, 1997), bei Buben ca. nach 2.5 Jahren und bei Mädchen ca. nach 5-7 Jahren (Bray & Berger, 1993, zitiert nach Hetherington & Henderson, 1997, p. 216). Den Kindern muß daher Zeit für die Entwicklung einer neuen Vater-Beziehung gegeben werden.
- Eine *Rollenambiguität des Stiefvaters* trägt besonders zu Schwierigkeiten in der reorganisierten Familie bei. Innerhalb unserer Gesellschaft und Kultur ist nämlich die Stellung und Rolle der Stiefeltern nicht eindeutig definiert, und dies äußert sich in den fehlenden gesetzlichen Regelungen des Verhältnisses zum Stiefkind (v. a. an den leiblichen Elternteil richten sich die gesellschaftlichen Erwartungen hinsichtlich Versorgung und Betreuung des Kindes) und auch in den divergenten Ansichten über Rechte, Pflichten und Aufgaben im Verhältnis zu denen des leiblichen Vaters.
- Nicht zu unterschätzen sind auch die *unterschiedlichen familiären Vergangenheiten* und individuellen Sozialisationserfahrungen der Familienmitglieder mit oft noch bestehenden Beziehungen bzw. Bindungen und etablierten Rollen, was sich z. B. äußert in Schuldgefühlen den eigenen Kindern gegenüber, noch bestehenden Verpflichtungen, unterschiedlichen Erwartungen und Anforderungen usw. (Fthenakis, 1988; Hetherington & Henderson, 1997). Diese Unsicherheit gegenüber der Erzieherrolle zeigt sich häufig auch bei den Kindern, z. B. bei der Namensgebung. Eine Reaktion von seiten der Eltern ist oft die Imitation einer Kernfamilie als „Idealfamilie", indem der Stiefvater den leiblichen Vater zu ersetzen versucht, z. B. durch Adoption oder Namensangleichung (Fthenakis, 1988). Der Stiefvater muß aber erst seinen angemessenen Platz in der Stieffamilie finden, ohne in Konflikt mit der Funktion des leiblichen Vaters zu geraten und in Bereiche einzudringen, in denen er nicht erwartet wird.
- Ein weiterer Zusammenhang besteht auch zwischen dem Funktionieren der Stieffamilie und der *Qualität der elterlichen Partnerschaft*, wobei diese ge-

rade bei Stieffamilien besonderen Belastungen ausgesetzt ist. Besonders die Zeit, die seit der Trennung vom früheren Partner vergangen ist, die Qualität der Beziehung zu den Kindern und die Kompetenz in der Erziehung spielt dabei eine wichtige Rolle (Bray & Berger, 1993; Hetherington, 1993, zitiert nach Hetherington & Henderson, 1997, p. 218).

- Eine Stiefvaterschaft trägt sehr oft zu einer verbesserten finanziellen Situation bei, wobei aber durch einen großen Haushalt und zusätzliche Unterhaltsverpflichtungen die finanziellen Belastungen auch erhöht sein können (Fthenakis, 1988; Hetherington & Henderson, 1997).

Vor allem in nicht-klinischen Populationen konnte gezeigt werden, daß Kinder aus Stieffamilien hinsichtlich ihrer psychosozialen Entwicklung dicht unterhalb der Kinder aus der Kernfamilie und oberhalb der Kinder aus alleinerziehenden Familienformen liegen. Je länger der Übergang zur Stieffamilie zurückliegt, bzw. je weniger Wechsel in der familiären Konstellation das Kind insgesamt erlebt hat, desto seltener lassen sich negative Auswirkungen auf die psychosoziale Entwicklung beobachten, wenn kein erhöhtes Konfliktniveau und keine vermehrten sozioökonomischen Belastungsfaktoren hinzukommen (Fthenakis, 1988, S. 175). Auch neuere Studien bestätigen, daß eine Wiederverheiratung komplexe positive wie negative streßverursachende Faktoren für die Kinder in sich birgt (Hetherington & Henderson, 1997).

6. Literatur

Blesken, K. W. (1998). Der unerwünschte Vater: zur Psychodynamik der Beziehungsgestaltung nach Trennung und Gestaltung. *Praxis der Kinderpsychologie und Kinderpsychiatrie*, *47*, 344-354.

Fthenakis, W. E. (1988). *Väter. Zur Vater-Kind-Beziehung in verschiedenen Familienstrukturen* (Bd. 2). München: Deutscher Taschenbuch Verlag

Hetherington, E. M. & Henderson, S. H. (1997). Fathers in stepfamilies. In M. E. Lamb (Ed.), *The role of the father in child development* (3rd ed., pp. 212-226). New York: John Wiley & Sons.

Hetherington, E. M. & Stanley-Hagan, M. M. (1997). The effects of divorce on fathers and their children. In M. E. Lamb (Ed.), *The role of the father in child development* (3rd ed., pp. 191-211). New York: John Wiley & Sons.

Schmidt-Denter, U. & Beelmann, W. (1995). *Familiäre Beziehungen nach Trennung und Scheidung: Veränderungsprozesse bei Müttern, Vätern und Kindern*. Forschungsbericht (Bd. 1: Textteil, Bd. 2: Abbildungen und Tabellen). Köln: Psychologisches Institut der Universität.

Schneider, N. F., Rosenkranz, D. & Limmer, R. (1998). *Nicht konventionelle Lebensformen. Entstehung – Entwicklung – Konsequenzen*. Opladen: Leske + Budrich.

Werneck, H. (1998). *Übergang zur Vaterschaft. Auf der Suche nach den „Neuen Vätern"*. Wien: Springer-Verlag.

38. Elternschaft und Partnerschaftsqualität

Tanja Otte

1. Einführung

Die Erstkindgeburt, ein im Grunde positives Lebensereignis hat auch belastende Seiten. Sie bringt für die Eltern eine Menge an Veränderungen mit sich. Diese Veränderungen bedeuten zunächst auch eine Störung der gewohnten Verhaltensmuster. Diesen Umstand kann man – je nach theoretischem Zugang (vgl. auch Kap. 2) – z. B. als Krise oder auch als Streß bezeichnen. Es gibt zahlreiche empirische Befunde, die darauf hinweisen, daß der Übergang zur Elternschaft und die damit verbundenen Probleme v. a. auch die Partnerschaftsqualität beeinflussen können (vgl. z. B. den Überblick dazu in Reichle & Werneck, 1999). Beobachtet wurden unter anderem das Ansteigen depressiver Störungen bei Frauen, häufigere Partnerschaftskonflikte, Abnahme der Partnerschaftszufriedenheit und Abnahme der Qualität der partnerschaftlichen Kommunikation.

2. Die Erstkindgeburt – eine dyadenrelevante Streßsituation

2.1. Definition von Belastungen in Partnerschaften im Sinne der Systemtheorie

Streß oder Belastungen in Partnerschaften werden als ein direkt oder indirekt beide Partner betreffendes Ereignis verstanden, das zu einer Disäquilibrierung des Gesamtsystems prädisponiert, sofern jeder Partner für sich genommen bzw. die Synergie beider Partner und ihre externen individuellen und dyadischen Ressourcen nicht dazu ausreichen, die internen oder externen Anforderungen an jeden einzelnen bzw. das Paar angemessen zu bewältigen (Bodenmann, 1995, S. 33). Der Streß kann sowohl zu einer Veränderung jedes einzelnen in der Partnerschaft, der Dyade insgesamt bzw. der Beziehung zwischen den Partnern führen und Veränderungen 1. Ordnung (Anpassungsleistungen) oder 2. Ordnung (Neuorganisation) bewirken.

2.2. Kybernetische Annahme

Bei Partnerschaften handelt es sich um ein offenes System, das mit der Außenwelt in ständigem Austausch steht, daher befindet sich dieses System in einem konstanten Entwicklungsprozeß, in welchem jede minimale Veränderung eines Partners eine Wirkung auf den anderen Partner und damit auf das Gesamtsystem hat. Veränderungsstreß ist beziehungsimmanent und in gewissem Ausmaß Teil sozialer Intimbeziehungen (Bodenmann, 1995).

2.3. Zwei Arten von Streß in Abhängigkeit von der Streßbetroffenheit

2.3.1. Individueller Streß

Darunter versteht man ein Belastungsereignis, das primär nur einen Partner bzw. eine Partnerin betrifft und bezüglich Intensitätsgrad und Anforderungsprofil von diesem alleine bewältigt werden kann, ohne daß der andere Partner davon erfährt bzw. in den Bewältigungsprozeß einbezogen wird (Bodenmann, 1995, S. 34).

2.3.2. Dyadischer Streß

Dieser umfaßt einerseits Streßereignisse, die primär individuellen Ursprungs sind und aufgrund ihrer Intensität oder mangelnder Verarbeitungskapazität (oder beides) seitens des einen Partners einen kritischen Schwellenwert übersteigen und dyadenrelevant werden, andererseits direkt dyadenrelevante Streßsituationen wie die Erstkindgeburt. Wichtig für das Verständnis von Belastungen und deren Auswirkungen auf die Partnerschaft ist die Lokalisierung des Streßereignisses im Lebenslauf der beiden Partner. Ein Stressor kann zu unterschiedlichen Zeitpunkten und in unterschiedlichen Phasen der eigenen bzw. der Paarentwicklung unterschiedliche Auswirkungen haben. Der Übergang zur Elternschaft gilt dabei zweifellos als zentraler Markierungspunkt im Lebenslauf des Mannes und der Frau. Die Geburt selber ist ein punktuelles Ereignis, die Lebensveränderungen und deren Bewältigung stellen ein prozeßhaftes Geschehen dar (Bodenmann, 1995).

3. Phasen des Übergangs zur Elternschaft

Gemäß den einzelnen Phasen des Übergangs zur Elternschaft nach Gloger-Tippelt (z. B. 1985; vgl. dazu auch die Kap. 23 und 24) ist für Veränderungen in der Partnerschaft v. a. die Phase der *Herausforderung und Umstellung* (bis ca. zum 6. Lebensmonat des Kindes) relevant: Vater- und Mutterrolle werden übernommen, das Paar stellt sich zunehmend auf den Säugling ein. Die Partnerbeziehung erfährt nach der ersten Euphorie und Erschöpfung ab dem 2. bis 3. Monat die massivste Veränderung, die von dem Paar bisher erlebt wurde. Die Mehrheit der empirischen Studien zeigt eine erhebliche Abnahme der ehelichen Zufriedenheit bzw. der ehelichen Anpassung, welche beide als Indikatoren für die Qualität der Ehe angesehen werden. Weiters weisen viele Untersuchungen (u. a. Werneck & Rollett, 1999) darauf hin, daß es bei den Frauen eine wesentlich stärkere Abnahme der Ehezufriedenheit gibt, außerdem eine größere erlebte Belastung in der Arbeitsteilung der Partnerschaft, aber auch eine größere Rollenklarheit.

4. Veränderungen im Familiensystem

Es wird davon ausgegangen, daß bestimmte Lebensveränderungen, die in Zusammenhang mit der Erstkindgeburt stehen, zumindest in unserem Kulturkreis universell sind. Dazu zählen die biologischen Geburtsfolgen, das Hinzukommen der Elternaufgabe, die neuen Aufgabenverteilungen zwischen den Eltern und die Erweiterung der vorgeburtlichen Dyade aus zwei Erwachsenen zu einer Triade aus zwei Erwachsenen und einem Säugling. Die These über das Hinzutreten eines Dritten zu einer Verbindung zwischen zweien (vgl. z. B. Betschart-Schelbert, 1992) bringt folgendes zum Ausdruck: Wenn drei Personen eine Gemeinschaft bilden, kommt zu der unmittelbaren Beziehung zwischen (in diesem Fall) Vater und Mutter bzw. den Ehepartnern die mittelbare hinzu, die sie durch ihr *gemeinsames* Verhältnis zum Kind gewinnen. Diese Tatsache stellt grundsätzlich eine Bereicherung dar. Andererseits gibt es kein noch so inniges Verhältnis zwischen dreien, in dem nicht jeder einzelne gelegentlich von den beiden anderen als Eindringling empfunden würde. Jedes sensitive Verbundensein von zweien wird dadurch irritiert, daß es einen „Zuschauer“ hat (vgl. Betschart-Schelbert, 1992).

Mit der Erstkindgeburt ist die Familie ein differenziertes System, neue Subsysteme treten neben die Partnerschaftsdyade und müssen im Gesamtsystem integriert werden. Das Partnerschaftssystem wird zum Subsystem. Drei weitere Subsysteme kommen dazu, nämlich das Mutter-Kind-Subsystem, das Vater-Kind-Subsystem und das eigentliche Eltern-Kind-Subsystem, die Triade.

Nach dem *klassischen Modell der Sozialisationstheorie* steht nach der Geburt eines Kindes das Mutter-Kindsystem im Vordergrund, während die Vater-Kindbeziehung in den ersten Lebensjahren stark in den Hintergrund tritt. Die Mutter stellt deswegen eine „Schlüsselfigur“ dar, weil von ihr die Initiative ausgeht, das Mutter-Kindsystem zu einem Familiensystem zu erweitern, in dem sie den Vater in die Mutter-Kind-Dyade miteinbezieht. Aus tiefenpsychologischer Sicht wird die unterschwellige Konkurrenz zwischen dem Mutter-Kind- und dem Ehepaarsystem im Ödipuskonflikt manifest. Nach der Auflösung dieses Konfliktes hat das Kind die primäre Identifikation mit der Mutter aufgegeben, um sich mit beiden Eltern zu identifizieren. Die Auflösung der ursprünglichen Mutter-Kind-Symbiose bedeutet, daß die Mutter wieder für das Ehesubsystem „offen“ ist (z. B. Betschart-Schelbert, 1992).

Wenn der Vater, wie es heute eigentlich meistens selbstverständlich ist, von Anfang an eine eigenständige Beziehung zum Kind aufnimmt, tritt die Vater-Kind-Beziehung gleichberechtigt neben die Mutter-Kind-Beziehung. Die Konkurrenz zwischen Mutter-Kind und Ehesystem entfällt, und in der gemeinsamen Liebe und Sorge für das Kind verwandelt sich das Ehesystem zum Familiensystem. In der Konstellation, in der Vater und Mutter jeweils von Anfang an eine eigenständige Beziehung zum Kind aufbauen, verliert das Bestreben, das Kind möglichst bald aus der Symbiose zu „entlassen", um sich wieder vermehrt der Ehebeziehung zuwenden zu können, an Bedeutung. Für das Paar folgt daraus, daß die Ehebeziehung als exklusive Verbindung zweier und nur zweier Individuen in den Hintergrund tritt und gleichsam in der Eltern-Kind-Beziehung aufgeht (z. B. Betschart-Schelbert, 1992).

5. Lebensveränderungen nach der Erstkindgeburt

Filipp (z. B. 1995) unterscheidet in ihrem „Allgemeinen Modell für die Analyse kritischer Lebensereignisse" Auswirkungen von Lebensereignissen ...

- auf seiten der betroffenen Person,
- auf seiten des Kontextes und
- interaktionale Effekte (s. auch Reichle, 1994).

5.1. Personenseitige Folgen

5.1.1. Die Depression

Bei der mütterlichen Depression infolge der Erstkindgeburt werden drei Schweregrade unterschieden: postpartaler Blues (eine depressive Verstimmung in den ersten Tagen nach der Geburt), postpartale Depression und die schwerste Form, die postpartale Psychose (s. ausführlich in Kap. 29). Die depressiven Verstimmungen werden mit biologischen, soziologischen und psychologischen Vorgängen erklärt. Auch Väter können in der ersten belastungsreichen Zeit milde Depressionen erleben.

5.1.2. Belastungs- und Krisenerleben

Damit beschäftigten sich viele Untersuchungen, im speziellen tritt folgende Frage häufig auf: Welches sind die spezifischen Belastungen, hinsichtlich derer sich Ersteltern mit mehr von Ersteltern mit weniger Krisenerleben unterscheiden? Allgemein kann angenommen werden, daß diese spezifischen Belastungen stark vom Alter des Kindes abhängen. In der Untersuchung von Russel (1974, zitiert nach Reichle, 1994) berichten *Ersteltern* eher von einer Krise, wenn sie unzufrieden mit der Partnerschaft sind, die Elternschaft ungeplant war, die Schwangerschaft und Geburt als schwierig empfunden wurden und das Kind als „schwierig" eingeschätzt wird.

Frauen berichteten von mehr Krisenerleben, wenn sie erst kurz verheiratet waren oder gesundheitliche Probleme hatten. *Männer* berichteten von mehr Krisenerleben, wenn sie jung waren, ihnen die Vaterrolle weniger bedeutete als andere Rollen oder sie einen höheren (beruflichen) Status hatten (vgl. z. B. Reichle, 1994).

5.1.3. Belastung infolge Unausgeglichenheit

Die Equitytheorie besagt, daß eine Beziehung ausgeglichen ist, wenn die persönlichen Kosten-Nutzen-Bilanzen aller Beteiligten gleich sind. Wenn die Kosten-Nutzen-Bilanz unausgeglichen ist, führt dies zu Unbehagen und Belastungsgefühlen sowie zu Versuchen, die Ausgeglichenheit wieder herzustellen. Auf der Kostenseite stehen depressive Verstimmungen, Krisenerleben, Rollenbelastungen und vieles mehr. Aufgerechnet werden kann mit solchen Kosten alles, was positiven subjektiven Wert hat, z. B. die „Babyflitterwochen" – mit diesem Begriff wird die euphorische, glückliche Stimmung der Eltern nach der Geburt beschrieben (s. z. B. Reichle, 1994).

5.1.4. Folgen in Zusammenhang mit der Aufgabenneuverteilung

Die Eltern haben mit der Geburt ihres ersten Kindes eine große neue Aufgabe; die Versorgung ihres Kindes. Sie können dabei mehr oder weniger Sicherheit und Kompetenz zeigen. Es ist eine Neuverteilung der bisherigen Rollen nötig, und durch Hinzukommen der Elternrolle können Rollenbelastungen entstehen. Wenn die Veränderungen nicht den Erwartungen oder der Geschlechtsrollenorientierung entsprechen, kann dies zu Unzufriedenheit und negativen Gefühlen gegenüber dem Partner bzw. der Partnerin führen (Reichle, 1994).

5.2. Kontextauswirkungen

Kontextauswirkungen beziehen sich auf materielle Aspekte, wie eine Einkommensreduktion und daraus resultierende finanzielle Sorgen. Diese sind besonders groß, wenn sich die Rollenkonstellation von einer Familie mit zwei Erwerbstätigen zu einer Alleinverdienenerfamilie verändert. Wenn die Familie größer wird, ist auch oft ein Wohnungswechsel nötig (Reichle, 1994)

5.3. Interaktionale Folgen

5.3.1. Veränderungen der Machtbalance

Die Untersuchung von Blood und Wolfe (1960, zitiert nach Reichle, 1994) hat gezeigt, daß es einen Anstieg der Macht der Männer bei gleichzeitigem Rückgang der Macht der Frauen in der Ehebeziehung gibt. Zeitlich gesehen kommt es, nachdem das erste Kind geboren ist, solange Kleinkinder zu betreuen sind, zu dieser Veränderung. Erklärt wird dieses Phänomen von den Autoren mit dem Ausscheiden der Frau aus dem Berufsleben und der damit einhergehenden finanziellen Abhängigkeit vom Ehemann. Die Einstellung der Gesellschaft spielt dabei eine große Rolle, denn nach wie vor wird die Erwerbstätigkeit (der Männer) höher bewertet als die Betreuung und Erziehung der Kinder (zumeist durch die Frau). Wenn die Erwerbstätigkeit mit Macht und Status verbunden wird, haben Frauen infolge ihres Berufsausstiegs mit einer Reduktion ihrer Macht zu rechnen (Reichle, 1994).

5.3.2. Reduktion von Gemeinsamkeiten und Entfremdung

Aus mehreren Studien (z. B. Belsky, Spanier & Rovine, 1983, zitiert nach Reichle, 1994) geht hervor, daß Ersteltern ihre gemeinsam verbrachte Zeit und ihre sexuellen Kontakte reduzieren. Weiters kommt es in Zusammenhang mit der Rollenneuverteilung und damit einhergehender Trennung der Aufgaben zur Entfremdung.

5.3.3. Verteilungskonflikte

Beim Aushandeln der neuen Aufgabenverteilungen der Eltern nach der Geburt des ersten Kindes können sich Verteilungskonflikte ergeben. Die Paare, die ihre Rollen nicht nach dem traditionellen Muster verteilt haben, scheinen ein höheres Konfliktrisiko zu haben als Paare, die eine traditionelle Rollenverteilung ausüben. Eine traditionelle Rollenverteilung bedeutet, daß die Frau ihre Berufstätigkeit oder Ausbildung zu Gunsten der Übernahme des Hauptanteils an den Hausarbeiten und der Rollenverteilung aufgibt. Gleichzeitig beteiligt sich der Mann weniger an der Hausarbeit, und seine Erwerbstätigkeit nimmt zu.

Crouter et al. (1987, zitiert nach Reichle, 1994) kamen in ihrer Studie zu folgendem Ergebnis: Im Gegensatz zu alleinverdienenden Vätern berichteten Väter aus Zwei-Verdiener-Familien mehr negative Interaktionen und weniger positive Gefühle ihren Frauen gegenüber, wenn sie einen erheblichen Anteil an der Betreuung und Versorgung ihres Kindes übernommen hatten. Die Autoren haben alternative Erklärungen:

- Bei den Zwei-Verdiener-Familien hat das Paar sehr wenig Zeit und sehr großen Druck. Wenn die Väter aus diesem Druck heraus einspringen müssen und sich womöglich der Lage nicht gewachsen fühlen, könnten sie Widerwillen und Ärger erleben, was sich in Folge auch negativ auf die Zuneigung auswirken kann.
- Männer aus Zwei-Verdiener-Familien fühlen sich im Vergleich zu Alleinverdienern benachteiligt, denn sie können weder das Ansehen eines Alleinverdieners noch das Service einer „Vollzeithausfrau" genießen.
- Bei der Zwei-Verdiener-Konstellation gibt es mehr Verhandlungen, weil die Aufgabenverteilung nicht so festgeschrieben ist, wie bei der traditionellen Verteilung.

5.3.4. Verschlechterung der Kommunikation

Zwischen dem ersten und zweiten Monat der Elternschaft findet eine signifikante Verschlechterung der Kommunikation statt (s. auch Werneck & Rollett, 1999).

Das Paar hat weniger Zeit, und es finden weniger Gespräche statt. Die notwendige Kommunikation über die Organisation des Alltags steht im Vordergrund, Gespräche über die Partner selbst sind seltener. Reduzierte Kommunikation kann zu Gefühlen der Entfremdung führen.

5.3.5. Veränderungen der Partnerschaftszufriedenheit

Cowan et al. (1985, zitiert nach Reichle, 1994) meinen, daß die Partnerschaftszufriedenheit eine Funktion der Anzahl erlebter Konflikte ist. Konflikte wirken sich längerfristig negativ auf die Partnerschaftszufriedenheit aus. Aldous (1978, zitiert nach Reichle, 1994) spricht in diesem Zusammenhang die Machtstruktur der „neuen“ Familie an. Er geht davon aus, daß es innerhalb der Triade eine unterschiedliche Machtverteilung gibt. In Folge dessen spaltet sich diese in eine Zweierkoalition zwischen dem schwächsten Mitglied der Triade und einer der anderen beiden Personen einerseits und ein „Isolat“ andererseits. Da nach der Geburt die Frau an Macht verliert, bildet sich eine Koalition zwischen Mutter und Kind, der Vater wird ausgeschlossen und, das elterliche Subsystem zerfällt.

6. Prädiktoren interindividueller Unterschiede in Lebensveränderungen

Einige Variablen, die sich zur Vorhersage interindividueller Unterschiede bei problematischen psychologischen Veränderungen der Eltern und deren Interaktion bewährt haben:

- Anhand unterschiedlicher *Attributionsstile* lassen sich Unterschiede in der emotionalen Befindlichkeit voraussagen. Im Detail bedeutet dies, daß Mütter mit einem „depressiven“ oder „dysfunktionalen“ Attributionsstil häufiger von depressiven Verstimmungen berichten als Mütter mit anderen Attributionsstilen.
- *Soziale Unterstützung* ist ebenfalls ein Prädiktor für emotionale Befindlichkeit. Geringe soziale Unterstützung steht mit depressiver Verstimmung in Zusammenhang. Im allgemeinen wird ein funktionierendes soziales Netz als wichtige Voraussetzung für die Bewältigung von Streß gesehen.
- In der Längsschnittuntersuchung von Belsky et al. (1990, zitiert nach Reichle, 1994) hat sich ein niedrigeres *Alter* der Ersteltern als Prädiktor für eine sinkende Ehezufriedenheit (in den ersten drei Jahren) herausgestellt.
- Auch das *kindliche Temperament* hat einen Einfluß auf die Partnerschaft bzw. auf die Ehezufriedenheit. „Schwierige“ Kinder scheinen den Eltern den Übergang zur Elternschaft zu erschweren. Einige Autoren postulieren eine Wechselwirkung zwischen zunehmend schwierigem Verhalten des Kindes und abnehmender elterlicher Kompetenz.

7. Veränderungen in der sexuellen Beziehung zwischen den Partnern beim Übergang zur Ersteltenschaft

Der letzte Abschnitt dieser Arbeit befaßt sich mit einem Thema, das bei der Auseinandersetzung mit der Partnerschaftsqualität im Zuge der Ersteltenschaft nicht außer Acht gelassen werden sollte, da die Sexualität ein bedeutungsvoller Bestandteil jeder Beziehung ist, der auch sehr oft zur Ursache von Partnerschaftskonflikten werden kann. Sexualität ist ein sehr komplexes Gebiet, das mit vielen Tabus, Mythen und Erwartungshaltungen verbunden ist. Oft gibt es Diskrepanzen zwischen der Realität und den Erwartungen der Partner, wodurch Konflikte und Spannungen entstehen können. Abgesehen von der ureigenen Fortpflanzungsfunktion hat die Sexualität viele Bedeutungen. Sexualität bedeutet zum Beispiel auch Kommunikation. Nach Watzlawick et al. (1982, zitiert nach Schütze, 1994) kommunizieren Paare auch über ihre Körper miteinander. Die Sexualität ist vielen äußeren und inneren Einflußfaktoren unterworfen, z. B. Streß, Leistungsdruck, Normen und Werten. Wie schon erwähnt, zieht die Ersteltenschaft viele Veränderungen nach sich, auch die Sexualität kann zumindest temporär davon betroffen sein.

7.1. Die Sexualität der Frau

Frauen haben nach der Geburt oft Angst vor einer erneuten Schwangerschaft, deshalb halten sie sich bei der Wiederaufnahme der sexuellen Aktivität mit ihrem Partner zurück. Die Reaktion auf sexuelle Stimulation ist deutlich vermindert. Eine erhöhte sexuelle Erregung in der postpartalen Zeit ist selten, das Gegenteil tritt häufiger ein. Rein physiologisch betrachtet könnte das Paar relativ früh wieder Geschlechtsverkehr haben, jedoch ist die Bereitschaft und Lust zur Sexualität aufgrund des Geburtserlebnisses und der Stillzeit von Frau zu Frau (sehr) unterschiedlich. Weiters spielt die grundsätzliche Einstellung zur Sexualität eine Rolle. Das verminderte sexuelle Interesse wird mit Müdigkeit und Erschöpfung, der emotionalen Instabilität und mit Hormonmangel in Zusammenhang gebracht.

7.2. Die Sexualität des Mannes

Die Veränderungen, die der Mann erfährt, sind meistens psychischer Natur. Männer sind sich über den Zeitpunkt der Wiederaufnahme der Sexualität nach der Geburt unsicher, oder sie erleben durch das Dabeisein bei der Geburt eine Entfremdung zum weiblichen Körper bzw. der Sexualität der Frau, was sich in Potenzstörungen auswirken kann. Auch hier spielt aber die grundsätzliche Einstellung zur Sexualität eine Rolle.

In der Übergangszeit nach der Geburt können Spannungen zwischen dem Paar entstehen, die vor allem durch Unwissen und Unsicherheit mitbedingt sein können, die Paardynamik ist stark belastet. Die postpartalen „Sexualstörungen“ können auch andere Disharmonien im Sexualbereich des Paares auslösen. Um so wichtiger ist es, daß sich das Paar einer offenen Auseinandersetzung stellt. Die Kommunikationsfähigkeit eines Paares spielt grundsätzlich in allen Beziehungsbereichen und auch in der Sexualität eine wichtige Rolle.

8. Zusammenfassung

Die Erstkindgeburt ist ein markantes Lebensereignis für das Paar und zieht eine Menge von Veränderungen nach sich. Aus der Sicht der Streß- und Belastungsforschung kann das Ereignis der Erstkindgeburt als dyadenrelevante Streßsituation bezeichnet werden. Es lassen sich soziale, biologische und psychologische Veränderungen unterscheiden. Folgende negative psychologische Veränderungen wurden gefunden: Depressive Verstimmungen der Mütter, Belastungs- und Krisenerleben, Verteilungskonflikte zwischen den Partnern, Kommunikationsreduktion und Entfremdung vom Partner, Veränderungen der Machtverteilung, Unzufriedenheit mit der neuen Aufgabenverteilung und Abnahme der Partnerschaftszufriedenheit. Weiters können bestimmte erschwerende Bedingungen differenziert werden. Beispiele für solche Variablen sind ein dysfunktionaler oder depressiver Attributionsstil, mangelnde soziale Unterstützung oder ein schwieriges Temperament des Kindes, das die Eltern überfordern kann. Auch die Dauer der Partnerschaft vor der Geburt und das Alter der Ersteltern spielen eine Rolle für die Partnerschaftsqualität bzw. -zufriedenheit.
Auch die Sexualität des Paares bleibt, vor allem in der ersten Zeit nach der Geburt, nicht unbeeinflußt, da vor allem bei der Frau physische und psychische Veränderungen stattgefunden haben und auch viel Unsicherheit bei beiden Partnern herrscht. Grundsätzlich läßt sich sagen, daß vor allem die ersten Wochen nach der Geburt besonders turbulent und krisenhaft verlaufen können. Nach einer gewissen Umstellungsphase, kommt es zu einer Gewöhnungsphase, die dann von mehr Sicherheit und Routine im Umgang mit dem Kind gekennzeichnet ist.
Mit der Geburt eines Kindes verändert sich die Familienstruktur, aus der partnerschaftlichen Dyade wir eine Triade und das Partnerschaftssystem steht nicht mehr voll und ganz im Vordergrund, da die Mutter-Kind- und die Vater-Kind-Subsysteme dazukommen, andererseits können die Eltern über das neue Mitglied der Familie noch mehr miteinander verbunden sein.

9. Gedanken zum Thema

In der Literatur stehen oft die negativen Aspekte zu sehr im Vordergrund. Der Übergang zur Elternschaft wird nahezu ausschließlich als große Belastung beschrieben, positive Aspekte treten in den Hintergrund. Natürlich ist es aber für entsprechende Interventionen wichtig, die Belastungsfaktoren zu kennen. Ein Kind ist für eine Partnerschaft meist auch eine große Bereicherung, im Idealfall wird die Verbindung noch inniger und stärker. In bezug auf Krisen ist sicher die Stabilität der Partnerschaft schon vor der Ersteltemschaft von großer Bedeutung. Das heißt, eine stabile Partnerschaft kann durch ein Kind nur „wachsen". Zur Stabilität gehört auch, daß die Beziehung schon länger andauert und sich die Partner gut kennen. Zu Problemen kommt es sicher, wenn ein Paar, das erst seit kurzer Zeit, z. B. seit einigen wenigen Monaten eine Beziehung führt, schon ein Kind bekommt; denn wenn die Beziehung noch nicht gefestigt ist, ist die Belastung für die Partnerschaft relativ groß. Ein weiterer Risikofaktor ist, wie oben ausgeführt, das Alter der Eltern, das heißt, wenn Jugendliche Kinder bekommen (s. auch Kap. 34). Die Persönlichkeitsentwicklung spielt hier sicherlich eine große Rolle, man muß „reif" dafür sein, ein Kind zu bekommen, vor allem bereit dazu, soviel Verantwortung übernehmen zu können. Nichts desto trotz können auch junge Eltern gute Eltern sein.

Ideale Bedingungen ein Kind zu bekommen sind wahrscheinlich eher die Ausnahme. Viele Kinder sind ungeplant, wenn nicht sogar unerwünscht. Auch finanzielle Probleme können die Lage eines jungen Elternpaares erschweren. Somit gibt es tatsächlich viele Problemfaktoren. Die Familienpsychologie hat hier ein großes Tätigkeitsfeld: das fängt bei der Aufklärung über Veränderungen an und geht weiter zur Vorbereitung auf die Schwangerschaft bzw. Elternschaft, in Form von Geburtsvorbereitungskursen (s. auch Kap. 27) und vieles mehr. Das Wissen über eine bestimmte Situation kann helfen, besser damit umzugehen. Ein Beispiel dafür wäre die postpartale Depression (s. Kap. 29), die aus psychologischer Sicht nichts Ungewöhnliches ist. Dennoch gibt es sicher viele Frauen, die gar nicht wissen, daß diese traurige Stimmung und das grundlose Weinen auch „einen Namen" hat und daß sie nicht „hysterisch" sind – und schon könnte sich ein (vermeidbarer) Partnerkonflikt anbahnen, weil das Paar mit dieser Situation nicht umzugehen weiß.

10. Literatur

Bodenmann, G. (1995). *Bewältigung von Streß in Partnerschaften. Der Einfluß von Belastungen auf die Qualität und Stabilität von Paarbeziehungen*. Freiburg: Universitätsverlag.

Betschart-Schelbert, M. (1992). *Vom Paar zur Elternschaft. Dynamik und Prozeß*. Dissertation, Universität Zürich.

Filipp, S.-H. (Hrsg.). (1995). *Kritische Lebensereignisse* (3. neuausgestattete Aufl.). Weinheim: PsychologieVerlagsUnion.

Gloger-Tippelt, G. (1985). Der Übergang zur Elternschaft. Eine entwicklungspsychologische Analyse. *Zeitschrift für Entwicklungspsychologie und Pädagogische Psychologie, 17,* 53-92.

Reichle, B. (1994). *Die Geburt des ersten Kindes – eine Herausforderung für die Partnerschaft. Verarbeitung und Folgen einer einschneidenden Lebensveränderung.* Bielefeld: Kleine.

Reichle, B. & Werneck, H. (Hrsg.). (1999). *Übergang zur Elternschaft. Aktuelle Studien zur Bewältigung eines unterschätzten Lebensereignisses.* Stuttgart: Enke.

Schütze, Y. (1994). Von der Gattenfamilie zur Elternfamilie. In J. Kriz (Hrsg.), *Abschied von der Normalfamilie ? Partnerschaft kontra Elternschaft.* Berlin: Springer-Verlag.

Werneck, H. & Rollett, B. (1999). Die Wiener Längsschnittstudie „Familienentwicklung im Lebenslauf (FIL)" – Ausgewählte Befunde und Implikationen. In B. Reichle & H. Werneck (Hrsg.), *Übergang zur Elternschaft. Aktuelle Studien zur Bewältigung eines unterschätzten Lebensereignisses* (S. 109-126). Stuttgart: Enke.

39. Düsseldorfer Längsschnittstudie „Paare werden Eltern“

Irmgard Bartl

1. Das Projekt „Paare werden Eltern“

Vorläufer dieses Projektes war eine im Jahr 1980 am Institut für Entwicklungs- und Sozialpsychologie der Heinrich-Heine-Universität in Düsseldorf begonnene Studie, die sich mit dem Thema „Eltern-Kind-Interaktion im ersten Lebensjahr“ beschäftigte. Die Vorbereitung der Eltern auf das erste Kind (insbesondere die Teilnahme der Väter an der Geburtsvorbereitung), das Geburtserlebnis und die ersten neun Lebensmonate mit dem Baby standen dabei im Vordergrund. Das Anschlußprojekt „Paare werden Eltern“ setzte die Untersuchungen bis zum Schuleintrittsalter des Kindes fort und ergänzte sie um zusätzliche Längsschnittuntersuchungen zu in diesem Zusammenhang interessierenden Themen (Petzold, 1991). In quantitativen Analysen der Daten mehrerer Untersuchungszeitpunkte bestimmten Petzold und seine MitarbeiterInnen die Veränderungen in Dimensionen des ökologischen Hintergrundes, in den Einstellungen und Erfahrungen der Eltern sowie der Betreuung und Versorgung des Kindes. Die Daten gaben Hinweise auf weitere Fragen, die zur Fortsetzung der Studien anregten:

- Wie gestaltet sich die familiäre Situation der Familien im Zeitverlauf?
- Wie bewältigen Mutter und Vater die Elternrolle?
- Wie gelingt ihnen die Anpassung an die neue Situation?
- Wie steht es um die Partnerschaft, die Kommunikation und andere ökologische Variablen?

In einer groß angelegten weiteren Studie, für die die Forscher (Petzold, 1997) spezielle Methoden zur qualitativen Analyse von Familiensystemen verwendeten, untersuchte man anhand ausgewählter Fälle aus der Stichprobe des Projektes Probleme der Interaktion und Kommunikation in der Partnerschaft, Fragen der Struktur der Alltagsbewältigung und analysierte die Entstehung von Zufriedenheit in der Elternschaft. Dabei standen nicht allgemeine Kennzeichen des Familienlebens, sondern die Beschreibung spezifischer Verläufe individueller Lebensgestaltung im Vordergrund.

1.1. Theoretische Grundlagen

Grundlage der Studie ist die Betrachtung von Ehe und Familie aus *systemisch-ökopsychologischer* Sicht. Dieser Ansatz in der Familienforschung geht auf das Modell von Uri Bronfenbrenner (1981) zurück, der in Erweiterung der in der Soziologie üblichen Unterscheidung in Mikro- und Makro-Ebene folgendes Modell skizziert:

- *Mikrosystem:* System, in dem eine Person unmittelbar lebt (Kleinfamilie mit dem dyadischen bzw. triadischen System, inklusive physischer und materieller Bedingungen, wie z. B. Wohnverhältnisse);
- *Mesosystem:* Wechselbeziehungen zwischen mehreren Mikrosystemen, z. B. zwischen Kernfamilie und Großelternfamilie, Kernfamilie und Schule etc.;
- *Exosystem:* hier ist das Individuum nicht selbst handelnde Person, aber indirekt beteiligt (z. B. Berufsumwelt des Ehemannes für die Frau);
- *Makrosystem:* gesamtgesellschaftliche Zusammenhänge, Rahmenbedingungen, Rollenerwartungen;
- *Chronosystem:* Zeitdimension, Zusammenhang mit dem Alter.

Basis für die Interviews und die Art der Gesprächsführungen, die unter Mitarbeit einer systemischen Familientherapeutin entwickelt wurde, waren die Theorie des zirkulären Fragens und andere Erkenntnisse aus der (systemischen) Familientherapie, insbesondere der in der sogenannten Mailänder Schule entwickelte Ansatz, in dem die in der allgemeinen Systemtheorie erarbeiteten Gesetzmäßigkeiten konsequent auf ein systemisches Verständnis von familiären Entwicklungen angewendet werden.

1.2. Methoden

Als Instrumente der Familiendiagnostik verwendete der Autor Fragebögen, Interviews und die direkte Beobachtung familiärer Interaktionen bzw. Verhaltensbeobachtungen. Es folgten ausführliche quantitative (Petzold, 1991) und qualitative (Petzold, 1997) Auswertungen des großen Materials nach verschiedensten Gesichtspunkten. Der Autor und seine MitarbeiterInnen entwickelten selbst verschiedene Kombinationen von Fragebögen und anderen Erhebungsmethoden sowie spezielle Techniken zur Erfassung und Auswertung der Informationen. In einem ersten Schritt wurde

> ... ein deskriptiver Überblick zu ökologischen Basisdaten, verschiedenen Fragen der Lebensplanung und der Betreuung des Kindes gegeben. Die statistische Analyse des Längsschnittes umfaßte verschiedene Bereiche der Lebenssituation junger Familien und zeigte insbesondere, wie sich in der Zeit bis ins sechste Lebensjahr hinein das Erleben der Elternschaft verändert, und Mütter und Väter (aber auch andere, besonders die Groß-

mütter) recht unterschiedliche Funktionen in der Betreuung des Kindes übernehmen". (Petzold, 1991, S. 157)

Das Untersuchungsdesign wuchs und erweiterte sich im Laufe des Fortschreitens der Studie. Es war von Anfang an klar, daß es sich bei der Stichprobe um keine repräsentative handelte und daß es dem Autor und seinen MitarbeiterInnen um folgendes ging: Es „.... werden auf der Basis deskriptiver Psychologie viele verschiedene Facetten und unterschiedliche Zusammenhänge aufgezeigt. Wir wollen nicht eine neue Form für das Familienleben begründen, sondern es soll gezeigt werden, wie vielfältig familiale Lebensformen heute sind." Und weiter heißt es: „... es handelt sich um eine hypothesengenerierende Erkundungsstudie" (Petzold, 1991, S. 8).
In daran anschließenden Einzelfallanalysen mit Hilfe qualitativer Untersuchungstechniken zeigte sich „die Bedeutsamkeit qualitativer Methoden, die über ihre Anwendung zur reinen Hypothesengenerierung hinausgeht" (Petzold, 1997, S. 126). Für die Erhebung war es nötig, intensive Gespräche mit den Eltern zu führen, dies geschah in zwei Phasen:

- erste Untersuchung (7. Lebensjahr des Kindes): in den Räumen der Universität (mit Videoaufzeichnung unter Laborbedingungen);
- zweite Untersuchung (8. Lebensjahr des Kindes): in der häuslichen Umgebung der Probanden (Tonbandaufzeichnungen).

Die Stichprobe für die qualitative Untersuchung betrug aus arbeitsökonomischen Gründen lediglich 10 Familien. Die Paare wurden von einem Zweierteam von InterviewerInnen (ein Mann und eine Frau) befragt, die zuvor von einer systemischen Familientherapeutin in der Technik des zirkulären Fragens trainiert worden waren. Nachdem das umfangreiche Material mit Hilfe eines eigens entwickelten Schemas kodiert worden war, interpretierte das Team der Forscher und Forscherinnen nach einem Leitfaden, den sie gemeinsam entsprechend der dahinter liegenden Theorie und Fragestellung entwickelt hatten. In 10 Auswertungsstufen gelangten sie so von der ersten gemeinsamen Auswahl der zu untersuchenden Fälle über Einzelstudium der Daten, Memorieren der in den verschiedenen Bereichen gewonnenen Fakten, Reflektieren der emotionalen Prozesse, die seitens aller Beteiligten auftraten, wörtliches Abschreiben der Interviews und Überarbeitungen, zu endgültigen Fassungen der Aufzeichnungen (Petzold, 1997).

1.3. Planung und Durchführung der Untersuchungen

Zentrale Frage war: Wie verändern sich junge Familien nach der Geburt des ersten Kindes? Dabei wurde vor dem Hintergrund des ökopsychologisch-systemischen Theorieansatzes besonders folgendes beachtet:

- Erleben der Elternschaft;

- Betreuung des Kindes;
- ökologischer Kontext.

Einen Überblick über die Untersuchungszeitpunkte, die Stichprobengrößen und die verwendeten Methoden gibt Tabelle 1 (in Anlehnung an Petzold, 1997):

Tabelle 1: Übersicht über das Untersuchungsdesign von Petzold (1997, S. 11)

Meßzeit-punkt	*Alter des ersten Kindes*	*Erhebungsmethoden*	*Mütter / Väter*
Erstkontakt 1981/82	3. bis 8. Schw.-Monat	Erstkontaktfragebogen	140/–
1982	1. Lebenswoche	Fragebogen (FB) zu Geburt / Klinik	109/109
	6. Lebenswoche	Abschlußfragebogen I FB zur sozialen Umwelt	69/69 69/69
	11. Lebenswoche	Videoaufnahmen I	27/27
1982/83	8½ Monate	Videoaufnahmen II	24/24
	9 Monate	Abschlußfragebogen II FB zur sozialen Umwelt	59/59 59/59
1987	6. Lebensjahr	Eltern-Kind Fragebogen FB zur sozialen Umwelt Marital Adjustment Questionnaire Partnerschaftsfragebogen	43/39 43/38 43/39 43/38
1988	7. Lebensjahr	Interviews mit Video	15/15
1988	7. Lebensjahr	FB zur Einschulung I	32/28
1989	8. Lebensjahr	FB zur Einschulung II Partnerschaftsfragebogen	24/21 24/21
1989	8. Lebensjahr	Interviews mit Audioaufzeichnungen	9/9

Schon die frühen Untersuchungsergebnisse ließen erkennen, daß die verschiedenen Bereiche des Familienlebens eng miteinander verknüpft sind und daß eine qualitative Erhebung im Interesse der Forschung sein könnte. Anhand ausgewählter Einzelfälle wurden die entsprechenden Fragestellungen zu den Themen „Erleben der Elternschaft“ und „Entwicklung der Partnerschaft in den ersten Lebensjahren des ältesten Kindes“ untersucht. Acht Untersuchungsbereiche standen im Mittelpunkt:

1) Haushalt (wie wird die Hausarbeit aufgeteilt?);
2) Wohnsituation (wie wohnt die Familie, was hat sich daran in den Jahren verändert?);
3) Elterneinstellungen (z. B. warum haben sich die Ehepartner für Kinder entschieden?);
4) Freizeit (haben die Eltern Freizeitbereiche? wie gestalten sie diese?);
5) Außenkontakte (eigene, gemeinsame Freunde);
6) Beruf (z. B. welchen Stellenwert hat der Beruf für jeden?);
7) Persönlichkeit (Herkunftsfamilie, Biographie, Lebensziele, Werte- und Normensystem);
8) Partnerschaft (Geschlechterrolle, Machtaufteilung zwischen den Partnern).

1.4. Ergebnisse

1.4.1. Erste Phase der Auswertung (Petzold, 1991) – vorwiegend quantitativ

Mütter, die in der Pflege und Betreuung des Kindes sehr aktiv sind, erleben die Elternschaft relativ positiv. Im ersten Lebensjahr des Kindes (besonders um den 9. Lebensmonat) beschreiben die Frauen, daß sie zufrieden mit der Zeitaufteilung Beruf – Haushalt – Freizeit sind. Danach nimmt die Zufriedenheit bis zum letzten Untersuchungszeitpunkt, zu welchem das erste Kind über 6 Jahre alt ist, deutlich ab.
Frauen, die dem Berufsleben nachgehen, haben meist nur ein Kind, fühlen sich aber im Umgang mit diesem Kind sicherer, als „Nur-Hausfrauen". Es sind allerdings nur wenige Frauen, die den Wiedereinstieg in den Beruf nach der Geburt des ersten Kindes schaffen, etwa die Hälfte der Mütter ist zum Zeitpunkt des Schuleintrittes des Kindes wieder berufstätig (meist teilzeitbeschäftigt und viele nicht im ursprünglichen Beruf). Bei der außerhäuslichen Kinderbetreuung scheinen verschiedene institutionelle Betreuungseinrichtungen mehr Bedeutung bekommen zu haben als die Großeltern und andere Verwandte. Omas sind aber nach wie vor Quellen emotionaler Zuwendung für die EnkelInnen.
Väter, die auf die Geburt vorbereitet waren, zeigen ebenso wie Väter von Einzelkindern eine recht geringe eheliche Zufriedenheit. In der Dreierbeziehung Vater-Mutter-Kind fühlen sich Väter mit zwei Kindern eher vernachlässigt, bei den Müttern findet man besonders im 6. Lebensjahr des Kindes Hinweise auf das Gefühl der Vernachlässigung.
Im Vergleich der Erwartungen, die Eltern vor der Geburt gehegt hatten, mit den tatsächlich eingetroffenen Erfahrungen von Schwierigkeiten gab es keinen signifikanten Unterschied.
Die Frage, ob die traditionelle Rollenaufteilung in der Familie (Mütter sind für Pflege und Aufsicht der Kinder zuständig, Väter sind insbesondere in „Zuwen-

dungssituationen", wie Spielen, Anregungen geben, Herumtoben etc. tätig) noch gilt, kann im großen und ganzen mit „ja" beantwortet werden.
Es zeigt sich zwar ein Bild von „neuen Vätern", die im Detail neue Akzente setzen und einen starken Kontakt zu ihren Kindern haben, im wesentlichen bestätigen sich jedoch die soziologischen Erkenntnisse, daß Geschlechtsrollenstereotypien nach wie vor ihre Gültigkeit haben (Petzold, 1991).

1.4.2. Zweite Phase der Auswertung (Petzold, 1997) – vorwiegend qualitativ

Im Verlauf der Studie kam es zu einer Verminderung der Stichprobengröße, bei den letzten Erhebungen konnten 9 bzw. 10 Paare mittels Interviews befragt werden. Insgesamt war es möglich, 8 Jahre des Lebens von Familien im Längsschnitt zu folgenden Themen zu dokumentieren:

- *Interaktion / Kommunikation zwischen den PartnerInnen:* Zwei Fallbeispiele (elterliche Kommunikation / Interaktion in einer vier- und einer sechsköpfigen Familie) wurden genau analysiert und einander gegenüber gestellt. In beiden Partnerschaften war das Thema „Umzug" zeitweilig bestimmend für die Interaktion, bedingt durch das Karrierebedürfnis der Väter, beide Frauen akzeptierten in diesem Bereich die Wichtigkeit und damit höhere Machtposition des Mannes. Die Männer bestimmen allgemein eher die grundsätzliche Lebensorientierung, während die Frauen in der Alltagsorganisation den Ton angeben. Beide Frauen sind wenig berufsorientiert, klagen andererseits über die geringe Anerkennung des Hausfrauenstatus und suchen Bestätigung im sozialen Netzwerk rund um die Familie. Beide Familien leben eine Form der Familie, die mit den traditionellen Rollenbildern übereinstimmt. Unterschiede gibt es in der Beschreibung, wie sehr sich die Mutter durch die Kinder belastet fühlt: in einer Familie ist die Mutter durch zwei Kinder „genervt", die andere Frau würde sich auch noch über ein fünftes Kind freuen.
- *Alltagsbewältigung in der Familie:* In vier Familien prüfte man, wie die Eltern die anspruchsvolle Aufgabe der Organisation des Familienalltags von der Geburt bis nach dem Schuleintritt des Kindes organisierten. Dabei entwickelte jede Familie ihren ganz spezifischen Stil. Allgemein kann man feststellen, daß in Familien, die nach dem traditionellen Rollenmuster leben, es zu einer Benachteiligung der Mutter und, langfristig gesehen, zu deren Unzufriedenheit mit ihrer Rolle kommt. Diese Frauen haben es auch besonders schwer, ihr Leben zu verändern. Sie nehmen die inferiore Rolle an und behindern damit ihre eigene Entwicklung, indem sie die Vorgaben annehmen. Gleichberechtigung in der Familie und damit gleiche Aufteilung von Rechten und Pflichten im Familienalltag ist abhängig davon, wie gut es Eltern gelingt, gemeinsam den Konsens über die Egalität zu konstruieren. Das kann aber nur der Fall sein, wenn die Geschlechterrollen nicht unterschiedlich bewertet werden.

- *Zufriedenheit in der Partnerschaft:* Vier Mütter und sechs Väter wurden in bezug auf ihre Zufriedenheit in der Partnerschaft interviewt. Die Aussagen sind – da individuelle Zufriedenheit sehr subjektiv erlebt wird – nicht in hierarchischen Begriffen zu beschreiben. Die erste Mutter beschreibt, im großen und ganzen zufrieden zu sein, obwohl ihr Selbstwert geringer ist, da sie den Berufswunsch zugunsten eines gelebten traditionellen Familienbildes zurückstellt. Sie bezieht ihre Zufriedenheit aus der Partnerschaft zu ihrem Mann und der Beziehung zu ihren Kindern. Auch die zweite Mutter scheint wie jede der vier Frauen zufrieden zu sein, bei ihr ist jedoch eine Einschätzung besonders schwer, da sie sehr kontrolliert ist und Emotionen nicht ausdrücken kann. Sie erlangt Zufriedenheit aus der gelungenen Selbst- und Familiendarstellung nach außen. Im dritten Fallbeispiel beschreibt die Frau die Außenkontakte als besonders wichtig und ist unter anderem deswegen so zufrieden, da diese in ihrer Familie gut gelingen und sie bestätigende Rückmeldungen aus ihrer Umwelt bekommt. Eine interessante Variante von „Zufriedenheit" findet man bei der vierten Frau, die angibt, traditionelle Rollenverteilung zu akzeptieren und patriarchalische Strukturen anzuerkennen. Die Beziehungen verlaufen in der Tat aber eher partnerschaftlich und emanzipatorisch geprägt. In zwei Fällen war die Zufriedenheit der Mutter im Zeitverlauf gesunken, in einem Fall angestiegen und in einem Fall gleich geblieben. Die Väter zeigten größere Unterschiede: Ein Vater war sehr unzufrieden, er hatte nicht den erwarteten Berufserfolg und das widersprach den traditionellen Norm- und Wertevorstellungen, die er hatte. Seine Zuwendung zur Familie sieht er teilweise als Belastung an und verschafft sich Erleichterung, indem er einer Männergruppe beitritt. Der andere Vater hatte während der Zeit seines Studiums die Rolle des Hausmannes. Damals zeigte er Zeichen von Unzufriedenheit, die aber ganz verschwanden, als er nach Beendigung des Studiums einen Beruf aufnahm (Petzold, 1997).

2. Zusammenfassung

In den beiden veröffentlichten Auswertungen der „Düsseldorfer Längsschnittstudie" zum Thema „Paare werden Eltern" (Petzold, 1991) und „Elternschaft. Qualitative Forschung zur Familie" (Petzold, 1997) findet man Ergebnisse von Familien (Stichprobengrößen zu den verschiedenen Beobachtungszeitpunkten zwischen 10 und 109 Paare) über einen Verlauf von 8 Jahren, wobei die ersten Kontakte bereits vor der Geburt des ersten Kindes der Familie stattfanden. In einer Kombination von Fragebögen, Interviews und Beobachtungen gelangte man zu Daten, die quantitativen und qualitativen Auswertungen unterzogen wurden. Dabei fand man überwiegend traditionelle Vorstellungen zu Familienbildern und Rollenaufteilungen bestätigt.

Die einzelnen Lebensgeschichten und Lebensformen der Familien weichen aber dennoch sehr voneinander ab, und es zeigt sich, daß die Variation der Formen des menschlichen Zusammenlebens innerhalb von Familien überaus groß ist.

3. Gedanken zum Thema

Es ist nicht überraschend, daß der Autor und seine MitarbeiterInnen zu einem so bunten Bild kommen, denn „die Durchschnittsfamilie“ ist eine theoretische Konstruktion. Menschliches Zusammenleben ist von sehr vielen Faktoren geprägt und praktisch nicht vorhersehbar und vorhersagbar. Auch wenn sich viele Geschichten von Familien ähneln, ist doch jeder Mensch im familiären System ein ganz besonderes, einzigartiges und wunderbares Lebewesen, das mit anderen ebenso einzigartigen Lebewesen auf eine ganz spezielle Art interagiert.

4. Literatur

Bronfenbrenner, U. (1981). *Die Ökologie der menschlichen Entwicklung*. Stuttgart: Klett.

Petzold, M. (1991). *Paare werden Eltern. Eine Familienentwicklungspsychologische Längsschnittstudie*. München: Quintessenz.

Petzold, M. (1997). *Elternschaft. Qualitative Forschung zur Familie*. St. Augustin: Gardez!.

40. Verbundstudie „Optionen der Lebensgestaltung junger Ehen ...“

Manuela Hochwarter

1. Einleitung

Die Familien und deren Lebenssituation haben sich in vielfältiger Weise gewandelt. Familien sind kleiner geworden, das Heiratsalter ist gestiegen, die Geburtenrate hingegen gesunken, und der Anteil Alleinerziehender nimmt zu. Erstaunlicherweise ist aber ungeachtet dieser Entwicklungen gleichzeitig festzustellen, daß Ehe und Familie bei einem großen Teil der Menschen nach wie vor hohe Wertschätzung genießen. Gerade auch junge Menschen wollen in einer Familie leben und Kinder haben. Meistens werden diese Wünsche auch in die Tat umgesetzt.

Die hier vorzustellende Verbundstudie (Bundesministerium für Familie, Senioren, Frauen und Jugend, 1996, erstellt von Schneewind, Vaskovics, Gotzler, Hofmann, Rost, Schlehlein, Sierwald und Weiß) teilt sich in eine soziologische Teilstudie und in eine psychologische Teilstudie, wobei das Hauptaugenmerk in diesem Kapitel auf der psychologischen Teilstudie liegt.

Es handelt sich um eine Längsschnittstudie, die über einen längeren Zeitraum hinweg Aufschluß über den Stellenwert von Kindern in der Lebensplanung junger Menschen sowie über die von den meisten Paaren als unerläßlich betrachteten Voraussetzungen für eine Familiengründung geben soll. Weiters sollen Einblicke ermöglicht werden, wie die Vereinbarkeit von Kinderbetreuung und Erwerbstätigkeit geregelt wird, und wie junge Eltern insgesamt mit den Herausforderungen der Elternschaft umgehen.

2. Grundlegender Ansatz der Verbundstudie

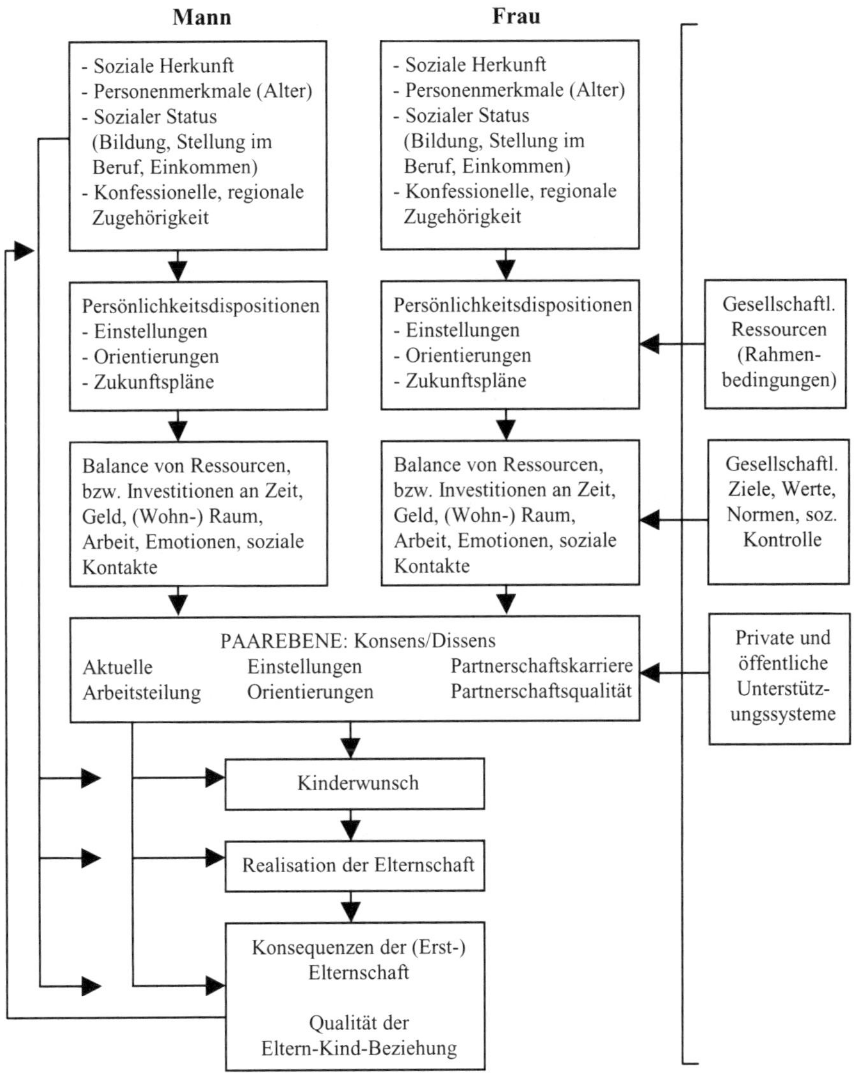

Abbildung 1: Theoretisches Modell der Verbundstudie (vgl. Bundesministerium für Familie, Senioren, Frauen und Jugend, 1996, S. 23).

Das theoretische Modell dieser Verbundstudie (siehe Abbildung 1), geht prinzipiell davon aus, daß die Entscheidung für ein Lebenskonzept mit oder ohne Kind bzw. Kinder/n von einer Fülle von Einflußgrößen abhängt. Dabei lassen sich folgende fünf Ebenen unterscheiden:

1) *Sozio-ökonomische Ebene:* finanzielle Ressourcen, beruflicher Status, Wohnverhältnisse;
2) *Personenebene:* biographische Entwicklung, Beziehungserfahrungen, Persönlichkeitsdimensionen, individuelle Lebensorientierung, Einstellungen und Zukunftspläne;
3) *Partner- und Eltern-Kind-Ebene:* Entwicklung und Qualität der Partnerschaft und Eltern-Kind-Beziehungen, Rollenverständnis und Aufgabenteilung, gemeinsame Lebensorientierung, Einstellungen und Zukunftspläne;
4) *Soziale Ebene:* Einbindung in das Kontaktnetz von Verwandtschafts-, Freundschafts- und Bekanntschaftsbeziehungen, Nutzungsmöglichkeiten und Unterstützungsleistungen im sozialen Netz;
5) *Gesellschaftliche Ebene:* Allgemeine Norm- und Wertvorgaben, politische und ökonomische Rahmenbedingungen, familienpolitische Maßnahmen.

3. Die psychologische Teilstudie

Die psychologische Teilstudie zielt primär auf eine vertiefende Analyse der einzelnen Entwicklungsverläufe ab. Dieser Studie liegt ein kontextualistisches Prozeßmodell zugrunde, welches verschiedene Komponenten enthält, die mutmaßlich den Familienprozeß beeinflussen, und diese in ihrer zeitlichen Struktur verknüpft. Eine kompakte Darstellung dieses kontextualistischen Prozeßmodells findet sich in Abbildung 2.

An der Studie nahmen 180 junge Ehepaare teil, die anhand eines Versuchsplanes – verteilt über einen Zeitraum von fünf Jahren – in fünf verschiedene Gruppen geteilt und synchron zu sechs Erhebungszeitpunkten untersucht wurden. Die Auswahl der fünf Gruppen erfolgte unter dem Gesichtspunkt der Nähe bzw. Distanz zur Realisierung des Kinderwunsches (siehe Tabelle1).

Die ursprüngliche Gruppeneinteilung konnte über die Zeit nicht beibehalten werden, da sich seit der ersten Erhebung im Frühjahr 1989 bis zur letzten Befragung im Frühjahr 1994 bei den einzelnen Gruppen Veränderungen in ihrem familiären Status ergaben.

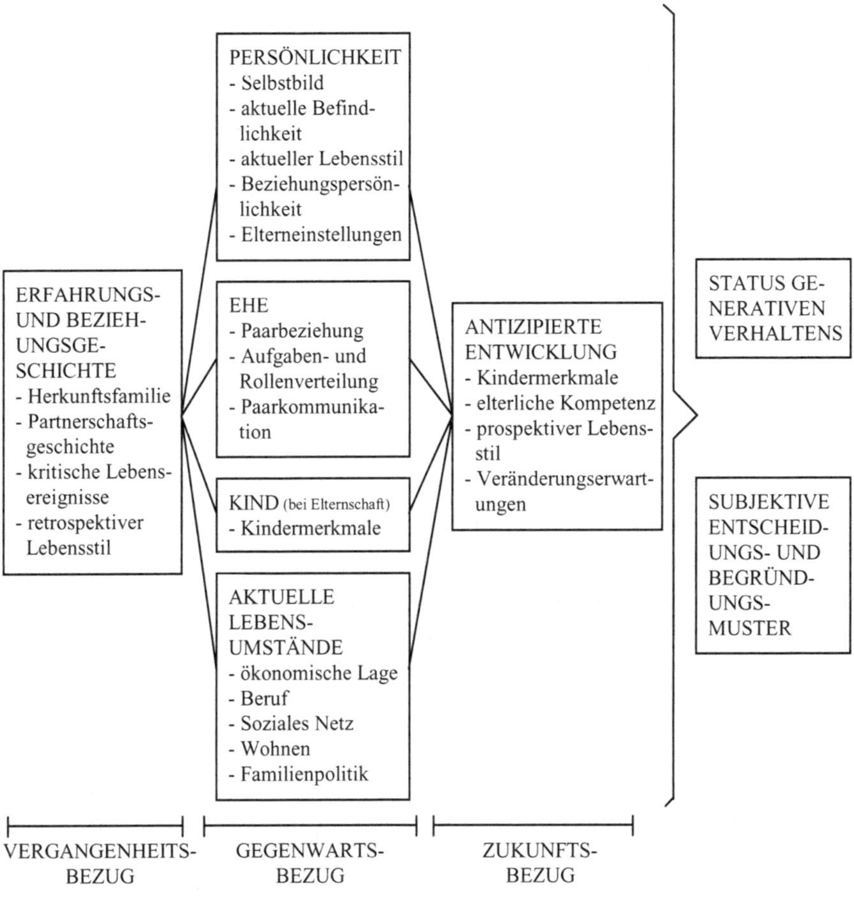

Abbildung 2: Kontextualistischer Erklärungsansatz der Psychologischen Teilstudie (vgl. Bundesministerium für Familie, Senioren, Frauen und Jugend, 1996, S. 31).

Tabelle 1: Gruppeneinteilung der psychologischen Teilstudie zum ersten Erhebungszeitpunkt, ca. ein halbes Jahr nach der Verehelichung (vgl. Bundesministerium für Familie, Senioren, Frauen und Jugend, 1996, S. 32)

Gruppe	*Anzahl der Paare*	*Beschreibung*
Ersteltern	48	Werdende Eltern im letzten Schwangerschaftstrimester
Kind ja	46	Paare, die innerhalb der nächsten fünf Jahre ihren Kinderwunsch realisieren wollen
Kind ja – mit Aufschub	20	Paare, die frühestens nach fünf Jahren ihren Kinderwunsch realisieren wollen
Unentschiedene	48	Paare mit unsicherem Kinderwunsch
Bewußt Kinderlose	18	Paare, die bewußt keine Kinder bekommen wollen

3.1. Die Entscheidung „Kind ja oder nein“: Verläufe der Ehe- und Familienentwicklung

Bei der Gruppe der Ersteltern (nach 5 Jahren: $n = 37$) bestätigt sich die vermutete Tendenz zur 2-Kind-Familie: Zwei Drittel der Paare hat nach 5 Jahren zwei Kinder, ein Sechstel der Paare haben oder erwarten ein drittes Kind, und lediglich ein Sechstel der Paare hat (nach wie vor) ein Kind (Tabelle 2). Von den Paaren, die am Anfang der Studie erklärten, daß sie innerhalb der nächsten fünf Jahre ein Baby bekommen wollen (Gruppe „Kind ja“, $n = 36$) haben zwei Drittel ihr Vorhaben realisiert: 10 Paare haben oder erwarten ihr erstes Kind, 14 Paare haben oder erwarten bereits ihr zweites Kind. Ein Drittel der Paare ist zur achten Befragung noch kinderlos (Tab. 2). Für jene Gruppe der Paare, die zu Beginn ein Kind frühestens in 5 Jahren planten („Kind ja – mit Aufschub“, $n =14$), ergibt sich zum Meßzeitpunkt VIII, daß drei Siebtel bereits mindestens ein Kind haben oder erwarten, während vier Siebtel noch kinderlos sind (Tab. 2). Zur achten Befragung haben von der Gruppe der Paare, die hinsichtlich ihres Kinderwunsches ursprünglich unentschieden waren (Gruppe „Unentschieden“, $n = 31$), knapp die Hälfte mindestens ein Kind bzw. erwarten ihr erstes Baby; gut die Hälfte dieser Gruppe ist noch kinderlos (Tab. 2). Die Gruppe der zu Anfang unserer Untersuchung bewußt Kinderlosen (Gruppe „bewußt kinderlos“, $n = 12$) ist auch bei der achten Erhebung kinderlos.

Tabelle 2: Anzahl der Schwangerschaften und Geburten nach 5 Jahren, zu Meßzeitpunkt (MZP) VIII, bezogen auf die Gruppeneinteilung zum MZP I (Angabe in Klammern: Zahl der Paare, die das angegebene Kind erst erwarten, in der Gesamtzahl erhalten) (vgl. Bundesministerium für Familie, Senioren, Frauen und Jugend, 1996, S. 169)

	kein Kind	*1 Kind*	*2 Kinder*	*3 Kinder*
Ersteltern (n = 37)		6	25	6 (1)
Kind ja (n = 36)	12	10 (2)	14 (5)	
Kind ja – mit Aufschub (n = 14)	8	5 (2)	1	
unentschieden (n = 31)	17	11 (2)	3	
bewußt kinderlos (n = 12)	12			

Im großen und ganzen kann man sagen, daß die TeilnehmerInnen dieser Verbundstudie ihre Familienplanung im Laufe des Untersuchungszeitraums entsprechend den Vorstellungen, die sie bei der ersten Befragung angegeben hatten, verwirklichten. Die einmal getroffene Entscheidung scheint demnach offenbar eine weitgehend zeitstabile Einstellung zu sein.
Fünf Siebtel der Personen, die bereits zu Beginn der Studie eine klare Entscheidung für bzw. gegen ein leibliches Kind getroffen hatten, hielten diese Haltung über insgesamt fünf Jahre hinweg aufrecht.

3.2. Bedingungen für die Realisierung von Elternschaft

In diesem Teil der Studie wurde untersucht, ob sich die in den einzelnen Gruppen gefundenen Untergruppen bereits zu Beginn der Studie in ihrer allgemeinen Lebenssituation, ihrer bisherigen Beziehungs- und Erfahrungsgeschichte, den persönlichen Erwartungen und der Gestaltung ihrer Ehe voneinander unterscheiden. Gefundene Unterschiede können als Prädiktoren angesehen werden, welche die unterschiedlichen Familienentwicklungen erklärbar bzw. prognostizierbar machen. Weiters sollte ergründet werden, ob sich auf der Person- und Paarebene Hinweise für bewußte Kinderlosigkeit finden lassen (Bundesministerium für Familie, Senioren, Frauen und Jugend, 1996).

3.2.1. Gruppe der Ersteltern

Die Gruppe der ursprünglichen Ersteltern hat sich im Laufe der Studie in drei Teilgruppen aufgespalten, und zwar in Ehepaare mit einem, zwei und mehreren Kindern. Es lassen sich einige relevante Hinweise für die Differenzierung dieser drei Teilgruppen finden, die vor allem auf persönlichkeits- und beziehungspsychologischen Unterschieden beruhen. Diese Unterschiede treten besonders markant bei einem Vergleich zwischen Ein-Kind- und Mehr-Kind-Eltern hervor: Die

Mehr-Kind-Eltern zeichnen sich zum einen durch eine besonders glückliche Paarbeziehung aus, welche von großer Aufgeschlossenheit und Vertrautheit mit dem Partner bzw. der Partnerin geprägt ist. Im Vergleich zu den anderen beiden Teilgruppen sind die Mehr-Kind-Eltern die jüngsten und haben zudem deutlich kürzer vor der Ehe miteinander zusammengelebt. Offenbar ist diese Gruppe relativ rasch davon überzeugt, daß sie den jeweils „richtigen" Partner gefunden haben. Darüber hinaus finden sich auf der Personebene Hinweise dafür, daß die Mehr-Kind-Eltern familienorientierter sind als die beiden anderen Teilgruppen. Dies zeigt sich einerseits in ihrem aktuellen Lebensstil, andererseits sprechen bestimmte Einflüsse aus der Herkunftsfamilie dafür. So werden hier beispielsweise beide Partner von ihren jeweiligen Herkunftsfamilien dazu angehalten, sich um die Fortführung der Familientradition zu kümmern. Bei den *Ein-Kind-Eltern* ergeben sich vor allem Hinweise darauf, daß diese Paare eine relativ stark ausgeprägte Berufsorientierung mit der Realisierung ihres Kinderwunsches „unter einen Hut" zu bringen versuchen. (Die Wurzeln hierfür liegen wiederum in der Herkunftsfamilie.) Besonders für Ein-Kind-*Mütter* spielt der Beruf eine besonders große Rolle (20 % Raum nimmt bei dieser Gruppe, im Durchschnitt, die Berufsrolle ein). Im Vergleich zu ihren Männern (13.4 %) und den Zwei- und Mehrkindmüttern (unter 10 %) liegen sie damit deutlich höher.

3.2.2. Gruppe „Kind ja"

Insgesamt läßt sich zu dieser Gruppe feststellen, daß alle Personen durch die Geburt eines Kindes mit einer Verschlechterung der finanziellen Situation und der Arbeitsteilung innerhalb der Partnerschaft rechnen. Hinsichtlich des allgemeinen Lebensgefühls wird allerdings eine Erhöhung erwartet, die Partnerschaft wird als unverändert antizipiert. Hinweise für unterschiedliche Entwicklungsverläufe innerhalb dieser Gruppe fand man hauptsächlich für die sogenannten „Frührealisierer", also jene Paare, die bei der ersten Befragung angegeben hatten, innerhalb der nächsten fünf Jahre ein Baby bekommen zu wollen, jedoch bereits drei Jahre danach ihren Kinderwunsch verwirklicht hatten. Bei diesen Paaren scheint zum einen „das Nest bereitet" zu sein, denn hinsichtlich der ökonomischen Rahmenbedingungen unterscheiden sie sich bereits zu Beginn der Studie deutlich in der Höhe des Paarnettoeinkommens von den übrigen Untergruppen. Zum anderen zeigt sich auf der Paarebene eine hohe positive Emotionalität der Beziehungsgestaltung. Auf der Personenebene treten die Frührealisierer besonders durch ihren Lebensstil hervor, der weniger personorientiert, sondern – vor allem was ihren zukünftigen Lebensstil anbelangt – eher familienorientiert ist. Außerdem wurde deutlich, daß die „frühen" Väter von ihren Eltern mit Nachdruck den „Auftrag" zur Gründung einer eigenen Familie bekommen haben.

3.2.3. Gruppe „Kind ja – mit Aufschub“

Zur Erklärung der unterschiedlichen Familienentwicklung in dieser Gruppe finden sich eher Hinweise für die vorzeitige Realisierung des Kinderwunsches. Bei dieser Teilgruppe stellte man einige Faktoren fest, die ihren Entwicklungsweg erklärbar machen, wie beispielsweise eine glückliche Paarbeziehung, eine ausgeprägte Familienorientierung und eine starke Bindung an familienbezogene Erwartungen seitens der jeweiligen Herkunftsfamilien.

3.2.4. Gruppe „Unentschiedene“

Für die Entwicklung der Personen, die zu Beginn der Untersuchung unsicher waren, aber im Verlauf der Studie doch ein Baby bekommen haben, finden sich außer ihrem vergleichsweise höheren Alter und einem damit einhergehenden höheren Entscheidungsdruck, keine relevanten Erklärungen für die ursprünglich zögerliche Haltung in der Kinderfrage.

3.2.5. Gruppe „bewußt Kinderlose“

Diese Paare wiesen über den gesamten Untersuchungszeitraum eine hohe Stabilität in ihrer ursprünglichen Haltung auf. Von den anderen Gruppen unterscheidet sich die Gruppe der bewußt Kinderlosen dadurch, daß sie neben einem höheren Alter durch ein erhöhtes Maß an Verletzlichkeit und ein geringes Vertrauen in die eigenen Fähigkeiten als Elternperson hervorheben. Weiters stellt sich diese Gruppe als besonders partnerorientiert dar. Daraus läßt sich schließen, daß bewußte Kinderlosigkeit nicht durch Kinderfeindlichkeit verursacht ist, sondern eher daher gründet, diese enge Partnerbeziehung nicht zu gefährden.

3.3. Veränderungen im Kontext der Elternschaft

Innerhalb der Partnerschaft führt der Übergang zur Elternschaft häufiger zu Entwicklungen, die als eine Verschlechterung der Paarbeziehung beschrieben werden können; obwohl man hinzufügen muß, daß sich auch durchaus positive Entwicklungsverläufe und solche, die mit einer großen Gruppe von Nichteltern vergleichbar sind, feststellen lassen.

Typisch für die Nichteltern sind überwiegend relativ positive und stabile Beschreibungen der Paarbeziehungen (siehe Tabelle 3). Das heißt, Nichteltern sind besonders häufig in den Gruppen der „Optimalen“ (Partner beschreiben ihre Beziehung als quasi optimal), der „Verstrickten“ (fühlen sich sexuell und emotional nahe, weisen aber ein hohes Maß an Regelhaftigkeit auf, bei nur mittlerer Aufgeschlossenheit) und der „Distanziert Aktiven“ (diese kleine Gruppe von Paaren beschreibt ihre Beziehung als sexuell und emotional relativ distanziert und definiert sich vor allem durch gemeinsame Aktivitäten und ein geregeltes Zusammenleben) vertreten. Ca. 30 % der Eltern und Nichteltern gehören zur Gruppe der „Normalen“ (bei diesen Paaren zeigen sich mittlere Werte in allen Partnerschaftsbereichen, die relativ stabil bleiben oder im Zeitverlauf etwas nachlassen; siehe Tab. 3). Die Eltern dominieren eher die Gruppen der „Enttäuschten“ (entsprechen am ehesten dem Bild einer krisenhaften Störung einer funktionierenden Partnerschaft durch die Geburt des ersten Kindes), der „Distanzierten Problemlöser“ (verfügen über eine geringe emotionale Verbundenheit, aber eine hohe Sachkompetenz) und der „Auflöser“ (diese Partner empfinden ihre Partnerschaft kaum noch als solche) – siehe Tab. 3.

Tabelle 3: Partnerschaftsverlaufscluster bei den Paaren mit und ohne Kinder/n. Häufigkeiten (Fett-kursive Werte: Gruppe ist im Cluster signifikant häufiger vertreten) (vgl. Bundesministerium für Familie, Senioren, Frauen und Jugend, 1996, S. 208)

	Elternschaft			
	ja	nein	ja	nein
Optimale	7	***16***	14 (21 %)	***44*** (51 %)
verstrickte	5	***20***		
Distanziert Aktive	2	***8***		
Normale	20	31	20 (29 %)	31 (36 %)
Enttäuschte	***13***	5	***34*** (50 %)	12 (14 %)
Distanzierte Problemlöser	***11***	6		
Auflösung	***10***	1		

3.4. Elternschaft und Beruf

Einerseits beeinflußt der Übergang zur Elternschaft die Ausübung der Berufstätigkeit, und andererseits haben berufsbezogene Variablen einen Einfluß darauf, ob und wann der Übergang zur Elternschaft realisiert wird. Für Männer ist offensichtlich eine Intensivierung der Berufstätigkeit in den ersten Ehejahren charakteristisch, und zwar vor allem, solange sie kinderlos sind. So läßt sich für die Männergruppen „Kinderlose“ und „Kind später“ ein deutlicher Zuwachs an wöchentlichen Arbeitsstunden feststellen, für die Gruppe der „Ersteltern“ hingegen nicht. Bei den Frauen führt Elternschaft im Mittel zu einer deutlichen Reduzierung ihrer Arbeitsstunden. Während die von den kinderlosen Frauen investierten Berufsstunden innerhalb des 5-Jahres-Intervalls weitgehend konstant bleiben, ergeben sich für die Gruppe „der späten Mütter“ die größten beruflichen Veränderungen in Richtung einer drastischen Reduzierung der Arbeitsstunden. Interessant ist, daß diejenigen Frauen, die ihren Kinderwunsch nach ihrer Verehelichung mit zeitlicher Verzögerung realisieren, in der Phase vor der Schwangerschaft ein besonders starkes Berufsengagement zeigen, welches hauptsächlich von intrinsischen Berufsmotiven (z. B. Freude und Interesse am Beruf) geleitet ist. Bei den Männern, insbesondere bei den werdenden Vätern, haben hingegen extrinsische Berufsmotive (z. B. Notwendigkeit des Geldverdienens) eine stärkere Bedeutung.

3.5. Kinderbetreuung

Nur ein Drittel der Eltern dieser Studie betreut ihre Kinder ausschließlich selbst, zwei Drittel nehmen Fremdbetreuung in Anspruch. 84 % der berufstätigen, aber nur 42 % der nicht berufstätigen Frauen nutzen Betreuungsangebote.

3.5.1. Innerfamiliäre Kinderbetreuung (Betreuung durch die Eltern)

Unter der Woche wird die Betreuung und Versorgung der Kinder im Mittel zu 85 % von den Frauen übernommen, bei über einem Drittel der Frauen liegt der Anteil bei 100 %. Entgegen der Erwartung, daß Frauen mit mehr als einem Kind vielleicht mehr Unterstützung bei Betreuungsaufgaben erfahren, zeigt sich genau der gegenteilige Effekt. Frauen mit einem Kind übernehmen unter der Woche 80 %, Frauen mit mehr als einem Kind 87 % der Betreuungsaufgaben. Besser stellt sich die Aufteilung am Wochenende dar. Ein großer Teil der Männer widmet sich während dieser Zeit der Pflege und Betreuung ihrer Kinder. Konkret heißt dies: 80 % der Männer übernehmen 40 % der Betreuungsaufgaben oder mehr.

Die Frauen wünschen sich im allgemeinen, zumindest „ab und zu“ eine andere Arbeitsteilung und mehr Entlastung durch den Mann. Darüberhinaus wünschen sich Frauen und Männer gelegentlich mehr Entlastung durch andere Personen, um so mehr Zeit für die Partnerschaft zu gewinnen.

3.5.2. Außerfamiliäre Kinderbetreuung

Zur Akzeptanz von Fremdbetreuungsangeboten wäre zu sagen, daß diese im allgemeinen höher ist, wenn die Kinder schon älter sind. Aber auch dann sind die meisten Personen der Meinung, daß die Betreuung nur in zeitlich eingeschränktem Umfang stattfinden soll (siehe Tabelle 4).

Tabelle 4: Einstellung zur außerfamiliären Kinderbetreuung, Angaben in Prozenten; *N* = 125 (vgl. Bundesministerium für Familie, Senioren, Frauen und Jugend, 1996, S. 244)

	bis unter 3 Jahre			3 bis 6 Jahre		
	Kinder-krippe	*Tages-mutter*	*Fam.-Angeh.*	*Kinder-garten*	*Tages-mutter*	*Fam.-Angeh.*
nicht regelmäßig	37	35	18	2	21	13
eingeschränkter Umfang	54	49	59	31	41	46
ohne weiteres	9	16	23	7	38	41

Bei der Frage nach der tatsächlichen Nutzung außerfamiliärer Betreuungsmöglichkeiten erweisen sich die Betreuung im Kindergarten und durch die Großeltern mit großem Abstand als die am häufigsten genutzten Betreuungsformen.

Auch die Kombination dieser beiden Betreuungsformen ist eine relativ häufig anzutreffende Betreuungsmöglichkeit. Beim Kindergarten wird der Kontakt zu anderen Kindern und die Förderung des Kindes besonders geschätzt, bei den Großeltern sticht das gute Verhältnis zur betreuenden Person und die Flexibilität bei den Vorzügen heraus. Die Betreuung durch eine Tagesmutter wird eher als ambivalent erlebt, durch z. B. organisatorische Probleme oder eventuelle Konkurrenz bzw. Rivalität (Bundesministerium für Familie, Senioren, Frauen und Jugend, 1996, S. 245-2464).

4. Zusammenfassung und Gedanken zum Thema

Laut dieser Verbundstudie läßt sich insgesamt sagen, daß die Vorstellungen bezüglich der Familienplanung (d. h. Kind/er) – ja oder nein) eine weitgehend zeitstabile Entscheidung zu sein scheint. Der überwiegende Teil der Personen hat seine Haltung über 5 Jahre hindurch aufrechterhalten. Weiters zeigte sich, daß Paare, die früher als ursprünglich geplant ihren Kinderwunsch realisieren, sich durch bessere ökonomische Bedingungen, eine glückliche Paarbeziehung und eine ausgeprägte Familienorientierung hervorheben. Innerhalb der Partnerschaft führt der Übergang zur Elternschaft häufiger zu negativen Entwicklungen. Elternschaft führt bei Frauen, laut dieser Studie, zu einer deutlichen Reduzierung ihrer Berufstätigkeit, wobei die Aufgabe der Kinderbetreuung zum überwiegenden Teil, nach altem Rollenmuster, durch Frauen übernommen wird.

Am meisten erstaunt in der vorgestellten Studie vielleicht jenes Ergebnis, wonach der Kinderwunsch sehr zeitstabil ist. Dies deutet auch darauf hin, daß z. B. mehr finanzielle Hilfe vom Staat nicht automatisch zu mehr Kindern führt, da sich bereits sehr früh und sehr nachhaltig eine genaue Vorstellung über die Familienplanung entwickelt.

5. Literatur

Bundesministerium für Familie, Senioren, Frauen und Jugend. (Hrsg.). (1996). *Optionen der Lebensgestaltung junger Ehen und Kinderwunsch. Verbundstudie-Endbericht.* Stuttgart: Kohlhammer.

41. Kulturelle Determinanten des Elternschaftserlebens

Ilka Reitzner

1. Einführung

Um in diesem Beitrag kulturelle Determinanten des Elternschaftserlebens aufzeigen zu können, soll vorerst ein kurzer Blick auf die Entstehung der Familie und deren historische Entwicklung innerhalb Europas geworfen werden (vgl. dazu auch Kap. 3). Mit einigen Beispielen von unterschiedlichen Familienstrukturen, die sich aus kulturellen Besonderheiten ergeben, wird anschließend auf Kulturen außerhalb Europas eingegangen, wobei selbstverständlich kein Anspruch auf Vollständigkeit erhoben werden kann. Zuletzt wird auf eine 1996 erschienene Vergleichsstudie zwischen Deutschland und Südkorea eingegangen, wobei im Vergleich dieser beiden Länder v. a. die Umstände zum Zeitpunkt der Familiengründung näher beleuchtet werden (Quaiser-Pohl, 1996).

2. Entstehung der Familie

Man geht davon aus, daß die menschliche Evolution mit der Bildung der Familie einhergeht, und zwar deshalb, weil sie in allen menschlichen Kulturen vorgefunden wird. Da nicht in jeder Kultur bekannt ist, daß höchstens ein Mann der Vater eines Kindes sein kann, und daß überhaupt ein Mann zur Zeugung eines Kindes hinreichend ist, verwundert es, daß in der ganzen Geschichte definierte *soziale Vater-Kind-Beziehungen* vorkommen (vgl. Fthenakis, 1988). Es ist dabei egal, ob:

1) die biologische Funktion des Mannes bei der Zeugung bekannt ist;
2) die Männer zwar „Väter" waren, ohne jedoch die leiblichen Väter des Kindes zu sein;
3) die Geschlechtsbeziehungen polyandrisch sind (Vielmännerei) oder
4) eine matrilineale Organisation der Gesellschaft besteht.

1967 untersuchte Murdock (zitiert nach Fthenakis, 1988) 175 *Jäger und Sammlergesellschaften*, die durchgehend eine Familienstruktur mit traditioneller Arbeitsteilung aufwiesen. Bei 97 % dieser Gesellschaften galt Jagen als Männerarbeit; bei 60 % sammelten ausschließlich Frauen die Nahrung. Man kann die Ergebnisse dieser Untersuchung zusammenfassend so beschreiben: Die Domäne des Mannes bestand im Kampf, Beschützen des Stammes und Ausüben religiöser Pflichten, während die Frauen für die Erziehung der Kinder, die Pflege des Heimes und die Zubereitung und Aufbewahrung der Nahrungsmittel zuständig waren. Entscheidungen, die den ganzen Stamm betrafen, wurden vorwiegend nur von den Männern getroffen, der weibliche Einfluß war überwiegend informeller Art. Es herrschte eine relative Gleichberechtigung zwischen den Geschlechtern, da Männer und Frauen ökonomisch aufeinander angewiesen waren. Man kann davon ausgehen, daß es sich hierbei um die „ursprüngliche" Form der Familienstruktur handelt (Fthenakis, 1988).

3. Historische Entwicklung der Familie

In verschiedenen Gegenden Europas gab es zu unterschiedlichen Zeitpunkten den Übergang zur *Ackerbaugesellschaft*, der die Entstehung von Dörfern begünstigte. Durch die Kultivierung des Ackerbaus und verbesserte Techniken konnten Überschüsse erwirtschaftet werden. Diese stellten die Grundlage für die Bildung erster *Klassengesellschaften* dar. Es kam zu einer stärkeren sozialen Ausdifferenzierung und somit auch zur Entwicklung unterschiedlicher Familientypen. Die stärkere Differenzierung bei den Geschlechterrollen ergab in der Regel eine Stärkung der Position des Mannes. Es gibt auch Gegenbeispiele, bei welchen Frauen aus agrarischen Gesellschaften einen stärkeren Einfluß ausüben. Bei den Iroquois-, Samoa- und Yoruba-Frauen beispielsweise, die einen großen Einfluß in ökonomischen Belangen besaßen, ging mit der Zunahme dieses Einflusses eine ausgeglichenere Beteiligung beider Geschlechter an der Kindererziehung einher. Zu Beginn des 18. Jahrhunderts bildeten sich im westeuropäischen Kulturkreis *industriell-urbane Strukturen* aus. Eine der weitreichenden Konsequenzen für die Familienstruktur war die sich ausformende Rollenteilung zwischen den Eltern: Der Vater wurde zum Hauptverdiener, die Mutter übernahm fast die gesamte Verantwortung für die Erziehung der Kinder beiderlei Geschlechts. Die sozioökonomische Entwicklung hat ihre Spuren auch in der typischen Art und Weise der Gestaltung von Familienstrukturen in den jeweils historischen Gesellschaftsformen hinterlassen (Fthenakis, 1988).

4. Beispiele kultureller Besonderheiten verschiedener Familienstrukturen

4.1. Vaterschaft als soziale Zuschreibung

Das Wissen darum, daß jeder Geburt eine Konzeption vorangegangen sein muß, ist den Menschen nicht immer geläufig gewesen. Der biologische und der soziale

Vater sind daher nicht unbedingt identisch. Ein Beispiel dafür ist die *Leviratsehe* im alten Testament, bei der einem bereits Verstorbenen die Vaterschaft für ein Kind zugesprochen wurde, das tatsächlich erst nach seinem Ableben von seinem Bruder stellvertretend für den Toten gezeugt wurde, um ihm zu einem männlichen Nachkommen zu verhelfen. Bei Gesellschaften, in denen *maternale Deszendenz* herrscht, d. h. die Erbfolge ausschließlich über die mütterliche Seite geführt wird, gilt der Bruder der Mutter als „sozialer Vater" (Bleibtreu-Ehrenberg, 1995).

4.1.1. Kinder aus Ehen zwischen zwei Frauen

In afrikanischen Stämmen, in denen „Vaterrecht" herrscht, kann eine Frau mit einer sozial herausragenden Position diese nur weitervererben, wenn sie sich offiziell einer „sozialen Geschlechtsumwandlung" unterwirft. Sie erhält dazu von der Stammesführung männliche Insignien (Waffen, Tracht), wird öffentlich zum Mann erklärt, heiratet eine Frau, und alle Kinder beider Frauen mit einem Liebhaber gelten als Kinder des „Gatten", der geschlechtsgewandelten Frau.

4.1.2. Kinder aus Ehen zwischen zwei Männern

Indianische und sibirische Schamanen praktizierten Ähnliches, nur mit anderen „Vorzeichen". Damals existierten Männer die behaupteten, von ihrem „Schutzgeist" geschlechtsgewandelt worden zu sein. Sie legten weibliche Tracht an, wurden in weiterer Folge wie Frauen behandelt und genossen eine enorme religiöse Hochachtung. Nach der Eheschließung mit einem Mann, nahm sich dieser eine Nebenfrau mit der beide Eheleute verkehrten.

Beide oben angeführten Bräuche, die von geschlechtsgewandelten Paaren gelebt wurden, dienten nicht der Praxis der Homosexualität. Es ist jedoch wichtig festzuhalten, daß hier von einem Triumph der sozialen über die biologischen Faktoren der Vaterschaft berichtet wird (Bleibtreu-Ehrenberg, 1995).

4.1.3. Vielmännerei

Die Eheform der Vielmännerei, die bis vor kurzem noch in Tibet und im Norden Hinterindiens praktiziert wurde, half dem ständigen Mangel an Frauen im gebärfähigen Alter ab. Mehrere Männer, die meistens miteinander verwandt waren, nahmen sich eine Frau. Alle Kinder der Frau galten jedoch als die ihres ältesten Mannes.

4.2. Wenn die biologische Vaterschaft nicht ausreicht

In Melanesien nahm man an, daß der Sexualverkehr der Gatten für die Herausbildung eines männlichen Wesens nicht genüge: Die Frau baut während der Schwangerschaft das Kind aus ihrem Blut auf und nährt es später mit ihrer Milch; daraus folgt in diesen Stämmen, daß das Kind rein weiblich sein muß. Alle Kinder gelten also per Definition als weiblich und haben keinen Zugang zu exklusiv männlichen Tätigkeiten. Darum wurde für „männliche Kinder" ein oft jahrelang andauernder Initiationsritus geschaffen, bei dem ein erwachsener Mann dem Kind durch anale oder orale Penetration Sperma, männliche „Milch", zuführte. Dieser Mann galt später auch als zusätzlicher „Vater" des Jungen, dem man im Alter ebenso Respekt und Versorgung schuldete. Initiationsriten wie diese wurden gänzlich aufgegeben, als bekannt wurde, daß der männliche Nachwuchs auch ohne diese Rituale wächst und gedeiht (Bleibtreu-Ehrenberg, 1995).

4.3. Couvade, das „Männerkindbett"

Couvade, von einem spanischen Dialektwort abgeleitet, heißt „verbergen". Gemeint ist damit, daß es bis vor kurzem noch Stämme gab, bei denen sich die Männer gemeinsam mit den jungen Müttern ins Wochenbett legten.
Bei neueren Forschungen (vgl. z. B. Heinowitz, 1999) in diesem Bereich stellte man fest, daß 15-50 % der werdenden Väter auch in unserem Kulturkreis darüber berichten, „Schwangerschaftsbeschwerden bei sich selbst" festgestellt zu haben. Auch die Tatsache, daß Väter in Geburtsvorbereitungskursen beträchtlich zugenommen haben, ist in diesem Zusammenhang von Interesse. Der derzeitige Forschungsstand läßt auf diesem Gebiet nur Vermutungen zu.

5. Vergleich zweier gegenwärtiger Kulturen: Südkorea – Deutschland

Im folgenden sei nun auf eine von Claudia Quaiser-Pohl (1996) veröffentlichte Vergleichsstudie eingegangen, die den Übergang zur Elternschaft und die Familienentwicklung in Deutschland und Südkorea untersuchte. Die Darstellung der Ergebnisse dieser interkulturellen Untersuchung beschränkt sich auf einen kleinen Ausschnitt, die Veränderung der Einstellung „Kinder als Wert".

5.1. Südkorea

5.1.1. Geschichte und Religion

Seit dem Ende der 50er-Jahre macht das Land einen wirtschaftlichen Aufschwung zur Industrienation durch, mit all den typischen Problemen, wie beispielsweise Landflucht und Umweltverschmutzung.
Der Buddhismus nimmt mit 41 % der Gesamtbevölkerung die vorherrschende Stellung ein. Er ist gefolgt vom Christentum und dem *Konfuzianismus*. Dieser prägt jedoch in Südkorea als Gesellschafts- und Moralkodex seit Jahrhunderten das gesamte Leben und ist dadurch für die kulturelle Entwicklung Südkoreas von entscheidender Bedeutung. Auch Menschen, die ihre Religion nicht im Konfuzianismus gefunden haben, sind durch die Gesellschaftsordnung davon betroffen. Zum besseren Verständnis seien die *fünf goldenen Regeln von Konfuzius* angeführt:

1) Treue des Untertans gegenüber dem Herrscher;
2) Ehrfurcht der Kinder vor den Eltern;
3) Gehorsam der Ehefrau gegenüber dem Ehemann;
4) Respekt des Jüngeren für den Älteren;
5) Vertrauen unter Freunden.

5.1.2. Familie

Drei der oben angeführten Regeln betreffen direkt das Zusammenleben innerhalb der Familie. Die Frau muß sich in zweierlei Hinsicht unterordnen, zum einen ihrem Mann und zum anderen den älteren Familienmitgliedern gegenüber. Da die Vorstellung herrscht, man könne in seinen Ahnen fortleben (Ahnenkult), ist die Geburt eines männlichen Kindes für die Frau besonders wichtig. Ihre soziale Position wird dadurch gestärkt. Gerade die erste Schwangerschaft einer jungen Frau nimmt in Südkorea einen besonderen Stellenwert ein. In dieser Zeit wird sie von ihrem Mann verwöhnt und darf im gewissen Maß sogar „bestimmen“ (vgl. Quaiser-Pohl, 1996).

5.2. Charakteristika der Familiengründung

Bei koreanischen Eltern (dieser Studie) findet die Familiengründung früher statt, die Eltern sind jünger, ihre Partnerschaft dauert noch nicht so lange, und das zweite Kind kommt schneller nach dem ersten, als dies bei den Eltern der deutschen Vergleichsgruppe (aus den alten Bundesländern) der Fall ist. Ca. 50 % der koreanischen Paare wurden durch die Vermittlung Dritter zusammengeführt, und nahezu alle Elternpaare dieser Gruppe waren zum Zeitpunkt der Geburt verheiratet. Koreanische Paare erlitten kaum finanzielle Einbußen nach der Geburt von Kindern. Bei der deutschen Stichprobe gibt es unter den Ersteltern einige ledige oder bereits geschiedene, zum Zeitpunkt der Geburt des zweiten Kindes sind dann auch die meisten deutschen Eltern verheiratet (Quaiser-Pohl, 1996).

5.3. Veränderung der Einstellung „Kinder als Wert“

Beide Elterngruppen wurden zum Zeitpunkt T1 (6. Schwangerschaftsmonat) und T2 (3. Lebensmonat des Kindes) zu Aussagen befragt, aus denen auf ihre Einstellung „Kinder als Wert“ gefolgert werden konnte. Diese Studie unterscheidet nochmals zwischen Paaren, die zum ersten und Paaren, die zum zweiten Mal Eltern werden.

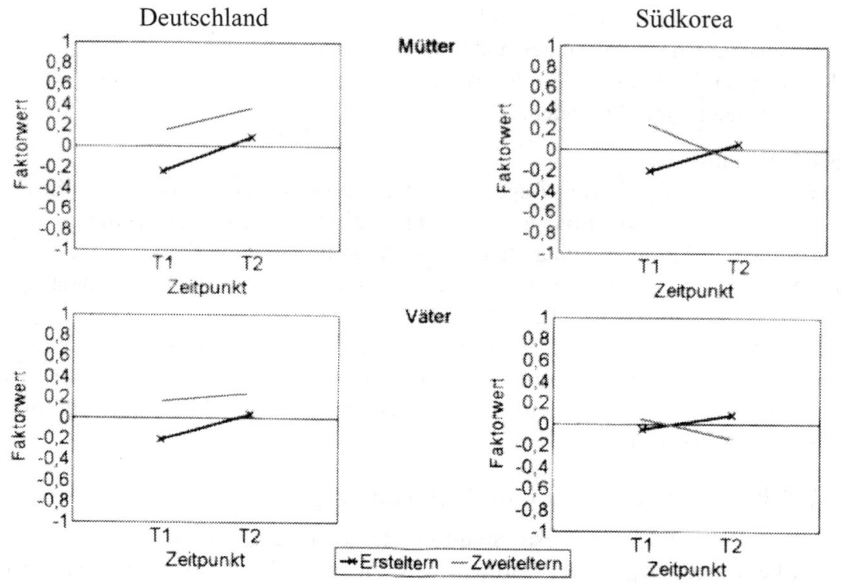

Abbildung 1: Veränderungen der Einstellung „Kinder als Wert“ (Quaiser-Pohl, 1996, S. 144).

Im Verlauf der Familienentwicklung wurden der „Wert von Kindern“ bei der deutschen Stichprobe also zunehmend stärker betont (s. auch Werneck, Nickel, Rollett & Yang, 1996), während sich bei den koreanischen Zweiteltern ein gänzlich anderes Bild zeigt. Sie sehen nach der Geburt des zweiten Kindes den „Wert eines Kindes“ geringer an, als vor dessen Geburt. Dies könnte mit dem oben bereits erwähnten, besonderen Stellenwert der ersten Schwangerschaft und der enormen Wichtigkeit eines männlichen Nachfolgers erklärt werden. Wenn koreanische Frauen „ihre Pflicht“ in Form der Geburt eines Sohnes erfüllt haben, ist es nicht mehr nötig, weitere Kinder zu gebären.

5.3.1. Schulabschluß und „Kinder als Wert“

Bei höherem Schulabschluß der Eltern wird Kindern ein geringerer Wert beigemessen, als dies bei Eltern mit niederem Schulabschluß der Fall ist.

5.3.2. Berufstätigkeit der Frau und „Kinder als Wert“

Die Werteinstellung von deutschen Müttern und Vätern stieg von T1 zu T2 dann stärker an, wenn die Frau zu T2 berufstätig war. Bei den nicht berufstätigen koreanischen Zweitmüttern nahm die Einstellung zu Kindern als Wert stärker ab, als bei den berufstätigen Zweitmüttern, und zwar ausgehend von einem höheren Ausgangsniveau in T1 und zu einem erheblich niederen Wert in T2 führend. Für koreanische Väter liegen keine Ergebnisse vor (Quaiser-Pohl, 1996).

6. Gedanken zum Thema

Je intensiver man sich mit dem Hintergrund der einzelnen Kulturen auseinander setzt, desto mehr Vermutungen über mögliche Zusammenhänge lassen sich anstellen. Besonders bemerkenswert ist, wie tiefgreifend Religion und Kultur das Leben eines einzelnen Menschen beeinflussen; wie politische Maßnahmen (z. B. Bildungsprogramme) Einfluß auf das generative Verhalten der Bevölkerung haben können.

Interkulturelle Vergleichsstudien, wie die oben beschriebene, können in diesem Sinn sehr interessante Unterschiede aufzeigen und zu weiteren Fragen bzw. Forschungen anregen.

7. Literatur

Bleibtreu-Ehrenberg, G. (1995). Vaterschaft im Kulturvergleich. In H. Michelsen (Hrsg.), *Über Väter. Skizzen einer wichtigen Beziehung* (S. 23-39). Mainz: Matthias-Grünewald-Verlag.

Bozett, F. W. & Hanson, S. M. H. (Eds.). (1991). *Fatherhood and families in cultural context*. New York: Springer.

Fthenakis, W. E. (1988). *Väter. Zur Psychologie der Vater-Kind-Beziehung* (Bd. 1). München: Deutscher Taschenbuch Verlag.

Heinowitz, J. (1999). *Der Mann in anderen Umständen: Der einfühlsame Ratgeber für die aufregende Phase des Vaterwerdens*. München: Mosaik.

Quaiser-Pohl, C. (1996). *Übergang zur Elternschaft und Familienentwicklung in Deutschland und Südkorea. Eine interkulturelle Untersuchung*. Münster: Waxmann.

Werneck, H. (1998). *Übergang zur Vaterschaft. Auf der Suche nach den „Neuen Vätern"*. Wien: Springer.

Werneck, H., Nickel, H., Rollett, B. & Yang, M.-S. (1996). Kinder als Wert oder als Belastung? Einstellungen deutscher, österreichischer und südkoreanischer Eltern im Vergleich. In K. U. Ettrich & M. Fries (Hrsg.), *Lebenslange Entwicklung in sich wandelnden Zeiten* (S. 298-305). Landau: Verlag Empirische Pädagogik.

42. Tierexperimentelle Untersuchungen zur Elternschaft

Barbara Pint

1. Einleitung

Obwohl von tierexperimentellen Ergebnissen nicht vorschnell und direkt (oder indirekt) auf den Menschen geschlossen werden kann, sind sie doch nützlich, um Elternschaft und deren Entwicklung über die Zeit besser zu verstehen.
Es ist nicht abzustreiten, daß Elternschaft primär ein biologisches Phänomen ist. Der Mensch ist, genauso wie alle anderen Arten, Produkt der biologischen Evolution und steht damit in der Kontinuität alles Lebendigen. Damit wird allerdings nicht gesagt, daß wir Menschen Marionetten sind, die durch unsere Gene vorbestimmt sind. Gene determinieren keine Verhaltensabläufe, sie programmieren vielmehr Entwicklungsvorgänge, wobei sie den Rahmen vorgeben, der die Entwicklungsmöglichkeiten begrenzt. Unser Verhalten ist immer auch von äußeren Umständen (von sozialen Situationen) abhängig. Das Verhalten von Tieren (besonders von „höheren" Tieren) wird ebenfalls durch äußere Umstände beeinflußt (Paul, 1995, S. 10-12). Deshalb kann auch nicht davon ausgegangen werden, daß ein Lebewesen zu einem bestimmten Verhalten nicht fähig ist, nur weil es dieses Verhalten noch nie gezeigt hat – ein Umstand der auch als *Kompetenz-Performanz-Problem* bezeichnet wird (Parke & Sawin, 1976, zitiert nach Fthenakis, 1988, S. 99). Als Beleg für diese Aussage kann ein Versuch angeführt werden, der von Mitchell, Redican und Gomber 1974 (zitiert nach Paul, 1995) durchgeführt wurde: Je ein erwachsener Rhesusaffe, eine Art, bei der sich die Männchen nicht an der Aufzucht der Kinder beteiligen, wurde für sieben Monate mit einem Säugling in einen etwa kühlschrankgroßen Käfig gesperrt. Die Männchen zeigten Fürsorgeverhalten und fungierten als Bindungsperson, sodaß die Kinder kaum Deprivationssymptome zeigten (Paul, 1995, S. 15).
Anzumerken ist an dieser Stelle, daß die Erforschung väterlicher Verhaltensweisen keineswegs problemlos stattfinden kann. Bei Tieren ist es, im Gegensatz zu den Menschen, nicht immer eindeutig, wer der Vater des Jungen ist. Besonders in freier Wildbahn muß man sich deshalb häufig damit begnügen, diejenigen männlichen Tiere zu beobachten, die elterliche Fürsorge gegenüber den Jungtie-

ren zeigen, auch auf die Gefahr hin, daß dieses Tier gar nicht der biologische Vater ist.
Eine zweite Schwierigkeit besteht darin, festzulegen, welche Verhaltensweisen als väterlich gelten sollen. Eine diesbezüglich relevante Einteilung wurde von Snowdon und Suomi (1982, zitiert nach Fthenakis, 1988) vorgeschlagen:

- *substitutives Verhalten:* Verhalten, das der Vater anstelle der Mutter zeigt;
- *komplementäres Verhalten:* Verhaltensweisen, die der Vater zusätzlich zeigt, ohne daß sie bei der Mutter in ähnlicher Weise zu beobachten sind, welche aber der Kinderaufzucht zugutekommen.

2. Klassifikation elterlicher Sorge bzw. Nichtsorge verschiedener Lebewesen

Um die Vielfalt der Formen elterlichen Verhaltens in eine Ordnung und Übersicht zu bringen, sind von vielen AutorInnen Systematisierungsversuche unternommen worden. Howells (1969, zitiert nach Fthenakis, 1988, S. 53-54) klassifiziert 11 Arten elterlicher Sorge bzw. Nichtsorge bei verschiedenen Lebewesen:

1) Das *Fehlen jeglicher Sorge* (z. B. einige Schmetterlinge, Fische): Bei Insekten und Reptilien gibt es im allgemeinen keinerlei elterliche Sorge. Bei einigen Arten übernimmt der Vater in Ausnahmefällen Bewachungs- oder Schutzfunktionen (Fthenakis, 1988, S. 56).
2) *Sorge* zu gleichen Anteilen *durch beide Eltern*, wobei entweder die Aufgaben gleich verteilt oder strikt arbeitsteilig geregelt sind (z. B. einige Vogelarten); bei Vögeln gibt es, laut Etkin (1964, zitiert nach Fthenakis, 1988, S. 57), interessanterweise einen Zusammenhang zwischen der Färbung des Gefieders und der Beteiligung an der Kinderaufzucht. So ist das Ausmaß der Beteiligung umso geringer, je bunter und hervorstechender die Färbung ist. Bei den Silbermöwen und Tauben brütet tagsüber fast ausschließlich das Männchen, auch bei den meisten Straußenarten sind nur die Männchen für das Ausbrüten zuständig.
3) *Rollenübernahme*, besonders dann, wenn ein Elternteil wegfällt (z. B. Rebhuhn);
4) Haupt- oder alleinige *Sorge durch das Weibchen* (z. B. Schaf, Skorpion);
5) Sorge durch *mehrere Weibchen* (z. B. Löwe, Elefant);
6) Sorge durch eine *ganze Gruppe* (z. B. Maus);
7) Sorge durch *Pflegeeltern bzw. „Tanten“* (z. B. Kuckuck, Elefant);
8) Sorge durch *Hilfskräfte* (z. B. Honigbiene);
9) Sorge in einem *Kindergarten* (z. B. Kaiser-Pinguine);
10) Sorge durch *Geschwister* (z. B. Mottenmilben);

11) Haupt- oder alleinige *Sorge durch das Männchen* (z. B. verschiedene Fischarten): Das Stichlingsmännchen besorgt den Nestbau, es ventiliert die abgelegten Eier mit frischem Wasser, bewacht die geschlüpfte Fischbrut, verteidigt sie gegenüber Eindringlingen und hält den Schwarm der Jungtiere zusammen. Bei einigen Welsarten, sogenannten Maulbrütern, transportiert das Männchen dic Brut im Maul bis sie schlüpft. Auch nach dem Schlüpfen dient das Maul des Vaters als Zufluchtsort falls Gefahren drohen. Zu den Säugetieren ist zu sagen, daß eine reine Vater-Familienorganisation aufgrund der besonderen „Ausstattung" der Mutter ausgeschlossen ist. Selbst wenn der Vater alle anderen Bereiche der Sorge und Pflege übernehmen kann – säugen wird er seine Kinder nie können (Fthenakis, 1988, S. 57). Dies sieht man zum Beispiel beim südamerikanischen Springaffen, bei dem das Junge nur zum Stillen zur Mutter geht (Paul, 1995, S. 14).

3. Die Nachwuchsbetreuung nicht-menschlicher Primaten

Diese läßt sich, leicht vereinfacht, in *drei Formen* gliedern:

3.1. Betreuung durch die Mutter (z. B. Orang Utans, Bonobos, Schimpansen)

Die Mutter eines Primatenkindes ist sein einziger Nahrungsspender und sein wichtigster Hort für Zuflucht und Geborgenheit. Die Geburten finden meist abseits von anderen Art- oder Gruppengenossen statt, was die Intimität der Mutter-Kind-Dyade unterstreicht. Die Entwöhnung findet erst mit dem vierten Lebensjahr des Jungtieres statt (Todt, 1995, S. 88-89).
Wie bei Schimpansen beobachtet wurde, lassen Mütter zeitlich begrenzten und auf ihren Nahbereich beschränkten Kontakt zu anderen Artgenossen zu (Nishida, 1983, zitiert nach Todt, 1995, S. 89).

3.2. Mitbetreuung durch weibliche Gruppenmitglieder (z. B. Rhesusaffen, Meerkatzen)

Die Mütter werden bei der Betreuung ihres Nachwuchses intensiv und häufig von anderen weiblichen Gruppenmitgliedern unterstützt. Dieses Phänomen wird „Allomothering" genannt. Eine Allomother ist eine Gruppengenossin, die der Mutter des Jungtieres gut bekannt, oder mit ihr verwandt ist (Todt, 1995, S. 89). Die besondere Sozialstruktur der Primaten begünstigt das Allomothering, da die weiblichen Tiere den eigentlichen dauerhaften Kern der Sozietät bilden. Der Zusammenhalt der weiblichen Tiere wird durch ihre Verwandtschaft gestärkt. Oft herrscht in solchen Gruppen ein Matriarchat mit linear ausgeprägter Rangordnung, ungeachtet etwaiger männlicher Gruppenführer, die in der Dominanzhierachie übergeordnet sein können (Chapais, 1991, zitiert nach Todt, 1995,

S. 90). Bei der Auswahl der Mitbetreuerinnen sind Mütter sehr selektiv – oft werden Weibchen bevorzugt, die bereits eigenen Nachwuchs haben (Todt, 1995).

3.3. Mitbetreuung durch männliche Gruppenmitglieder (z. B. Paviane, Makaken)

Die Beteiligung männlicher Gruppenmitglieder an der Betreuung der Jungen wird als wichtiger Beitrag zur Sozialisierung gewertet. Zu einem Großteil sind es die älteren männlichen Gruppenmitglieder, die sich an der Nachwuchsbetreuung beteiligen, wobei dies weniger Pflicht als vielmehr ein Privileg ist. Jüngere Männchen dürfen Junge nur dann betreuen, wenn sie deren Geschwister sind. Je nach Art gibt es Unterschiede, von wem die Initiative solcher Betreuungsepisoden ausgeht:

- In zeitlich stabilen „*Ein-Mann-Gruppen*" gehen sie von den Jungen aus, die den Gruppenführer aktiv aufsuchen, an ihm Kletterübungen ausführen oder ihn zum Spielen auffordern.
- In „*Viel-Mann-Gruppen*" geht die Mitbetreuung männlicher Gruppenmitglieder überwiegend auf die Initiative der Erwachsenen zurück (Todt, 1995).

4 Gründe der väterlichen Beteiligung an der Aufzucht der Nachkommen

4.1. Maximierung der Überlebenschance der Nachkommen

Wenn die Belastungen der Aufzucht für die Mutter so groß werden, daß der Aufzuchtserfolg in Frage gestellt ist, kann es sich für den Vater lohnen, zu helfen, da er so den Fortbestand seiner Gene sichert (Paul, 1995, S. 18). Das elterliche Verhalten wird beendet, wenn ...

- ein Junges krank oder behindert ist, sodaß der Aufwand, es lebensfähig zu erhalten, größer ist als der mit der Aufzucht eines neuen Jungen verbundene;
- das Jungtier selbst zeugungsfähig wird;
- die Sorge durch einen Elternteil bereits reicht, um ein unbeeinträchtigtes Aufwachsen des Jungen zu gewährleisten (Snowdon & Suomi, 1982, zitiert nach Fthenakis, 1988).

4.2. Das Modell der „elterlichen Investition"

Diese Theorie ähnelt stark der oben beschriebenen (Maximierung der Überlebenschance). Nach Trivers (1972, zitiert nach Fthenakis, 1988, S. 96) ist unter elterlicher Investition die Summe aller Beiträge der Eltern zu verstehen, die geeignet sind, die Überlebenschance eines einzelnen Abkömmlings zu erhöhen, auf Kosten der Möglichkeit, für anderen Nachwuchs zu sorgen. Die Zunahme elterlichen Pflegeverhaltens und eine Beteiligung des Vaters ist dann zu erwarten, wenn sich dadurch die Überlebenschance der Nachkommen erhöht.

4.3. Die Gewißheitsthese

Je größer die Gewißheit, daß es sich bei dem Nachwuchs um eigene Nachkommen handelt, desto größer ist das Ausmaß der zu erwartenden elterlichen Beteiligung (Snowdon & Suomi, 1982, zitiert nach Fthenakis, 1988). Ein Säugetiermännchen kann sich nie ganz sicher sein, ob die Kinder tatsächlich auch seine eigenen sind. Zeit für die Aufzucht der Kinder eines Nebenbuhlers aufzubringen, vermindert aber den eigenen Reproduktionserfolg zugunsten eines Konkurrenten. Bei unsicherer Vaterschaft ist die väterliche Beteiligung deshalb gering (Paul, 1995, S. 16). Die Rangfolge der Paarorganisationen, die mit abnehmender Gewißheit der Vaterschaft verbunden ist, lautet: Monogamie, Harem bzw. Polygynie, Promiskuität bzw. Polyandrie (Fthenakis, 1988, S. 96-97).

4.4. Das Helferkonzept

HelferInnen sind alle, die auf ihre Weise zur Aufzucht der Kinder beitragen, seien sie nun mit dem Nachwuchs verwandt oder nicht. Lebewesen, die einander helfen, haben einen Vorteil gegenüber jenen, die auf sich alleine gestellt sind. So vergrößern sich die Überlebenschancen des Genpools, wenn ein Familienzusammenhalt gegeben ist. Einigen Müttern wäre es ohne Hilfe nicht möglich, ihre Jungen zu versorgen (z. B. wenn die Jungtiere sehr schwer oder zahlreich sind, oder wenn schon nach kurzen Pausen neuer Nachwuchs zur Welt kommt). Aber auch die HelferInnen können einen Vorteil daraus ziehen, indem sie Erfahrung im Umgang mit Jungtieren sammeln, was sie auf ihre eigene Elternschaft vorbereitet (Snowdon & Suomi, 1982, zitiert nach Fthenakis, 1988, S. 97-98).

4.5. Kinder als soziales Werkzeug

1) Die *„agonistic buffering“-Theorie* von Deag und Crook (1971, zitiert nach Fthenakis, 1988) besagt, daß die Männchen die Jungtiere benutzen, um die Aggressionsbereitschaft ranghöherer Männchen „abzupuffern“, Statusnachteile zu mildern und die eigene soziale Position zu verbessern (Paul, 1984, zitiert nach Fthenakis, 1988, S. 64).
2) Männliche Steppenpaviane entwickeln enge und dauerhafte Beziehungen zu bestimmten Weibchen und ihren Kindern. Die Männchen können, indem sie ihre „Freundin“ und deren Kinder bei Auseinandersetzungen unterstützen, ihre eigene sexuelle Attraktivität für das Weibchen erhöhen (Smuts, 1985, zitiert nach Paul, 1995, S. 19).

4.6. Die Hypothese der Einschränkung

Das Ausmaß der Beteiligung der Männchen an der Kinderpflege variiert mit dem Grad der Einschränkung des Kontakts zwischen dem Vater und den Jungtieren, der von der Mutter ausgeht. Ist die Einengung groß, ist die Vaterbeteiligung seltener zu beobachten; ist sie gering, wird die Vaterbeteiligung öfter zu beobachten sein (Redican, 1976, zitiert nach Fthenakis, 1988, S. 95).

5. Einflußfaktoren auf das elterliche Verhalten

Da sich das aktuell gezeigte Verhalten aus einem Zusammenspiel sehr unterschiedlicher Faktoren ergibt, wurden einige dieser Faktoren systematisch untersucht.

5.1. Die soziale Organisation einer Art

5.1.1. Das Paarungssystem

- *die monogame Beziehung* (z. B. Krallenaffen, Gibbons): Verglichen mit nicht monogam lebenden Arten sind die erwachsenen männlichen Tiere in weit höherem Anteil unmittelbar an der Aufzucht des Nachwuchses beteiligt. Diese intensive Vaterbeteiligung ist auch bei anderen Säugetierarten, wie dem Wolf oder dem afrikanischen Wildhund, beobachtet worden. Bei monogam lebenden Vögeln sammeln die Männchen Futter und Material für den Nestbau, sie suchen und verteidigen den Brutplatz und beteiligen sich am Brüten.
- *die Haremsbeziehung* (z. B. Hamadryan-Paviane): In diesem Paarungssystem zeigen rangnieder gestellte Männchen elterliches Verhalten substitutiver Art. Das der Haremsgruppe vorstehende Männchen zeigt komplementäres Verhalten, indem es den Nachwuchs schützt.
- *Lebensweise ohne feste Paarbeziehung* (z. B. verschiedene Makaken und Pavianarten): Hier beschränkt sich die väterliche Sorge generell auf komplementäre Aktivitäten, wie die Verteidigung des Territoriums und der Jungen.

Allgemein wurde festgestellt, daß dem Paarungssystem keine entscheidende Rolle bei der Steuerung väterlichen Verhaltens zukommt (Fthenakis, 1988, S. 63-68).

5.1.2. Die Bedeutung der sozialen Erfahrung für die Kinderaufzucht

Manche Primatenarten, wie Krallenaffen und Tamarins, müssen als heranwachsende Tiere Erfahrungen im Umgang mit Jungtieren und ihrer Pflege sammeln, bevor sie später selbst Nachwuchs adäquat aufziehen können (Fthenakis, 1988).

- *Rang und Alter der untersuchten Männchen:* Suomi und O'Neill (1982, zitiert nach Fthenakis, 1988, S. 68-69) stellten bei Stummelschwanzmakaken fest, daß der soziale Rang eines Männchens mit dem Alter wächst und mit ihm auch die Interaktionshäufigkeit mit den Jungen.
- *Alter und Geschlecht der Jungtiere:* Bei Rhesusaffen wurde von Redican (1975, 1976, zitiert nach Fthenakis, 1988, S. 69) festgestellt, daß erwachsene Männchen bevorzugt mit männlichen Jungtieren spielten, Weibchen lieber mit weiblichen Jungtieren. Suomi (1977, zitiert nach Fthenakis, 1988, S. 69) beobachtete, daß weibliche Jungtiere erst ab dem 18. Monat mehr das Spiel mit dem Vater suchten und nie mit einem anderen Männchen spielten. Männliche Jungtiere machten zu keinem Zeitpunkt ihrer Entwicklung solche Unterschiede. Beide Autoren schließen daraus, daß das Geschlecht des Jungtieres die Interaktion zwischen den erwachsenen Männchen (nicht aber den Weibchen) und den Jungen stärker beeinflußt als ein anderer Faktor.
- *Einfluß der Art der Interaktion:* Die häufigste Interaktionsform zwischen männlichen Primaten und dem Nachwuchs ist das Spiel (bei Rhesusmännchen: 60 %; Suomi, 1977, zitiert nach Fthenakis, 1988, S. 70). Aufgrund dieser Beobachtung wird davon ausgegangen, daß dem Spielen ein hoher Stellenwert zukommt. Hier ist aber auch das Alter ein Einflußfaktor. Es wird umso häufiger mit den Jungen gespielt, je älter sie werden, da der Aufwand für die Pflege geringer wird (Fthenakis, 1988).

5.2. Die ökologischen Rahmenbedingungen

5.2.1. Der Lebensraum (Wildnis – Labor)

Es kann deutliche Unterschiede zwischen dem gezeigtem Verhalten im Labor und dem beobachteten Verhalten in der Wildnis geben. Wie schon oben erwähnt, sind männliche Rhesusaffen im Labor in der Lage, ihre Nachkommen zu versorgen, während sie dies in der Wildnis selten machen. Sie zeigen eine Flexibilität im Verhalten, die bei Weibchen nicht feststellbar war. Männchen können sich anscheinend besser an Veränderungen in der sozialen und ökonomischen Situation anpassen (Fthenakis, 1988, S. 73).

5.2.2. Die Ressourcen (Versorgungsmöglichkeiten für erwachsene Tiere und ihre Nachkommen)

Daß sich Verhalten durch Änderungen in den ökologischen Rahmenbedingungen wandeln kann, konnte Barash (1975, zitiert nach Fthenakis, 1988, S. 72) anhand von Felduntersuchungen an Murmeltieren zeigen. „Wenn die Populationsdichte aus ökologischen Gründen gering war, kam es zu häufigeren Interaktionen zwischen den Männchen und den Jungen, und die Männchen lebten im selben Bau mit den Weibchen. War die Populationsdichte jedoch groß, war beides nicht der Fall" (Fthenakis, 1988, S. 72).

5.2.3. Vorhandensein und Zahl natürlicher Feinde

Es wurden bei unterschiedlichen Arten unterschiedliche Strategien beobachtet, um Feinde zu verjagen und sich selbst und die Nachkommen zu verteidigen. Grob können 3 Strategien unterschieden werden (Fthenakis, 1988, S. 72-73):

- die Männchen attackieren den Eindringling, während die Weibchen mit den Jungen flüchten (z. B. Rhesusmakaken);
- die Weibchen sind aggressiver als die Männchen und greifen Feinde an (z. B. Krallenaffen);
- Männchen und Weibchen oder eine ganze Horde greifen den Eindringling gemeinsam an (z. B. afrikanische Wildhunde).

5.3. Kindermord durch erwachsene männliche Tiere der gleichen Art

Kindermord wurde bei Hyänen, Löwen und Primaten beobachtet (Fthenakis, 1988, S. 70-71). Gemeinsam ist den beobachteten Fällen des Kindermordes, daß ...

- das Männchen mit dem getöteten Kind nicht verwandt ist;
- der „Mörder“ seine Fortpflanzungschancen steigern kann, weil die Mutter nach dem Tod des Kindes sehr schnell wieder empfängnisbereit wird;
- solche Fälle am häufigsten auftreten, wenn es zu einem Führungswechsel kam – der „Patriarch“ stirbt oder wird von einem Konkurrenten entthront (Paul, 1995, S. 14).

Zwischen den ForscherInnen gibt es eine Kontroverse, was die Gründe für dieses Phänomen sind. So sind Redican und Taub (1981, zitiert nach Fthenakis, 1988, S. 70), aber auch Hrdy (1979, zitiert nach Fthenakis, 1988, S. 71) der Meinung, daß Kindermord eine „reproduktive Strategie“ der eindringenden „Junggesellen“ ist, da die Chance ihrer Fortpflanzung durch die schnell wiederkommende Empfängnisbereitschaft der Weibchen steigt. Eine andere Ansicht vertreten Curtin und Dolhinow (1978, zitiert nach Fthenakis, 1988, S. 71). Sie sind der Meinung, daß dieses Verhalten abnorm ist und möglicherweise eine fehlangepaßte Reaktion auf ungünstige ökologische Bedingungen (z. B. Populationsdichte) ist. Gegen diese Ansicht führt Hrdy an, daß alle Gründe, bis auf den des sozial pathologischen Verhaltens, für das eindringende Männchen mit Vorteilen verbunden sind und der Kindermord deshalb nicht als sozial unangepaßt gedeutet werden kann (Fthenakis, 1988, S. 71). Die Frage, warum die Mutter sich nicht vehement gegen die Verletzungen oder die Tötung ihrer Jungen zur Wehr setzt, ist bis jetzt noch unbeantwortet. Es ist nicht auszuschließen, daß sie dies ohnehin macht, jedoch sind Belege für dieses Verhalten schwer zu gewinnen (Todt, 1995, S. 91).

6. Zusammenfassung

Zusammenfassend ist zu betonen, daß Verhalten nicht nur genetisch determiniert ist, sondern von unterschiedlichen Faktoren beeinflußt wird. Verschiedene Lebensformen haben unterschiedliche Strategien, ihr Leben zu „meistern", die ihren jeweiligen Lebensbedingungen angepaßt sind. So ist auch das Elternverhalten von Art zu Art verschieden, jedoch hat jede Art prinzipiell das gleiche Ziel – das Überleben für sich und die Nachkommen zu sichern. Elternverhalten ist also als Resultat des Zusammenspiels einer Reihe von Faktoren zu sehen, wobei eine Spezies umso offener für Umwelteinflüsse zu sein scheint, je entwikkelter sie ist.

7. Gedanken zum Thema

Dieses Thema geht in eine etwas andere Richtung wie die vorher (in den vorigen Kapiteln) behandelten. In gewisser Weise öffnet sich dadurch eine faszinierende Welt, nämlich jene der Verhaltensforschung an Tieren. Dabei wird oftmals eine verblüffende Ähnlichkeit zwischen der Menschen- und der Tierwelt (besonders jener der nicht-menschlichen Primaten) deutlich, sodaß man bei der Rezeption dieser Forschungsarbeiten Sozialstrukturen und Verhaltensmuster unsere Gesellschaft (zumindest teilweise) recht anschaulich wiederfinden kann.

8. Literatur

Fthenakis, W. E. (1988). *Väter. Zur Psychologie der Vater-Kind-Beziehung* (Bd. 1). München: Deutscher Taschenbuch Verlag.

Paul, A. (1995). Der lange Schatten der Vergangenheit. Vaterschaft aus evolutionsbiologischer Sicht. In H. Michelsen (Hrsg.), *Über Väter. Skizzen einer wichtigen Beziehung* (S. 9-22). Mainz: Matthias-Grünewald-Verlag.

Todt, D. (1995). Verhaltensbiologische Aspekte der Entwicklung sozialer Bindungen auf vormenschlicher Stufe. In G. Spangler & P. Zimmermann (Hrsg.), *Die Bindungstheorie. Grundlagen, Forschung und Anwendung* (S. 86-108). Stuttgart: Klett-Cotta.